昌平新城沙河组团西北部地区控制性详细规划
土地使用功能规划图

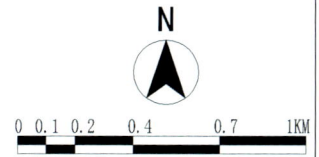

N

0 0.1 0.2 0.4 0.7 1KM

中国石油科技创新基地

图例

- 一类居住用地
- 二类居住用地
- 中小学托幼用地
- 商业金融用地
- 教育科研用地
- D 体育用地
- 高新技术产业用地
- 多功能用地
- 市政交通设施用地
- 公共绿地
- 防护绿地
- 河流水面
- 市郊铁路及换乘车站
- 铁路线
- 高压线
- 已批中关村创新基地范围
- 规划范围

控规指标

地块编号	用地面积（公顷）	容积率	建筑密度（%）	建筑高度（米）	绿地率%	建筑面积（万平方米）
A-12	8.27（合124.1亩）	2.0	30	45	35	16.54
A-13	10.54（合158.06亩）	2.0	30	45	35	21.07
A-15	6.78（合101.65亩）	2.0	30	45	35	13.52
A-16	6.23（合93.5亩）	2.0	30	60～80	35	12.47
A-19	6.92（合103.79亩）	2.0	30	45	35	13.84
A-34	9.64（合144.56亩）	2.0	30	45	35	19.27
合计	科研用地：48.38公顷（合725.66亩）				建筑面积	96.71万平方米
A-29	6.1（合91.45亩）	0.8	35	24	15	4.88
A-33	9.99（合149.86亩）	0.8	35	24	15	7.99
A-42	11.49（合172.33亩）	0.8	35	24	15	9.19
A-45	20.78（合311.77亩）	0.8	35	24	15	16.62
合计	产业用地：48.36公顷（合725.41亩）				建筑面积	38.68万平方米
总计	96.74（合1451.07亩）	\	\	\	\	135.39

中国石油科技园规划用地功能

1
───
2

1 科技园规划鸟瞰
2 2015年10月科技园航拍

1
—
2

1 2007年10月26日，签订土地一级开发补偿协议
2 2008年11月30日，中国石油科技园举行奠基仪式

1
—
2

1 A12地块实景
2 科技园建设实景

1
—
2

1　A16地块石油科技国际交流中心实景
2　A16地块交流中心内部实景

1 A29地块信息中心全景
2 A29地块三联供项目主机间
3 A29地块昌平数据中心机房机柜

A34地块钻井
研究院实景

A42地块石化
研究院实景

```
      1
    ─────
    2 │ 3
```

1　A45地块北京石油机械厂厂房实景
2　A45地块北京石油机械厂厂区实景
3　A45地块北京石油机械厂联合厂房

1	2
3	4
5	

1　规划总院非金属管材检测实验室
2　钻井研究院通用实验室
3　长城钻探测井研究院总装实验室
4　安全环保院难降解污水高级氧化实验室
5　石化研究院通用实验室

A12地块荣获
2012-2013年度
国家优质工程奖

2015年11月，A34地块、A42地块荣获中国建设工程鲁班奖

2012年12月，科技开发公司荣获中国石油创建"四好"领导班子先进集体

2013年11月，A29地块荣获"2013年数据中心专业设计奖"

2015年9月，石油科技园建设管理体系创新荣获全国石油石化企业管理现代化创新优秀成果一等奖

"科技园杯"系列体育健身比赛热火朝天

精心呵护中国
石油碳汇林

中国石油科技园

建设管理辑要

本书编委会 编

中国建筑工业出版社

图书在版编目（CIP）数据

中国石油科技园建设管理辑要／本书编委会编.
—北京：中国建筑工业出版社，2015.12
ISBN 978-7-112-18542-9

Ⅰ.①中…　Ⅱ.①本…　Ⅲ.①石油工业－高技术
园区－管理－中国　Ⅳ.①F426.22

中国版本图书馆CIP数据核字（2015）第240529号

责任编辑：刘文昕　孙书妍
责任校对：陈晶晶　姜小莲

中国石油科技园建设管理辑要
本书编委会　编
*
中国建筑工业出版社出版、发行（北京西郊百万庄）
各地新华书店、建筑书店经销
北京锋尚制版有限公司制版
北京中科印刷有限公司印刷
*
开本：880×1230毫米　1/16　印张：20¼　插页：6　字数：530千字
2016年5月第一版　2016年5月第一次印刷
定价：72.00元
ISBN 978-7-112-18542-9
（27782）

《中国石油科技园建设管理辑要》
编委会

序

　　2015年是中石油科技园建设历程中具有里程碑意义的时间节点。一片现代化的科研建筑在八达岭高速与北六环相交的西南部拔地而起，沉稳大气，特色鲜明，错落有致，浑然一体。这些厚重的建筑，朝沐旭日，暮临晚风。置身于群楼之间，看宝石花的旗帜随着五星红旗猎猎飘动，不由而生一种对公司、对职业的自豪和敬重。穿行于楼内科研设施之旁，不禁为科研人员的进取与专注，为企业对科技的重视和创新及其对企业的驱动而鼓舞和感动。至此，决策于2006年，启动于2007年，历时近八年的中石油昌平科技园区建设所预定的初期任务基本完成，建设科技园区所确定的"十二五"计划目标基本实现。

　　在这里程碑式的时间节点，很多亮丽的标志支撑和彰显着这一石油业界具有长远意义的重大工程：至2014年底，科技园竣工面积44.47万平方米，在建面积19.66万平方米，工程建设进度和质量赢得业界盛誉；入驻单位9家，员工达3000余人，承担各类国家和集团公司重大油气科研项目，已成为能源技术创新最具活力的平台之一。这两点是一个大线条的标志列举，可以与此并列的另一线条，是科技园建设的成功项目管理。面对确定的建设目标和不确定或待确定的具体需求的挑战，科技园区建设不断改进和创新管理模式，形成了高效协调、规范有序的管理流程，这部科技园建设管理辑要的编辑是可与前两线条互为支柱的将知识有形化的载体。

　　科技园建设管理辑要的编辑力求完成三重递进要求的任务，即对科技园建设管理的总结、升华和传承。科技园建设是中石油集团公司在北京市最大的建设项目，管理幅度大，时间长，其难点在于目标对象是以不同专业科研单位为主的用户，特点与通用建筑迥异。八年的园区建设实践，形成了一套管理体系，包括理念、组织、办法、流程、精神和文化等。"辑要"的首要任务是对这些管理经验进行总结，这需要细致的梳理和归纳。继而是升华，建设工作千头万绪，日常工作繁杂琐细，要将与此相连的管理经验从片段中条理化、逻辑化、系统化，需要提升。这种提升不是一蹴而就的，而是随项目进程螺旋式推进的。"辑要"是对不同阶段提升的记载，也是在项目里程碑节点时的集中升华。第三重的任务是传承。管理是一种文化，物质的成就体现在科技园的硬件设施中，文化的成就隐含在园区管理和软环境中，硬软融合，铸就着科技园区的精彩内涵。

　　项目建设会告一段落，文化建设却承上启下，继往开来，站在对以往经验的总结和升华基础上，传承就会底气充足，优良会形成传统，不足会得以改进，变化会得以适应，底蕴会得以丰盈。著名现代建筑师路易·康曾说，一座伟大的建筑物，必须从无可量度的状况开始，当它被设计着的时候又必须通过所有可以量度的手段，最后又一定是无可量度的。建筑房屋的唯一途径，也就是使建筑物呈现眼前的唯一途径，是通过可量度的手段。你必须服从自然法则。一定量的砖，施工方法以及工程技术均在必需之列。到最后，建筑物成了生活的一部分，它发生出不可量度的气质，焕发出活生生的精神。路易·康是建筑师，广义地理解他的不可量度，到通过可量度的手段，再到最后的不可量度的规律性表述，我们是不是也可以把园区建设的价值看作是，从跨越式提升公司技术创新能力的定性目标出发，到园区建设精确定量的工程过程，园区的生命力正在于传承出那种不可量度的企业文化，焕发出充满活力的创新精神。

科技园区建设日常工作异常繁忙，工作难点一个接着一个，管理者长期处在热点的第一线。中石油（北京）科技开发有限公司作为园区建设的项目管理实体，管理者能够闹中取静，沉下身来，潜心好学，思考问题，实属可贵。工作有热有冷，进当冲一线，直面难题，退可面壁而思，淡泊自省，"管理辑要"的编辑，如果没有一、二线工作结合，热、冷交替的管理者秉质，是难以如期完成的。

"辑要"成文，就其体裁、体例、结构而言，也许难于划入哪一文体，但在其辛勤的探索中，也呈现出了一些鲜明的特点。首先，"辑要"的素材来源于直接的工作实践，是第一手材料，是切身体会。这是一种积累，只有忠于职守，经历过，实干过，出了力，流了汗的管理者，才会有触动心灵的感触。其次书写者就是实践者。他们是那些既忙碌于工地，又勤耕于文字的那个群体。个体的总结既提升了自身，也为群体的整体总结添砖加瓦。这是一部集体的创作，其作者不但包括科技开发公司，也包括在科技园区建设中同心协作，紧密配合的众多合作单位。最后，"辑要"的编写如果溯源到早期的素材准备，可以说是与科技园区建设同步进行，从这个意义上看，"辑要"的编写，实际上是学习型组织在把理念落实为实践中的主要抓手和线条。它不是档案的存储，它是生动的学习型组织中实践改进和管理提升的生动互动。在科技开发公司的日常工作中，有一个内容是周一下午的工作例会。会议紧凑高效，时间不长，但每次会前都有一段经验分享，短则五六分钟，长则一二十分钟，发言人有专题的准备，听者分享了体会，既提升了管理素质，又互通了工作信息。取材于这些素材，"辑要"就有了根深叶茂的土壤。

科技园建设，资料浩繁，"辑要"编写既要覆盖全面，又要条理明晰。通过对资料的收集、梳理，按照专业归类的原则，分成现在看到的章节。第1章，园区建设发展概述，给出了中石油昌平科技园区建设的背景资料，读者可了解到科技园区的定位和建设的近、中、长期目标；第2章，园区规划设计，记述了总体规划和各大专业设计的细节，"六统一"的原则贯穿其中；第3章，工程建设全过程技术管理，大量的工作分解到各专业岗位，需求对接需要建用双方融洽配合，也需要有工作流程的有效约束，招评标严格规范，公正公平；第4章，工程报建与现场管理，质量与进度管理历来都是项目管理的重点；第5

章，项目全过程商务管理，以招标为手段，以合同为依据，通过造价管理实现投资控制目标；第6章，安全环保管理与HSE体系建设，将集团公司HSE管理体系与民用工程项目建设进行有效结合，探索出适合公司项目建设安全环保管理方法；第7章，财务与资产管理，财务与资产管理规范有效，会计核算明晰科学，得到各方的肯定和认可，该章对启示的总结很有针对性；第8章，基础管理与企业文化，综合部门是基础工作的归口部门，抓住重点，有条不紊，是做好工作的基本功。班子建设，打造阳光工程，其做法和成效小结在这一章中。

被誉为现代管理学之父的彼得·德鲁克就管理的本质论述道，管理是一种实践，其本质不在于"知"，而在于"行"；其验证不在于逻辑，而在于成果；其唯一权威就是成就。科技园区建设的管理是根植于实践的管理，虔学于"知"而笃志于"行"，致力于业绩导向，目标管理，这与彼得·德鲁克大师最重要、最有影响力的管理思想是一致的。翻阅"辑要"，回想科技园区建设依然历历在目，知行结合，成就业绩的那些管理要点清晰可见。这里不妨采撷十点，试予小结。

组织与责任。集团公司层面有科技园建设领导小组，操作层面有科技开发公司，业务层面有各自的组织机构，决策、执行、实务的结合有了组织保障。大型、特大型企业，决策的纵横向协调费时多，难度大，项目公司的执行力与决策的有效性紧密相关，而项目公司内部的责任落实则是内部管理有效性的体现，"辑要"在相关章节的开始，首先总结的就是相应的组织结构框架和部门、岗位责任，开宗明义地阐明了强化组织、落实责任对项目管理的至关重要性。

计划与执行。对于科技园区建设来说，计划最显著的特点就是"六统一"原则的确定，即，统筹考虑控规要求，按用地性质进行功能布局，实行统一规划、统一设计、统一标准、统一投资、统一建设、统一管理的"六统一"原则。对此，"辑要"第一章中有详细的释义。看似是一个计划原则，实际上是一个与科技园建设，以及以后投用的体制机制紧密相关的一个根本原则。科技园是一个集成化的企业技术创新统一体，还是一个入驻单位在地理位置上的集合，取决于对这个原则的确定和认可。

目标与绩效。目标管理能统一意志，焕发激情，只要集中团队精力，专注于职守，配以相应的绩效考核，就能对管理者和员工的行为方式发挥正能量的管理。科技开发公司在各地块建设中设立的是高目标，追求的是高绩效。在技术管理和现场工程管理中将目标绩效管理具体化，形成了一套有效的做法，取得了优良的成果。A12地块科研办公楼荣获"2012~2013年度国家优质工程奖"；A34地块钻井研究院、A42地块石化研究院获北京市建筑长城杯金质奖；A16地块石油科技交流中心、A45地块北京石油机械厂和物业服务用房项目均获北京市结构长城杯金质奖；A29地块昌平数据中心荣获"2013年数据中心专业设计奖"。

制度与流程。制度是行为规范和评价标准。科技园区建设项目商务管理，面对大量日常工作，建立起了与组织职责和岗位责任相对应的制度框架，随着实践，不断完善。流程则努力将制度规范和约束的管理行为程序化，形成员工的工作习惯，提高组织的工作效率。招标管理，合同管理，造价管理，在一个制度和流程的架构中运行，保证了业务的顺利进行。科技开发公司将建立适合项目管理特点的制度体系作为重要的基础工作，抓到细处，做到实处。科技园建设至今，公司从标准化、制度化、规范化入手，梳理工作流程，先后制定了18大类、45项规章制度，涵盖了公司工作的方方面面。

团队与员工。与项目成就相伴而行的是，科技园区建设造就了一个好的团队和一批出色的员工。"辑要"第8章中记载了科技开发公司班子的建设。好的班子是建设好团队的前提，科技开发公司结合"四好"领导班子创建标准，大力加强班子建设，领导干部发扬大庆精神、铁人精神和油田会战优良传统，团结和带领员工将一个个不可能变成可能。2012年，公司被集团公司党组授予"创建'四好'领导班子先进集体"荣誉称号。好的团队班子必然视团队成员为最宝贵的财富，致力于聚集优秀人才的同时，培养和造就团队员工，秉持组织的目的是使平凡的人做出不平凡的事的理念，发挥成员的长处，并利用每个人的长处来帮助其他人取得绩效。明晰岗位职责是发挥员工长处的重要环节，科技开发公司下设7个部门，50余个岗位，在把握好人员定位的基础上，明确了岗位员工应该干什么、应该怎么干、应该干到什么标准，员工有明确的目标和职责，专注度和责任心落到了实处。

赋权与制约。项目团队的赋权是任务分解所必要的，赋权使团队成员有了行使任务的正当性。制约是团队对成员，乃至团队自身行为的约束，制约使行为者的行动明确了边界。赋权和制约不仅发生在行为者身上，也存在于业务流程之中。如财务和资产管理中的财务与内控，决算与审计等，"辑要"第7章在这方面给出了详细的框架与细节。应该特别提到的一个做法是，科技园区在建设过程中，加强执纪监督，建设阳光工程的模式。经集团公司党组纪检组，监察部（局）同意，2010年3月派驻组进驻中石油（北京）科技开发有限公司，开展科技园工程建设监督监察工作。派驻组在工程建设方面开展了全程监察、过程监察、重点部位和节点监察；在工程管理人员方面开展了廉洁从业制度监察、履职监察和执纪监察，将制度性的制约与工作同步进行，发挥了实时的监督监察作用，保证了科技园阳光工程的建设。

环境与沟通。好的内外部环境是做成事的重要条件，环境的构成既有不可控因素，也有很多可控因素。创造良好的环境，需要把握可控因素，积极进取，主动沟通，这包括与地方政府相关部门的沟通，与集团公司管理部门的沟通，与设计单位和建筑商的沟通等。"辑要"中专门总结了科技园建设中建设与需求的沟通，以及以程序化的对接方式加强沟通的做法。石油科技园项目功能多样，入园单位多，各单位的业务范畴、功能需求都具有很强的特殊性和复杂性，尤其是各入驻单位的实验区域需要定制化设计，一些使用单位不熟悉建筑设计表达方式，设计单位不了解使用单位工艺要求，有时存在双方沟通不顺畅的矛盾。在这样的情况下，开展需求对接，可满足使用者对拟建建筑物的要求，特别是对建筑物所应具备的各项使用内容的要求。这些需求对接包括设计阶段需求对接，建设阶段需求对接，和使用阶段需求对接。正是这些不同阶段及时有效的需求对接，保证了项目建设的顺利进行，避免了可能出现的破坏性的需求变更。

风险与控制。从不同角度考虑，科技园建设的风险是多方面的，但最致命的风险在于安全环保。科技园建设中，高度重视安全环保工作，在组织架构和岗位责任落实中予以优先保证。安全环保工作，结合科技园建设的实际，将集团公司HSE体系建设具体化，细化为操作性很强的工作程序。从"辑要"安全环保一章可以看到，园区HSE工作的重要特色就是其真正融入到了各项工作的各个方面，做到了安全工作时时在，处处在，人人在。

实践与知识。科技园区建设拥有大量的实践，积累了丰富的知识，一些知识是显性的，一些知识是隐性的。知识可以是组织的，也可以是个人的，这些知识可包括事实知识、专业知识、技能知识和人际知识。实践若不上升为知识，就只会停留在事务的阶段；知识若不予以管理，就会随风而去。鉴于园区建设管理者来源新，有一定的工作流动性，加之环境具有不确定性的变化，知识管理即成为组织管理的重要组成部分。科技开发公司在管理工作中，将组织中的信息与知识，通过获得、创造、分享、整合、记录、存取、更新等过程，建立连续的积累循环工作程序，使知识成为集体的智慧和财富，自我造就和培育了团队的核心工作能力。

实务与文化。科技园建设近8年，科技开发公司将实务与文化建设相结合，源于实务，高于实务，努力形成激励团队和员工的精神氛围。这种精神是一个引领，也是一个要求，包括：一是忠诚事业，尽职尽责、真抓实干、精益求精，大力弘扬"三老四严"优良传统，坚持工作高标准、严要求，全力推进石油科技园建设；二是承担责任，不断强化责任意识，做到"在其位、谋其事、尽其责"，勇于承担责任，量力承担责任，从严追究责任；三是艰苦奋斗，牢固树立过紧日子思想，抵制"四风"，自觉保持艰苦奋斗、勤俭节约的优良作风，珍惜财力；四是清廉奉献，慎始慎终、慎独慎微、慎思慎行，保持清醒头脑，摒弃私心杂念，掌好权、用好权，坚守道德底线，不越法律红线。科技园建设中有一个响亮的口号，即，"把不可能变为可能"，它所激励的就是一种主动进取，创造条件，迎难而上，完成任务的斗志。

传统的项目管理，核心是项目的目标、工期和费用。对于大项目管理来说，富有经验而高效的管理团队，尤其是大项目经理，是市场的稀缺资源。项目经理管理的目标包括规格性能，对于建筑群来说，就是其设计功能和艺术人文经得起时间考验的完美实现，而这往往会被工期的拖延和费用的超支所损害。满足目标、工期、费用三重约束是传统项目管理的价值体现。国际项目管理协会曾将项目管理概括为5大过程，9个知识领域，44个定义，核心是围绕着管理好三重约束。中石油昌平科技园区建设是一个大项目管理，就传统的项目管理而言，它的创新点表现在固守住了大项目管理的核心，同时又延伸了其内涵和外延。科技园建设伊始，建设"国际一流的科技园区"目标振奋人心，但规划和计划的具体化却有一个时间过程。在这个过程中，项目管理的主体，即科技开发公司与管理的目标具体化是个互动过程，很多时候，方案先是由科技开发公司提出的，项目管理延伸到了目标制定的内涵。项目建设在实施过程中边建边用,科技开发公司既做了项目管理,又进入了运营管理,其管理的外延也在延伸。

项目管理的内涵和外延依然在向前发展,一些研究者和管理者将这个发展划分为依次向上的三个阶段。第一阶段是以目标、工期、费用三约束为核心的项目管理阶段。第二阶段是以让利益相关者都满意的以满意为中心的项目管理阶段。按照ISO10006国际标准,利益相关者包括用户、投资者、业主、承包商供应商、政府、员工、项目周边组织等。第三阶段是以可持续发展为目标的管理阶段。这包括与环境的协调,考虑自然、社会、人文等因素等。如果我们参照这三个发展阶段来回顾科技园区建设的管理,展望和规划适应今后环境变化的管理提升,可以说,科技园区的管理已处于第二阶段,并开始进入第三阶段。

回顾以往,科技园区建设克服了重重困难,在不断变化的外部环境下,无论集团公司关注度的变动,或是公司经营状况的波动,还是油价的剧烈起伏,或是管理人员的转换,都保持了对科技园建设的重视和支持,这显示了一个大公司由战略定力所表现的发展远见。科技开发公司忠实地执行了集团公司高层管理的决策,以埋头实干成就了优秀的业绩。面对未来,科技园区管理处于项目管理的第二阶段,进入第三阶段,看到的挑战依然严峻:公司自身需完善工作的方法、工具,建立职业化的团队和员工的生涯设计;融入集团公司规划,将待动用地块尽快动用起来;探索和过渡好园区的资产管理模式,实现管理的平稳衔接;运营好公用设施,使其有效益地发挥作用;建立园区统一管理的协调机制,实现园区的协同发展。工作将延续,管理将创新,相信"辑要"将会续写出成功的新篇章。

中石油科技园区的建设,定位于核心技术创新基地、科研成果转化基地、创新人才培育基地,其依托逐渐形成以科研院所,新建驻京二级企业总部,高新科技企业为主体的入驻单位群体。中国石油研究院所和高科技企业云集昌平,为地方经济发展作出了积极贡献。北京市期望密切企地合作,共同把中国石油科技园区高水平建设好,让高端人才留得住,安心创业搞研发,并总结科技研发、科研成果产业化和集聚企业总部相结合的发展模式,做央企与地方经济和谐发展的典范。科技园区建设是一方面,园区的运营是一方面,而最重要的方面,是要成为技术创新的引擎,在建设国际水平综合性能源公司历史远景和实践进程中发挥不可替代的技术支撑作用。这是最终的考验,我们所做的全部工作的价值就在于勇于迎接和成功地通过这一考验。

刘振武
2015年6月1日

前　言

为贯彻落实科学发展观、转变经济发展方式、加快建设世界水平综合性国际能源公司，2006年2月，中国石油天然气集团公司决定在北京昌平中关村国家工程技术创新基地建设中国石油科技园区。按照集团公司"一个整体、两个层次"的总体要求，形成各有侧重、互补互联、高效合理、独具特色的科技创新体系，不断提高原始创新能力、集成创新能力和引进消化吸收再创造能力。

中关村国家工程技术创新基地是由国家科技部和北京市政府共同主办、昌平区政府承办的中关村科技园区。2007年6月16日，中国石油集团公司与昌平区政府签署《战略合作框架协议》，确定在昌平中关村国家工程技术创新基地建设中国石油科技园。

中国石油科技园位于中关村国家工程技术创新基地北部的10个地块。园区占地面积3080亩，红线内占地（建设用地）1451亩，规划地上建筑面积约135万平方米，总建筑面积约150万平方米。

为建设好中国石油科技园，2007年8月中国石油天然气集团公司成立中国石油科技园建设领导小组，为科技园建设的决策机构，负责科技园区土地购置的决策、规划建设方案的审定及重大事项决策。2007年9月，批准成立中石油（北京）科技开发有限公司，为科技园建设执行机构，全面负责中国石油科技园土地取得、规划设计、建设和管理。

中国石油科技园是中石油集团成立以来在北京投资建设最大的工程项目。按照建设"国内领先、国际一流"科技园区的总体目标，中石油科技园建设坚持"统一规划、统一标准、统一设计、统一建设、统一投资、统一管理"的"六统一"原则，以科研为主，兼顾中试、特殊实验及生产，采取安全环保、生态科技、可持续发展措施，创造一个和谐舒适的科研办公生产环境，充分体现中石油"诚信、创新、业绩、和谐、安全"的企业理念。

为顺利推进科技园各项建设工作，科技开发公司全体员工发扬大庆精神、铁人精神，忠诚事业、勇于担当、求实创新、追求卓越、艰苦奋斗、清廉奉献，解决了前进道路上的一个又一个难题，在科技园建设中取得了一系列里程碑式的进展：2007年10月26日，签订了土地一级开发补偿协议；2008年11月25日，取得第一块建设用地《国有土地使用证》；11月30日，中国石油科技园举行奠基仪式；2011年9月30日，A12地块一期工程竣工验收。同年底，中石油所属安全环保院、规划总院、中油测井、长城钻探测井、专家工作站、中油瑞飞等6家科研单位1200余名科研人员入驻办公。截至2015年年底，科技园开工建设的10个地块11个项目竣工投用面积达到60.6万平方米，在建面积9.7万平方米，入驻单位11家，入驻科研人员达到3000余人，科技园"四院一中心（规划总院、安全环保院、钻井研究院、石化研究院、昌平数据中心）"的规划格局已经形成。

这一系列艰巨任务的完成，被北京市和昌平区政府赞誉为"中石油速度"。通过中国石油科技园的开发和建设，昌平区与中石油已经形成了"科技研发+二级单位总部+产业化"的地企合作新模式，为昌平区与其他央企合作提供了有益借鉴。目前，中石油在昌平注册单位为27家，注册资本金达到753亿元，一大批石油研发的专家学者和集团公司"千人计划"的海外高层次人才集聚科技园，中国石油科技园已成为集团公司科技研发的重要基地。

昌平区委区政府大力支持中石油科技园建设发展，先后投资20多亿元，推进道路、绿化、供水、供电等市政基础设施建设，在住房、交通、子女入学等方面解决科研人员实际问题。2014年为入园单位员工团购359套共计4.5万平方米商品房。目前正在建设5.7万平方米人才公寓，将进一步缓解入园科技人员住房需求。

中国石油企业云集昌平，为地方经济发展作出了积极贡献。北京市委书记郭金龙、政协主席吉林考察中国石油科技园时，指出：要密切企地合作，共同把中国石油科技园区高水平建设好，让高端人才留得住，安心创业搞研发；总结科技研发、科研成果产业化和集聚企业总部相结合的发展模式，做央企与地方经济和谐发展的典范。

在做好科技园规划建设的同时，科技开发公司注重内部管理，以标准化、规范化、精细化管理为核心，以"质量精品年"和"精细化管理年"活动为载体，不断总结工程建设管理经验，努力提升公司管理水平。通过开展各种学习、培训、技能竞赛、管理经验分享等活动，努力打造"学习型党组织"、"学习型企业"。2015年，公司总结7年工程建设与管理经验形成的《以管理提升为核心的石油科技园区建设管理体系创新》，获得第28届全国石油石化企业管理现代化创新优秀成果一等奖。

在现场施工管理和安全管理工作中，采取"样板示范制"、"三检制"、"质量目标预控制"等管理方法，确保工程质量。严控风险，强化监管，实现了安全生产无事故，确保了工程建设进度和质量，多个工程项目获得殊荣：A34地块钻井研究院项目、A42地块石化研究院项目获中国建筑业最高荣誉——鲁班奖；A12地块科研办公楼荣获"2012~2013年度国家优质工程奖"；A16地块石油科技交流中心、A45地块北京石油机械厂和物业服务用房项目均获北京市结构长城杯金质奖；A29地块昌平数据中心荣获"2013年数据中心专业设计奖"。

公司狠抓工程建设规范化管理，严格按照国家法律法规和集团公司相关规定实施工程建设招投标工作，邀请集团公司纪检监察组进驻科技园，全过程指导和监督，确保将科技园建设成为"阳光"工程。在中石油科技园项目建设中，"三重一大"制度得到有效落实，重大事项严格受控，在工程建设原材料和人工成本大幅上升的情况下，实现了项目投资总体可控。工程项目招标数十亿元，签订合同数百项，没有出现法律纠纷和违纪违规问题，项目建设健康平稳运行。2014年，公司被评为集团公司招投标先进集体。

在中石油科技园项目建设中，形成了"忠诚事业、勇于担当、求实创新、追求卓越、艰苦奋斗、清廉奉献"的企业精神，培养锻炼了一支作风扎实、能打硬仗，掌握先进科技知识和业务技能，具有国际视野和能够胜任重大工程运作管理的专业技术人才队伍。公司先后荣获中石油集团"创建'四好'领导班子先进集体"、先进基层党组织、青年文明号、基层建设"千队示范工程"、先进工会组织等一系列荣誉称号。

中国石油科技园的宏伟蓝图已经绘就，一期规划建设任务已经圆满完成，建设管理成果初步显现。科技园建设完成后，入驻科研人员将达到近万人，对提升中国石油集团公司的核心竞争力将发挥至关重要的作用。未来的科技园，不仅将助力中石油的大发展，也将为国家能源发展作出更大贡献！

为总结工程建设管理经验，提升工程建设管理水平，科技开发公司与中国建筑研究院通力合作，组织工程建设管理骨干人员，以公司各业务部门的日常工作实践和管理经验分享为基础，全面收集工程建设管理资料，认真梳理工作流程，按照业务和管理分类，回顾成果，总结经验，编写出《中国石油科技园建设管理辑要》，以期为今后的建设管理工作及其他类似的工程建设工作提供参考和借鉴。

宋泓明

二〇一五年十二月

目　录

第 **3** 章

工程建设全过程技术管理

第 **4** 章

工程报建与现场管理

第 **5** 章

项目全过程
商务管理

第 **6** 章

安全环保管理与
HSE 体系建设

第 **7** 章

财务与资产管理

第 **8** 章
基础管理与企业
文化建设

第 **1** 章
园区建设发展概述

1.1 园区建设的定位

按照中国石油天然气集团公司总体发展战略，中国石油科技园将建设成为集科技创新、研究试验、产品开发和机械制造为一体的，国内领先、国际一流的石油工程技术研发与装备制造基地。

1.1.1 核心技术创新基地

中国石油科技园以入驻科研单位为基础，集中优势，研究开发拥有自主知识产权的核心技术，提高自主创新能力和竞争实力。

1.1.2 科研成果转化基地

中国石油科技园依托园区内重点实验室、研究室、中试中心、交流中心等技术平台，加强新技术培训推广，完善技术、知识产权市场服务，加速科技成果向生产力的转化。

1.1.3 创新人才培育基地

中国石油科技园为创新创业人才的培养和成长提供实践基地，形成科技创新的良好氛围，全面推进和提高中国石油天然气集团公司科技创新和高新技术研发水平。

1.2 园区规划建设概述

1.2.1 项目背景

（1）项目建设的必要性

中国石油日益发展的生产业务对科技进步的依赖程度越来越强，依靠科技进步，实施中国石油资源、市场和国际化战略，是中国石油一贯坚持的战略方针。有鉴于此，国际上一些著名的石油公司也在本土和海外建立了企业自有的研发机构或科技园区。而中国石油科技企业在总体分布、总体规模、体制和机制、成果水平等方面与国内外同行存在一定的差距，一定程度上制约了企业的可持续发展。

结合石油科研机构的现状和存在的问题，中国石油天然气集团公司把建设科技园作为近年来科技工作的一项重要任务。建设科技园是中国石油在新的形势下寻找长期发展的一项重要举措，其必要性具体体现在：

① 建设中国石油科技园，对落实中国石油天然气集团公司总体规划中对科技工作的总体要求，梳理战略制胜思想，实施资源、市场和国际化战略，集中优势力量，加强自主创新，科技兴企，更好地为四大业务板块的发展提供技术支持十分重要。

② 建设中国石油科技园，以此为契机进一步整合现有科技资源，充分利用北京特有的经济、科技、文化等方面优势，吸引海内外人才，加快推进建设创新型科技企业进程，推进中国石油天然气集团公司科技工作持续长远发展。

③ 建设中国石油科技园，有利于科研机构之间建立资源共享，自主创新，共同发展的机制，保证分析、化验、中试和信息化等基础平台的共享和充分利用，发挥集聚、协调效应，提高科研和支持能力。

④ 建设中国石油科技园,统筹规划、集中建设,避免重复投资,发挥规模优势和效应,为石油科研单位进一步拓展新的发展空间和条件。

（2）昌平区的环境优势

昌平区位于北京市西北部,最南端距市中心10km。2005年国务院批准的《北京城市发展总体规划》确定昌平新城为首都规划建设的11个新城之一,功能定位为"重要的高新技术研发产业基地,引导发展高新技术研发与生产、旅游服务、教育等功能"。随着中关村国家自主创新示范区昌平园、生命科学园、小汤山现代农业科技示范园等产业园区的建设运营,昌平新城的配套设施和服务体系更加健全,产业集聚能力不断增强。以中国石油科技园区建设为先导,中关村国家工程技术创新基地建设启动并逐步建设,该区域基础设施和公共设施将与昌平新城东区、巩华城、沙河高教园区等重点地区建设以及旧城改造同步推进。

八达岭高速公路两侧作为昌平新城重要的高科技产业发展轴线,沿线已经集聚了产业、高教、研发、商业、城市居住等功能,是未来昌平新城城市化发展的主轴。对于充分发挥区域集聚效应,该区域具有比较好的环境条件。沙河组团西北部地区规划用地正处于这个发展轴上的核心位置,其东侧有沙河高校园区,南侧为福田汽车生产基地和生命科学园,北侧有中关村昌平园产业基地和埝头工业区等,向南为中关村海淀园。

（3）战略合作框架协议

2007年6月,中国石油天然气集团公司与北京市昌平区人民政府签署战略合作框架协议;决定在中关村国家工程技术创新基地设立中国石油科技创新基地（也称中国石油科技园）,有效集成科技力量,打造在全国具有创新和技术辐射功能的区域能源科技产业基地。

1.2.2 项目位置及自然地理条件

建设场地位于北京市昌平新城沙河组团西北部地区的中关村国家工程技术创新基地（以下简称创新基地）北部的10个地块（A12、A13、A15、A16、A19、A29、A33、A34、A42、A45地块）内。用地范围北至北六环路,西临原京包路绿化隔离带,东临八达岭高速路绿化隔离带,南至沙河西区六号路北边界。场地由京包铁路、北六环路、八达岭高速围合呈不规则矩形,南北长约1400m,东西宽约1000m。

1.2.3 建设规模

中国石油科技园用地面积为96.74hm²;地上总建筑面积为135.39万m²。

1.3 园区管理机制概述

1.3.1 科技园建设领导小组

中国石油科技园建设领导小组是科技园建设的决策机构,主要负责科技园区土地购置的决策、规划建设方案的审定及重大事项决策。领导小组下设办公室,由集团公司规划计划部主管领导任办公室主任。领导小组成员单位为集团公司规划计划部、财务资产部、人事部、预算管理部、法律事务部、科技管理部、华油北京服务总公司。办公厅、信息管理部为成员单位。

2007年8月9日,中国石油天然气集团公司下发通知,成立中国石油科技园建设领导小组,领导小组组长由中国石油集团公司党组成员担任。

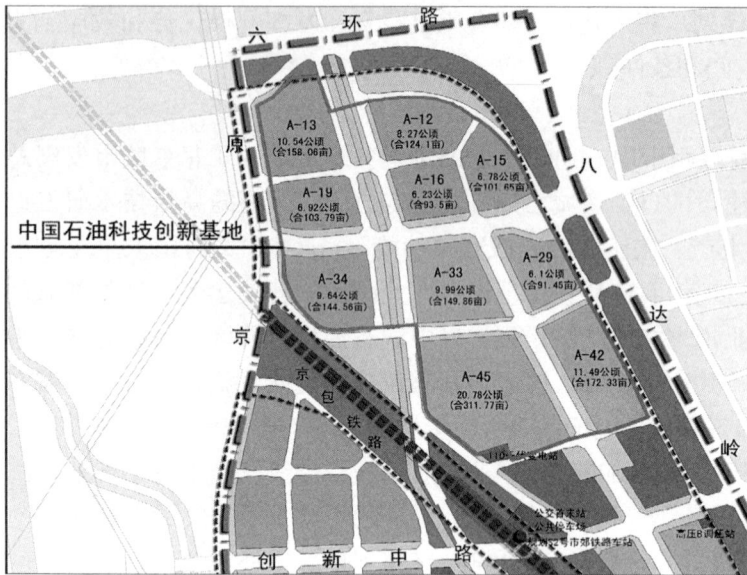

图1-1
中国石油科技园规划用地

从2007年8月15日到2012年8月23日，共召开领导小组会议15次，研究确定了中石油科技园建设和管理中的重大事项，有效推进了科技园建设的总体进程。

1.3.2 公司组织架构

中石油（北京）科技开发有限公司成立于2007年9月27日，为中国石油天然气集团公司独资设立的一人有限责任公司。公司注册时间为2007年10月9日，注册地址为北京市昌平区科技园区超前路9号，注册资本总额2亿元。公司不设董事会，设执行董事1名，监事两名。

按照集团公司批复，公司负责中国石油科技创新基地建设及管理工作，具体包括：编制科技创新基地规划方案和编写项目可行性报告，办理土地权属、规划报批、项目立项等手续；组织设计、施工、监理各项招标投标工作；负责现场施工组织管理及工程进度与资金使用计划编制；组织协调工程投资、进度、质量、安全等方面工作；负责科技创新基地建成后的物业管理等工作。

目前，公司设置7个职能部门，即行政事务部、技术部、工程一部、工程二部、财务资产部、商务部、安全环保部。

1.3.3 "六统一"原则

为了节约土地资源，高水准建设管理，中国石油科技园统筹考虑按照现有控规条件，按用地性质进行功能布局，实行统一规划、统一设计、统一标准、统一投资、统一建设、统一管理的"六统一"原则。

"六统一"原则诠释如下：

统一规划：按照现有控规条件、用地性质，对中国石油科技园建设目标、发展布局和建设项目的实施进行整体安排。

统一设计：制定《中石油科技创新基地总体设计规划统一规定》，各地块建设项目依据统一设计规定进行设计。

统一标准：建筑功能根据使用需求有所区别，在造价、选用的设备材料、技术水平等方面标准基本统一。

统一投资：中国石油科技园各地块工程建设项目由中国石油天然气集团公司出资建设。

统一建设、统一管理：中国石油科技园由中石油（北京）科技开发有限公司进行建设和管理，避免各地块标准不一致、功能重复等问题。

在中国石油科技园的建设过程中，始终坚持"六统一"原则。例如：

在统一规划方面，所有建筑具有相似的立面风格，强调竖向线条，以浅色调为主。餐厅的设置按照适度集中、就近地点就餐的原则，共设置3处就餐点，分别位于A16、A19、A45地块，并在A16地块设置配餐中心。各地块分别设置50人以下的会议室，50人以上的大型会议室集中设在A16地块。制定中国石油科技园综合能源方案，实现多种能源方式综合利用。在统一标准方面，根据科研办公、实验用房、公共配套等不同功能选用相应的建筑材料和设备，但从技术水平和投资标准两方面要保证园区各地块基本均质。"六统一"原则的实施，利于高效、集约利用土地，为中国石油科技园的建设和管理奠定了坚实的基础，是十分重要的管理原则。

1.4 园区发展建设展望

按照集团公司总体发展战略，中国石油科技园将建设成为集科技创新、研究试验、产品开发和机械制造为一体的，国内领先、国际一流的石油工程技术研发与装备制造基地。

截至2015年年底，石油科技园竣工和在建面积达到65万m^2。规划总院、钻井工程技术研究院、安全环保技术研究院、数据中心等11家单位入驻，员工达3000余人。经过8年建设，科技园一期规划顺利完成。

下一步，石油科技园建设将按照整体规划，有序推进后续工程建设，不断完善园区配套服务设施和功能，力争在"十三五"期间实现"建设世界水平的科技园区"的目标。同时，随着科技园进入边建设边管理的新阶段，将不断加强园区资产管理和内外协调，进一步完善科技园管理体制和机制，发挥科技园区的集聚效应，推动科研成果的产业化步伐，为中国石油的可持续发展提供有力的科技支撑。

第 **2** 章
园区规划设计

园区总体规划设计是指导后期建筑设计、景观设计等细项（含建筑体量、形式、建筑色彩、界面、结构、空间布局、景观形式等），具有指导和规范科技园建设的重要作用。园区总体规划的原则是：（1）可持续发展原则。园区规划既立足当前，着眼长远，远近结合，又充分考虑资源和环境的承载能力，合理确定建设项目及用地布局。（2）统筹规划，分步实施，基础设施先行的原则。园区的开发建设与城市总体规划、土地利用规划相结合，实行统一规划、分步实施。

中国石油科技园区2008年完成了总体规划设计。2009年完成了统一设计规定、能源综合利用方案。2010年完成了园区景观规划方案。集团公司分两个批次确定的入园科研单位功能的复杂性，科技园区餐饮、文体、交通、物业管理等需求的解决方案，各地块开发时序，都对园区总体规划产生直接影响并形成总体规划中的重要元素。可以说，中国石油科技园的总体规划是一个不断发展、积极探索并自我完善的过程。

2.1 园区总体规划及功能布局

2.1.1 园区总体规划

2.1.1.1 规划用地情况

中国石油科技园位于北京市昌平新城沙河组团西北部地区的中关村国家工程技术创新基地（以下简称创新基地）北部的10个地块（A12、A13、A15、A16、A19、A29、A33、A34、A42、A45地块）内。用地范围北至北六环路，西临原京包路绿化隔离带，东临八达岭高速路绿化隔离带，南至沙河西区六号路北边界。

2.1.1.2 总体规划指标

建筑规模根据《昌平新城沙河组团西北部地区控制性详细规划》，规划地上总建筑面积135.39万m²。

主要建设控制指标 表2-1

地块编号	用地面积（hm²）	容积率	建筑密度（%）	建筑高度（m）	绿地率（%）	建筑面积（万m²）
A12	8.27	2.00	30	45	35	16.54
A13	10.54	2.00	30	45	35	21.07
A15	6.78	2.00	30	45	35	13.52
A16	6.23	2.00	30	98	35	12.47
A19	6.92	2.00	30	45	35	13.84
A34	9.64	2.00	30	45	35	19.27
合计	科研用地：48.38hm²（合725.66亩）建筑面积96.71万m²					
A29	6.1	0.80	35	24	15	4.88
A33	9.99	0.80	35	24	15	7.99
A42	11.49	0.80	35	24	15	9.19
A45	20.78	0.80	35	24	15	16.62
合计	产业用地：48.36hm²（合725.41亩）建筑面积38.68万m²					
总计	96.74					135.39

2.1.2 功能布局

中国石油科技园共有10个地块，划分为3个不同的功能组团，包括科研办公区、试验实验区、公共服务区。

由科研办公及一般实验用房（通用实验室）组成科研区，包括A12、A13、A15、A19、A34地块，其中一部分用于设置专家工作站。

特殊实验、试验室、中试生产等建设需求，在产业用地内安排，组成试验实验区，包括A29、A33、A42、A45地块。其中，A29地块为集团数据中心，A42地块为石化类试验室，A45地块为机械类试验室及特殊实验。

A16地块位于10个地块中心区域，集中建设会议、餐饮、文体、专家和培训公寓、园区管理用房、小商业、医疗服务、银行等功能，形成公共服务配套区，解决园区内科研单位的相关需求并兼顾集团公司其他业务部门的相关需求。

2.2 园区统一设计规定

为适应中国石油科技园分期建设和各地块使用功能需求，落实"六统一"原则，会同设计单位编制完成《中石油科技创新基地总体设计规划统一规定》，为各地块设计提供相对统一的标准。统一设计规定各专业内容概括论述如下：

2.2.1 建筑专业

2.2.1.1 建筑形体与风格

整个园区建筑单体强调竖向线条，不采取任何夸张的形式，体现简洁、大气的风格。立面的色彩保持统一，保持整个园区的立面设计风格一致。同一个地块内的所有建筑要有相似的立面：主要建筑外立面材料选用明亮的天然石材幕墙与玻璃幕墙的组合形式，材料的分格尺寸采用协调的比例，不使用镜面玻璃；其他外立面材料采用涂料，通过涂料颜色的变换，增加外立面的律动感。

室内装修要求统一装修风格，尤其公共大堂和公共走道等重要部位运用的色彩、灯光和导向标识等要统一设计，有利于整个园区的企业文化的统一性。

2.2.1.2 建筑布局及功能

设计过程中综合考虑防火、防震、日照、通风、采光、视线干扰、防噪、绿化、卫生、管线埋设、建筑布局形式以及节约用地等要求，确定合理的建筑间距。

区域内的建筑单体的外形设计充分考虑建筑外形对整个建筑物的热工性能的影响，节能环保的具体措施与建筑效果有效结合，建筑体形系数小于4.0。充分利用自然通风及采光的条件。

每个地块对城市道路的开口保证在两个以上，以保证每个区块内的车流、物流及人流的合理布局，使各地块的出入口与城市道路有效衔接。

各地块按国家现行规定设置平战结合的人防工程，平时使用性质按车库考虑。

2.2.1.3 控高、层数及层高

建筑限高：除A16地块公共服务区主楼限高为98.0m外，科研用地内的建筑限高为45.0m；产业用地内的建筑高度控制在24.0m以下。

建筑层高及净高：科研办公及普通实验室层高均为4.0m，房间内建筑净高在2.8m以上，走廊

净高在2.5m以上；其他特殊实验区域内层高及净高均根据具体的使用功能要求确定，以保证其功能的使用；公共服务区由于集众多功能于一体，每个功能空间的层高及净高均根据具体的使用功能要求确定。

2.2.2 结构专业

2.2.2.1 结构方案基本原则

结构方案应合理优化，设计应兼顾质量与成本，在保证结构安全的前提下力求节约，坚持成本最优原则。结构设计钢筋、混凝土单方含量应控制在设计合同指标范围内。

结构设计应与建筑专业、设备专业和施工单位密切配合，根据功能要求选择安全适用、经济合理、便于施工的结构方案。各专业应协调统一，结构选型时应充分考虑平面布置的合理性。

结构设计应保证建筑物有足够的承载力、刚度和稳定性。在结构关键部位、材料要求较严格部位、施工操作有困难的部位、将来使用上可能有变化的部位，应适当留有余量，确保安全。

结构计算宏观指标如周期、位移角、周期比、位移比、轴压比、剪重比、刚重比、刚度比、受剪承载力比等应控制在合适的范围内，既要符合规范要求，同时不要有太大的余量。

2.2.2.2 结构体系选型

高层建筑采用现浇钢筋混凝土框架-剪力墙结构。

多层建筑采用现浇钢筋混凝土框架结构。

单层厂房采用轻钢结构。

厂房的辅助建筑采用现浇钢筋混凝土框架结构。

池类结构一般采用现浇钢筋混凝土结构，顶盖采用预制钢筋混凝土结构或现浇钢筋混凝土结构。

2.2.2.3 基础选型

影响基础选型的因素很多，主要有建筑物性质及荷重、场地工程地质条件、水文地质条件、建筑物的基础埋深、邻近建筑基础类型的选取及施工条件限制等。应根据不同的工程特点进行基础选型,在确保建筑物安全使用的前提下本着方便施工和节省投资的原则选择经济合理的基础类型。

2.2.3 暖通专业

2.2.3.1 冷、热源设置

① 各地块冷热源设置方式依据整个园区的技术方案论证结合各地块使用功能的不同及区域各自特点确定。设备机房布置在地下设备用房内。

② 热媒参数

空调系统采用各地块能源中心提供的60/50℃的热水。

③ 冷媒参数

普通区域空调系统采用各地块能源中心提供的7/12℃或5/13℃的低温冷水，数据中心模块机房采用12/18℃中温冷水。

④ 为节约能源，冬季可优先采用"自然冷却"，即不开冷机，利用冷却水经热交换器为内区冬季需要降温的空间提供空调冷冻水。

⑤ 燃气锅炉采用热效率高、耐腐蚀、可靠且使用寿命长的锅炉。

⑥ 冷水机组采用可靠、性能系数（COP）及综合部分负荷性能系数（IPLV）高的机组；

⑦ 空调循环水泵选用低比转数的单级离心泵。

2.2.3.2 园区暖通空调设置要求

（1）供暖、空调设置要求

① 功能不一致，且使用时间不同的空调房间，其空调系统分别设置。办公区等对空调无特殊要求的区域采用风机盘管加新风系统，高大空间或人员较多区域采用全空气变风量系统，数据中心模块机房采用中温水冷精密空调系统，地下变配电室、消防监控中心、地上含机柜的弱电间采用多联或分体空调系统，电梯机房设置分体空调，对于层高较高的每栋楼的首层大厅入口处宜设地板辐射供暖系统，作为冬季空调的辅助供暖。

在冷热源设计时，考虑满足节假日加班和非工作时间的使用需求，设置小机组，既满足舒适要求又达到节能目的。

② 厂房根据工艺要求设置供暖系统，优先采用散热器供暖系统。散热器选择满足供暖系统工作压力的要求，且符合现行国家或行业标准。在有腐蚀的场合，选用铸铁散热器。

③ 新风机组根据节能设计标准确定排风热回收的设置，热回收装置根据需要采用全热或显热回收；新风机组的加湿方式根据使用要求及投资要求确定。目前园区多采用湿膜加湿，对于单台机组加湿量小，加湿精度高的区域采用电热加湿。新风的过滤包括初效过滤和中效过滤，中效过滤一般采用高压静电除尘，来达到高效除尘净化的目的。

④ 空调水系统根据系统大小及各环路负荷、阻力情况来确定水系统形式。水系统分区考虑朝向和内外分区。风机盘管冷凝水就近排至卫生间或空调机房，在每个新风机房内设排水沟和地漏，凝结水可排至地漏。

（2）通风系统设置要求

① 地下设备机房分别设置机械通风，设备机房的值班室设置机械通风和空调，以满足工作人员所需新风量、房间通风换气和房间内温度的要求。

② 变配电室由于设备发热量大，需设置单独的风冷柜机和机械通风，负担其通风换气和室内冷热负荷，当室外温度较低时关闭柜机，直接利用室外新风消除由于机房内设备发热而产生的热负荷，从而达到节能的目的。变配电站的电缆层采用自然进风机械排风或机械进排风的通风方式以排除余热。

③ 卫生间、吸烟室设置机械排风系统。

④ 厨房排油烟经过净化处理后排放，厨房补风在冬、夏季应经过加热或冷却处理后送入室内。

⑤ 锅炉的开启台数与锅炉间送风机相对应，排风机依据室、内外压差传感器信号，调节排风机转速，使锅炉间维持0～5Pa的正压。

⑥ 实验室和试验室的通风设计应按使用方工艺要求确定。

2.2.3.3 空调、通风系统的自动控制

空调、通风系统的主要设备控制，采用直接数字控制系统（DDC）。自动控制系统的设置范围包括：冷、热源，空调机组与新风机组，以及所有通风系统的启停和消防排烟系统等。

控制模式主要内容如下：

（1）冷水系统的控制：

冷冻系统所有运行设备的状态显示及故障报警；

冷水机组、冷冻水泵的启停运行记录；

运行时的负荷记录；

冷冻水供、回水温度，压力和流量的显示及记录；

冷水机组程序启停控制。单套启动顺序为：冷却塔风扇—冷却水的电动蝶阀、水泵—冷冻水的电动蝶阀、水泵—冷水机组；停机顺序相反；

根据室内外负荷变化自动选择某一套冷水机组系统投入或退出，实现分台数控制来满足负荷要求，以达到节能之目的；

利用旁通系统和水泵的工作特性，调节系统冷冻水流量；

任何一套系统的启停均设时间延迟，防止任何一套系统频繁启停。

（2）冷却水系统的控制：

设备连锁见冷水系统控制相关；

根据冷却塔出水温度来控制相应的冷却塔风机台数的启停及变频控制；

根据冷却水温度控制冷却水供、回水之间旁通阀的开度。

（3）热水锅炉随机配全套自动控制器并可纳入楼控系统，其主要控制功能包括以下几方面：

压力、温度和火焰的检测和控制；

燃气系统自动检漏；

自动点火和程序控制启、停；

熄火保护；

安全联锁保护；

燃烧负荷的比例调节自动控制；

锅炉循环水泵与备用泵间的联锁保护和循环泵与燃烧系统间联锁保护；

锅炉补水泵的控制；

锅炉运行台数控制；

二次热水循环泵的控制；

一次热水循环泵的控制。

（4）空调处理机组和新风机组的控制：

空调区域的温、湿度的控制；

新风送风温度的控制；

根据回风温、湿度控制电动二通水阀；

加湿器的控制，过滤器的报警；

上述控制环路与风机控制联锁；

送风、回风、新风的温、湿度控制；

各种故障报警的显示、记录。

（5）通风系统的控制：

每个通风系统的启停控制；

风机状态的显示、故障报警。

（6）风机盘管的控制：风机盘管的控制不纳入DDC控制系统，每个风机盘管设独立的控制系统，由室温调节器、三速风机开关及电动二通水阀组成。

（7）其他：

所有设备可就地控制；

空调、通风系统设定时日程启停；

主要空调房间温、湿度的显示。

2.2.4 给水排水专业

2.2.4.1 办公区

（1）给水系统

① 生活给水：由市政给水管道分别引入两根给水管，在各地块红线内设总水表后成环状布置，供本地块使用。

② 中水：由市政中水管道引入一根供水管，在各地块红线内设总水表，供本地块使用。

③ 热水：根据热水用途、热源情况等，合理选择热水供应方式。

④ 饮用水：建筑内不设管道式集中饮用水供应。建筑内各层均设饮水间，设电开水器供应饮用水。饮水间内设置末端净水装置。

（2）排水系统

① 生活污水：地上污废水经立管收集后在地下一层汇集自流排出室外；地下室的污废水经管道收集，经潜污泵提升排至室外。生活污水经室外化粪池处理后排入市政污水管网。

② 雨水：建筑物雨水由屋面雨水斗收集，经管道系统排至室外。

（3）消防系统

① 消火栓系统给水：室外消火栓设于室外红线内给水环网上，在建筑物四周设满足规范要求的室外地下式消火栓。根据规范要求，在地下室设消防水池及水泵房。室内消火栓布置使任一着火点有两股充实水柱到达，高位水箱设于红线内最高建筑的屋面上。临时高压系统室外设水泵接合器。

② 喷洒系统给水：无供暖的地下室采用预作用灭火系统，地上部分采用湿式灭火系统。与消火栓系统共用高位水箱。临时高压系统室外设水泵接合器。

③ 水喷雾自动灭火系统：地块内设有锅炉房时，锅炉房水喷雾系统按防护冷却设计。临时高压系统室外设水泵接合器。

④ 高压细水雾灭火系统：档案库房采用开式高压细水雾灭火系统。

⑤ 气体灭火系统：在各地块内主要变配电室、网络机房等不能用水扑救的部位设置七氟丙烷气体灭火保护系统，系统形式根据保护面积按相关规范要求执行。

⑥ 灭火器：火灾类别及设防等级按相关规范执行。变配电室设手推车式磷酸盐干粉灭火器。每个消火栓处均设手提式磷酸盐干粉灭火器。

2.2.4.2 公共服务区

（1）给水系统：生活给水、中水、热水、饮用水，参见办公区要求。

（2）排水系统：生活污水、雨水，参见办公区要求；

厨房污水：公共厨房的含油污水经油水分离器处理后排入市政污水管网。

（3）消防系统：参见办公区要求。

2.2.4.3 实验区

（1）给水系统：实验用纯水，建筑内不设管道式纯水供应系统。各地块实验室内设末端处理装置，分散制备纯水。其余参见办公区。

（2）排水系统：生活污水、雨水，参见办公区；

实验废液：分为浓液和废水，浓液按性质分别收入小型容器，定期交有资质的单位进行处理；废水经集中处理设施处理达标后排入市政污水管网。

（3）消防系统：参见办公区要求。当实验区根据行业标准有特殊防火设施时，按相关规范要求执行。

2.2.5 电气专业

2.2.5.1 专业设计原则

（1）设计时采用安全可靠方案、采用节能措施、所有电气均采用无毒无害材料设备，材料和设备采用标准化设计，利于维护。

（2）在智能化系统设计时最大限度满足用户提出的功能需求，确保实用性、先进性、开放性、兼容性、可扩展性、便利性和服务性。

（3）园区各系统控制中心按照集中管理、分散控制的原则设置，即园区设置总的物业管理监控中心，在各地块设分控中心，包括消防、安防、楼控及变配电设备监控。分控中心负责各地块内设备监控，并通过弱电系统集成将相关信息送至园区总控制中心，总控中心可获取整个园区的信息，并进行总体协调和管理。

2.2.5.2 具体要求

（1）备用原则：在10kV中心配电室的10kV母线段上预留两台馈线柜的安装位置，并在配电室内预留两台变压器的安装空间。在低压配电屏的出线回路中考虑15%～20%的备用。

（2）照明控制要求：露天装置区和室外照明，采用手动控制和自动控制。庭院照明采用自动控制装置,以实现节能的目的。办公及公共服务区采用智能照明控制系统。

（3）火灾事故广播：科研办公区、产业区仅在公共部位设置火灾事故广播；中心服务区设置背景音乐，火灾事故广播与背景音乐合用，火灾时系统强切至火灾事故广播状态。

（4）通信系统：为满足园区物业统一管理等需要，设置小型移动蜂窝电话系统。

（5）安全防范系统：各地块均设置安防分控中心，安防分控中心与消防控制合用，各地块系统设计预留与园区安防中心通信的接口；同时各地块的安防系统主机考虑一定的扩展容量。

系统由视频安防监控系统、入侵报警系统、出入口控制系统、停车库管理系统、电子巡查系统等组成。

（6）楼宇自控系统

各地块均设置楼宇自控分控中心，其位置由各地块设计单位确定。

各地块系统设计预留与园区物业管理中心通信的接口；同时各地块的楼控系统主机考虑一定的扩展容量。

楼控系统监控范围包括：空调与通风系统、给排水系统、变配电监控系统、公共照明控制系统、燃气锅炉控制系统、热源与热交换控制系统、冷冻水控制系统、电梯和扶梯控制系统，其中楼宇自控系统（BAS）通过系统间的接口统一管理或监控其他机电设备子系统的有：变配电监控系统、公共照明控制系统、燃气锅炉控制系统、热源与热交换控制系统、冷冻水控制系统、电梯和扶梯控制系统等。

（7）有线电视系统

公共服务区电视终端点设置在报告厅、会议室、公共食堂、成果交易厅、产品展示厅、培训教室等位置，并视需要设置卫星电视接收天线。在科研办公和实验区用地的会议室、休息室等位置设电视终端。

（8）会议系统

会议系统主要包括：会议扩声系统、多媒体投影显示系统、视频会议系统、同声传译系统、会议发言及表决系统，各地块系统设置原则如下：

科研办公区和实验区：50人以上普通会议室原则上只考虑设置多媒体投影显示系统；在大、中型会议室除多媒体投影显示系统外，还设置会议扩声系统。

中心服务区：中心服务区报告厅设置视频系统、会议扩声系统、会议同声传译系统（具备表决、发言、会议控制等功能）、多媒体投影显示系统。中、小会议室设置会议扩声系统、多媒体投影显示系统、视频会议系统；培训教室设置扩声系统、多媒体投影显示系统。

（9）信息显示系统

科研办公区：在各地块的各楼座入口大堂处设置信息显示屏。

公共服务区：在中心服务区大堂、展示厅等处设置信息显示屏。

（10）弱电系统集成

为了更好地实现功能要求，提高投资效应，建设以楼宇自控系统（BAS）为基础，集成火灾自动报警及消防联动控制系统、通信网络系统、安全防范系统等的建筑设备集成系统（BMS）。该系统能将上述子系统在物理上，逻辑上和功能上连接在一起，通过统一系统平台和操作界面，将各个具有完整功能的独立子系统整合成一个有机整体，以实现信息综合、资源共享。

园区统一设计规定的实施，对于各地块的建设起到了重要的指导作用，统一了整个园区建设标准和建筑形态的一致性。

2.3 园区能源综合利用方案

中国石油科技园建设认真贯彻国家能源发展战略，立足当前、着眼长远、科学规划，为实现建设节能、安全、环保科技园的目标，在能源供给方面，制定了中国石油科技园综合能源方案。通过合理定位，优化配置，实现能源综合利用，重点实施了三联供系统、冰蓄冷和太阳能热水系统，极大地提高了能源效益，实现资源优化配置，为后期运维管理提供了有力保障。

在中国石油科技园项目实施前期，对各地块冷热源方案进行论证，制定了各地块冷热源供能方式，见下表：

各地块冷热源供能方式 表2-2

序号	地块		热源	冷源
1	A12		集中锅炉房	冰蓄冷
2	A15			电制冷
3	A16			电制冷
4	A13		集中锅炉房	冰蓄冷
5	A19			冰蓄冷
6	A34		直燃机	
7	A33		锅炉	电制冷
8	A29		三联供+燃气锅炉供热	三联供供冷
9	A45	北石厂	由A29地块的三联供+燃气锅炉供热	电制冷
10		物业	由A29地块的三联供+燃气锅炉供热	分体空调
11	A42		由A29地块的三联供+燃气锅炉供热	由A29地块的电制冷机组供冷

2.3.1 冷热电三联供系统

中国石油科技园A29地块总用地面积6.10万㎡，规划总建筑面积约5.43万㎡，其中地上建筑面积4.79万㎡，地下建筑面积0.64万㎡。项目分期建设，其中一期、二期建筑工程同时完成，包括1栋数据中心楼、1栋能源中心楼、1栋办公楼等，机柜及配套设备分两期建设。一期电负荷：电负荷为13416kW，冷负荷：10100kW。

2.3.1.1 中石油数据中心三联供项目的工艺配置

（1）系统配置

配置了一套三联供系统、两路市电、一套电制冷系统、一套锅炉系统以及相关辅助设置。三联供系统全年运行，燃气发电机组作为数据中心常用电源，双路市电为备用电源。当三联供系统不能满足数据中心冷负荷需求时，切换至电制冷系统供冷。

（2）安全可靠性

用电安全：三联供系统与两路市电构成三电源，互为备用，大大提高了能源中心供电安全性；

用冷可靠：三联供系统与电制冷系统组成不间断冷源，极大降低了冷源缺失的风险。

（3）较高的节能效益

首先利用天然气燃烧做功产生高品质电能，再将发电设备排放的热能充分用于供热和制冷，高效的城市能源利用系统比传统方式（市电供电，燃气锅炉供暖、电制冷制冷）具有较高的节能效益，综合能源利用率在78%以上。

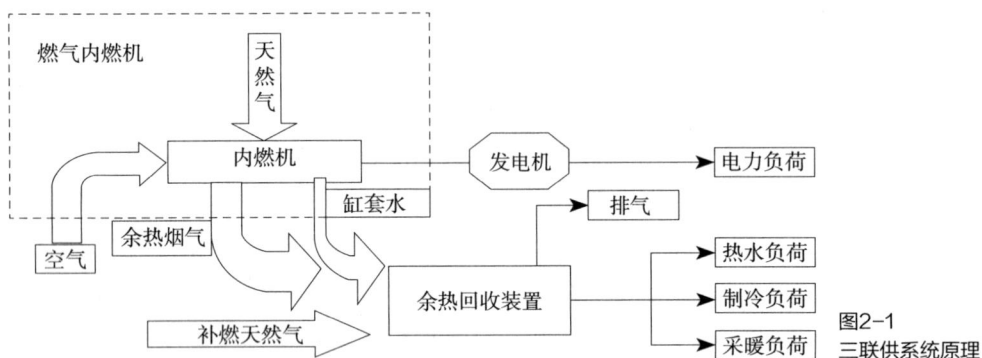

图2-1
三联供系统原理

（4）通过优化工况，提高项目的经济性

数据中心常年有供冷需求，本项目三联供系统在冬季利用室外温度低的气候条件，利用冷却塔自然冷却"免费"为数据中心提供冷量。

中石油数据中心三联供项目的运行工况　　　　　　　　　　　　　　　表2-3

时间	供冷	供热	电制冷设备
3月1日~3月15日	三联供系统供数据中心中温冷负荷	燃气锅炉	备用
3月16日~11月15日	三联供系统供数据中心中温冷负荷，电制冷向外供冷	无供热	平时对外供冷，三联供故障，转换运行工况为A29供冷
11月16日~次年2月28日	自然冷却系统供数据中心中温冷负荷	三联供+燃气锅炉	备用

冬季冷却塔自然冷却系统供冷,因此三联供系统有10228 kW的富余供热量,可以对外供热,考虑到尽量减少余热排空现象,提高项目的经济效益,冬季发电机的余热可以为A42、A45地块供热。

电制冷机组常年作为备用冷源,在夏季可以为A42地块供冷。

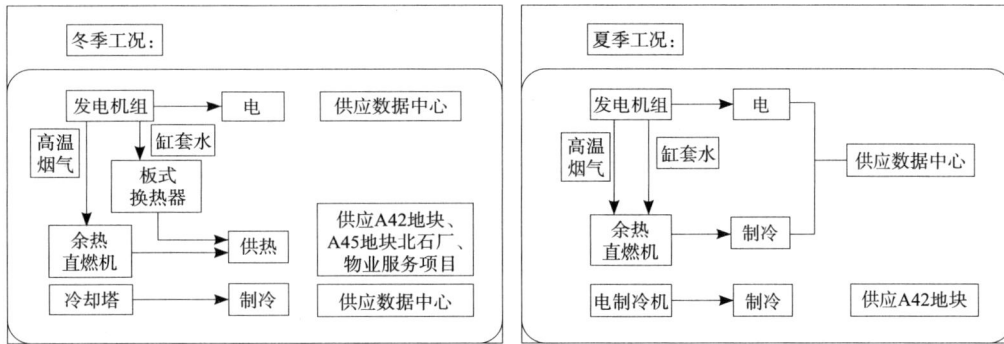

图2-2 中石油数据中心三联供项目冬季、夏季工况

（5）一期配置容量

5台3.3MW燃气内燃发电机组

5台3MW烟气余热直燃机

4台4.2MW备用电制冷机

两台4.2MW燃气热水锅炉

5台860m³/h冷却塔

（6）装机容量

燃气内燃发电机中装机容量为16745kW,是目前世界上单体数据中心最大的三联供能源中心。被评为我国首批分布式能源示范项目之一。

关于下达首批国家天然气
分布式能源示范项目的通知

发改能源〔2012〕1571号

北京市、天津市、江苏省、湖北省发展改革委,中国华电集团、中国海洋石油总公司:

为提高能源利用效率,促进结构调整和节能减排,根据国家发展改革委、财政部、住房和城乡建设部、国家能源局联合印发的《关于发展天然气分布式能源的指导意见》（发改能源〔2011〕2196号）的有关要求,现将首批国家天然气分布式能源示范项目通知如下:

一、首批国家天然气分布式能源示范项目共安排4个。

二、请项目业主抓紧做好首批示范项目前期准备工作,尽快完成项目规划选址、土地预审、环评、节能、用水、电网接入许可等各项工作。同时,请尽快编制设备自主化实施方案,上报国家能源局。

三、请有关省市积极支持首批示范项目建设,协助办理相关配套文件。同时抓紧办理项目核准手续,确保2012年内开工建设。

四、中央财政将对首批示范项目给予适当支持。

五、项目业主和有关省市要加强示范项目的组织协调和监督管理,确保示范项目建设进度、质量和示范效果。项目实施过程中,有关重大问题及时向有关部门报告。

附:首批天然气分布式能源示范项目清单

国家发展改革委
财 政 部
住房和城乡建设部
国 家 能 源 局
二〇一二年六月一日

图2-3
关于下达首批国家天然气分布式能源示范项目的通知

首批天然气分布式能源示范项目清单 表2-4

序号	项目名称	项目地址	项目规模
1	华电集团泰州医药城楼宇型分布式能源站工程	江苏	4000kW
2	中海油天津研发产业基地分布式能源项目	天津	4358kW
3	北京燃气中国石油科技创新基地（A-29地块）能源中心项目	北京	13312kW
4	华电集团湖北武汉创意天地分布式能源站项目	湖北	19160kW

2.3.1.2 中石油数据中心三联供项目的综合效益

（1）中石油数据中心项目采用了当今世界上最先进的用能系统-三联供系统，是一个清洁、绿色、节能、环保的项目，该项目也是在落实国家节能政策，实施可持续发展战略，保护环境、提高环境质量等需求的社会背景下积极开展建设的，具有很好的示范效应和良好的社会效益。

（2）与常规电制冷、锅炉房供暖方式比较，三联供系统可以减少城市污染物总量。以天然气发电，余热制冷，减少市电电网、火力发电厂燃煤污染物排放量。

（3）在用户处自发电，靠近用户端，冷热电的输送损失及管网不平衡损失小，提高能源利用率。发电余热可以有效利用，能源综合利用率高于火力发电厂。

（4）中石油数据中心工程能源中心系统年发电量约为10014.65万kWh。以火电机组发电标准煤耗为349g/kWh（2008年全国平均值），可替代燃煤3.49万吨标煤，包括输电损失按8%计算。本项目全年用天然气替代燃煤3.49万吨标煤，减排CO_2 6.18万吨，减排SO_2 0.51万吨。环境效益十分可观。

（5）除常规大电网外，增加了一路天然气自发电，提高了用能安全。

（6）对天然气和电力具有双重"削峰填谷"作用：采用燃气冷热电三联供技术，可以有效地缓解天然气冬夏季峰谷差，提高燃气设施的利用效率，同时减少电力设备的峰值装机容量，具有很好的社会和经济效益。

（7）北京市冬、夏季节较长，且冬、夏季冷暖负荷均衡的气候特点适于该项目的发展。

（8）通过优化三联供项目运行工况，三联供同时为其他地块供冷、供热，节约了园区其他项目投资。

2.3.2 太阳能热水系统

太阳能是人类可以利用的最丰富的能源。太阳能热水系统是利用太阳能集热器，收集太阳辐射能把水加热的一套装置，是目前太阳热能应用发展中最具经济价值、技术最成熟的一项应用产品。北京为太阳能资源较富区（Ⅱ区），年辐照量5178.75MJ/m^2（水平面）；年日照时数为2755.5小时，是适宜采用太阳能系统的地区。园区A12、A16、A42和A-45物业项目均设置了太阳能热水系统，用于制备生活热水。

太阳能是一种洁净的能源，在开发利用时不会造成污染和公害；因为基本热源为免费的太阳能，所以使用它十分符合经济成本效益。与燃气锅炉相比，经测算利用太阳能制备热水A12、A16、A42和A45物业项目每年可节省能源费用约为70万元，太阳能热水系统寿命期内的总节能费用约为1050万元。

A12、A16、A42和A45物业项目，太阳能利用的设计相关内容归纳如下：

各地块太阳能利用设计数据 表2-5

地块名称	系统概述	系统主要配置	设计参数
A12	公共卫生间手盆热水由太阳能集中供应。在各栋塔楼屋顶设置太阳能集热器及热水机房 辅助热源：电辅助加热 集热循环系统为非承压运行	4个系统，采用67组SLL4715-50型集热器，设4台6吨储热水箱、4台4吨恒温水箱	设计热水量（设计供水温度60℃）：1.5m³/h 集热器面积：418.75m²
A42	淋浴间热水由太阳能集中供应。屋顶设置太阳能集热器及热水机房 辅助能源：电辅助加热 集热循环系统为非承压运行	1个系统，采用15组JPH-50TT18-00型集热器，1台5吨水箱	设计热水量（设计供水温度60℃）：2.4m³/h 集热器面积：76m²
A45物业项目	宿舍、食堂等热水由太阳能集中供应。屋顶设置太阳能集热器，热水机房设置在地下一层 辅助能源：蒸汽锅炉 集热循环系统为非承压运行	1个系统，采用120组LPC58-1850型集热器，1台45吨水箱，1台容积式换热器	设计用水量（设计供水温度60℃）：20m³/h 集热器面积：900m²
A16	C座培训公寓：热水由太阳能集中供应。屋顶设置太阳能集热器及热水机房 辅助能源：热水锅炉 集热循环系统为非承压系统	1个系统，采用24组JPH-100TT18-20型集热器，1台6吨水箱，两台5吨容积式换热器	设计用水量（设计供水温度60℃）：11m³/h 集热器面积：408.48m²

2.3.3 冰蓄冷技术

冰蓄冷技术是利用电力系统在用电低谷时即电价最低时间段的电能来制冰，将其冷量储存起来，在空调负荷高峰时段即电价最高时间段融冰供冷，达到节省运行费用的目的。园区A12项目空调系统的使用具有明显的时段性，使用时间集中在7:00～19:00，夜间20:00～6:00建筑物冷负荷较小，空调负荷高峰时段集中在电价的尖峰段和平段，适合采用冰蓄冷空调系统。根据北京地区电价具有峰谷收费特点，A12地块供冷方式采用部分冰蓄冷系统，夏季夜晚电价低谷时制冰蓄冷，白天电价峰值时融冰供冷。同时，根据项目规模及自身特点，采用内融冰冰蓄冷系统。

内融冰系统为闭式流程，对系统的防腐及静压问题的处理都较为简便、经济，系统设计、控制和运行简单方便，可以充分利用北京市峰谷电价差，使空调季节运行费用大幅度减少。根据A12地块全年负荷及现行电价测算，常规电制冷方案每年运行费用281.4万元，冰蓄冷系统每年运行电费为149.5万元，较常规电制冷系统每年节省运行费用约140万元。

A12地块，冰蓄冷设计相关内容归纳如下：

A12地块冰蓄冷设计数据 表2-6

系统概述	设计日蓄冰总冷负荷	系统形式
空调冷源采用部分负荷蓄冰系统，制冷主机与蓄冰设备为串联方式。设置一台机载主机，制冷量为320RT，冷冻水温为5/12℃，冷却水温为32/37℃。设置三台双工况主机，其中一台服务于二期，每台主机空调工况下制冷量为1000RT，冷冻液温5/10℃，冷却水温32/37℃；每台主机蓄冰工况下制冷量为700RT，冷冻液温-5.6/-2.12℃，冷却水温30/33.6℃。冷冻水温度设为5/12℃，蓄冰槽出口冷冻液温为3.3℃。一二期总蓄冰量为16800RTH，其中二期蓄冰量为5600RTH	59086kW.h	内融冰

2.4 绿色节能环保

中国石油科技园重点实施了区域锅炉供热系统、空调热回收、雨水利用等节能环保措施，体现了中国石油科技园在绿色、节能、环保方面的示范作用。

2.4.1 给水、排水方面

2.4.1.1 雨水利用

间接和直接利用雨水相结合，采用渗水地面、下凹式绿地等多种渗透措施增加雨水渗透量。

2.4.1.2 太阳能热水系统应用

北京为太阳能资源较富区（Ⅱ区，是适宜采用太阳能系统的地区）。经过综合分析比较，在部分地块（A12、A16、A42和A45物业项目）设置太阳能热水系统能够满足生活热水需求。

2.4.1.3 无负压供水设备选用

无负压供水设备可以减少水箱的二次污染和节约能耗，技术成熟。经过综合分析比较，在A12、A29、A34、A42和A45地块采用无负压供水设备进行加压供水。

图2-4 渗水地面、下凹式绿地

图2-5 屋顶太阳能集热器

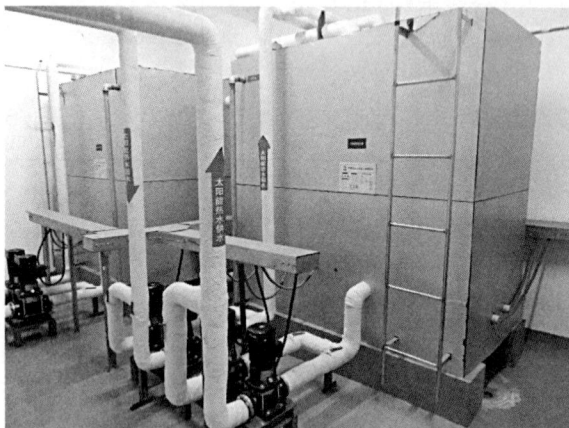

图2-6 屋顶太阳能热水机房

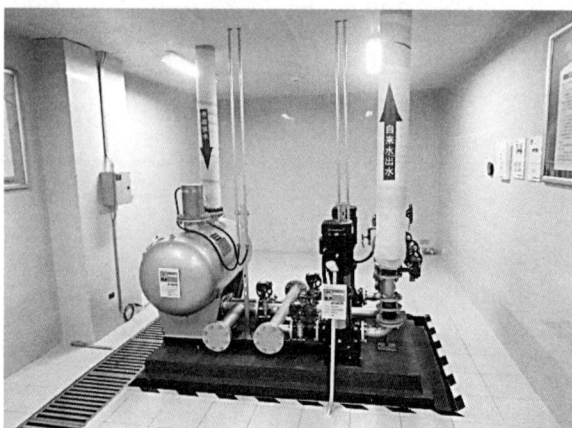

图2-7 无负压给水机房

2.4.1.4 饮用水系统的设置

在各个地块内分层分区域设置较大的开水间，开水间内设置电开水器以满足饮用水需求。采用在电开水器前设置末端净水器，去除水中较粗的固态沉淀物和异色、异味、余氯等有害物质。采用这种方式较直饮水管道系统简单、方便，避免长时间无效循环，减少大量管道系统及水处理设备，降低造价，安全卫生。

2.4.1.5 节水器具

卫生器具及配件全部采用节水型。蹲便器采用感应式自动冲洗阀或机械脚踏式冲洗阀、小便器均采用感应式自动冲洗阀；洗手盆采用自动感应式水龙头；淋浴器采用节水型。所有卫生洁具及配件均满足《节水型生活用水器具》CJ164规定。

图2-8 电开水器

图2-9 节水器具及配件

2.4.2 暖通空调方面

2.4.2.1 冰蓄冷技术

此系统能有效地削峰填谷、平衡电力负荷，节约运行成本。A12地块的供冷方式采用部分负荷蓄冰系统。

2.4.2.2 冷热电三联供技术

冷热电三联供系统基本原理是温度对口、梯级利用。首先洁净的天然气在燃气发电设备内燃烧产生高温高压的气体用于发电做功，产出高品位的电能，发电做功后的中温段气体和高温冷却水通过余热回收装置回收利用，用来制冷、供暖，其后低温段的烟气可以通过再次换热供生活热水后排放。通过对能源的梯级利用，充分利用了一次能源，提高了系统综合能源利用率。A29地块三联供系统余热结合溴化锂吸收式机组供冷供热，实现能源的梯级利用，达到节能效果。

2.4.2.3 新风热回收技术

为有效合理地回收排风中能量降低新风负荷，节省空调运行成本，根据新风处理方式以及办公室不存在交叉污染的特点，选用显热或者全热回收的方式进行热量回收。例如，A12地块选用热转轮热回收机组。

图2-10 双工况离心式冷水机组

图2-11 冰盘管

（原本排放的能源，通过热电冷联供再利用，实现能源的梯级利用）

电力输出34%　　　　电力输出30%

烟气30%　　　　　　　　烟气60%

缸套水30%

其他损失60%　　　　其他损失10%

燃料总量100%　　　　燃料总热量100%
内燃发电机　　　　　涡轮发电机

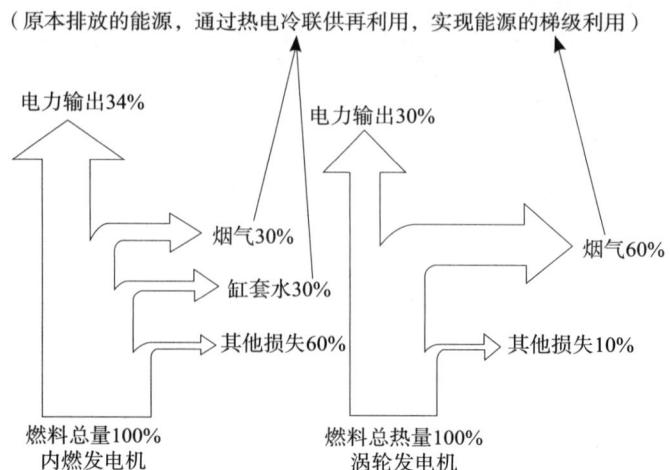

图2-12 能源阶梯利用

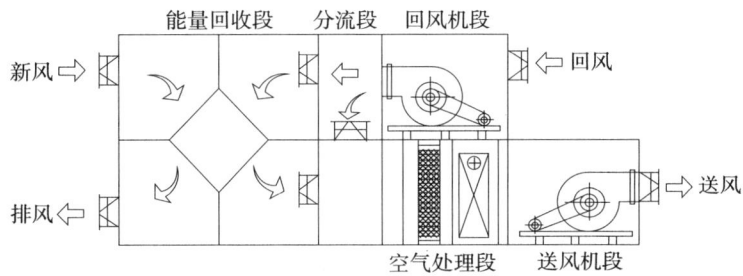

图2-13
新风热回收原理

图2-14
热转轮热回收机组

2.4.2.4 空调系统节能

设有直接数字控制系统（DDC），以节省空调通风系统运行能耗。

热水循环泵采用变速调节控制方式。

冬季首层大堂采用地板辐射供暖的方式，节省空调供暖运行能耗。

过渡季开窗自然通风，节约能源。

2.4.2.5 高效暖通节能设备

燃气锅炉采用热效率高、耐腐蚀、可靠且使用寿命长的锅炉(如A12地块）；冷水机组采用可靠、性能系数（COP）及综合部分负荷性能系数（IPLV）高的机组（如A12地块）；地块采用COP值较高的直燃溴化锂（燃气）冷热水机组，冬季供热，夏季供冷（如A34地块）。

2.4.2.6 水泵、离心风机、空调机组安装时均设减震措施

消防专用排烟风机、加压送风机可不设减振。车库风机房及制冷机房、办公区的空调机房等处均做隔声处理，以保证噪声符合《民用建筑隔声设计规范》GBJ 118-88以及《城市区域环境噪声标准城市区域环境噪声测量》GB 3096-93的有关要求。

图2-15
高效率燃气锅炉

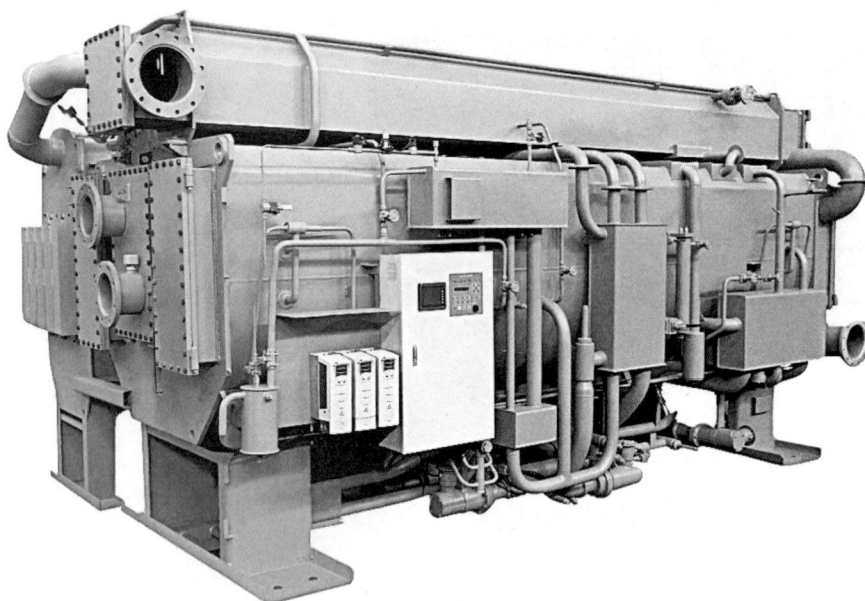

图2-16
溴化锂直燃机组

2.4.3 建筑方面

2.4.3.1 节地与室外环境

（1）改善室外风环境的规划设计

在场地设计阶段对建筑室外风环境进行模拟预测分析，并在模拟分析的基础上采取相应措施（景观绿化）改善室外风环境；建筑物周围行人区1.5m处实测风速v≤5m/s，不影响室外活动的舒适性和建筑通风。

（2）景观设计选择本地化物种，采用复层绿化方式

选择适宜本地气候和土壤条件的物种，植物成活率基本可达到95%以上；采用乔、灌草的复层绿化。中国石油科技园种植的一些植物，见下图：

八棱海棠 　　　　　　　　　　　　　　　　　春篇
Malus nicromaalu 蔷薇科 苹果属

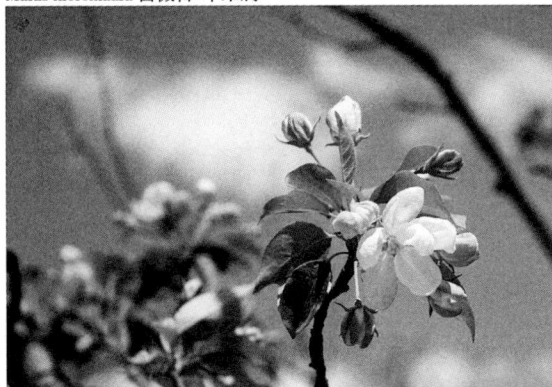

棣棠 　　　　　　　　　　　　　　　　　　春篇
Kerria japonica 蔷薇科 棣棠属

黄刺玫 　　　　　　　　　　　　　　　　　春篇
Rosa xanthina 蔷薇科 蔷薇属

八宝景天 　　　　　　　　　　　　　　　　夏篇
Sedum spectabile 景天科 景天属

狼尾草 　　　　　　　　　　　　　　　　　夏篇
Pennisetum alopecuroides 禾本科 狼尾草属

玉簪 　　　　　　　　　　　　　　　　　　夏篇
Hosta plantaginea 百合科 玉簪属

图2-17 中国石油科技园植物

图2-18
A29地块生态湿地

（3）美化室外环境，设置湿地景观，节能利用雨水

根据室外地形特点，结合水土保持防护措施，收集屋面雨水，在A29地块设置生态湿地，雨季可作为雨水调蓄设施收集雨水，湿地补水管线与集雨池相连，合理利用雨水，为市政管网减轻负担。湿地中设置乡土水生植物，净化水质，美化环境。

2.4.3.2 节能与设备应用

严格按照现行国家和地方节能设计标准中的规定性指标进行围护结构传热系数、窗墙比、外窗遮阳等设计与选择。

通过计算机模拟优化建筑日照、通风和采光设计。

采用节能型电梯、无机房电梯。例如，A42地块采用了无机房电梯，取消电梯机房，节省空间，有效地节约了建设成本。

2.4.3.3 节材与材料资源利用

（1）建筑造型要素简约，无大量装饰性构件；在设计中减少没有功能作用的装饰构件的大量应用。

（2）要求施工单位在施工中所需现浇混凝土全部采用预拌混凝土。

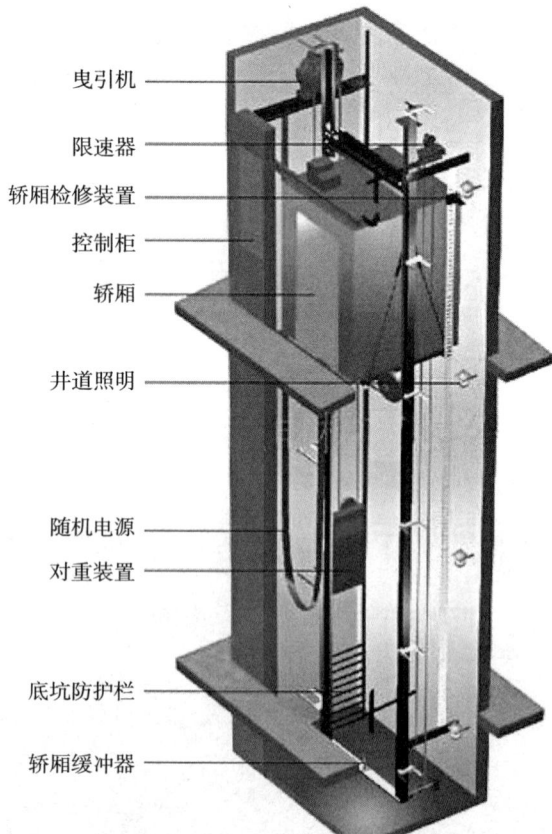

曳引机
限速器
轿厢检修装置
控制柜
轿厢
井道照明
随机电源
对重装置
底坑防护栏
轿厢缓冲器

图2-19 无机房电梯

（3）建筑结构材料合理采用高性能混凝土、高强度钢。

（4）在保证安全和不污染环境的情况下，在建筑设计选材时考虑使用环保、可再循环材料。

2.4.3.4 室内环境质量

（1）设置带室内花园的中庭空间可加强通风和采光。

（2）提高围护结构保温性能，并保证建筑围护结构内部和表面无结露、发霉现象。

（3）外窗和天窗采用有效的遮阳系统。

（4）建筑设计和构造设计有促进自然通风的措施。

建筑总平面布局和建筑朝向有利于夏季和过渡季节室内自然通风。

建筑单体采用诱导气流方式，内庭的两侧设可开启窗户，促进建筑内自然通风。

采用数值模拟技术定量分析风压和热压作用在不同区域的通风效果，综合比较不同建筑设计及构造设计方案，确定最优自然通风系统设计方案。

（5）充分利用自然采光，保证建筑75%以上的主要功能空间室内采光系数满足现行国家标准。

（6）建筑围护结构构件隔声性能满足现行国家标准。

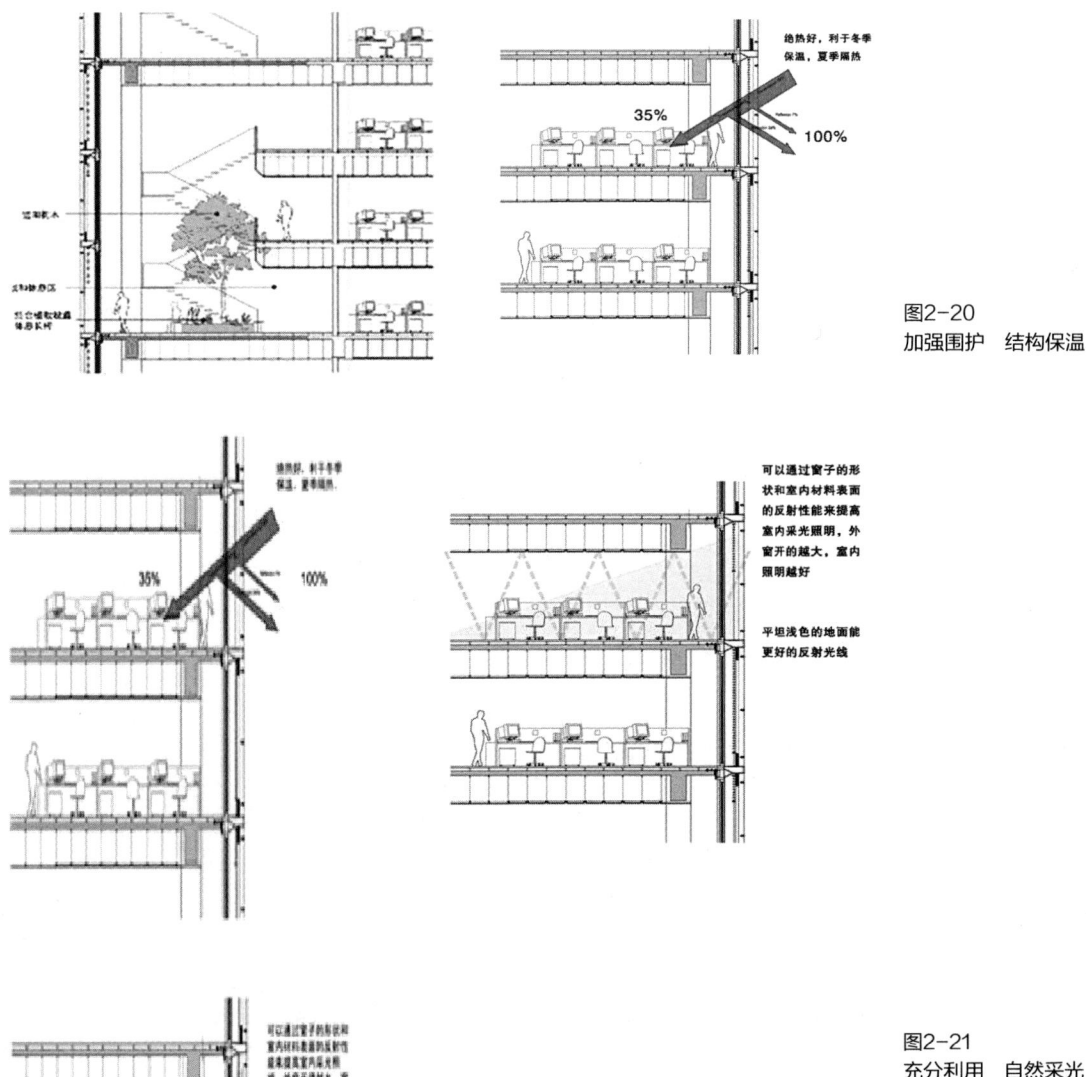

图2-20
加强围护 结构保温

图2-21
充分利用 自然采光

第 **3** 章
工程建设全过程技术管理

项目技术管理工作是以设计管理工作为核心，同时涵盖了立项、策划、设计输入、输出、实施阶段、投产阶段的全过程技术管理工作的计划、组织、领导与控制，是对工程前期、商务工作、现场实施的有力支撑。项目技术管理贯穿工程项目实施的全过程（前期立项阶段、设计阶段、招标阶段、施工阶段、竣工后阶段），技术管理的成效直接影响到工程项目的进度、质量、成本控制等方面。技术管理是从技术保证角度实现对工期、成本的有效控制，良好的技术管理能促进项目管理目标的实现，低劣的技术管理将使整个项目管理混乱，甚至导致项目的进度、质量、成本控制失控，造成不应有的经济损失或工期延误。因此必须将项目技术管理与项目管理中的资金管理、合同管理等其他方面同等重视起来，相互配合协调，才能实现优化的项目管理过程。科技园技术管理工作贯穿项目实施的全过程，管理特点是将精细化管理运用到技术管理工作中，与工作实际相结合，创造出具有公司自身特色的精细化管理理念。通过全过程的技术管理，有效保证了中国石油科技园工程建设项目的质量。

3.1 工程建设技术管理的机构组织框架

中国石油科技园工程建设中，承担技术管理业务的部门是科技开发公司技术部。公司设1名副总经理主管技术部工作，技术部内设经理、副经理和各岗位工程师（包括建筑、结构、电气、弱电、给水排水、暖通空调、资料管理专业）。技术部主要负责设计管理、使用需求对接、现场技术协调、专项技术调研、招标技术文件编制、合同执行过程中的技术协调等工作，是工程建设的基础性工作，直接影响中国石油科技园建设项目品质。结合自身特点，借鉴矩阵组织结构，技术部建立了专业技术组和项目工作组的"双组"工作模式，组织机构见图3-1。

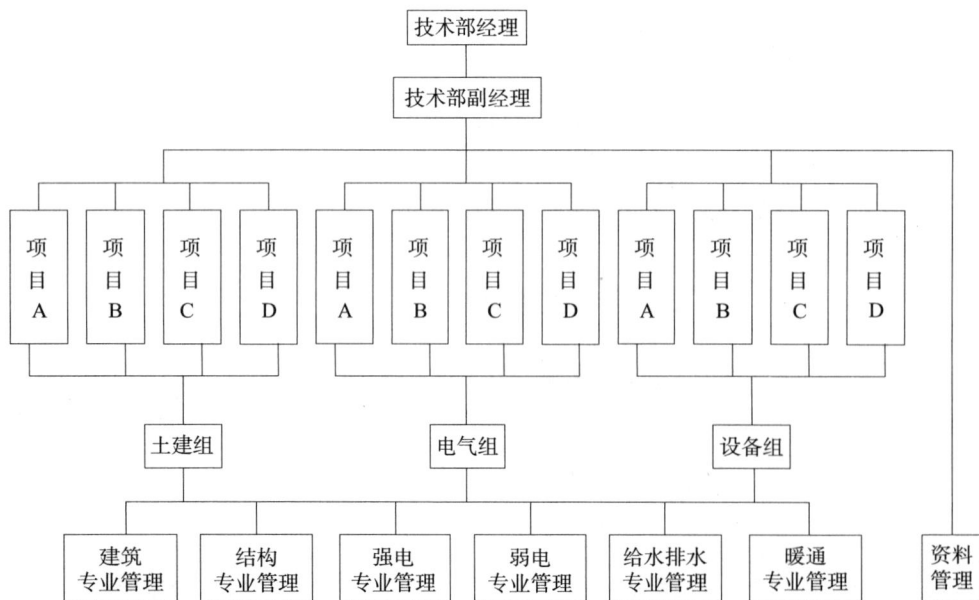

图3-1 公司技术部组织结构

专业技术组：按照专业不同，建立了土建组、设备组、电气组三个专业技术小组，形成了专业技术力量，对专业技术难题形成攻关团队，协调统一管理园区各地块技术标准和质量水平；同时各专业组定期召开专业会议，讨论各地块工作进展、技术问题、质量难点等问题，对影响工程质量的技术难题经整理后汇报部门负责人或主管领导，形成了专业技术质量管理流程。

项目工作组：按照各地块项目不同，并结合公司工作目标，建立各项目工作小组，每个小组由一至两名同志牵头，相关专业人员全力参与配合，负责项目全过程技术管理和协调工作，制定、完善和落实总控进度计划；项目工作组的建立，有效保证各地块建设进度及质量。

公司技术部工作职责：

（1）贯彻执行国家有关工程建设法律、法规及公司各项规章制度，熟悉图纸、设计规范及相关设备、材料工艺标准。

（2）负责组织编制项目可行性研究报告。

（3）负责组织编制项目规划方案及论证。

（4）负责组织工程设计及相关审查。

（5）负责对接入驻单位的使用需求。

（6）负责对设计单位的管理工作。

（7）负责招标技术文件编制工作。

（8）负责工程施工中的技术管理工作。

（9）协助工程部进行现场质量、进度、安全管理工作。

（10）协助工程部进行竣工验收及移交工作。

（11）协助商务部进行招标、合同签订及投资控制工作。

3.2 设计管理

设计阶段是在项目前期策划、工程管理策划的基础上，通过设计文件将项目策划中项目定义的主要内容予以具体化和明确化，是下一步项目建设的具体指导性依据。设计阶段对整个项目各类功能的实现以及项目总投资的控制都起到决定性的作用，建设单位设计管理涵盖设计质量、进度、设计对工程造价影响等方面，主要包括设计方案技术方案的定案、建设标准的制定、设计使用单位的需求对接、设计进度的把控、设计质量的把控、现场施工的指导与配合等，工作重点为设计任务书的编制、设计方案优化（包括机电方案论证及比选等）、各阶段图纸审核。在此阶段建设单位与使用单位沟通了解使用需求，与设计人员进行充分沟通，力求设计任务书的详尽、准确，力求各阶段设计文件科学、合理、充分反应建设意图，最大限度地实现建设方期望的各类功能，减少"遗憾"发生，同时确定合理投资，在施工阶段减少变更、索赔的发生。

3.2.1 设计进度管理

工程设计是工程建设项目实施阶段的一个重要环节，为了确保实现建设工程进度总目标，对设计进度严格控制尤为重要。

根据工程建设项目总体节点要求，编制设计进度控制表，制定里程碑重要节点，进度控制表按照设计各阶段（方案设计、初步设计、施工图设计和深化设计）进行划分。为保证设计工作能按计划节点完成，将每项工作分解到个人，并对制定的进度计划进行动态跟踪调整，同时对所有相关设计单位（包括主体设计单位、燃气设计单位、电力设计单位等设计单位）的工作进度进行督促，发现滞后及时分析查找原因、协调解决；建设单位有新增加或修改的设计要求会及时和设计单位沟通协商。

工程建设项目前期准备阶段的进度管理，包括设计进度、政府部门报批进度、招投标进度的管理。三方面工作穿插进行，相互制约，需要统筹安排，各相关单位密切沟通、通力配合才能按计划完成目标任务。公司通过进度计划的动态管理，确保各地块里程碑节点如期完成，从而实现总体进度计划。

以A15地块为例，对设计进度的管理如下所述：

A15地块一期工程，按照公司2014年底取得施工许可证的目标要求，公司组织各相关单位沟通确定里程碑节点，明确任务前置条件及责任部门，制定整体时间进度计划，其中对方案设计、初步设计及需设计提供的报批资料时间节点都进行了明确。

实施过程中，根据设计进度、政府部门报批进度、招投标进度的实际进展，及时动态调整进度计划，确保最终时间节点可控。同时，在政府相关手续报批过程中，组织设计单位提前进行多次沟通，避免图纸提交后再修改造成时间延误。从确定建筑方案到取得施工许可证，此项目仅用6个月时间完成了正常需要10个月才能完成的任务，并于2014年底顺利取得施工许可证。

深化设计进度管理：根据确定的深化设计内容督促总包单位和各专业分包编制深化设计的进度计划。深化设计的进度及安排关系到整个工程能否顺利有序进行，为此，根据项目的实际情况，督促总包单位科学地制定可行的进度计划。深化设计协调的出图计划包括周计划、月计划、季度计划、总计划。总包单位下各分包商进场施工前要有相对应的、完善的深化设计。深化设计工作量较大、时间紧，同时存在公司技术部工程师的审核和设计单位审核不通过而需要返回修改的可能。在计划的制定中要充分考虑返回修改的时间。深化设计的出图计划制定完后

	标识号	任务名称	工期	开始时间	完成时间	责任部门
1	1	□ 1 A15地块2014年进度计划	169 个工作日	2014年7月13日	2014年12月28日	技术部
2	2	1.1 设计方案优化完善	20 个工作日	2014年7月13日	2014年8月1日	技术部
3	3	1.2 办理规划意见复函	30 个工作日	2014年8月11日	2014年9月9日	工程一部 技术部
4	4	1.3 人防方案审批	27 个工作日	2014年8月14日	2014年9月9日	工程一部 技术部
5	5	1.4 绿化方案审批	15 个工作日	2014年9月10日	2014年9月24日	技术部
6	6	1.5 初步设计	53 个工作日	2014年8月1日	2014年9月22日	技术部 商务部
7	7	1.6 初步设计评审及修改	17 个工作日	2014年9月23日	2014年10月9日	技术部 商务部
8	8	1.7 取得初步设计批复	15 个工作日	2014年10月10日	2014年10月24日	技术部
9	9	1.8 施工图设计	52 个工作日	2014年10月10日	2014年11月30日	工程一部 技术部
10	10	1.9 人防初设审批	21 个工作日	2014年9月10日	2014年9月30日	工程一部 技术部
11	11	1.10 办理建设工程规划许可证	23 个工作日	2014年10月8日	2014年10月30日	工程一部 技术部
12	12	1.11 人防施工图报审	30 个工作日	2014年10月21日	2014年11月19日	工程一部 技术部
13	13	1.12 消防报审	30 个工作日	2014年10月31日	2014年11月29日	技术部
14	14	1.13 施工图强审	10 个工作日	2014年12月1日	2014年12月10日	技术部
15	15	1.14 施工图出图	1 个工作日	2014年12月11日	2014年12月11日	工程一部
16	16	1.15 转入年度计划	10 个工作日	2014年12月4日	2014年12月13日	工程一部
17	17	1.16 办理施工许可证	15 个工作日	2014年12月14日	2014年12月28日	工程一部 工程二部
18	18	1.17 总包招标清单编制	22 个工作日	2014年9月23日	2014年10月14日	商务部
19	19	1.18 施工总承包招标	45 个工作日	2014年10月15日	2014年11月28日	商务部
20	20	1.19 总包合同备案	5 个工作日	2014年11月29日	2014年12月3日	商务部
21	21	1.20 监理招标	50 个工作日	2014年10月8日	2014年11月26日	商务部

图3-2 A15地块一期工程2014年度计划

送各专业分包流转确认，在各专业分包确认签字后，需报送建设单位审核，并根据建设单位的审核意见进行修改完善，并再次报送建设单位确认。

深化设计分为三个阶段：

第一阶段：确定深化设计的内容，制定各深化设计图纸开始时间，定完成时间，定责任单位。报监理单位、建设单位审批。深化设计进度计划如下表。

深化设计进度计划　　　　　　　　　　　　　　　　　　　　　表3-1

××地块深化设计方案进度计划				
序号	深化设计部位	开始时间	审核结束时间	责任分包单位
1	钢结构网架	2013.6.20	2013.9.30	
2	幕墙、玻璃雨棚、铝合金门窗	2013.6.20	2013.11.8	
3	屋面及内外墙板	2013.7.30	2013.11.20	
4	虹吸雨水系统	2013.7.8	2013.11.28	
5	室内墙地砖排砖图	2013.12.24	2014.3.14	
6	室内吊顶分格图	2013.12.24	2014.3.14	

第二阶段：开展深化设计，并在总包组织管理下统一规范各分包单位的深化设计报审表及各种与深化设计使用的表格。

深化设计图纸报审表　　　　　　　　　　　　　　　　　　　　表3-2

深化设计图纸报审表				
项目名称				
呈报单位				
接收单位				
呈报日期	2014年4月29日		提交编号	1
要求返回日期			实际返回日期	
报批图纸清单				
序号	图号	图纸名称	认可级别	报审次数
一		综合楼		
1	1F-P-03	一层顶棚布置图		
2	1F-P-04	一层地面布置图		
3	2F-P-03	二层顶棚布置图		
4	2F-P-04	二层地面布置图		
5	3F-P-03	三层顶棚布置图		
6	3F-P-04	三层地面布置图		
7	4F-P-03	四层顶棚布置图		
8	4F-P-04	四层地面布置图		
9	5F-P-03	五层顶棚布置图		
10	5F-P-04	五层地面布置图		
审批意见				
批注意见				
授权审批人签名/日期				
认可级别：　 A　 提交认可； B1　批注认可(不要求重新提交)；				

第三阶段：开展深化设计报审工作，通过各地块的管理经验，我们要求深化设计单位在报送深化设计的同时，提交由深化设计引起相应变更，这些变更也将作为批准深化设计的关键性文件。

3.2.2 设计质量管理

工程建设项目的质量目标与水平，是通过设计使其具体化的。建筑方案设计是依据特定的设计任务书而编制的文件，是一种运用图示思维解决设计矛盾的过程，建筑方案设计是建筑设计中最为关键的一个环节，它是每一项建筑设计从无到有、去粗取精、由表及里的最具体化、形象化的表现过程。初步设计是根据批准的可行性研究报告或设计任务书而编制的初步设计文件。施工图设计是根据已批准的初步设计或设计方案而编制的可供进行施工和安装的设计文件，施工图设计是设计程序的最后阶段。方案设计、初步设计、施工图设计阶段是设计管理工作当中重要的环节，其设计质量是设计质量管理工作中的重点关注内容。

设计单位提交的施工图纸，通常都能符合国家要求的设计深度，但是由于国内设计单位往往不具备某些专业系统的设计资质，如幕墙、弱电、消防、厨房等，因此设计单位在施工图中对于这些专业系统会采取条件预留的形式，待相应专业分包中标，并对原施工图纸进行深入理解和消化后，在不违背原设计意图的情况下，以专业分包为主体完成对应专业深化设计工作。对于重要内容，如复杂的结构空间构造、先进的消防系统，以及建筑给水排水及供暖工程、电气工程、智能建筑工程、动力工程等专业间错综复杂的专业交叉情况、预留孔洞是否足够和准确，以及各专业之间是否有管线碰撞等问题，这些都必须在深化设计中加以深化、补充和完善。所有设备、材料的规格和品种（一种或几种品牌），在使用前也必须按要求报审，经建设单位和设计单位确认后，方能在深化设计中应用。深化设计任务通常由若干专业分包商承担，这就要求公司技术部对其进行规范有效的管理，以避免造成图纸上的混乱，影响工程的进度和质量。公司技术部通过计划、组织、指挥、控制、协调等职能管理手段，对各设计专业进行进度、质量、成本、合同等方面的控制，最终提供能指导现场施工的图纸。

设计质量的优劣，直接影响工程项目的使用价值和功能，是工程质量的决定性环节。设计质量管理目标是控制变更、洽商数量，尽可能减少图纸差错率，进行技术方案比较优选方案等。因此，对设计质量严加控制，是顺利实现工程建设三大目标控制的有力措施。由于设计阶段失误所造成的质量问题，常常是施工阶段难以弥补的，甚至有可能会带来全局性或整体性的影响，以致影响到整个工程项目目标的实现。作为工程项目建设单位，对设计方案和图纸进行设计管理和优化，以保证建筑工程设计质量、设计进度和有效控制工程造价。

3.2.2.1 质量管理概述

（1）分层次管理

设计一般分为常规设计和重大、非常规设计两种，质量控制相应分为两个层次：

一是对于常规设计，按照下述步骤进行质量控制：

① 中石油（北京）科技开发有限公司委托有资质的设计单位进行方案和初步设计。

② 本公司组织技术内审，公司技术部相关岗位审查设计单位提交的方案和初步设计。对审查确定的问题，交由设计单位根据意见在限期内修改。

③ 初步设计上报中国石油天然气集团公司规划计划部，规划计划部组织召开专家评审会，专家对初步设计进行评审并形成专家评审意见。科技开发公司根据专家评审意见组织相关单位修改初步设计，修改完成再次上报规划计划部，规划计划部审核批复初步设计。

④ 根据初步设计批复，设计单位进行施工图设计。

⑤ 中石油（北京）科技开发有限公司委托有资质的单位对施工图进行强制性审查。

⑥ 本公司组织技术内审，对审查确定的问题，交由设计单位修改施工图；修改后的施工图由公司技术部会同相关部门进行会审，并形成施工图会审记录。

二是对于重大、非常规设计，与常规设计相比在设计阶段增加专家评审论证这一环节，有效保证了设计质量。例如，A29地块三联供与市电并网运行的自控系统方案，涉及的控制设备除了电制冷系统、燃气发电机，还有与市电并网的高压柜等，其要求自控程度高，没有可参照的标准设计。对于这种新的设计方案，我们专门组织了各单位及设计单位的专家（如：中国电子设计院、北京燃气能源发展有限公司、北京市煤气热力设计院有限公司、恩耐特自控）参加专家论证会，充分讨论方案，确保了自控方案的准确性。

（2）制定建设标准

各地块建筑功能根据使用需求有所区别，按照"六统一"原则，在建设标准上做到基本统一。对各地块建设标准的制定说明如下：

① 可研阶段。委托可研编制单位根据使用方需求、"六统一"标准等编制可行性研究报告，组织召开可研评审会，上报文件获得可研批复，在可研阶段确定建设方案（包括项目的建设规模、各系统技术方案等）。

② 初步设计阶段。获得可研批复后，委托设计单位开展设计工作，在初步设计阶段制定建筑材料做法和各系统设备配置、数量、材质等；组织召开初步设计评审会，上报文件获得初设批复，在初步设计阶段建设标准基本确定。

③ 施工图设计、施工阶段。在后期的施工图设计和施工阶段，根据需求变化和投资控制情况，可对建设标准进行适当调整。

3.2.2.2 设计质量控制

（1）主要管理措施

① 初步设计评审：各个项目均会组织初步设计评审，邀请业内专家、中国石油天然气集团公司的概算部门一起进行初步设计审查工作；提出审核意见，设计单位按照审核意见，修改完善初步设计及初设概算。

② 公司技术内审：在设计单位完成设计工作，出具正式蓝图前，公司技术部组织各专业对设计成果进行内部审查，并将内审意见告知设计单位，以便其及时整改，力争把图纸问题消除在施工之前，尽量降低因图纸问题造成的现场施工拆改带来的浪费。

③ 开展设计三审制、强制性条文外审制、设计交底、专家评审论证等措施，强化设计质量管理。广泛开展调研、咨询工作，借智借力，充分调动内外部力量，确保设计质量。

④ 对于已确定厂家的框架招标设备，在初步设计阶段，协调框架招标厂家提前与设计进行沟通对接，将设备参数落实到图纸中，避免后期图纸调整、造成现场拆改等。例如，对于电梯这种框架招标设备，在初步设计阶段，电梯厂家配合设计院进行电梯井道设计，主要包括电梯井道尺寸、基坑深度、结构荷载复核、结构预留洞口、二次结构圈梁位置、电气预留预埋、电梯门口处装修节点、轿厢装饰做法等；避免后期井道改造、一次结构加固等问题。

（2）重点关注问题

① 方案设计

在进行建筑方案设计前，建设单位首先要编制详细的设计任务书，明确规划指标、场地条件、建筑性质、功能定位、设计目标、设计内容等。

总平面设计重点关注出入口的确定、交通组织及竖向设计等。

在建筑方案优化过程中，应通过人防方案的比较，在满足功能、流线要求的前提下，尽量控制人防面积。寻找技术、经济平衡点，采用最优方案。

建筑方案在追求立面美观的同时，还应考虑与周边建筑的协调统一。

在建筑方案设计过程中必须设计多个方案，进行经济分析,实行多方案的比较和择优。

② 初步设计

对于初步设计文件，要重点关注设计文件是否满足规定的深度要求；重大技术方案是否进行技术经济分析比较；设计能否满足编制施工招标文件和施工图设计的需要等。

设计文件总说明应重点写明基础资料的收集、整理、分析；对设计方案比选则要着重写论证依据，推荐方案要提供确切合理的数据和理由。

在初步设计审查中，技术方案是审查的核心和重点。根据项目不同包括产品、技术(含工艺)、生产、原料、设备、工程(含建筑)等各种方案。审查对各种建设方案进行比选、分析、论证的过程。通过建设方案的比选和论证，才能确定建设规模是否合理，确定工艺技术的选择和引进、主要设备选型和引进、施工技术方案、投资及资金筹措方案实施是否可行。具体要注意推荐方案提供的数据是否确切合理，理由是否充分。

在工程建设资源利用分析中，还应对节能、节水进行专题分析。通过对项目工程建设方案的能耗、水耗指标分析评价，审查工程建设方案是否符合节能、节地、节水、节材的有关要求。

③ 施工图设计

a. 建筑专业

人防工程平战结合用途及规模、室外出口等是否符合人防批件的规定；

建筑工程设计是否符合规划批准的建设用地位置，建筑面积及控制高度是否在规划许可的范围内；

地下工程防水等级及设防要求、选用防水卷材或涂料材质及厚度、屋面防水等级及设防要求、选用防水卷材或涂料材质及厚度、屋面排水方式及雨水管选型；

消防设施及措施：如墙体、金属承重构件、幕墙、管井、防火门、防火卷帘、消防电梯、消防水池、消防泵房及消防控制中心的设置、构造与防火处理等。

需由专业部门设计、生产、安装的建筑设备、建筑构件的技术要求，如电梯、自动扶梯、幕墙、天窗等平、立、剖面图纸完整、表达准确。

关键部位的节点、大样不能遗漏，如楼梯、电梯、汽车坡道、墙身、门窗等。

建筑物中留待专业设计完善的变配电室、锅炉间、热交换间、中水处理间及餐饮厨房等,应提供合理的设备安装搬运条件，预留必要的辅助设施（水电通风等）的设计条件。

b. 结构专业

基础选型、埋深和布置是否合理。

桩基类型选择、桩的布置、试桩要求、成桩方法、终止沉桩条件、桩的检测及桩基的施工质量验收要求是否明确。

是否执行了政府建设行政主管部门在初步设计阶段的抗震设防专项审查意见。

结构平面布置是否规则，抗侧力体系布置、刚度、质量分布是否均匀对称；对平面不规则的结构（扭转不规则、凹凸不规则、楼板局部不连续等）是否采取了有效措施；不应采用严重不规则的设计方案。

结构竖向高宽比控制、竖向抗侧力构件的连续性及截面尺寸、结构材料强度等级变化是否合理；对竖向不规则结构（侧向刚度不规则、竖向抗侧力构件不连续、楼层承载力突变、竖向局部水平外伸或内缩及出屋面的小屋等）是否采取了有效措施。

建筑及设备专业对结构的不利影响，例如建筑开角窗及设备在梁上开洞等，是否已采取可靠措施。

房屋局部采用小型钢网架、钢桁架、钢雨篷等钢结构时与主体结构的连接应安全可靠。

c. 给水排水专业

给水、排水、热水等各系统设计是否合理，设计技术参数是否符合标准、规范要求。

是否按消防规范的要求，设置了相应的消火栓、自动喷水、气体消防、水喷雾消防和灭火器等系统和设施，消防水量水压、蓄水池和高位水箱容积等技术参数是否合理。

水泵、水处理设备、水加热设备、冷却塔、消防设施等选型是否安全，符合系统设计的需要。

d. 暖通专业

是否有明确的设计依据，是否有供暖、空调、冷热源及其参数的说明，是否有供暖、空调总冷热负荷的说明；管材选择的说明，塑料类管材应有根据使用等级确定的管材及其壁厚，是否有空调系统形式及控制要求的说明，是否有消防防排烟设置的说明等。

是否注明设备、管道的标高及其与地面和土建梁柱关系尺寸。是否说明通风、空调设备接管尺寸及标高。

e. 电气专业

高压配电室与值班室应直通或经过通道相通，值班室应有直接通向户外或通向走道的门。

档案馆的库区电源总开关应设于库区外，库房的电源开关应设于库房外，并应设有防止漏电的安全保护措施。

负荷计算的内容和计算方法。电气导体截面的选择及线路过载保护是否满足GB50054-95的要求；是否考虑了敷设环境、环境温度及敷设方式的修正系数。

消防联动控制有关部位的非消防电源是否具有联动切断条件等，当采用总线模块控制时，还应在消防控制室设置手动直接控制装置。

④ 深化设计

a. 了解施工图设计现状，工程深化设计涉及建筑、结构、建筑给排水及供暖工程、电气工程、通风与空调工程、智能建筑工程、消防工程、装饰等各专业，深化设计子项多且工作量较大。在施工图深化设计之前，首先要熟悉施工图及设计说明，必须要全面理解吃透。

b. 其次明确需要深化设计的内容，与总包及专业分包，设计院共同确定深化设计的内容。

c. 明确各专业深化设计管理重点。如：幕墙的深化设计需要明确幕墙构件的几何尺寸、截面形式、定位尺寸等；显示幕墙各类用材的具体材质、规格；显示幕墙构件之间的装配关系的详细信息；与主体结构收边收口的详细做法等。装修的深化需要考虑地面、墙面瓷砖和石材的排版，卫生间墙面砖、地面砖排版图，各分项工程的细节和节点大样图等。

（3）管理流程

① 设计方案的定案流程

方案设计在建筑设计当中起着重要的指导作用，为使建筑设计能够顺利进行，取得一个比较好的设计成果，公司制定工作流程对方案设计阶段进行严格管理。各地块设计方案的定案流程如下：

②施工图设计管理流程

施工图具有图纸齐全、表达准确、要求具体的特点，是进行工程施工、编制施工图预算和施工组织设计的依据，也是进行技术管理的重要技术文件。施工图设计阶段是设计管理工作中的重要一环，它直接影响到工程质量的优劣及成本的高低。公司制定施工图设计管理流程，对施工图的设计质量进行严格管理，施工图设计管理流程如下：

③深化设计管理流程

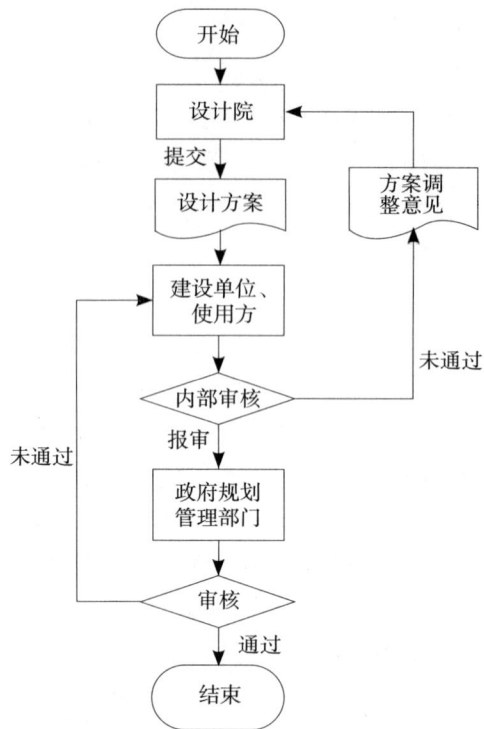

图3-3 设计方案的定案流程

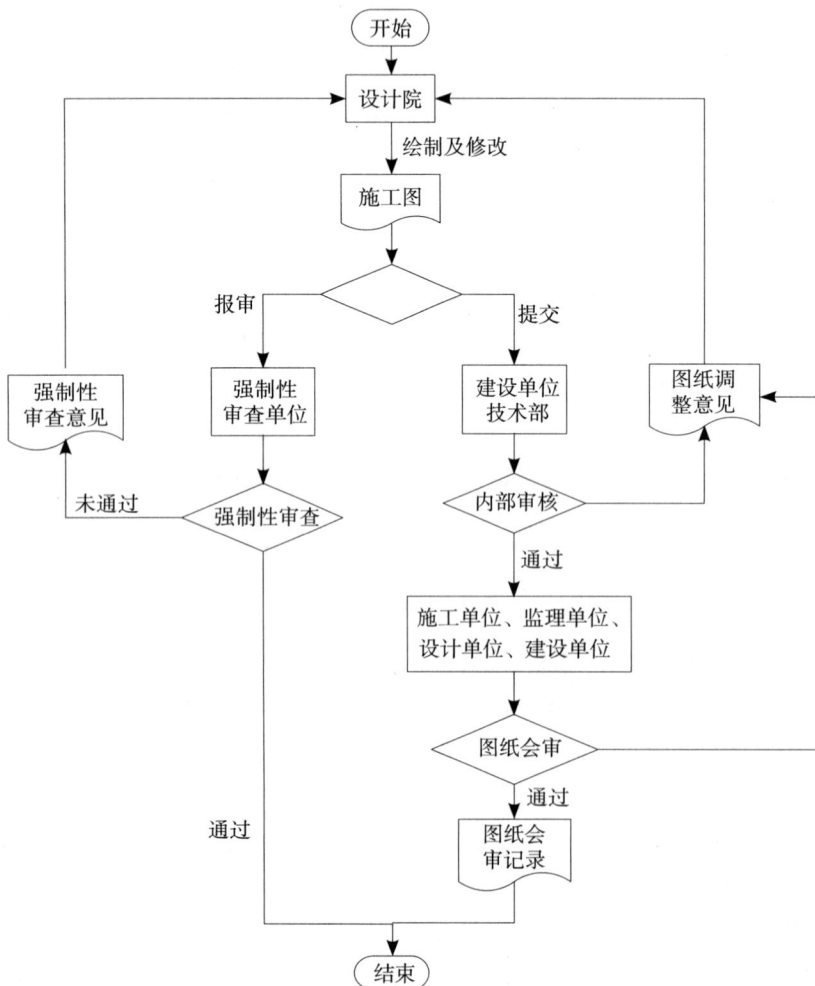

图3-4
施工图设计管理流程

3.2.3 设计阶段的投资管理

设计标准决定投资标准，通过技术交流、调研、经济技术分析、限额设计等手段，总体控制、综合平衡。在技术可靠并具有较好先进性前提下，选择性价比优良的技术方案和设备材料，确保各地块投资标准、技术水平符合中国石油天然气集团公司相关批复意见。按照中国石油天然气集团公司批复投资，严格执行限额设计，在可研、初步设计、施工图各阶段，投资上一级控一级。投资上一级控一级，是指用可研批复估算控制初步设计概算，用初步设计概算控制施工图预算，做到初步设计、施工图设计不超批复额度。

（1）严格投资控制

① 充分调动外部力量，完成可研估算、初设概算、投标清单编制等工作，公司技术部与商务部紧密配合，严格审查，确保项目完整，不丢项漏项；单价合理、准确。

② 按照"六统一"原则，进行规划和设计，严控需求标准，向入驻单位说明办公、会议、食堂等设施配置标准，避免不符合整体规划、集约原则的功能要求，造成从源头上提高建设标准，导致投资标准失控的问题。

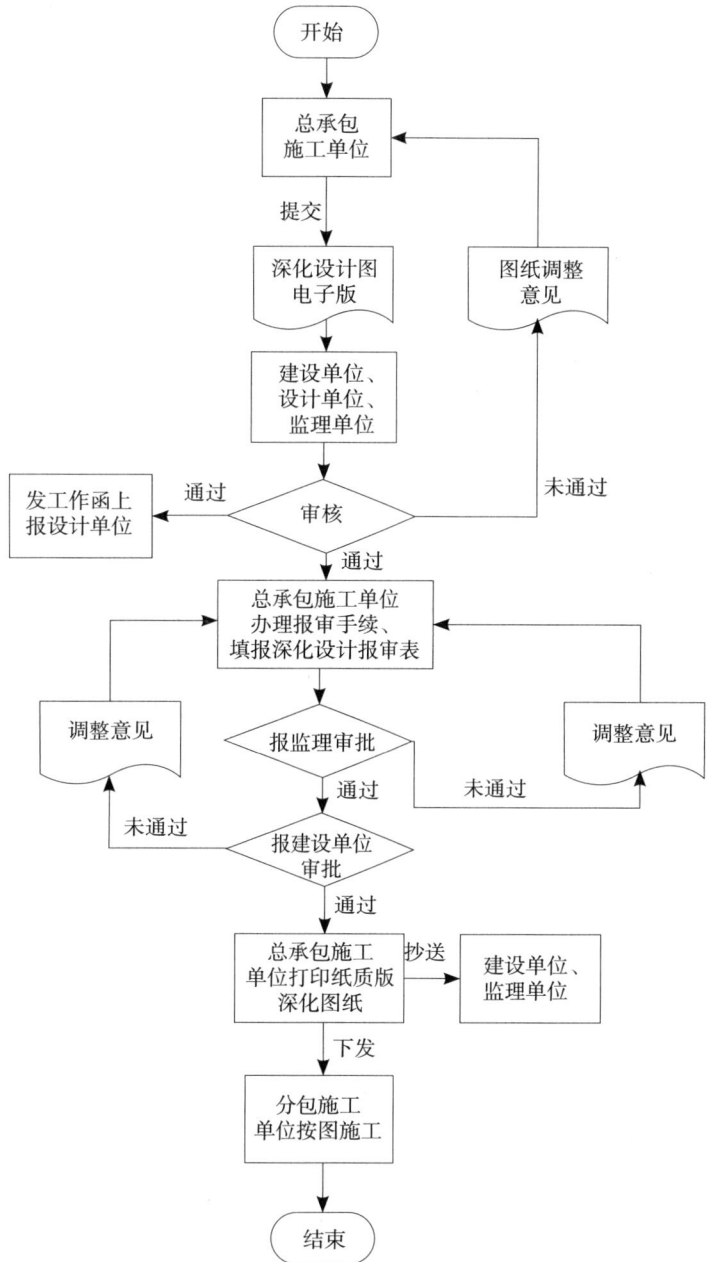

图3-5 深化设计报审流程

③ 采取动态控制，对估算、概算、预结算各阶段进行比较、分析，查找问题，及时调整，优化投资结构。电气、暖通设备等尽量采用运行可靠，技术先进的设备及材料，在装饰、景观上适当控制，突出建筑内涵和设计含量，同时控制造价。

④ 做好审图工作，严格控制设计标准，节省投资。

当前，工程勘察设计单位和设计人员普遍存在重技术、轻经济，设计保守浪费，只求安全保险，不问造价高低的问题。"安全、美观"的设计准则使得大部分设计人员经济观念淡薄，通常认为技术上可行，安全可靠，就算完成任务。由于从经济的角度考虑不足，施工图设计深度不够，"碰、缺、少、漏"，"肥梁、胖柱、深基础、超筋"等多有发生，现实中不少工程设计该计算的不计算，为了图快或是怕麻烦，只凭经验确定，宁大勿小；长此以往，势必会造成建设单位资金的"无形"浪费。

作为建设单位，依据设计投资概算批复的标准，审查设计图纸，结合使用方的确实需求，在满足功能要求下，坚决不盲目提高标准。尤其对新做法，新工艺，都需进行严格的经济性对比后，确定合适的方案。例如，A42地块在初步设计完成之后，认真组织各专业进行审图，在满足使用方需求的前提下，严格控制设计标准，提出很多控制投资的合理化建议，优化了设计，在过程中有效地控制了投资；在A29地块施工图电子版审核时，发现地下室钢筋用量很人，经过重新测算，优化设计，有效地降低了投资。

⑤广泛开展调研和专家论证工作，借智、借力，确保各地块技术水平和投资标准适当。

在方案设计、初步设计及施工图设计阶段，注重调研学习，借鉴成功经验，先后组织员工等对数据中心、实验室、展览展示等建筑进行实地考察和调研，借鉴成功建设经验，为做好设计管理工作奠定了坚实基础。

⑥严控设计变更的质量和数量。

⑦项目实施过程中，建立技术协调机制，便于各方提前发现问题，及时解决，避免返工浪费。

（2）深化设计成本控制

深化设计图纸虽然不作为最终结算依据，但是由深化设计可能会产生设计变更或洽商，这就要求建设单位加强对深化设计成本控制的管理。通过在设计过程中进行多层次的控制和管理，实现成本控制的目标。通常采取以下成本控制措施：

仔细审查招标文件中的要求，确认设计标准和计算的准确性，避免在设计过程和施工过程中出现偏差。

在深化设计阶段对各深化设计单位采取限额设计或优化设计措施，严控设计标准和过程，杜绝多余设计和无用设计。

3.3　使用需求对接方式方法

中国石油科技园项目功能多样，入园单位多，各单位的业务范畴、功能需求都具有很强的特殊性和复杂性，尤其是各入住单位的实验区域需要定制化设计，从而出现了使用单位不熟悉建筑设计表达方式，设计单位不了解使用单位工艺要求，双方沟通不顺畅的矛盾。在这样的情况下提出了开展使用需求对接的工作思路，满足了使用者对拟建建筑物的要求，特别是对建筑物所应具备的各项使用内容的要求。

3.3.1　设计阶段需求对接

建筑设计工作常涉及建筑、结构、给水排水、通风、电气、智能化等专业，具备很强的专业性。在设计单位与使用单位沟通使用需求的时候，使用单位并不能提出标准化的设计需求。例如：设计单位需要由使用单位提供一个房间的楼面活荷载要求，根据国家荷载取值规范，一般办公房间的楼面活荷载取值为200kg/m²，大部分使用单位并不是专业设计人员，并不能理解楼面活荷载的概念，而对于200kg/m²这个数值，一般非专业人员会理解为：重量除以面积要小于200kg/m²，但事实并非如此。为了避免使用单位因为概念不清而盲目地提要求，在整个设计阶段中，采用以下几种方式进行需求对接。

3.3.1.1　现场调研

对有特殊功能需求的项目进行实地调研，内容主要包括：建设项目的功能构成、空间组织及工艺流线等，以及供电、供水、供气、通风、空气净化、安全措施、环境保护等基础设施和基本条件。调研完毕后形成书面的调研报告，作为后期设计的指导依据。

以A15地块档案馆项目为例：调研招商局博物馆（档案馆）

概况：招商局是中国近代自办的第一家民用航运企业。招商局博物馆（档案馆）于1992年11月在深圳蛇口成立，是由招商局集团有限公司行政部主管的招商局档案行政管理部门、招商局档案的永久保管基地、招商局史的研究基地和档案信息利用开发中心。

（1）建设功能

招商局博物馆（档案馆）总建筑面积约6000m²，其中档案库房约3000m²，设有纸质档案库、声像档案室、实物档案室等，史料陈列馆建筑面积约680m²，位于首层。档案馆藏基本上是记载招商局1949年以后，主要是改革开放以来发展历程的"一本书"，馆藏量近10万卷，其史料陈列馆则是一个了解招商局自1872年成立以来发展全貌的"总目录"。以丰富翔实的史料，简明扼要勾勒出招商局发展总的轮廓及其在中国先进的地位。

（2）建筑特征及不足

建筑特征：

① 该建筑为旧厂房改造而来，建筑层高约4m，净高3.2m，满足基本陈列展览要求。展览陈列厅虽然面积不大、层高不高，但通过内装修及照明的合理设计，有效避免了厅内压抑感。

② 博物馆陈列室采用串联式布局，以时间段为主线贯穿参观路线（主要分晚清、民国、新中国成立、改革开放以来及走进新世纪的招商局），参观流线明确，从入口处开始自左至右顺时针排序。同时结合多媒体设施，展板中安插音像文件，作为参观者对展示内容进行深入了解的平台，参观选择性强。

③ 室内的展览陈列空间并不局限在专设的展厅内，在招商局的各交通空间中，也被充分地利用作为展示廊，设计简洁大方。

建筑不足：受总建筑面积限制，展厅面积略小。

（3）可以借鉴的地方

① 大型国企档案馆，展示内容、范围及侧重点，应与政府档案馆有所区别。

② 应以企业自身优秀发展历程、各年重大成就、代表性优秀人物相关资料等为主要展示内容。

③ 不应盲目追求建筑规模，须结合自身实际需求，综合考虑馆藏量递增速度，合理分配展览、库房、办公等功能分区。

④ 结合企业风格及展览展示需要，合理进行内装设计，整体装修材料色调应以暖色、暗色

图3-6 博物馆陈列室

图3-7 展示廊

为主，辅以灯具照明设计，达到突出档案展览、展示的目的。

⑤ 可在不同房间、不同地点等区域布置展览内容，例如展厅、楼梯间、走廊、拐角、门厅等，巧妙结合空间布局、地形变换等条件，多元化进行布展。

⑥ 应在每间展览室、库房等有参观、查阅需求的重要房间门口，挂放相应注意事项，使得观众对于参观、查阅要求一目了然，更方便地进行参观、查阅。

3.3.1.2 设计信息表

为便于设计单位更直接更简便地搜集使用单位的需求信息，并有效地转化为设计文件。在施工图设计阶段，我们采用设计信息表的方式进行信息采集。设计信息表主要包括建筑、结构、供暖通风、气体管道、给水排水、电气等六大项内容，下面又划分出二十余子项内容，充分采集使用单位的需求信息，从而达到对每个功能房间都进行量体设计。

设计信息表的确认过程：

（1）科技开发公司及设计单位根据使用单位的房间功能进行设计信息表的格式制定。

（2）使用单位根据房间功能进行设计信息表的填写。

（3）科技开发公司及设计单位对使用单位首次提供的设计信息表进行审核。

对某些特殊需求房间的要求进行进一步考量，可以采用实地考察或者咨询专业人员等方式。例如：试验室通风量，由于个别使用单位试验室要设置通风柜，每个房间都提出了相应的通风量，这样导致了整个建筑项目的通风量需求增大很多。科技开发公司及时组织设计单位相关人员对使用单位试验室的工况进行进一步考察，了解试验过程中的通风柜使用频率及同时开启率，与使用单位沟通，从而优化了使用单位的需求。

（4）使用单位对不合理的使用需求进行调整。

（5）科技开发公司及设计位对使用单位提供的设计信息表进行二次审核。

（6）使用单位对最终的设计信息表进行签字确认。

3.3.1.3 平面布置图

在方案、初步设计、施工图设计等各设计阶段，通过方案、图纸将每个功能房间布置、区域划分、工艺流线、交通流线等方面整体展示给使用单位，听取使用单位意见，并进行调整。通过以平面布置图的方式由使用单位签字确认，一方面避免施工图出图后使用单位的反复调整，导致工程延期或返工；另一方面约束科技开发公司及设计单位按使用单位要求执行工作。

通过各地块的实施经验，设计信息表及平面布置图的确认工作取得了良好的效果。各使用单位均没有过大的二次改造工程，能够保证顺利入住。科技开发公司也因坚持落实使用单位需求而得到园区使用单位的认可。

表3-3

信息表样式表

A区实验室建筑设计信息表（一）

房间编号	房间名称	房间使用面积 m²	实验时产生的公害 A噪声 B振动 C臭味 D辐射 E磁场 F灰尘 G细菌 H蒸汽 I消害废气	位置要求 A底层 B楼层 C朝北 D朝南 E无要求	房间尺寸要求 开间/m	进深/m	高/m	房间要求	建筑 门要求 A内开 B外开 C双向弹簧 D单向弹簧 E推拉门 F隔声 G保温 H屏蔽 I自动门 K玻璃门	窗要求 A开启 B固定 C部分开启 D双层窗 E窗帘 F纱窗 G百页 H密封 I屏蔽 K隔声 L防盗窗	墙面要求 A一般要求 B防水 C防火 D保温 E耐酸碱 F吸声 G隔声 H屏蔽 J玻璃隔断	楼地面要求 A保温 B防水 C防振 D防滑 E防火 F防静电 G防静电活动地板 H隔声 J架空 K防碱 L防酸 M过氯乙烯	通风柜 长/m×宽/m×高/m	数量	实验台 长/m×宽/m×高/m	数量 A岛式 B边台 C U型台 D大理石防振台面 E L型台	排风罩数量 a.一台一个 b.两台一个 c.三台一个
A-1-16	连续管作业机综合性能实验室		A、B	A					A	C、D、E、F、L	A	（玻化砖地面）			0.75×2×0.8	B4	
A-1-17	连续管作业机综合性能实验室		A、B	A					A	C、D、E、F、L	A	（玻化砖地面）			0.75×2×0.8	B4	
A-1-18	固井实验室			A	7				B、C	A、G、L	A	（玻化砖地面）					
A-1-19	岩石力学实验室		A	A、D	5			做1个长2000×宽3000mm深600mm的钢筋混凝土基础，钢筋混凝土基础上表面与地面平齐，钢筋混凝土基础中心留1个垂直方孔（长260mm×宽260mm×深500mm）	B、C	C、D、E、F、L	B、C、D、F、G	B、C、D、E、F、H（玻化砖地面）			长2m×宽1m×高0.8m	B3	

表3-4

A区实验室建筑设计信息表（二）

房间编号	房间名称	结构 特殊设备附加荷载/(kg/m²) 设备尺寸见建筑图	采暖通风 空调 A洁净等级 B房间换气次数 C生物安全柜排气要求 D温度℃,允许温差±℃ E湿度%,允许湿差±% F房间气压 G设备散热量	采暖通风 通风柜及其他排风（数量、风量） A无过滤装置 B有过滤装置,采用类型 C同时使用率	气体管道	给排水 给水 A冷水,水量、水压 B热水 C实验纯水／A1个紧急事故淋洗器 B1个洗眼器 C1个实验水池（单双水嘴）D1个通风柜水池 E1个用水设备（水压同实验室水池）	给排水 排水 A排水中有酸,浓度 B排水中有碱,浓度 C排水温度超过40℃ D设置地漏,个 E不设置地漏 F污水处理方式,m³/h G排放量,m³/h H排水中有石油类,浓度 I排水中有废酸道,浓度 J排水中有超标北京市污水排放标准物质（除酸、碱石油类），浓度	电 消防 A水喷淋 B水喷雾 C气体消防	电 照明 A日光灯 B紫外线灭菌灯 C勤克斯 D应急照明 E荧光灯	电 强电 A总用电负荷; B最大用电负荷（直接接线还是备用插座）C总用电回路个数 D各备用电设备电压等级（220V还是380V）E.UPS设置（具体设备及其用量）F接地及等电位联接要求	电 弱电 A.电话 个 B.外网 个	防雷	其他
A-1-6	钻井工艺所实验室	请提供320车床2000kg,可钻性400kg,岩石特性仪400kg。				A.自来水、B C（1）	D（1）	A	A	A:Pe=15kW B:Pmax=10kW(三相)插座 C:常规做法 D: E: F:	A（2）、B（2）		
A-1-7	钻井工艺所实验室	端面切割机40kg,液氮钻取机300kg,剖切机2000kg,钻取机300kg切片机40kg		A		A.自来水、B C（1）排水沟 E4（DN15）	D（1）、F（沉淀）、G（0.5m³/日）、I	A	A	A:Pe=15kW B:Pmax=10kW(三相)插座 C:常规做法 D: E: F:	A（2）、B（2）		沉淀装置用方提供,沉淀装置使用水由方接排至水沟
A-1-8	大平衡实验室			A		A自来水 B C（1）	A、B、D（1）、H	A	A.	A:Pe=25kW B:Pmax=8kW(接线盒) C:常规做法 D: E: F:	A（2）、B（2）		

3.3.2 施工阶段需求对接

为保证使用需求得到最大的满足，公司要求使用单位不仅仅参与施工图纸的设计，也充分参与施工阶段的深化设计及专业设计，并对各类设计图纸进行确认。

在施工过程中涉及使用需求对接的工作主要是：

（1）深化设计确认。深化设计是在设计单位施工图纸的基础上，由施工单位进行的更详细的深化设计，有利于指导现场施工工作。

例如：

a. 通过办公家具布置图、实验家具布置图的确认进一步确认强、弱电点位详细定位；

b. 根据使用单位实验设备选型，根据使用单位提供的设备参数，提前考虑上下水点位、通风风口、电源的定位及预留方式。

主要确认的设计图纸有：办公家具布置图、实验家具布置图、强电插座布置图、弱电点位布置图等。

（2）专业设计确认。专业设计是指由于设计单位不具备相关专业的设计资质，需由其他有设计资质的单位进行的专业设计。

例如：

a. 燃气设计单位根据厨房使用单位后厨的燃气点位数量及定位进行燃气设计；

b. 会议系统设计单位需根据使用单位需求进行会议设备的设计。

主要确认的设计图纸有：会议系统深化设计图、厨房深化设计图、机房深化设计图、标识深化设计图等。

3.3.3 使用阶段需求对接

项目投用后，为适应未来发展，部分使用单位需求也随之调整，例如：实验室增加新设备，房间功能调整等。

科技开发公司作为产权管理单位，根据实际条件，确认可实施性，并通过往来文函进行方案审批。

方案审批主要原则：

（1）改造项目不得擅自拆改房屋结构或明显加大荷载，危害建筑结构主体安全；

（2）改造项目不得擅自改动消防设施，如改造涉及更改消防设计的，要报消防部门审批同意后，由具有相应资质的专业消防工程单位进行消防工程实施；

（3）公共区域改造应保证建筑整体风格一致；

（4）考虑园区外立面整体效果，不得在建筑外墙上安装室外机等设备；

（5）园区内树木移植或增设临时设施不得影响地下管线。

3.4 招标阶段技术管理

建设工程招标是为了实现项目建设目标，引进竞争机制，择优选定投标单位，达到提高工程质量，规范化管理的效果。中国石油科技园建设体量巨大，建筑形态多样，在整个园区建设过程中需要招标的项目繁多，技术管理在招标过程中承担着制定技术标准、把关材料设备质量等重要使命，因此招标阶段的技术管理工作在中国石油科技园建设项目管理中显得尤为重要。

中国石油科技园建设招标技术管理工作主要体现在施工及货物（主要指重要建筑设备及材料）招标过程中，贯穿于项目建设周期始末。招标阶段的技术管理工作主要包含两部分内容：一是招标前期调研工作，二是招标技术部分文件编制工作。

3.4.1 招标前期调研

无论是工程施工类招标还是货物类招标，前期调研工作都是招标技术文件撰写的重要准备阶段，是需要专业技术人员认真细致工作的阶段，调研质量的好坏可能通过招标技术文件影响招标是否成功。

3.4.1.1 招标前期调研主要内容

货物招标前期调研工作内容主要包括对拟采购设备材料技术发展水平、各生产企业设备性能、主要配套部件、使用效果、故障及维修情况、重要配件备件的消耗情况以及设备档次、生产周期情况等进行调研。施工类招标前期调研工作不仅包括对自身工程内需采购的重要货物进行调研，还应包括对企业技术力量、施工组织协调能力、工程图纸深化设计能力等多方面进行调研。

3.4.1.2 招标前期调研流程

（1）调研准备工作

调研准备工作是招标前期调研工作的一个重要环节，准备工作越充分，调研过程越顺利。开展调研准备工作首先要制定切实可行的招标调研计划；其次，参与调研人员必须是专业人员并对所调研的设备技术、商务情况有一定的了解；最后根据项目投资情况确定调研范围。

中国石油科技园对每个地块招标项目的前期调研工作做到未雨绸缪，根据专业的不同，按照项目整体实施计划及招标技术文件编制完成时间制定招标调研计划，把招标调研工作落实到相关专业和具体负责人员，做到责任到人，质量到位。如下表为中国石油科技园××地块招标调研计划。按照招标调研计划安排，相关专业技术人员需要在短时间内尽快熟悉图纸，与设计单位进行沟通明确设计意图，理清招标具体需求，最后根据项目整体投资情况确定调研范围。

××地块招标调研计划 表3-5

××地块招标调研计划					
类别	招标技术文件编制任务	技术文件完成时间	重点调研项目	招标调研完成时间	负责人
专业分包	消防分包招标		极早期空气采样系统		
			消防炮		
	弱电分包招标				
	幕墙分包招标				
	小市政工程				
	园林绿化工程				
	特殊气体供气工程		特殊气体供气工程		
	标识工程				
	变配电工程				
	电梯工程				

类别	招标技术文件编制任务	技术文件完成时间	重点调研项目	招标调研完成时间	负责人
	××地块招标调研计划				
材料、设备招标	电气工程暂估材料、设备招标				
	配电箱				
	UPS				
	暖通工程暂估材料、设备招标				
	新风机组、空调机组				
	空调水泵				
	文丘里风阀		文丘里风阀		
	实验室自控工程		实验室自控工程		
	实验室洁净空调		实验室洁净空调		
	给排水工程暂估材料、设备招标				
	给水、中水加压泵组				
	污水处理设备及附件		污水处理设备及附件		
	建筑及装饰工程暂估材料招标				
	装饰木门（含五金）				
	木质防火门（含五金）				
	卫生间、小便间隔断板				

（2）调研实施工作

中国石油科技园招标调研实施阶段的方式方法主要有如下几种。

① 根据调研准备阶段确定的调研范围，通过网上搜寻相关资料、与各生产企业进行技术交流等途径，充分了解招标设备材料性能，并结合项目特点进行比较分析；

② 通过实地调研对拟采购设备工厂或施工企业进行全面了解，其中包括企业规模，生产工艺流程以及企业文化等情况的调研；

③ 走访已有用户，了解设备使用效果及运营情况。

图3-8 与厂家进行技术交流

图3-9 调研冰盘管热镀锌过程

图3-10 调研冰盘管工厂车间

图3-11　走访国内某锅炉房

（3）编制调研报告工作

调研报告是调研过程的最终体现。调研结束后，参加调研的人员应根据调研过程中收集到各种信息资料认真分析，汇总出一份详细的报告，为招标技术文件的编制提供详实可靠的重要依据。调研报告主要内容一般包含各设备厂家或施工企业的情况分析，各厂家的联系方式汇总，拟采购设备材料技术参数对比分析，技术要点分析等。

直燃机及制冷剂调研分析报告中关于市场占有率图表分析

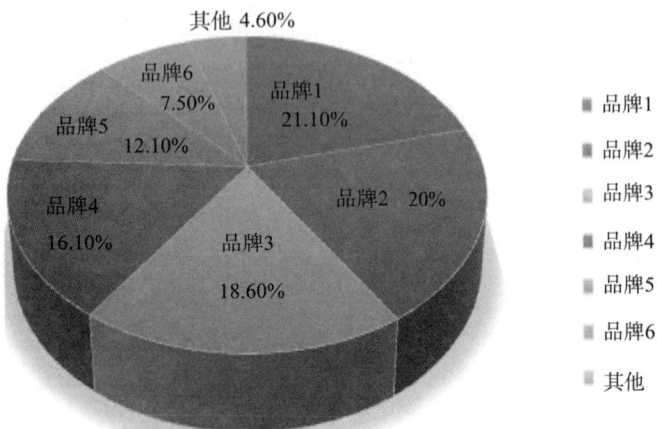

图3-12
直燃机目前在国内市场占有率

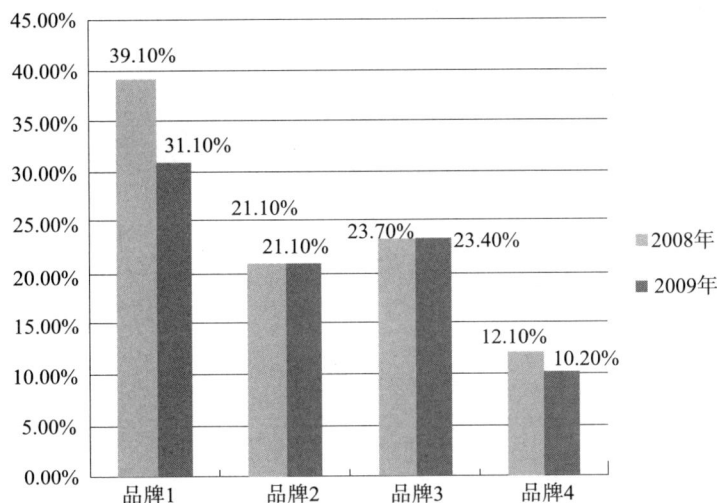

图3-13
制冷机2008年2009年市场占有率情况

数据中心UPS调研报告中关于各品牌UPS各项性能图表分析 表3-6

设备额定容量		500kVA、400kVA、300kVA		
品牌	品牌1	品牌2	品牌3	品牌4
Ups选型	A	B	C	D
一			输入指标		
1 输入电压	380V ± 20%	400V +15% ~ −20%	380V ± 15%	340V~460V
2 输入频率	50Hz ± 10%	50 ± 10%（60可选）	50Hz ± 10%	45Hz~65Hz
3 输入功率因数	0.94	0.92	≥0.93	>0.95 配有滤波器
4 输入谐波失真	4.50%	< 5	≤4.5%	<4% 配有滤波器
5 整流器	12脉冲	12脉冲+滤波器	12脉冲整流	6/12脉冲/6脉冲+THM
6 缓启动	3 ~ 600s可设置	1 ~ 180s可调	8~30s	具备
7 短路容量			290%	200kA
二			输出及旁路指标		
1 输出电压	380/400/415V	380/400/415V	380V	400V/230V
2 输出波形	正弦波	正弦波	正弦波	正弦波
3 输出不平衡能力	平衡负载 ± 1%；100%不平衡负载 ± 2%	100%线性负载下输出电压失真度 < 5%	能带100%不平衡负载	100%不平衡
4 稳压精度	± 1%	± 1%	± 1%	± 1%
5 频率精度	50Hz ± 0.02%	市电 ± 0.75%，本机 ± 0.05%	± 0.02%	50/60 Hz ± Hz用户可调 ± 0.1
6 频率同步范围	50/60Hz ± 2Hz	1.5 ~ 6可调	± 3Hz	± 10%
7 频率调节速度	2Hz/s 可设置	< 1Hz/s	0.1~3Hz/s	0.5/1/1.5/2Hz/s可调
8 阶跃响应能力	0-100%-0负载变化 ± 2%	< 20ms	± 4%	± 2%
9 阶跃恢复能力	0-100%-0到 ± 2%时，5ms	< 20ms	20ms	10ms
10 电压畸变（线性）	± 1%	< 3%	± 1%	± 3%
11 电压畸变(非线性)	± 3%	< 5%	< ± 3%	± 6%

续表

设备额定容量		500kVA、400kVA、300kVA			
	品牌	品牌1	品牌2	品牌3	品牌4
	Ups选型	A	B	C	D
12	电压波形失真度	线性负载±1%、非线性负载±4%	<5%	±1%	±3%（线性）±6%（非线性）
13	三相输出电压不平衡度	±1%	<5%	±1%	1%（平衡）3%（不平衡）
14	三相输出电压相位偏移	±2%	<2°	相移<120° ±1°；	1°
15	输出隔离变压器	标准内置	有	标配内置	标准内置
16	过载能力	110% 60min、125% 10min、150% 1min	125% 10min，150% 1min	110%，60min；125%，10min；150%，1min；	125% Load 10min 150% Load 1min
17	输出功率因数	0.9	0.9	0.9	0.8
18	峰值因数	3:01	3:01	3:01	3:01
19	峰值电流限流	2900A		290%	2.121
20	限流	3.5In		290%	150ms 断路电流
21	静态开关过载能力	110% 60min、125% 10min、150% 1min	125% 10min，150% 1min，700% 600毫秒，1000% 100毫秒	1000%,100ms	125% Load 10min 150% Load 1min
22	静态开关转换时间	0ms	0	<0ms	0
23	整机工作效率	94%	93%	94%	94%
24	并机性能	6台	8台在线并机	6台并机	最多并联6台
25	同步控制器	可选配ACS	选件	标配内置	可以选装
26	交流旁路的配置	标准内置	有	SCR型静态开关	标准配置
三		其他指标			
1	工作温度	0~40℃	0~40℃	0~40℃	0~40℃
2	相对湿度	95%(无凝露)	<90%（20℃无凝露）	0~95%	20%~95%
3	噪声	72DB	72dB(1米处)	70dB	72dB
4	连续高温运行		40℃	40℃	40℃ 连续运行8小时，35℃长期连续运行
5	显示屏	4″LCD英文显示屏	LCD液晶显示屏	6英寸LCD	可选液晶触摸屏
6	远程管理	RS232/485/RJ45/干接点	选配	支持RS232/RS485/MODBUS/SNMP多种方式	提供SNMP、Modubs卡
7	雷击浪涌保护器	标准配置	有	标配6kV/5KA D级防雷	无
8	MTTR	2小时	2~4小时	<2小时	4小时
9	MTBF	35万小时	30万小时	>50万小时	475000小时
10	电磁干扰	标准配置	符合EN59001-2标准	IEC62040-2 CLASS C2	满足EMS
11	电池	37~39节电池可调节	松下或BSB	铅酸蓄电池	30~34单只可调

3.4.1.3 前期调研关注要点

（1）合理安排调研计划，避免影响施工进度。

专项工程招标及一些大型设备材料的招标，由于拟采购设备的生产及运输周期较长等客观因素，需在项目总承包招标完成之后，根据总承包施工进度计划，尽快编制相关调研计划，避免影响施工进度。

例如一些大型设备如冷却塔、太阳能集热器一般布置在屋顶，并需要做混凝土基础。为保证系统安全，最好在主体结构上生根，采用预留钢筋方式。为避免影响屋面防水施工，应尽早开展此类设备的调研和招标工作，以免影响施工进度。

又如幕墙工程在施工时需在一次主体结构中预留埋件，因此幕墙工程专项分包工程招标工作最好在地上一次主体结构施工之前结束，需尽早展开此类专项工程的前期招标调研工作。

（2）根据投资控制目标，合理确定产品定位。

同一项工程在同一设计要求条件下，采用不同的系统工艺或不同档次的设备材料，对项目投资有不同影响，因此在确定招标档次时，既要以园区建设"六统一"标准为原则，避免各入园单位攀比，又需兼顾建设投资控制目标，合理控制项目投资。

以幕墙专业分包为例，幕墙工程涉及的材料众多，在均可达到相同技术要求时，国产进口材料设备价格差异很大，不同品牌性价比也不同。如何选择，就需深入调研，了解各种材料已建成投用后的效果。通过深入调研可以发现有些材料例如玻璃、岩棉、硅胶等，国内的品牌性价比较好不输于国外品牌；还有些材料如铝板、钢材等，需要二次加工，加工厂家众多，档次差距不大，这种情况对基材、喷漆进行要求就可以较好地把控质量，更好地提升性价比；有了详实的调研基础，就可以根据投资控制情况，合理制定招标产品定位，做出性价比最优的选择。

（3）结合项目实际特点，明确调研技术要点。

在进行调研前，结合项目实际特点，明确调研技术要点，做到调研工作有的放矢才能有效提高招标调研工作效率，同时这也是决定招标调研工作是否成功的一个重要环节。

例如园区××地块总共需要几十台大功率UPS设备，规格为300KVA～600KVA。IT设备均由两组UPS供电，两组UPS按2N容错方式配置。正常运行时每组UPS只负担一半负荷，故障时单组UPS负担全部负荷。UPS并机运行，每组UPS并机数量多于两台时，设置集中手动维护旁路。因此，在进行UPS设备调研时，结合项目建设对UPS设备实际要求，列出如下调研技术要点：

① 需要对不同类型的UPS（如：离线式和在线式、一体式和模块式、工频机和高频机等）进行详细的比对；在数据中心应用的环境下，对工频机和高频机的使用现状及发展趋势进行比较，需要明确其优缺点。同时对UPS设备在电池维护检测、温度告警、安全防护等方面做详细的了解。

② 需要对不同厂商的电池组进行详细的比对，重点在安全性、可靠性、可维护性及经济性等方面。

③ UPS系统应满足数据中心能源监控的要求，在数据采集、处理、传送，状态显示、预告、故障/事故报警、分析、显示、记录等功能性上应详细和全面的了解。

对电池厂商或集成商进行交流，了解电池行业的发展现状，对UPS设备和蓄电池在综合考虑安全性、可靠性和经济性的前提下，尽量达到最佳组合方案。

（4）借智借力，通力合作，高效完成特殊工艺专项调研。

中国石油科技园建设形态多元化，建设过程中包含了众多技术含量高，专业性强，专业要求高的专项工程或专业设备，这类工程或设备的招标对招标技术人员的专业素质要求非常高。

在公司人力资源有限以及施工工期紧迫的条件下，为做好此类招标工作，公司在前期调研阶段采取了邀请使用单位有经验的专业技术人员参与调研的工作模式，借助专业力量，通力合作，共同完成此类专项调研工作。

例如，××地块特殊气体工艺项目招标调研过程中邀请了使用方的专业技术人员共同参与，结合使用单位的具体工艺需求，针对一些技术重点与相关施工企业进行详细交流，高效优质地完成了此项工程的前期调研工作。

（5）未来需求合理预估，有效控制框架招标投资。

根据设备框架招标一次招标、分期供货的特点，招标前期调研除了对不同厂家设备的性能参数等进行详细对比分析之外，还应根据园区规划项目对设备的后续需求进行合理预估，力求保证框架合同内的设备型号能够满足后期项目建设需求，这对后期建设投资控制非常有利。

中国石油科技园对电梯、石材、制冷机、直燃机、配电柜等大宗设备采取了框架招标的形式。例如在进行直燃机框架招标时除某地块一期项目有明确需求外，根据科技园区能源规划，还有3个地块均拟采用直燃双效溴化锂冷水机组。而当时上述3个地块未确定具体建筑方案，仅有面积规划指标及用地性质描述，所需的直燃机规格及数量需预估，因此在本次框架招标调研期间，制定了预估需求表，将此表和各地块面积指标及用地性质描述发给设计单位及潜在投标人，结合各地块建筑情况及以往经验进行需求预估，填写招标设备对应型号，再对收集到的技术参数等数值进行分析，确定列入框架招标技术文件的关键参数（这里主要指单台设备的供冷、供热量），力求所列参数要求在保证后续需求的同时又不对潜在投标人造成不公平。

3.4.2 招标技术文件编制

编制一份科学、严谨、文字简短、逻辑性强、符合项目现场实际情况的招标文件不仅可以验证招标调研工作开展的成果，同时也是保证招标质量的重要依据。招标文件一般可分为商务文件和技术规格两大部分。技术文件是评标的主要依据之一，编写质量对招标采购是否成功有着重要影响。

3.4.2.1 招标技术文件编制原则

（1）合法性原则

合法性原则，指的是招标文件的内容和招标方式必须严格遵循招标投标的相关法律法规要求。招标文件中不可以包括排斥某类投标人的内容。招标文件中编制的各项技术规格应当体现公平竞争性，不得标明或要求某一特定的原产地、型号、设计、专利、商标或商号。如果无法准确地表述招标项目的要求与特点，就应当在招标文件内注明"等同于"或"相当于"等字样。

（2）公平、公开、公正原则

遵循公平、公开、公正原则编制招标文件，是确保招标文件有效性、可行性的重要前提。

（3）针对性原则

编写招标文件应当根据招标项目的实际情况，明确、清晰地反映招标人的要求与目标。通常，招标投标涉及的内容非常广泛，不同的招标项目会存在明显的差异性，在编写招标文件时，须分析差异性，根据招标项目的实际情况和个性要求，有针对性地编写相关条款，包括技术规格、评价标准、质量要求等。

3.4.2.2 招标技术文件编制内容

设备材料等货物类招标技术文件编制内容主要包括拟采购设备材料的名称、工程概况、使用条件、标准和规范、功能和主要技术参数、安装调试、技术资料、人员培训、售后服务，技术评分标准等方面内容。施工总承包工程、专项分包工程等施工工程类的招标技术文件不仅包括工程范围内设备材料的技术要求，还应包括对施工组织水平、施工队伍人员配置、专业技术水平以及图纸深化能力的详细要求。

3.4.2.3 编写招标技术文件需注意的几个问题

（1）招标技术文件一定要有兼容性

根据招标人实际需求和技术储备需求，给所需设备水平进行定位的同时，应考虑要求的产品有一定的覆盖面，一般情况下应至少有三家或三家以上潜在投标人。

以文丘里阀招标为例，文丘里阀风量调节比有16：1和12：1两种数值，若选用16：1虽风量调节范围大利于控制，但仅一家产品能满足要求，极易导致招标失败，而风量比为12：1以上的则有3家以上产品满足招标要求，因此最终招标技术文件中风量调节比要求为12：1。

（2）技术要求力求详尽，但需避免功能要求过剩

招标技术文件应对系统（设备）技术参数及功能要求做详尽描述，确保系统（设备）稳定可靠。以某地块报告厅会议系统为例，系统主要由调音台、音频处理器、功率放大器、扬声器、投影机、投影幕、摄像机等设备组成。不同层级的设备技术标准、品牌档次应保持一致，否则影响系统使用效果。因此在编写此招标技术文件时应该对系统内所有设备技术要求及品牌范围描述清楚，确保招进来的设备质量及参数满足使用需求。

同时，应避免系统功能要求过剩。通过前期调研充分了解招标设备及系统功能要求、工艺要求及使用需求，编制招标技术文件时要避免提出系统或设备功能要求过剩，造成投资浪费。例如某地块VOD点播系统，在前期调研过程中了解到部分产品还具有电视上网、可视门铃、智能房控等附加功能，但这些功能在中国石油科技园项目并不适用，且有可能屏蔽其他品牌，在编制招标技术文件时应坚决避免此类情况。

（3）专业之间，部门之间相互补位，避免招标文件出现遗漏项

建筑工程类招标具有多个专业互相交叉的特点，不仅是施工工程招标涉及多个专业，单个设备也可能涉及多个专业之间的配合。此外，招标技术文件中的重点技术要求需在招标清单中体现出来，才能更好地为后续施工服务。因此在编制招标技术文件时，必须注意各专业之间配合，各部门之间相互补位，避免出现招标遗漏或招标内容描述不准确等问题。例如设备专业图纸水泵有变频要求，而电气专业图纸中由于设计遗漏，可能水泵控制柜中无相应变频配置，这就可能导致变频器在招标过程中不包含在水泵设备招标内，因电气图纸内容缺失，在总承包招标中也有遗漏，最终导致变频器招标漏项。编写招标技术文件完成之后，应与清单编制部门认真核对招标清单，保证清单与技术要求相匹配。

（4）专项分包工程中的特殊要求

专项分包工程，根据自身特点对施工单位需增加额外要求。以园林专项分包为例，园林工程有别于其他土建项目的表现在于绿化工程。苗木是一种生命，没有两棵完全一样的树。它的封样方式不是简单的送样定型定色，它需要实地号苗，并且有一套合理的封样流程，避免施工单位偷梁换柱；它的竣工验收不是简单的实物验收，需要有成活率的要求，对于后期维保有养护周期的要求。这些部分如果忽略了，对于建设方而言可是巨大损失，因为苗木姿态各异，成活率受多方面因素影响，能否在竣工时就可以拥有较好的景观效果，并且保证日后苗木的落地生根，如果这些在技术文件中有详细合理的要求，就可以对工程起到很好的监

管制约作用。

（5）废标项的设置需慎重考虑

某些大型设备，出于耐用性及运维成本考虑，需保证招标设备的品质，这种情况可以选择一些重要技术参数，在招标技术文件中加"*"标记为关键技术条款，如其中一条投标人没有做出实质性响应，将会导致废标，其投标产品将会被拒绝。因此废标项的设置需慎重考虑，保证加关键技术条款至少有三家以上潜在投标人能响应需求，且加"*"不宜过多，更不能不切实际，出现歧视性条款，违反"公开、公平、公正"原则，导致招标失败。

（6）合理设置技术评分标准

招标评分标准分为技术评分及商务评分。技术评分是评标的重要依据，需合理设置，才能保证招标质量。

① 确定评分因素

根据前期招标调研成果确定哪些因素作为评分的内容，不能把关键技术要点遗漏，否则就是不合理的评分标准。

② 分配因素权重

区分重要与非重要因素，将所有评分因素按重要性进行排序，把主要技术性能、质量安全保证因素以及对采购项目生产和使用成本有较大影响的因素作为主要评分因素，其分配的权重应该高些，反之作为非重要评分因素，减少得分权重。

③ 制定评分细则

制定各个评分因素具体分值的评定办法和评定标准，便于评审专家评定。

3.5 施工阶段技术管理

3.5.1 工程现场技术协调管理

完成施工图纸设计后，技术管理远未就此结束，随着工程进入施工阶段，现场逐渐开始产生大量需要协调解决的技术问题。由于大部分问题发生之时工程已处在施工进程中，因此这些技术问题的解决必须具有很高的时效性和准确性。如果某个现场提出的技术问题没有在短时间内得到妥善的协调解决，往往会造成诸如延误工期、已实施部分的拆改甚至重大施工安全事故等一系列不良的连锁反应。因此，施工阶段技术管理工作的重要性不言而喻。

3.5.1.1 施工过程中出现的技术问题种类

施工阶段产生技术问题的原因主要分为以下几种：

（1）设计图纸存在错误或遗漏。在施工图纸审图阶段未发现的图纸问题，施工单位在施工过程中往往会遇到此类问题，提出后由设计单位补充和修正图纸，通常以设计变更方式作为最终明确形式。

（2）施工单位提出的优化方案。施工图中有明确做法，施工单位从节约投资或加快施工进度的角度出发提出优化方案，通常此类技术问题的提出会附有技术方案或图纸，最终确认形式通常为工程洽商。

（3）施工过程中由建设单位提出的方案调整。由于使用需求改变或现场施工条件突发改变，施工单位未得到明确的技术方案，需建设单位与设计单位补充技术方案及图纸，以配合现场的施工甚至拆改。

（4）施工工序问题造成设计图纸需调整。此类技术问题并非设计图纸本身存在的问题，而是施工单位在按图施工过程中，由于各专业间不交圈，工序安排不合理，导致施工无法顺利进行。此时施工单位提出问题，由设计单位调整原设计图纸。此类问题造成的现场拆改和变更洽商的费用通常需要由施工单位自行承担。

例如，A29昌平数据中心项目进程中，能源发展公司在能源中心安装计量表时发现室内安装条件不能满足要求，提出增加室外地下计量小室的要求，当时正值雨季，所有开挖的管道均需及时回填，通过与施工单位沟通，分段施工，在开始施工此段管道之前完成了技术方案的确认，保证了工期要求。

3.5.1.2 工程现场技术协调管理

施工现场的技术问题反馈有一套完整的管理体系，可以简要地称之为"两单一会"体系。"两单"是指《技术协调单》与《工作联系单》，"一会"是指技术协调会。

中国石油科技园建设过程中，各地块均建立了技术协调会制度，施工单位可将现场施工过程中发现的问题按照技术协调单的规格整理并提交给建设单位，由公司技术部组织施工单位、监理单位、设计单位召开技术协调会，针对技术协调单中的技术问题，结合施工现场的实际现状逐条进行讨论，制定技术方案，讨论结果形成会议纪要。当施工单位遇到与造价改变有关的技术问题或是对工程进度影响较大的问题时，通常会通过发工作联系单的方式将问题反馈给建设单位。工作联系单是需要在建设单位内部各部门及各位主管领导中传阅的，因此其较技术协调单更具效力。

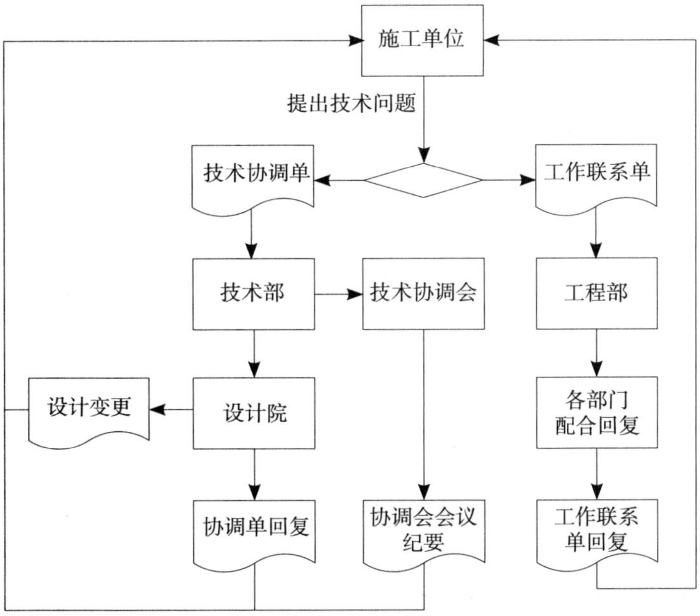

图3-14
"两单一会"管理流程

（1）现场技术问题的反馈

现场技术问题的反馈主要有两种方式：《技术协调单》及《工作联系单》。

施工单位发现图纸中存在疑问，可将问题填入《技术协调单》并提交公司技术部，《技术协调单》样本见下图：

×××项目总包技术协调单(001)

会议地点：			会议时间：			签字栏	设计院：		
参会单位：			专业：			甲方：		总包：	监理：
序号	总包疑问			设计澄清	问题解决				备注
	图号	问题内容	问题区域	答复内容	变更洽商单号	解决情况(√/×)			

图3-15 技术协调单样本

如图中所示，施工单位将发现的技术问题分专业（如建筑结构等）、分问题发生区域（如A区B区等）填入技术协调单；当施工现场发生的技术问题涉及到商务问题（例如品牌变更或重新认价）或需公司领导给出明确意见的技术方案（例如增减设备）需建设单位确认时，可将技术方案及工作量清单报价以工作联系单的形式提交工程部，《工作联系单》样本见下图：

（2）"两单"的回复

①《技术协调单》的回复

公司技术部由项目联系人对技术协调单中的问题进行筛查，将需要设计单位回复的问题发给设计单位进行回复，将可以自行解决的问题由各专业相关人员进行回复。

问题的回复大致可分为以下三种情况：

如果不涉及变更或洽商调整，且不涉及商务问题的，可直接在技术协调单中回复明确。（例如某些图纸理解问题或明确做法的问题）

如果因设计图纸有误需要设计单位出设计变更的问题，回复后应在协调单相应栏目填写对应的变更编号。（例如设计做法不明确或图纸错误）

如果由现场施工单位提出且设计单位认可的问题，可出工程洽商并在协调单相应栏目填写对应的洽商编号。（例如对原设计图纸进行优化或使用方需求变化）

《技术协调单》的回复内容原则上不作为施工依据，涉及到图纸的变更等问题依旧需要出相应的设计变更或工程洽商进行正式确认。

收件人		传 真	
发件单位		传 真	
发件人		电 话	
批准人	所属部门主管领导	日 期	
编 号	（编号统一编写）	页 数	
主 题	关于××的意见		

图3-16
工作联系单样本

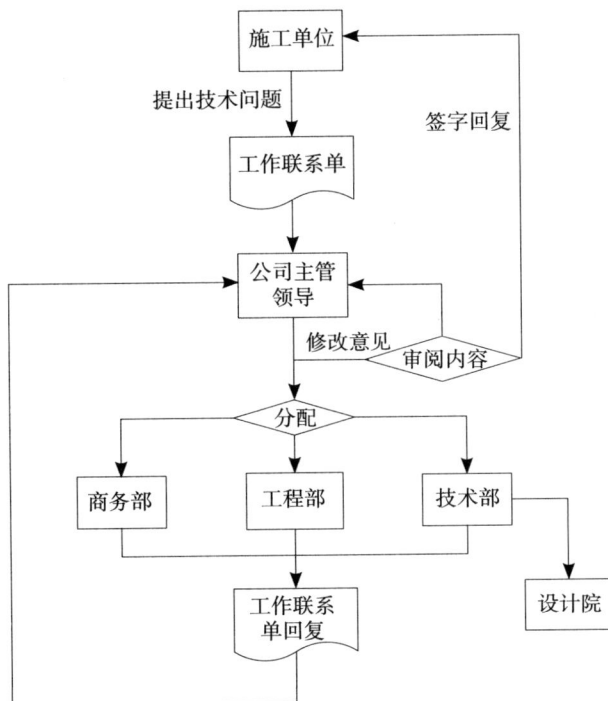

图3-17 工作联系单回复流程

②《工作联系单》的回复

《工作联系单》的管理主体是工程部，施工单位发给建设单位的《工作联系单》经由公司相关部门领导传阅，指派相关部门进行回复。涉及到技术问题的会交由公司技术部进行方案的审核。公司技术部内部由项目联系人发给相关专业人员审核，方案可行或不可行均要向主管领导汇报，并会同相关部门对《工作联系单》进行回复。

《技术协调单》的回复只需公司技术部项目联系人、设计单位相关专业工程师、施工单位与监理单位签字确认，无需领导签字确认，并非正式公文；《工作联系单》是需要在公司各部门领导进行会签后形成正式公文的回复，需加盖公司公章。

工作联系单

收件人		传 真	
发件单位		传 真	
发件人		电 话	
批准人		日 期	
编 号		页 数	1
主 题	关于_____工程_____的工作联系单的回复意见		

_____公司：

　　同意你公司于××年××月××日发来的工作联系单中，关于_____工程_____系统的_____品牌更换的意见。同意由原来的_____更换为_____，型号为_____，单台价格为_____。

××年××月××日

图3-18 工作联系单回复样本

（3）技术协调会的召开

当某段时间内，现场集中出现了较多的技术问题或技术协调单中问题无法在短期内明确回复时，公司技术部会不定期地组织召开技术协调会，要求设计单位相关专业及施工单位、监理单位到场参会。技术协调会通常会在施工现场召开，针对该时间段内施工现场出现的技术问题进行现场解答。会后形成几方签字确认的会议纪要，会议纪要的形式类似图纸会审，都是针对图纸中存在的问题进行逐一解答。

技术协调会的会议纪要实例如下：

与图纸会审记录不同的是，技术协调会形成的会议纪要原则上不作为施工依据，涉及到图纸的变更等问题依旧需要补出相应的设计变更或工程洽商进行正式确认。

3.5.2　设备材料认品认样管理

在工程设计中，设计图纸对于建筑内外的工程做法有明确的要求，但材料外观的控制主要依靠封样工作加以细化落实，材料封样在建筑效果形成中起到至关重要的作用，是保证工程建筑材料性能、技术标准和产品质量符合国家规范和设计标准要求的重要措施，也是有效避免资产缩水，材料以次充好的有效手段。

需要进行封样的材料主要为：墙面、顶面、地面主材，幕墙型材，木门，五金，风口，检修口，灯具，烟感，喷淋，插座及开关面板，收边收口材料，楼梯栏杆（栏板）及扶手，洁具，隔断，台面板材等。

在材料封样过程中，严格按照国家规范、相关标准及技术文件要求，认真审核比对，核实送

××项目第二十六次技术协调会
会议纪要
2012年7月3日

2012年7月3日上午，由参建各方参加（建设、设计、监理、施工单位），在施工单位项目部会议室召开第二十六次技术协调会，会议议定事项如下：

土建专业：

1、B区3轴消防合用前室、茶水间，S区H轴消防合用前室、茶水间、吸烟室原图纸未设置门垛，为保证门能够开启90度，以上部位需增设门垛，且茶水间、吸烟室门洞上口需根据门两侧墙厚进行加厚处理。

答复：B区3轴消防合用前室无增加门垛空间，其他部位根据选择的门情况，统计出，无门垛的门开启角度后确定是否调整。

2、洗眼器隔墙为砌块墙，由于现场顶棚内机电、通风等管道已基本完成，洗眼器隔墙无法砌筑至顶板标高并与之连接，影响隔墙安全性，建议改为轻钢龙骨水泥压力板隔墙。另外无6–7层洗眼器隔墙变更附图。

答复：可以改为轻钢龙骨水泥压力板隔墙。6–7层洗眼器隔墙变更附图已发业主。

3、建筑图与装修深化图之间的墙体定位图差，给水机房地面，散水台阶节点，请设计近期以变更明确。

答复：散水台阶节点已出，业主走流程中。建筑图与装修深化图之间的墙体定位图差，总包总结为深化图，由业主考虑以洽商或是设计变更出。

机电专业：

1、直燃机房风机开关灯具再次建议防爆，如果贵司依旧认为不用防爆，我方将发文明确

答复：规范无明确要求防爆，若业主要求，可改为防爆型。

2、避雷针及楼梯扶手是否接地，合同中没有。

答复：需要。

3、精装房间增加隔断，暖通图纸是否调整，如需调整，请尽快下发变更。房间号已报，变更未下发。

答复：已出，明天快递到业主处。

4、洗眼器需要出变更。

答复：仅局部位置微调整，施工单元根据实际情况合理连接供排水管道即可

精装专业：

1、核心筒卫生间过道由精装修施工，工作联系单何时下发？

答复：本周下发

2、B区裙楼三层西北侧走廊空调机房通多功能厅风管由于结构梁影响，管底标高只有2.46米，可否局部吊顶降低标高？

答复：不可以，一定要保证吊顶净空2.5米。

幕墙专业：

1、大堂箱梁包柱铝板、点式幕墙钢结构喷涂颜色。

答复：接近铝本色。

2、百页变更。

答复：已出，业主走流程中。

弱电专业：

1、智能照明系统的面板是否取消？若取消，变更何时下发？

答复：已出，业主走流程中。

2、十层会议室会议机柜的摆设位置尽快确定，我方出深化图纸。

答复：尚未收到弱电承包商修改的深化图纸。

参加单位：

建设单位：　　监理单位：　　设计单位：　　施工单位：

图3-19　会议纪要示例

样材料的外观、色泽、品牌、检测报告等内容。

材料封样过程中，往往由于造价、施工等原因，需要反复调整送样材料。为确保材料封样结果的品质及效率，除了在招标阶段应尽量明确及细化材料要求以外，还应采用适当技巧，例如提供备选材料、考察相关厂家、施工现场制作样板、主次分明（确保重点空间及部位品质，适当降低次要空间及部位标准）、组织相关领导及设计师同时当场认样等。

材料封样流程如下：

材料封样单样本如下：

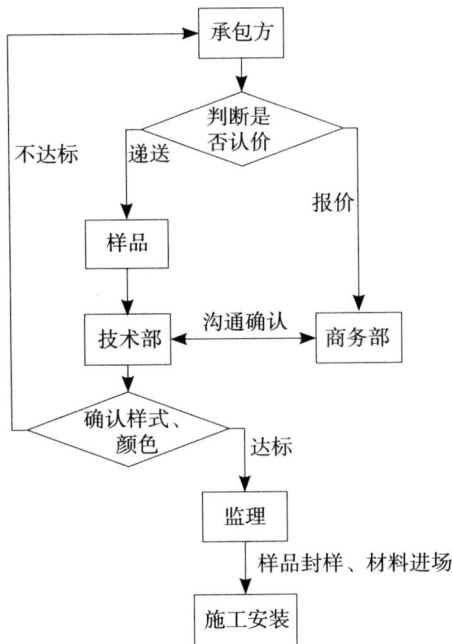

图3-20 材料封样流程

材料样品标签：

工程名称：					
编号	名称	品牌	使用部位	产品规格	备注
确认签字					
建设单位			监理单位		
施工单位			设计单位		

图3-21 材料封样单样本

3.6 专项技术管理

中国石油科技园项目，不仅有科研办公室，还有特殊实验室、数据中心、联合厂房等特殊建设项目，这就要求我们对各项目中都涉及的技术问题重点关注，专项研究。通过进行这种专项的技术论证和多方案的比对，选择最优方案，使项目投资及建筑成果品质得到有效的控制，最终实现技术工作的精细化管理。

3.6.1 在工程项目全过程技术管理中，各专业重点关注的问题

3.6.1.1 土建专业
（1）地下室方案的选择，其中人防方案的选择是重点
（2）场地入口的数量及位置是否符合规划意见书的要求
（3）±0.00绝对标高的选择，建筑入口是否设置台阶，室内外高差
（4）建筑功能、交通流线设计

（5）建筑檐口形式的选择，是否需要对屋面设备及机房进行遮挡

（6）擦窗方案

（7）电梯、旋转门、速通门技术参数选型

（8）汽车坡道及人防出入口是否设置雨棚

（9）建筑控规指标在各阶段的控制，其中建筑面积控制是重点

（10）地下室、屋面防水材料的选择

（11）工位布置及是否采用地插

（12）吊顶综合排布

（13）外立面及室内墙、顶、地分格深化

（14）幕墙形式选择（明框、隐框；单元式、框架式）

（15）钢结构方案

（16）厨房方案

（17）主要入口空间方案，雨棚有组织排水方案

（18）标识系统、停车设施

（19）地基、基础形式的论证；边坡支护及降水方案选择；沉降观测

3.6.1.2 水暖设备专业

（1）空调冷热源的选定

（2）空调方式的选定

（3）水管线电伴热范围的审核、优化

（4）生活热水供水方式的选定

（5）能源机房群控方案的选定

（6）设备是否纳入楼控，自动化程度

（7）新风机组热回收方式、加湿方式的选择

（8）厨房油烟净化方式的选择及厨房排油烟系统风管的排布

（9）总包招标范围内的设备参数核实

（10）室内外管材的选择

（11）洁具形式（是否为感应式、采用的电源形式、卫生间是否考虑降板等）

（12）冷热量表、水表形式（是否考虑远传式、采用的电源形式、设置位置等）

（13）设备的减震方式

（14）室内雨水排水形式（内排水、外排水；重力、虹吸）

（15）消防深化设计

（16）太阳能系统深化设计

（17）辅助采暖地板采暖设置区域审核、深化设计

（18）消声深化

（19）保温深化

3.6.1.3 电气专业

（1）临时用电图纸与施工图配合，避免临时用电路由妨碍后期施工。

（2）变配电室的平面布局，发热设备，要考虑通风散热通道。

（3）需考虑中低压柜、变压器安装及后期维护的运输通道，及变配电室门的高度及宽度。

（4）核实变配电室及特殊房间是否存在水管线设置。

（5）核对有控制及配电需求的设备阀门、仪表用电方式。

（6）外幕墙设计应结合原施工图统一考虑避雷设计。

（7）对于有特殊需求的房间（如防爆），相应的电气、空调及相关设备考虑同等的防爆等级要求。

（8）对配电箱，需要对最终采用品牌的开关型号的匹配性进行确认。

（9）结合小市政图纸，需重点核对施工图中室内埋户套管标高。

（10）审核装修或深化设计的图纸时，要考虑现场实施的进度，尽量避免在结构柱等位置留插座及照明，建议前期如有可能可在设计阶段提前考虑预留。

（11）对于冬季使用的冷却塔，设备专业需在审图阶段与电气专业核对配电需求，根据实际使用情况除需考虑进水管与回水管的电伴热保温外，还应核对冷却塔塔盘的保温，核算总的电量需求。

（12）需对强、弱电间进行深化设计，落实平面布置。

（13）弱电深化设计，需充分考虑使用方日后实际需求。

（14）建设大规模园区势必存在整体集成的要求，重视弱电系统的可扩展性及可集成性，分期建设时应预留好标准通信接口及通信协议。

（15）结合设备专业、强电专业图纸，确认楼宇控制系统控制范围及控制原理图。详细审核平面图中受控设备是否有遗漏。

（16）充分考虑网络通信运营商的选择和接入问题。

（17）设计中应考虑为楼内手机信号放大系统预留设备空间及传输路由。

（18）核实网络机房、消防控制室等弱电机房建筑、通风制冷、配电等条件。

（19）审核弱电间设备排布图布局是否合理。综合布线点位要结合使用单位需求，与强电插座统一进行深化设计。

（20）确认门禁系统设置范围，合理设计门禁读卡器、出门按钮安装位置。根据不同的门型选择不同的电控锁具。

（21）确认视频监控系统设置范围，结合建筑、装修图纸进行摄像机选型、安装方式及安装位置深化设计。

（22）确认智能照明系统设置范围，合理设计智能照明控制面板安装位置，用于应急照明的智能照明模块应配备消防模块，满足消防强启要求。

以上问题在设计过程中，往往不是设计师重点关注并谨慎提出解决方案的方面，甚至可能因为业内惯例而被"开天窗"，也就是进行甩项，一般在图纸中会标注"由厂家进行二次深化"，如厨房、擦窗机、标识系统、停车设施等。这就要求建设方的专业工程师主导、督促相关方共同研究并妥善解决以上问题。由于项目功能差异，此类问题的内容会有较大差异，这里仅列举部分中国石油科技园区建设过程中重点关注过的问题。

3.6.2 专项技术管理工作案例

3.6.2.1 吊顶综合排布专项技术管理

（1）通过深化设计完成吊顶综合排布

设计合同对吊顶综合排布工作有要求，但很难量化要求。设计团队因设计能力、组织协调、重视程度等因素，形成的设计成果良莠不齐。普遍存在吊顶综合排布深度不够的问题，需要在施工图出图后再次进行设计或者由施工方深化来完成。

① 设计合同中关于吊顶综合排布工作质量的要求尽量详细。

② 施工图设计过程中加强管理，做好专业之间的组织协调工作。

③ 招标清单编制过程中对该问题留有调整余地。

④ 根据投资情况，控制招标工作完成后的图纸调整范围。

（2）吊顶综合排布涉及的调整范围包括以下11项：

① 是否采用模数体系，如采用吊顶分格与幕墙、地砖的对位关系；

② 硅钙板或其他板材的规格，一般采用600mm×600mm或1200mm×600mm；

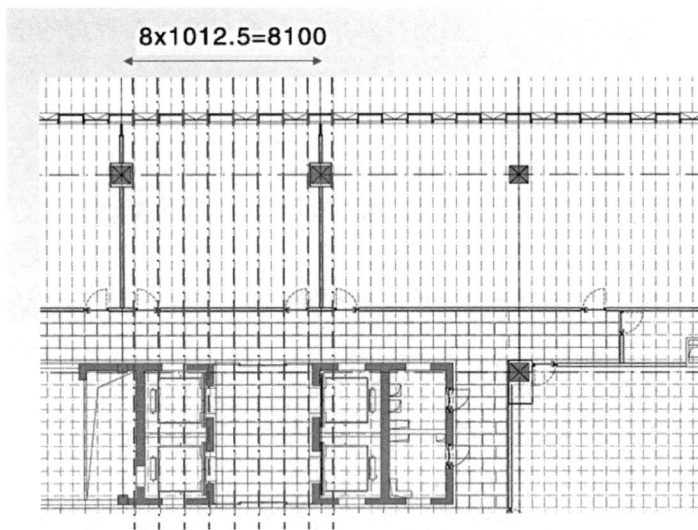

图3-22
采用吊顶分格与幕墙、地砖的对位关系

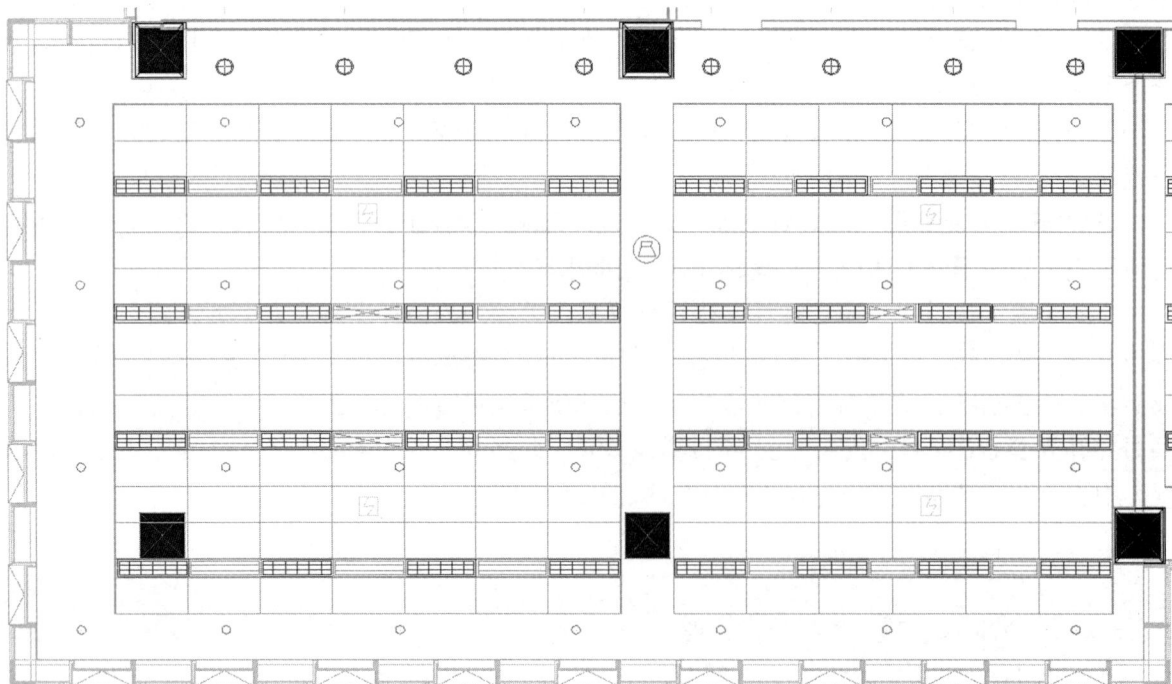

图3-23　A12实验室采用1200mm×600mm规格

③ 是否采用周圈石膏板；采用周圈石膏板，解决不规则房间块材碎板问题，但会增加构造龙骨。

④ 是否采用设备条带的形式，设备条带的方向要求；

⑤ 灯具排数及照度标准（150~500lx）；灯具与工位布置的关系；

⑥ 喷淋数量和规范要求，是否要求双向居中；

⑦ 窗帘盒、吊顶与幕墙衔接的构造节点；

⑧ 龙骨体系的选择，分为上人体系和不上人体系，以及明龙骨、暗龙骨或明暗结合等，对投资都有一定影响

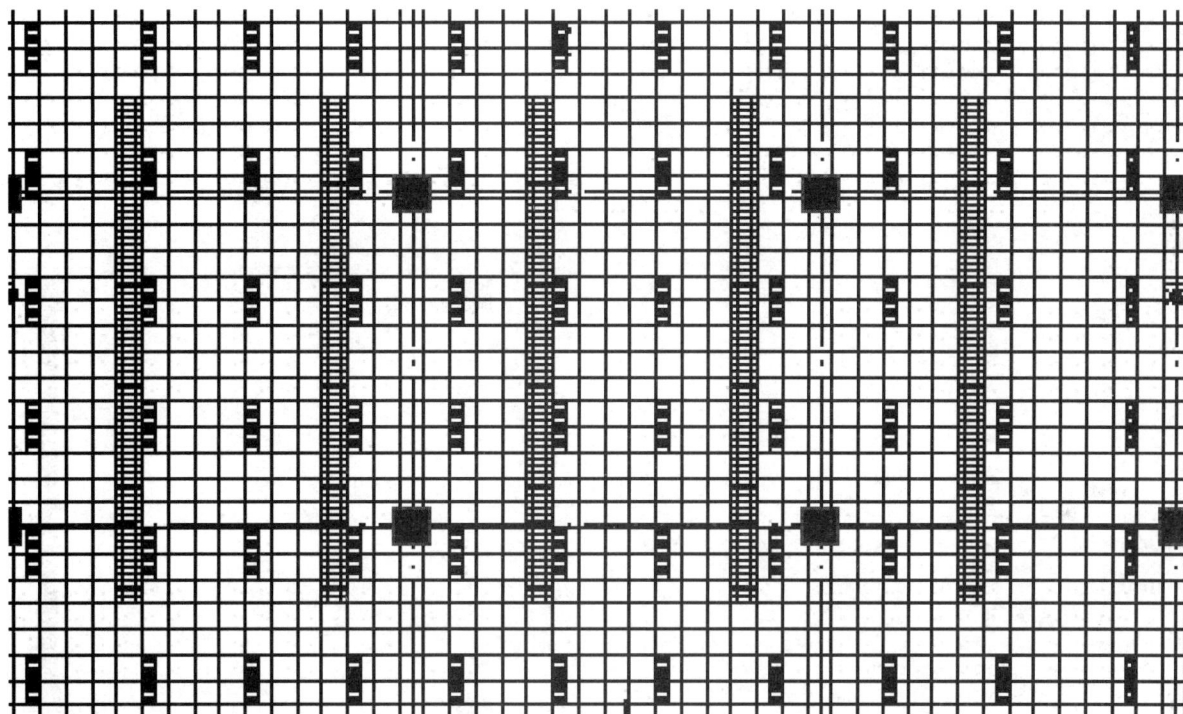

图3-24 A29数据机房采用600mm×600mm规格

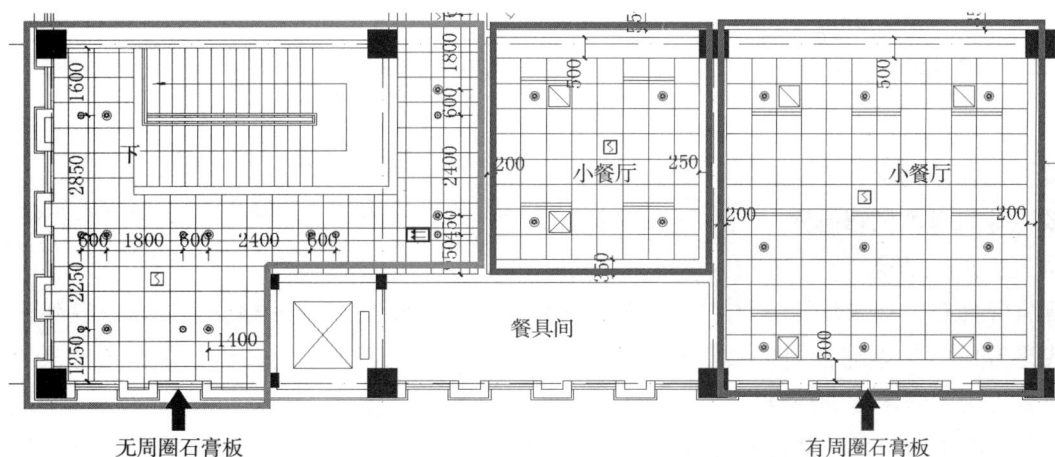

图3-25 未采用周圈石膏板、采用周圈石膏板案例

图3-26 由灯具、风口组成条形设备带

图3-27 考虑建筑外立面效果和房间位置选择灯具及设备条带方向

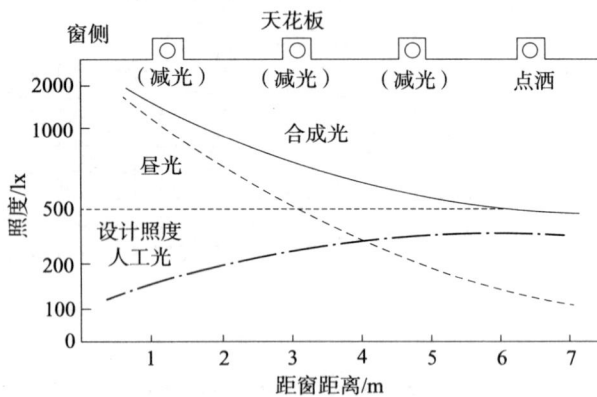

图3-28 根据房间功能要求设定照度值

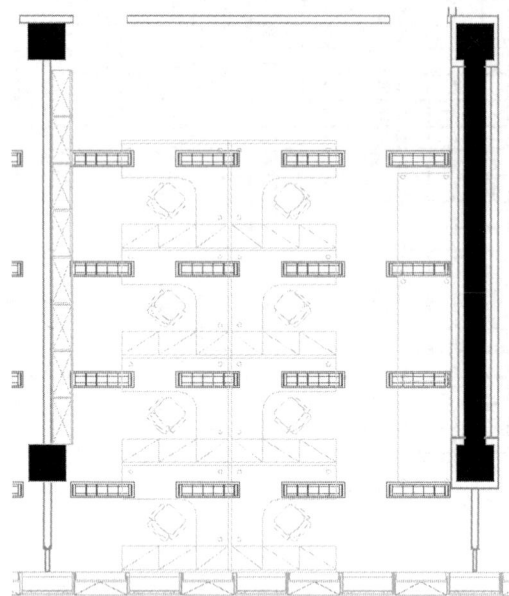

图3-29 灯具布置在工位上方

⑨ 风口、灯具规格是否要求统一；

⑩ 设备专业风盘和风管位置；

⑪ 现场施工进展情况。

在吊顶综合排布设计或深化设计中，可以根据项目投资的情况、项目特点和要求、现场进度、招标成果等因素加以综合判断和分析，对调整涉及的范围进行取舍。其中，风口尺寸具有特殊性，需要考虑的因素更加综合。

设备专业图纸中风口尺寸及排布是理论计算值，且型号规格不统一。如A12空调图纸同一房间内风口尺寸有300×300、350×300、500×300、600×300、800×300五种规格。

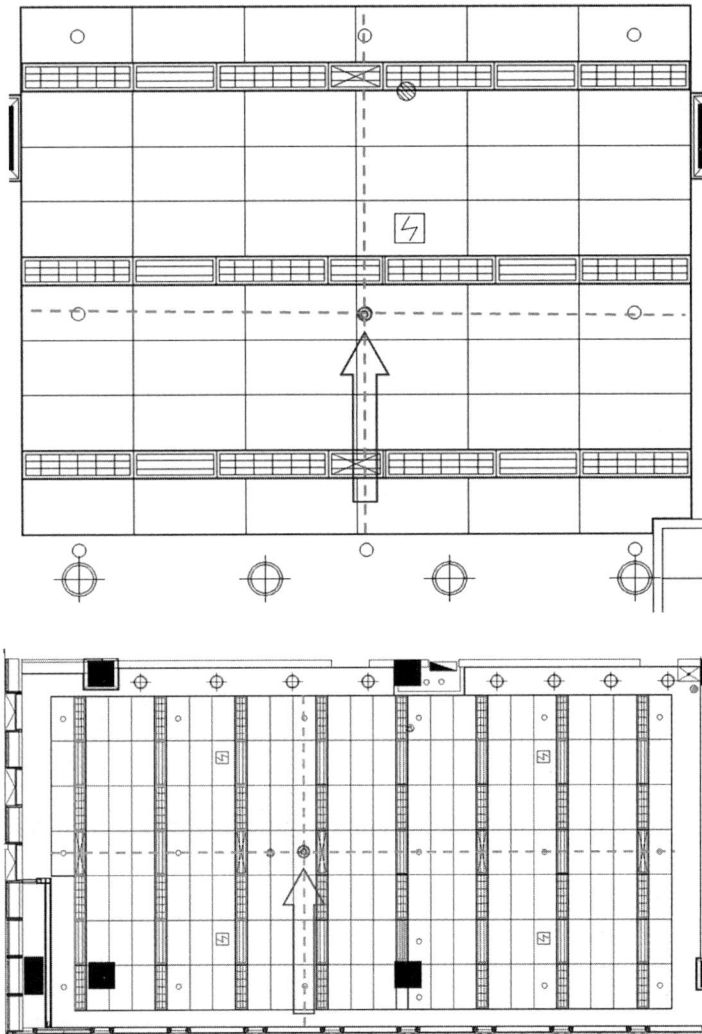

图3-30 喷淋双向、单向居中案例

图3-31 A42窗帘盒现场样板

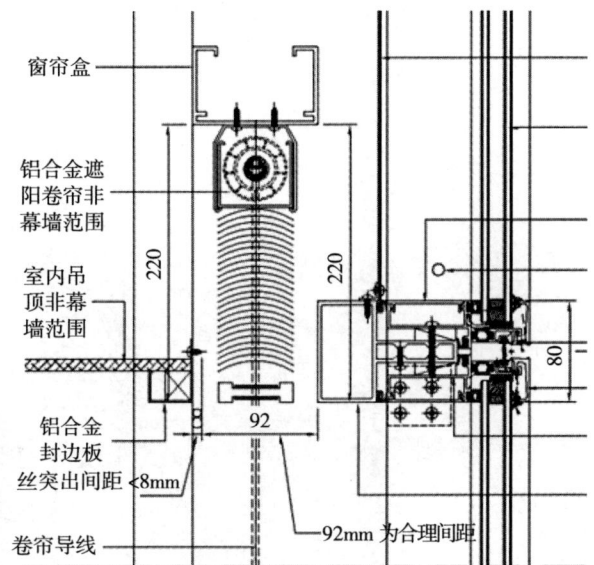

图3-32 A42吊顶与幕墙衔接处的构造节点

图3-33　A45明龙骨体系

图3-34　A42明暗龙骨结合

图3-35　风口、灯具规格统一案例

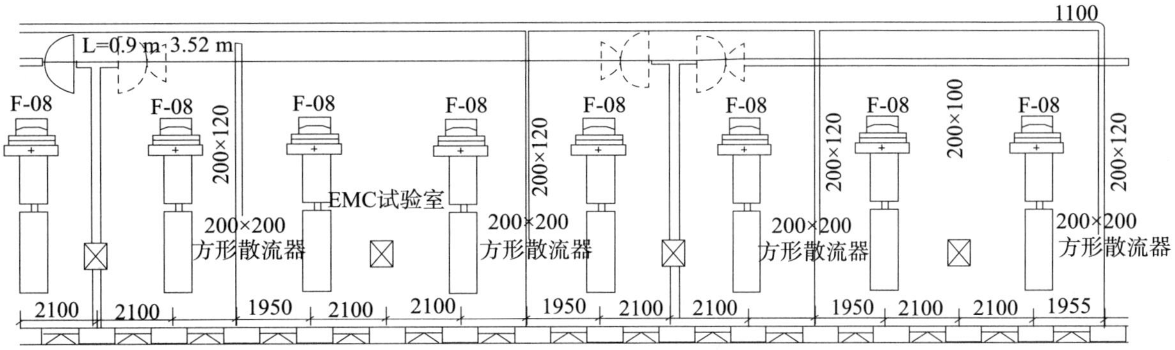

风机盘管的送风口下送风时为矩型散流器，侧送风时为双层百叶风口，回风口为配带过滤网的门铰式百叶风口

送风口：	矩型散流器		双层百叶风口	回风口：
F-2,3 配	400×200		F-2,3 配	500×300;
F-4 配	350×300	600×160	F-4 配	600×300;
F-5,6 配	300×250×2或300×500	900×160	F-5,6 配	800×300;
F-8 配	350×300×2或300×700	1200×160	F-8 配	900×300;
F-10 配	400×300×2	1500×160	F-10 配	1200×300;

图3-36 A12空调图纸同一房间内风口尺寸

图3-37 风口正面

图3-38 风口背面

在施工图完成后一般由设计院或施工方根据美观要求重新进行吊顶设计，对风口、灯具、喷淋、烟感等进行综合排布。考虑与成品灯具模数1200×300相协调，风口尺寸统一为1200×300，为保证空调送风效果，风口背面部分做封堵处理。

3.6.2.2 人防方案专项技术方案论证

由于地下面积不计入容积率，且规划意见中对地下面积没有明确要求。一般地下室建设规模都是由建设方自行确定，但在设计过程中需要结合人防、消防等管理部门的意见。中国石油科技园区控规建筑密度为30%~35%，场地条件较好，且人员密度不大，可设置部分地上车位，以节省投资。地下室仅设置人防（平时用于汽车库）和设备用房，不考虑非人防停车。

1）人防面积占地下室面积比重较大，因此在确定人防方案过程中应进行多方案技术经济比较，选择性价比最高的方案。

中石油为国管局下属企业，人防面积测算执行国管局人防办相关要求。相关要求如下：

所有建筑均按建筑形式分类，指标计算与使用功能无关，计算应建人防工程面积与人防房面积实际规划无关。

计算方法：

①十层以上（含十层）的建筑或基础埋深3m（含）以上部分按地面首层建筑面积建设人防工程；

②十层（不含十层）以下且基础埋深小于3m部分，应按其总建筑面积的4%修建；

③单建工程（地上建筑投影范围之外的地下建筑）应按其面积的30%修建。

如一栋建筑既有高层又有多层，应按上述要求对建筑进行竖向分割后，分类计算应建人防面积指标。

2）以园区内一个项目为例进行人防方案比较：

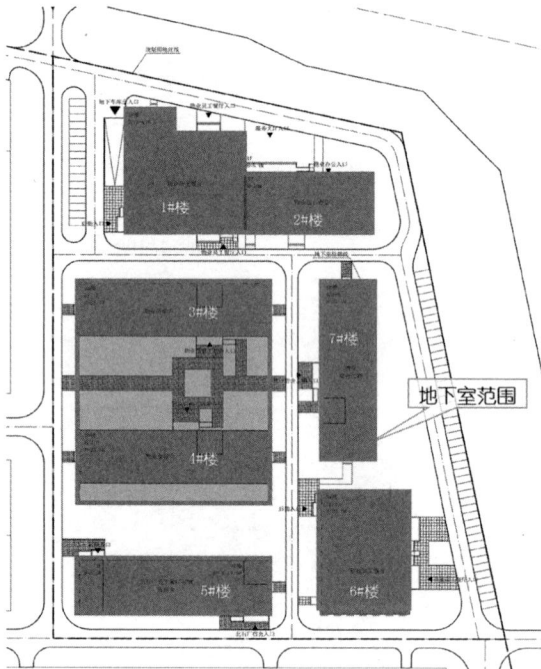

方案一

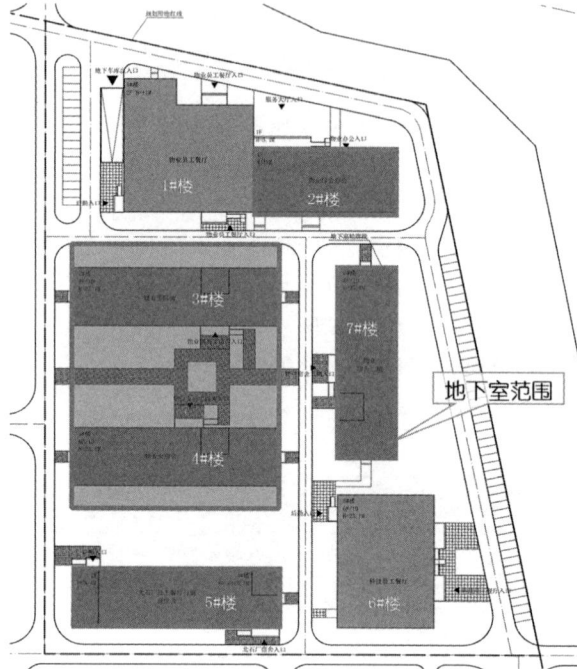

方案二

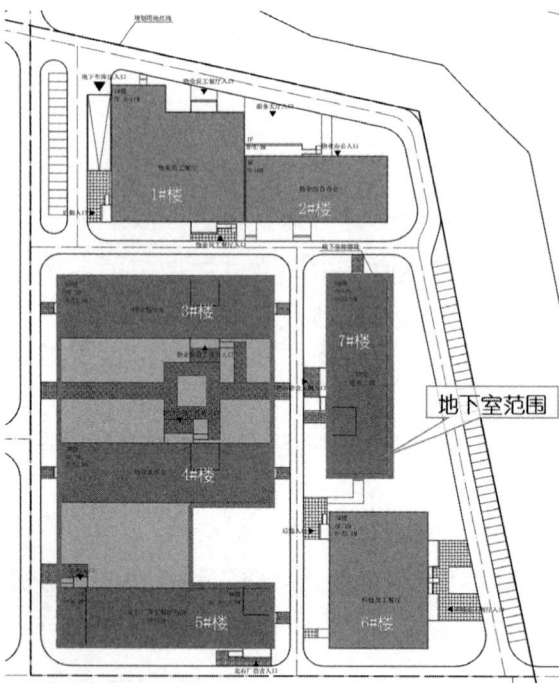

方案三

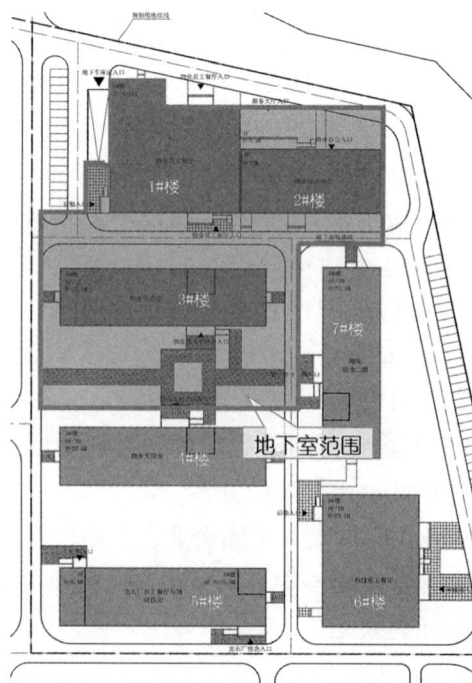

方案四

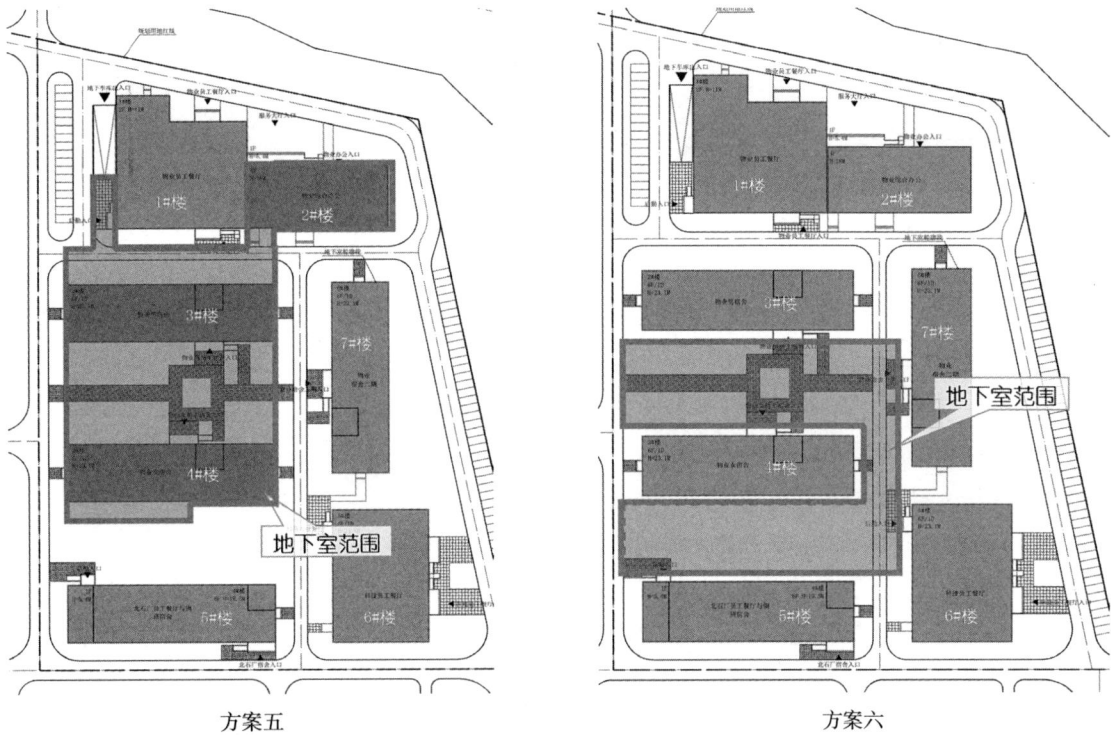

图3-39 园区内某项目人防方案比较

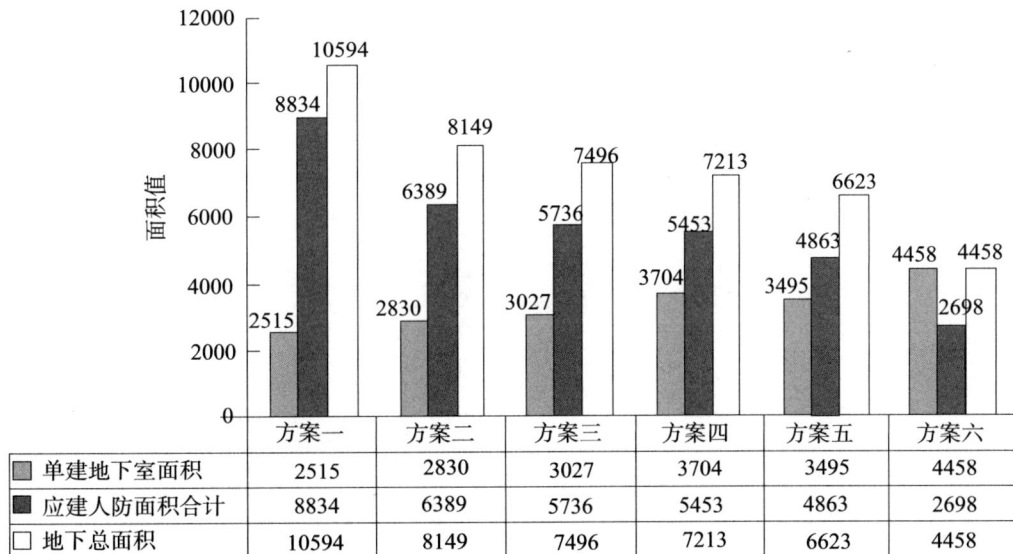

	方案一	方案二	方案三	方案四	方案五	方案六
单建地下室面积	2515	2830	3027	3704	3495	4458
应建人防面积合计	8834	6389	5736	5453	4863	2698
地下总面积	10594	8149	7496	7213	6623	4458

图3-40 人防方案面积对比

对以上方案进行经济测算，其中方案五是最经济的，因此选择方案五。

3）当地下室为单层的情况下，单建地下室面积越大，应建人防面积就越小；但全部单建地下室，因开挖面积增大方案并不经济；最合理的方式是充分利用主体基坑设置人防地下室，适当设置单建地下室，并应避免布局过于分散。

也可通过对人防计算方法充分理解的前提下，利用Excel表设定计算公式，以本方案为例，可建立如下计算公式：

人防计算公式

表3-7

非人防地下室面积（F）	十层以下（不含十层）且基础埋深<3米部分，按其总建筑面积的4%修建（B）	十层以上（含十层）的建筑或基础埋深三米（含）以上部分按地面首层建筑面积建设人防工程（A）
F+B		单建地下面积（F+B）+D
0.7		
单建地下面积（F+B）/0.7	0.3	单建人防面积（D）=（F+B）/0.7×0.3

主要思路：B和F为单建，占所有单建地下室的70%。

计算结果：应建人防面积=A+B+D

地下面积= A+B+D+F+（人防口部、车库坡道）

通过A、B的不同组合输入，形成不同的结果，进行方案比较。

总之，通过以上工作，强调的是建设方在技术上的精细化管理，从而获得经济效益。

3.6.2.3 木门五金专项技术管理

木门五金件的质量，很大程度上制约着门的使用寿命，在木门五金技术管理工作中，对五金件的技术要求是技术管理关注的重点难点。在木门五金技术管理工作中，最关键的两个字是"配合"，要求与建筑、结构、精装、机电等相关专业及其他单位或分包单位的密切协调合作。

（1）木门设计注意要点

①根据施工图纸及过程中的变更洽商等文件，进行木门数量统计，并形成门表及平面定位图。

序号	产品名称	楼层	使用位置	门型编号	编号	数量	门尺寸		五金配置组
							宽	高	
1	橡木装饰门	F2	女卫生间	M1024	78#	1	1000	2400	S-002
2	橡木装饰门	F2	男卫生间	M1024	80#	1	1000	2400	S-002
3	橡木装饰门	F2	化肥与合成气研究室	M1024	106#	1	1000	2400	S-001
4	橡木装饰门	F2	化肥与合成气研究室主任室	M1024	108#	1	1000	2400	S-002
5	橡木装饰门	F2	化肥与合成气研究室副主任室	M1024	109#	1	1000	2400	S-002
6	橡木装饰门	F3	油口分析室	M1324-SY	88#	1	1300	2400	S-007
7	橡木装饰门	F1	分析检测与标准化研究室	M1524	34#	1	1500	2400	S-008
8	橡木装饰门	F1	分析检测与标准化研究室	M1524	35#	1	1500	2400	S-008
9	橡木装饰门	F1	会议室	M1524	36#	1	1500	2400	S-010
10	橡木装饰门	F1	分析检测与标准化研究室	M1524	38#	1	1500	2400	S-008
11	橡木装饰门	F1	办公预留	M1024	39#	1	1000	2400	S-001
12	橡木装饰门	F1	办公预留	M1024	40#	1	1000	2400	S-001
13	橡木装饰门	F1	分析检测与标准化研究室副主任室	M1024	41#	1	1000	2400	S-002
14	橡木装饰门	F1	分析检测与标准化研究室主任室	M1024	42#	1	1000	2400	S-002

**工程科研成果中试及转化中心等6项木门清单

图3-41
木门样式

② 为确保木门质量，要求绘制木门立面、水平剖面、竖剖面及其放大节点图，并注上相应标高、尺寸和文字说明等。

③ 要求绘制木门及其零部件与墙、柱、梁、吊顶、地面之间的节点详图，以保证与装修专业的配合。

④ 木门设计中应考虑五金安装位置的补强措施。例如：安装暗藏闭门器的位置，上门框需要有50mm高的实木，以保证闭门器轨道的安装及固定。

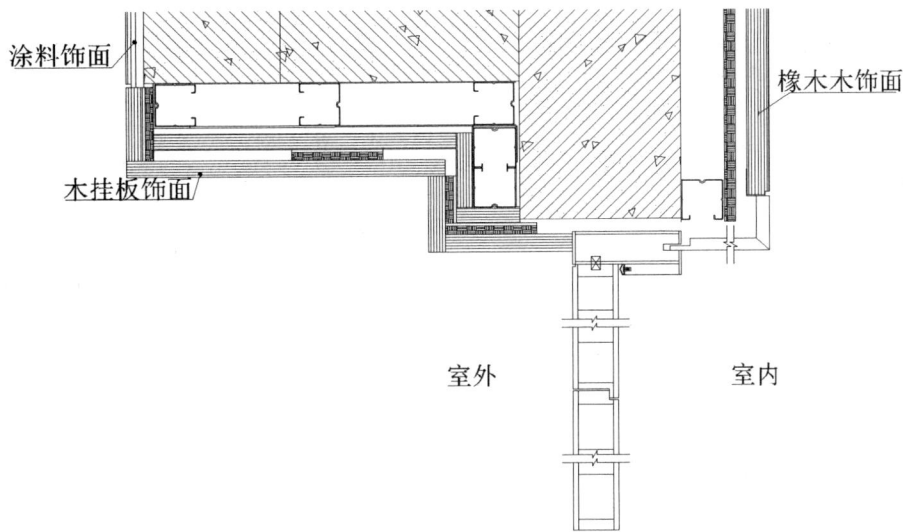

涂料饰面
橡木木饰面
木挂板饰面
室外 室内

图3-42 木门剖面

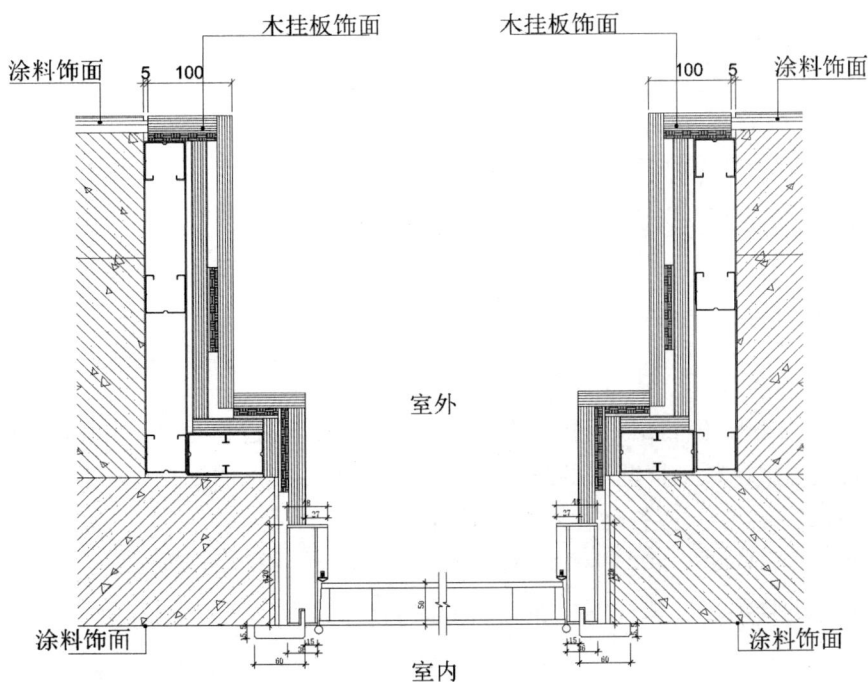

木挂板饰面 木挂板饰面
涂料饰面 5 100 100 5 涂料饰面
室外
涂料饰面 室内 涂料饰面

图3-43
木门与装修衔接做法

⑤ 部分门需要配置门禁，深化设计要考虑完成在门内部布置管线，实现门禁功能。如下图所示：

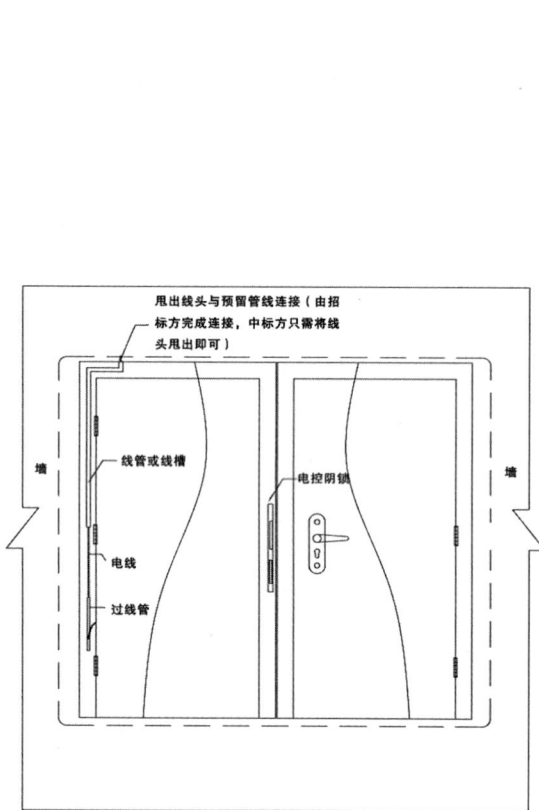

五金组：HW-016(EL)
使用位置：走道

图3-44 木门预留管线做法

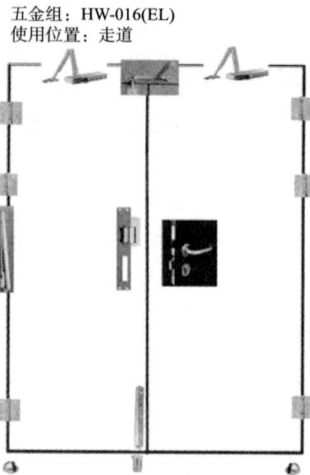

数量	门樘数	名称	型号	合计	表面处理	单位
6	4	欧标轴承合页	4.5″×1″×3.4mm	24	630	片
1	4	过线管	DM EPT10	4	630	只
1	4	电控阴锁	DM ES2082	4	630	套
1	4	欧标机械阳锁	DM 6707-ST	4	630	套
1	4	吊装顺位器	DM C0004D	4	630	套
2	4	明装闭门器	DM 4000	8	630	套
1	4	手动暗插销（8寸）	DM B001-8 8″	4	630	只
1	4	手动暗插销（12寸）	DMB001-8 12″	4	631	只
1	4	防尘筒	DM DS004	4	630	只
2	4	门挡	DM S001 SSS	8	630	只

图3-45 五金配置方案案例

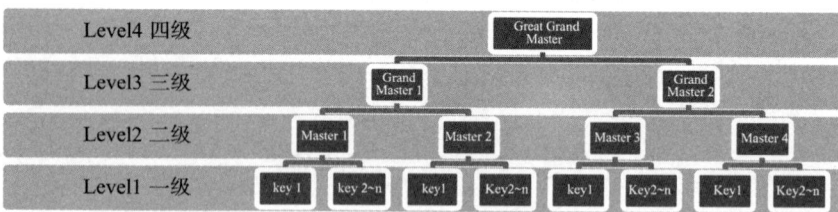

图3-46 总钥匙系统方案

（2）门五金设计注意要点

① 与木门结合建立合理、完善的整体性门控五金配置方案，满足建筑物对以下六个方面的需求：一是基本使用功能，二是在紧急情况下的防火、逃生，三是高级别的安全保障功能，四是人性化的无障碍通行，五是灵活的权限管理，六是有效节约能源。

② 根据五金配置方案完善产品型号和说明，为每类门提交单独的五金件表及图例说明。

③ 为门厂提供一套完整的样品、安装详图、加固图纸提供给门厂，协助门厂完善木门加工图纸。

④ 最后配合物业管理要求，完成总钥匙系统方案设计。

3.6.2.4 数据中心运行模式的专项技术方案论证

数据中心对制冷的可靠性要求不同于一般民用建筑。对于A级机房，国标GB50174-2008中有明确定义：机房内的场地设施应按容错系统配置，在电子信息系统运行期间，场地设施不应因操作失误、设备故障、外电源中断、维护和检修导致电子信息系统运行中断。制冷系统必须满足该功能，才能达到A级机房的要求。由于项目考虑采用三联供方式供能，制冷系统的高标准设计就决定了数据中心运行系统复杂，投资较高。如何在确保安全运行的同时，确定一个经济性较好的运行方案，是决定项目可持续发展的关键。

1）冷热电三联供系统的可选方案及可选运行模式

① 根据项目的冷、电负荷，系统配置考虑两种方案：

方案一：热力制冷系统配置850RT的烟气热水型溴化锂吸收式冷水机组（100%补燃），10台，其中8台常用，两台备用。电制冷系统配置1250RT的离心式冷水机组8台，其中6台常用，2台备用。两套系统均采用一、二次泵系统。电制冷系统配置水侧串联节能器，充分利用冬季及部分过渡季的自然冷量。冷冻水的供水温度为12℃，回水温度为18℃；冷却水侧采用冷却塔与冷水机组一对一配置；冷却水补水池设置在站房地下，一旦市政停水，补水池满足冷却塔12小时连续补水需求。燃气内燃发电机配置双路天然气气源。

方案二：热力制冷系统配置850RT的烟气热水型溴化锂吸收式冷水机组（100%补燃），10台，其中8台常用，两台备用。不设置电制冷，系统采用一、二次泵系统。冷冻水的供水温度为12℃，回水温度为18℃；冷却水侧采用冷却塔与冷水机组一对一配置；冷却水补水池设置在站房地下，一旦市政停水，补水池满足冷却塔12小时连续补水需求。燃气内燃发电机配置双路天然气气源，并设置天然气储气罐。

② 可选运行模式

运行模式一（方案一）：

	23:00~07:00	7:00~23:00
11月至次年3月	完全自然冷却，内燃发电机余热供热（余热可完全利用）	
4月至5月&10月	电力制冷加自然冷却，内燃发电机及热力制冷关闭	内燃发电机及热力制冷运行，电力制冷关闭
6月至9月	完全电制冷，内燃发电机及热力制冷关闭	内燃发电机及热力制冷运行，电力制冷关闭

运行模式二（方案一）：

	23:00~07:00	7:00~23:00
11月至次年3月	完全自然冷却，内燃发电机余热供热（余热可利用4000kW）	
4月至5月&10月	电力制冷加自然冷却，内燃发电机及热力制冷关闭	内燃发电机及热力制冷运行，电力制冷关闭
6月至9月	完全电制冷，内燃发电机及热力制冷关闭	内燃发电机及热力制冷运行，电力制冷关闭

运行模式三（方案一）：

	23:00~07:00	7:00~23:00
11月至次年3月	完全自然冷却，天然气补燃供热（4000kW）	内燃发电机及热力制冷运行，天然气补燃供热（4000kW）
4月至5月&10月	电力制冷加自然冷却，内燃发电机及热力制冷关闭	内燃发电机及热力制冷运行，电力制冷关闭
6月至9月	完全电制冷，内燃发电机及热力制冷关闭	内燃发电机及热力制冷运行，电力制冷关闭

运行模式四（方案二）：

全年运行三联供，冬季天然气补燃供热4000kW。

注：冬季发电机余热是否完全利用，对三联供系统的经济性有影响，本文以余热部分利用4000kW为计算依据。

2）对冷热电三联供系统运行模式的比较和分析

① 根据北京地区典型气象年的气象参数，逐时计算空调负荷，统计自然冷却全年累计小时数，并根据北京市能源政策和能源价格对每一种运行模式作出技术经济分析如下：

冷热电三联供（CCHP）系统的技术经济预测

计算依据为：

以一期站房投资和机电投资作计算

天然气价格（含税）2.28元/m³

市政自来水价（含税）6.21元/t

计量热价 0.20元/kWh（55.56元/GJ）

电价如下：

北京电网峰谷分时销售电价（夏季）　单位：元/kWh　　　　　　　表3-8

用电分类	电压等级	高峰	平段	低谷
非工业	1~10千伏	1.177	0.801	0.324

注：夏季七、八、九三个月

北京电网峰谷分时销售电价（非夏季）　单位：元/kWh　　　　　　表3-9

用电分类	电压等级	高峰	平段	低谷
非工业	1~10千伏	1.177	0.766	0.377

注：夏季七、八、九三个月

② 结合以上的计算依据，测算出冷热电三联供系统的成本支出。经逐时计算分析，得到运行模式一的成本如表3-10：

系统的成本分析   表3-10

项目	单位	运行模式一	运行模式二	运行模式三	运行模式四
年天然气耗量	kWh	167,631,746.4	167,631,746.4	153,396,312	222,846,468
天然气价格	RMB/kWh	0.2317	0.2317	0.2317	0.2317
每年天然气成本	RMB	38,833,609,20	38,833,609,20	35,535,825	51,624,664
年耗电量	kWh	20,417,270	20,417,270	32,909,198	0
电价	RMB/kWh	谷段0.324（夏季）或0.377（过渡季）	谷段0.324（夏季）或0.377（过渡季）	谷段0.324（夏季）或0.377（过渡季）	市政电价
每年电力成本	RMB	7,210,265	7,210,265	11,919,722	0
年冷却水补水量	t	350,092	350,092	350,092	350,092
市政水价	RMB/t	6.21	6.21	6.21	6.21
每年市政水成本	RMB	2,174,071	2,174,071	2,174,071	2,174,071
每年水处理成本	RMB	3,652,640	3,652,640	3,652,640	3,652,640
每年运维成本	RMB	10,790,788	10,790,788	10,790,788	10,790,788
每年人员成本	RMB	2,400,000	2,400,000	2,400,000	2,400,000
余热供热水泵耗电量	kWh	159,456	108,720	108,720	108,720
每年余热供热耗电成本	RMB	122,302.75	83,388.24	83,388.24	83,388.24
其他费用	RMB	60,000	60,000	60,000	60,000
每年总成本支出	RMB/a	65,250,343	65,211,428	66,533,046	70,785,552

③ 结合测算出冷热电三联供系统的成本支出对系统的收益分析预测。对于后期运行单位而言，冷热电三联供系统在建成投产以后主要有三方面的经济收益：即供电收益、供冷收益、供热收益。

系统的收益分析   表3-11

项目	单位	运行模式一	运行模式二	运行模式三	运行模式四
每年供电量	kWh	81,879,272	81,879,272	81,879,272	81,879,272
每年供电收益	RMB	64,795,423	64,795,423	64,795,423	64,795,423
每年供冷水量	kWh	93,942,240	93,942,240	93,942,240	93,942,240
全电冷时冷水价	RMB/kWh	0.32	0.32	0.32	0.32
每年供冷收益	RMB	30,061,516.8	30,061,516.8	30,061,516.8	30,061,516.8
每年供热水量	kWh	31,854,416	14,334,487	14,334,487	14,334,487
热水价	RMB/kWh	0.20	0.20	0.20	0.20
每年供热收益	RMB	6,370,883.2	2,867,125	2,867,125	2,867,125
每年总收益	RMB/a	101,227,823	97,724,064	97,724,064	97,724,064

注：全电冷时冷水价0.32RMB/kWh以投资建电力冷冻站房（含自然冷却）及柴油发电机为计算依据。

④冷热电三联供系统的综合经济分析

系统的综合经济分析 表3-12

项目	单位	运行模式一	运行模式二	运行模式三	运行模式四
每年总成本支出	RMB/a	65,250,343	65,211,428	66,616,435	70,785,552
每年总收益	RMB/a	101,227,823	97,724,064	97,724,064	97,724,064
建设站房总投资成本	RMB	180,447,750	180,447,750	180,447,750	150000000
每年利率		6.80%	6.80%	6.80%	6.80%
投资偿还周期	a	9.088	12.924	15.685	13.842

从以上分析计算可知,数据中心项目采用冷热电三联供(CCHP)系统加电力自然冷却系统,可以解决数据中心所有的能源和动力需求。采用运行模式一,冷热电三联供系统设备及土建投资(投资为概算数值),可在9.088年左右回收,在四种运行模式中回收年限最短,是最优的运行模式。

3.7 业务工作小结

通过上述技术管理工作,有效保证了设计管理、使用需求对接、现场技术协调、专项技术调研、招标技术文件编制、合同执行过程中的技术协调等各项工作的顺利开展,从技术环节保证了各个地块建设的质量和品质。

公司技术部通过运用专业技术组和项目工作组的"双组"工作模式,充分发挥每位同志专业特长和工作潜力,有效推动了技术管理各项工作,确保各地块技术管理质量。公司建立"传帮带"的帮扶机制,充分发挥年长同志工程经验,给年轻员工压担子,提供锻炼机会,使新同志能够尽快得到成长和锻炼。在工程建设过程中,大批技术管理人才脱颖而出,具备独当一面的工作能力和较高的发现问题、解决问题的知识水平,给公司注入了生机和活力。

公司注重建设经验的积累和交流,对各个地块项目技术管理工作及时总结,通过回头看等形式的技术管理经验分享活动,建立起专项技术管理的模式,并将这种专项技术管理的模式运用于后期的建设项目,极大地提高了工作效率,降低了项目成本,促使工程项目走上标准化、规范化、精细化的管理轨道,为提升项目品质,创造优良工程品牌奠定了扎实的基础。

近几年来,公司承担的中国石油科技园建设任务,获得了诸多建筑设计领域荣誉。2013年,A34地块获得"蓝星杯·第七届中国威海国际建筑设计大奖赛"优秀奖。2013年,A29地块获数据中心专业设计奖。

第 **4** 章
工程报建与现场管理

根据科技园建设工作要求，科技开发公司设立工程部，旨在加强科技园工程前期报建手续的办理；强化公司对工程实际进度、质量工作的管理；切实做好工程竣工、移交及运维管理工作；牵头协调解决工程现场施工过程中的各类矛盾和问题。

4.1 前期报建管理

按照建设工程相关政策的规定，各项建设用地和各类建筑工程通过组织、控制、引导、协调，充分纳入了城乡规划的轨道，建筑工程的基建程序也越来越规范完善。

科技园建设自规划阶段起，结合科技园建设用地多、用地性质复杂、设计方案功能多样、施工建设期相对集中的特点，经过不断总结经验，提升管理水平，扎实地开展科技园工程前期报建工作。

4.1.1 科技园建设程序概述

基本建设程序是指一个建设项目从设想、选择、评估、决策、设计、施工到竣工验收，投入生产使用的整个过程中各项工作必须遵循的先后次序的法则。

科技园建设程序有五个主要阶段：

1. 投资前期阶段

从投资意向形成到项目评估决策所经历的时期。

主要包括：投资机会研究（项目选择）、项目建议书、可行性研究、项目的评估与决策等。

2. 施工准备阶段

主要包括：项目初步设计、技术设计、施工图设计；施工、监理单位招标及合同签订；办理规划许可证、质量监督、施工许可证等手续。

3. 施工阶段

在规定的工期、质量、投资额范围内，按设计要求实现项目目标。包括：土方工程、结构施工、幕墙工程、装饰装修、机电安装及调试、市政工程及园林工程等。

4. 竣工验收阶段

完成项目的联合调试、竣工验收、试运行，交付使用。主要包括：项目系统整体调试、专项验收（电梯验收、室内空气检测、节能验收、规划验收、水土保持验收、消防验收等）、联合试运行、工程查验及移交工作。

5. 项目后评估阶段

项目竣工投产、运行一段时间后，再对项目的立项、决策、设计、施工、验收及项目产生的经济和社会效益进行后评价，总结经验、吸取教训、解决问题，不断提高决策水平和投资效益。

4.1.2 科技园项目报建程序（科研用地、产业用地）

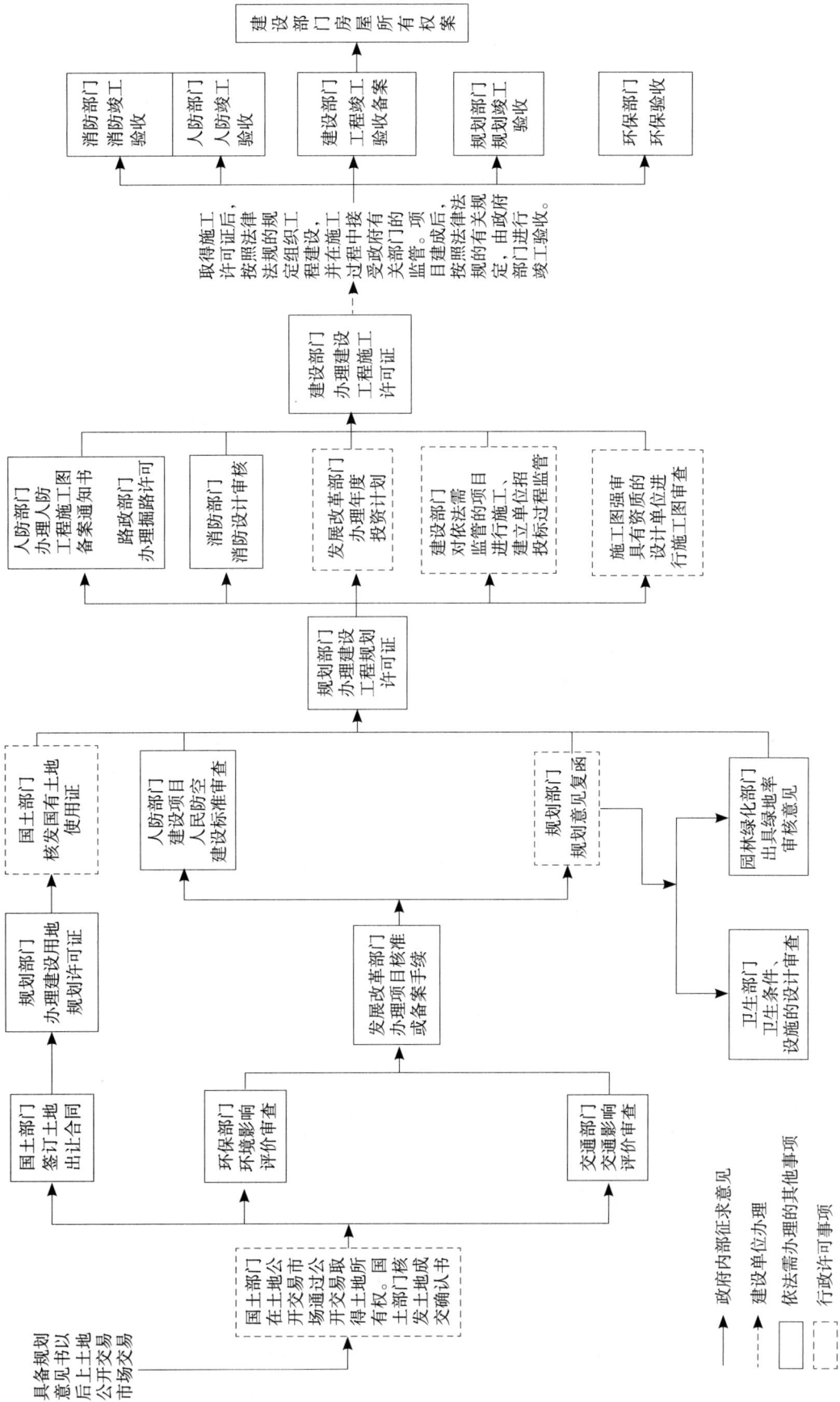

图4-1 中国石油科技园产业用地报建工作流程

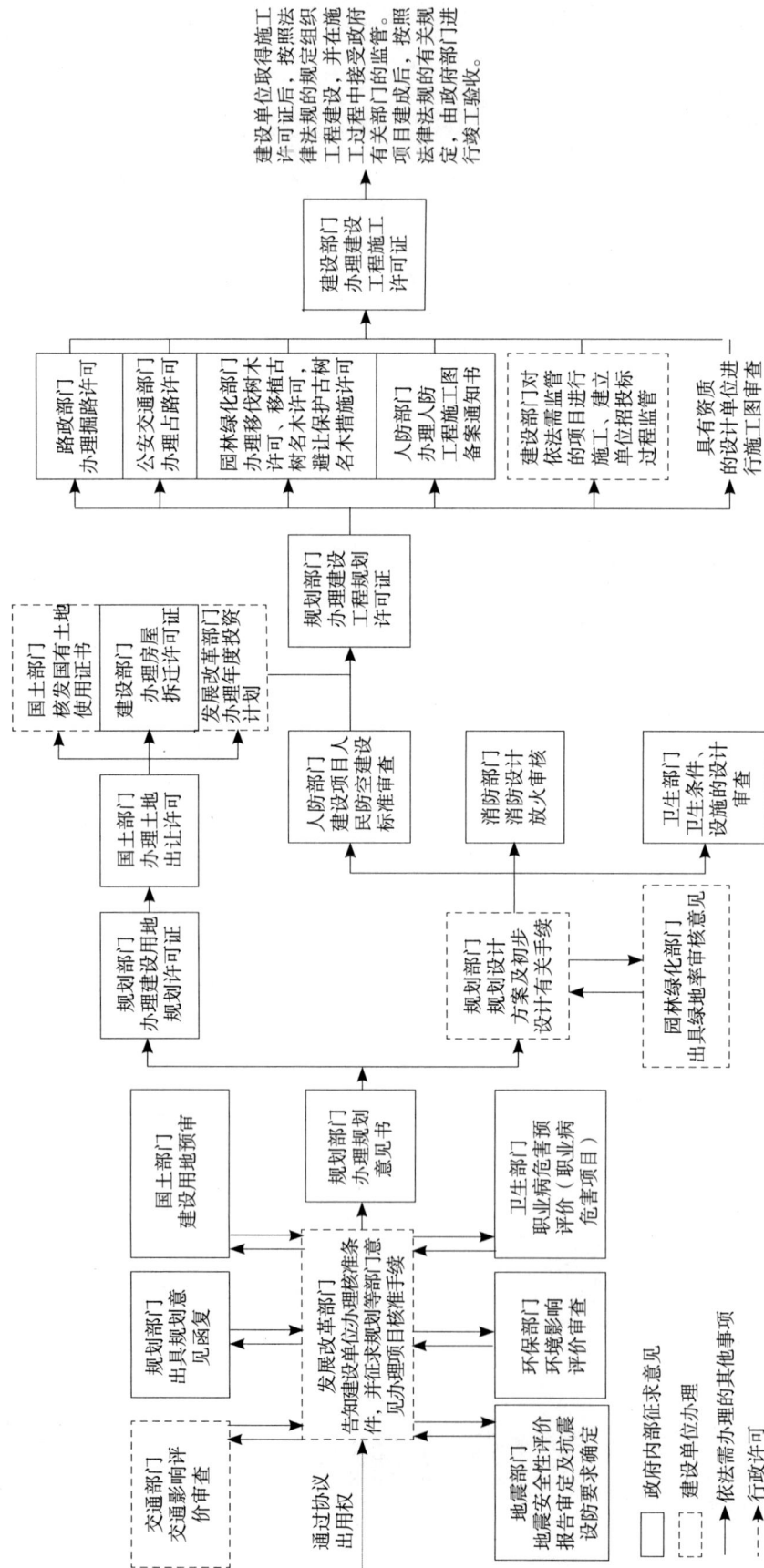

图4-2 中国石油科技园科研用地报建工作流程

4.1.3 科技园项目报建管理要求

1. 掌握扎实有效的专业知识

工程前期报建是一项系统性工作，涉及的资料复杂，审批流程繁琐。方案审核、资料整理，业务沟通、程序掌控等多个环节都需要报建人员具备系统扎实的业务知识。人防规划审核、人防初步设计审核、人防施工设计审核及消防设计审核等工作对相关专业的要求尤为突出。因此，要求相关人员掌握建筑工程相关专业知识，熟悉相关法律法规及管理政策，提高工作效率和质量，方能加快推进工作进展。

2. 具备统筹安排的协调意识

（1）工程项目基本建设程序反映的是工程建设各个阶段之间的内在联系，是从事工程建设工作的各有关部门和人员都必须遵守的原则，不能任意颠倒，但可以依规合理交叉。在科技园建设工作中，为进一步提高项目报建工作效率，要求做好统筹安排、灵活处理，保障环节紧扣、合理交叉、程序合规。

例如：在办理规划意见复函的同时，可以咨询、申报园林审核意见复函及人防初步设计审核；在办理人防初步设计审核时，可在初步确定人防方案的情况下（人防等级、人防面积等），同步开展人防方案的申报及初步设计工作。

（2）科技园项目建设用地多，用地性质复杂，设计方案功能多样，施工建设期相对集中。工程前期报建工作必须充分结合相关工程、技术、商务工作的进展情况，将科技园项目报建工作作为整体，统筹编制整体计划，共同推进工作进程。

3. 确保规范有序的资料管理

前期报建工作简单来说就是准备资料，提交资料，符合条件，完成报建，因此资料的准备和管理极为重要。规范有序的资料管理工作常常会产生事半功倍的效果。

在科技园报建资料管理中，要求提前和项目设计人员、技术管理人员做好沟通，明确资料的形式、格式、内容的填写、盖章等细节工作，减少因小毛病、小差错带来时间延误；在办理申报手续之前，要求详细向办理人员咨询办理程序、应提交的申报材料及注意事项，做好申报资料的准备工作。在每一个审批程序完成后，及时将批复文件在公司内部进行传阅，以便各部门下一步的工作安排。同时将批复文件及附图的原件复印后整理、归档，做好存档记录。

几年来，科技园的报建工作得到了政府相关部门的大力支持。在时间紧任务重、主管部门多、业务周期长、相关要求不断变化等综合影响下，前期报建工作成功克服了一个个难题，为科技园项目建设赢得了时间、做好了保障。

4.2 科技园项目施工质量管理

4.2.1 施工质量管理重要性

"百年大计，质量第一"，质量是工程建设项目的生命，关系到国家经济发展和人民生命财产安全，是社会关注的热点，也是企业生存和发展的生命链。

工程质量的形成是一个系统的过程，是工程立项、勘察设计、招投标、施工和竣工验收各阶段质量的综合反映。工程施工阶段是工程质量整体管控的重要部分，任何一个环节、任何一个部位出现问题，都会给工程整体质量带来负面影响，甚至是严重的后果。

4.2.2 科技园项目施工质量管理思路与办法

4.2.2.1 健全质量管理体系和管理制度

质量管理体系的建立和落实是一切质量管理工作的基础。科技园工程施行建设单位监督，监理单位控制，勘测、设计及施工单位保证，质量检测单位检验和政府监督相结合的质量管理体制。为了加强科技园工程建设项目工程质量的控制、管理，切实保证建设工程质量，依据国务院令第279号《建设工程质量管理条例》等相关规定，公司制定了《科技园工程项目实施阶段质量控制、管理试行办法》，要求参与科技园建设的监理、施工等相关单位在从事科技园建设项目的工程质量控制、管理过程中，必须执行本办法。本办法旨在进一步明确科技园工程质量管理工作中建设单位、监理单位、承建单位管什么、怎么管、由谁管，从而理清职责、落实制度，使质量管理体系化。

《试行办法》中，重点对科技园工程管理程序、工程施工过程管理制度及工程质量检查要点做了具体要求，从点到面、从面到体，形成质量管理网络体系，有效提升管理质量。以下仅对施工准备阶段主要管控内容、施工方案报审制度及装饰工程质量检查点加以介绍。

1. 施工准备阶段主要管控内容

（1）场地围蔽

① 办理规划意见复函手续后，按零星工程委托施工单位，组织施工单位进行场地围蔽工作。围蔽要求范围准确，迅速快捷。

② 明确征地红线。委托测绘单位，根据国土局提供的红线控制坐标点，组织测绘单位按征地红线图放出征地红线，做好标记。

③ 测算围蔽工程量、做好围蔽工程的实施方案、材料准备、人员准备、机械设备的进场准备。

（2）现场查勘，进一步清理场地

组织进行现场查勘，应探明地块内电信、燃气、给排水管、光缆等管网的分布、走向，如影响工程施工，应及时协调相关部门解决。

（3）实施"三通一平"

及时办理临水、临电的报批及临时道路出入口手续（包括市政道路绿化迁移报批手续），实施场地平整、临时道路铺设等相关工作。

（4）审查施工组织设计

需重点审查场地布置是否满足安全文明施工、施工通道、后续工程的施工要求，审查总进度计划的重大节点是否满足合同约定，总进度计划应明确专业分包单位的插入时间节点，审查时应充分考虑专业分包单位的合理施工工期，各类材料采购供应计划及各类施工设备进场计划。

（5）其他准备工作

① 督促施工单位按已审批的临时设施搭设方案搭设临设。

② 组织首次工程监理例会。

③ 熟悉工程图纸、编制设计变更、工程洽商、现场签证、工作联系单、其他文函等台账。

2. 施工方案报审制度

（1）工程施工过程中对质量、成本等有较大影响或技术复杂、质量控制难度大、易发生质量安全问题的关键项目，需要求施工单位预先编制施工方案，经监理、建设单位审核批准后实施。

（2）施工单位提交的各种施工方案、措施必须同时注明总承包单位和分包单位。

（3）施工方案的报审应先由总承包单位审查，再报送监理及甲方专业代表或经项目专题会议审查，讨论修改完善后，反馈回施工单位组织实施。

（4）对已审查通过的施工方案，建设单位、监理单位及施工单位应各保存一份归档，作为工程检查验收和结算依据。

3. 装饰工程质量检查要点

（1）检查依据

①《建筑装饰工程施工及验收规范》JGJ 73-91

②《木结构工程施工及验收规范》GBJ206-83

③《建筑玻璃应用技术规程》JGJ113-97

④《建筑内部装修设计防火规范》GB50222-95

⑤《建筑安装工程质量检验评定标准》GBJ 301-88

⑥ 建设部令第46号《建筑装饰装修管理规定》

⑦ 施工图设计文件和施工合同

（2）检查内容

① 现场质量保证体系检查

a. 装饰施工单位和设计单位的资质条件。

b. 原材料进场验收和见证取样检测制度。

c. 装饰材料的储存运输条件。

d. 计量器具的设置和完好程度、需定期鉴定的仪器计量装置的定期鉴定标志。

② 设计图纸与施工合同检查

详细查看设计图纸说明和施工合同及施工方案，明确装饰工程的项目和部位、装饰工程用材、施工要求等。

③ 质量保证资料检查

a. 各种原材料出厂质量证书、准用证、复试报告及其他试验报告。

b. 隐蔽工程验收资料。

c. 施工单位质量自检记录。

④ 工程实物检查

a. 装饰工程用材是否符合设计与有关标准的要求。

b. 施工工序是否符合规范规定和工艺要求。

c. 装饰施工中的结构变动和加固情况。

d. 结构和吊顶、分隔的构架及饰面板、罩面板的连接固定。

e. 是否按图施工。

（3）其他检查要点

① 建筑装饰装修施工单位必须按照有关规定承接装饰装修设计和施工任务，装饰装修企业必须按照图纸施工，不得擅自改变设计图纸。

② 建筑装饰装修设计、施工和材料使用必须严格遵守建筑装饰装修防火规范，施工设计图纸应报公安消防部门进行消防安全核准。

③ 装饰工程应按设计要求选用环保达标的材料，并应符合现行材料的规定。装饰工程竣工

后应进行专项环保验收。

④装饰工程应注意施工工序和成品保护，应采取措施防止污损。

⑤装饰工程各部位装修材料的燃烧性能等级应符合GB50222-95规定。

4.2.2.2　明确质量目标，加强创优策划

科技园工程质量目标均在合同文件中正式明确，是项目过程质量行为和质量标准的重要管理依据。质量创优策划是保障质量目标实现的有力手段，在策划过程中，要重点审核各分部分项工作的质量控制目标，新技术、新工艺、新材料的使用安排，适用于本项目的质量管理思路和方法，有助于科技园工程质量、成本和工期的综合协调。

1. 科技园某项目新技术、新工艺、新材料应用策划

（1）声学专用玻璃棉施工技术（应用于隔墙内部填充）。该棉具有出色的声学和绝热性能，具有稳定可靠的长期性能，具有便捷的储运施工特性，与岩棉对比具有良好的吸声效果及可观的经济指标。

（2）天然石粉涂料应用技术。天然石粉涂料是一种采用药用矿石经现代生产工艺加工制成的新型天然环保涂饰材料。其品质回归原石，不但坚固、耐火、耐水、防潮、透气、易清洁，且无化学和放射性污染、无异味、无静电、不褪色、不老化。各项技术指标经权威部门检测均达到或优于中国国家标准。

（3）住建部十项推广新技术使用情况

住建部十项推广新技术使用情况　　　　　　　　　　　　　　　　　　表4-1

序号	项目	新技术名称
1	地基基础与地下空间工程技术	1. 水泥粉煤灰碎石桩(CFG桩)复合地基成套技术 2. 复合土钉墙支护技术 3. 护坡桩及预应力锚杆支护技术
2	高性能混凝土施工技术	4. 混凝土裂缝防治技术
3	高效钢筋与钢筋连接技术	5. HRB400级钢筋应用技术 6. 粗直径钢筋直螺纹机械连接技术
4	新型模板脚手架应用技术	7. 碗扣式脚手架应用技术 8. 全钢大模板应用技术 9. 悬挑脚手架应用技术 10. 工具式水平模板钢结构托架体系应用技术
5	安装工程应用技术	11. 给水管道卡压、卡环连接技术及无负压给水设备安装； 12. 金属矩形风管薄钢板法兰连接技术 13. 建筑智能化系统调试 14. 电缆安装成套技术
6	建筑节能和环保应用技术	15. 水泥粉煤灰陶粒空心砌块应用技术 16. 屋面聚苯板保温应用技术
7	建筑防水新技术	17. SBS聚酯胎高聚物改性沥青防水卷材应用技术 18. 水泥基渗透结晶型防水涂料应用技术 19. 环保聚氨酯涂膜防水应用技术
8	施工过程监测和控制技术	20. 施工控制网建立技术 21. 深基坑工程监测和控制 22. 大体积混凝土温度监测和控制

2. 科技园某项目质量管理要点策划

在科技园项目质量管理策划中，需根据施工现场和工程项目的实际情况制定项目的质量创

优策划要点,如某创优工程装修策划内容如下:

(1)屋面、办公室、卫生间墙地、公共走道电梯厅、楼梯间及重要机房等均在基础施工和二次结构砌筑之前经过实测实量进行排版深化,既保证基础和二次砌筑一次性准确定位避免装修阶段由于精度误差造成拆改,同时也能更好的达到对实体效果的要求。其中吊顶深化如下:

a. 走廊装饰石膏板排布采用以600mm×1200mm为中心,边板为600mm×400mm规格,灯具(采用300mm×1200mm格栅灯)及相关专业点位居于装饰石膏板中,成一直线。采用中心对称的形式,使空间整齐大方。

b. 办公室采用600mm×600mm装饰石膏板,在与幕墙连接处设窗帘盒,满足功能要求。对室内结构柱局部和雨水管采用轻钢龙骨纸面石膏板进行封包,满足装饰石膏板排布要求,不出现刀把形排布。

(2)上人屋面采用150mm×150mm彩色釉面砖。雨水口位置居于砖中,并采用深色釉面砖做分割,既统一又有变化。设备基础、擦窗机基础、雨水口位置及出屋面风井位置等均进行深化排布。

(3)二次结构砌筑与水、电埋盒同步施工,避免后剔槽做法带来的修补量和质量隐患。

(4)楼梯间白色地砖及踏步砖四周设175mm黑色地砖波打线。

图4-3 科技园某地块屋面砖排布方案

雨水口处理参考

图4-4 科技园某地块屋面雨水口处理参考

(5)卫生间地面采用300mm×300mm防滑地砖,避免出现小半砖、与墙面砖不对称等现象。

(6)电梯厅地面石材与电梯厅中心线形成对称关系。墙面石材以两个电梯门之间的中心线均形成对称关系。石材接缝方式为工字密缝,墙面、地面分缝对齐。

电梯厅顶棚采用周边石膏板吊顶、中心区域铝单板吊顶的方式。各专业点位居饰面铝板中或与板材分割线形成关系。整个电梯厅造型以电梯厅双向中线形成对称关系。

4.2.2.3 技术先行,样板引路

"技术先行,样板引路"是科技园项目质量管控工作的重要手段,更是铸造精品工程最有力的保障措施。即抓质量,首先要搞清楚怎么做才能达到标准。

坚持技术先行,要求承建单位根据现场实际情况及工期要求,科学合理编制施工组织设计和分部、分项施工方案,经监理审核后,进行施工方案技术交底和技术复核工作。每道工序施工前,执行规范的三级技术质量交底、检验制度,从施工技术上确保项目的施工质量。

执行样板引路,首先分阶段、分部位制定样板计划并编制样板作业指导书,样板施工前需进行样板施工交底,过程中进行全程跟踪监督,在样板施工验收时,需向监理单位和建设单位

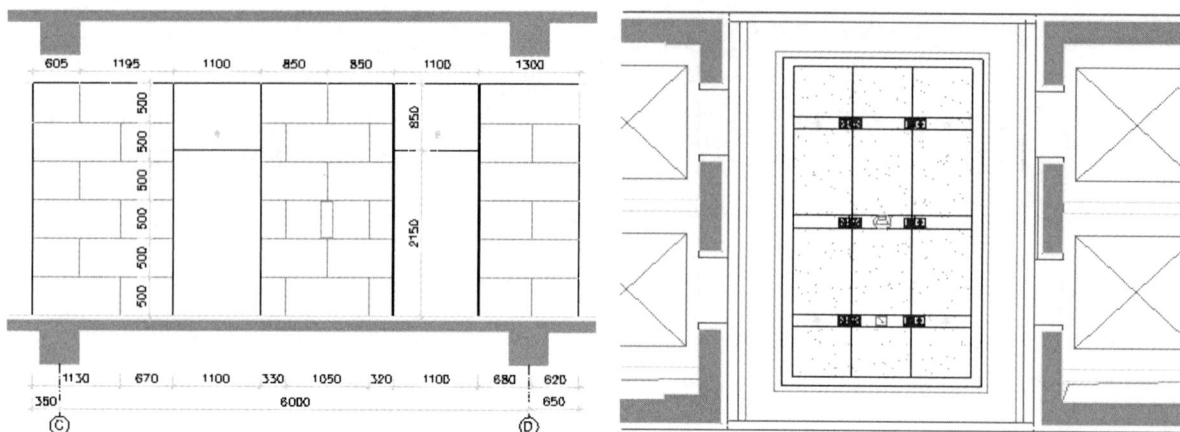

图4-5 科技园某地块电梯厅墙、地面排布方案

做样板施工汇报，明确施工标准后，再大面积展开，避免盲目展开造成返工导致材料的浪费，最后形成样板验收记录。

样板施工完成经三级自检合格后，报监理验收，工程验收合格后才能进行专项工程的施工，做到统一操作程序，统一施工方法，统一质量验收标准。

科技园项目工程样板项具体如下：

1. 外幕墙、铝合金窗、栏杆；

2. 室内地面砖；

3. 室内墙面、吊顶及油漆；

4. 大堂、电梯前室、会议室、卫生间的所有装饰；

5. 管线综合、支吊架、管线保温、设备安装；

6. 室外园林装饰、道路及广场的铺装面层等；

7. 室内外砖砌体；

8. 主体结构的钢筋、模板及混凝土；

9. 墙面抹灰及卷材防水；

10. 屋面工程样板；

11. 木地板、壁纸；

12. 灯及风口安装；

13. 百叶窗、门及五金安装；

14. 卫生间隔断、台面、镜子安装。

4.2.2.4 场外报验封样

在科技园工程质量管控过程中，严格执行场外材料报验，切实落实材料封样制度，成为从源头确保施工质量的关键举措。要求监理单位、承建单位根据国家规范、施工图纸、施工招投标文件及合同等资料，严格执行施工材料的检验、报验、试验制度，场外检查进场材料的质量证明文件、厂家资质、检验报告、产品合格证及外观检查，在指定位置按规格、型号码放，设置标识，严格控制施工材料的质量。

1. 实行见证取样和送检材料

（1）用于承重结构的混凝土试块；

图4-6 科技园某地块钢筋绑扎、办公室装修样板

（2）用于承重墙体砌筑的砂浆试块；

（3）用于承重结构的钢筋及连接接头试件；

（4）用于承重墙的砖和混凝土小型砌块；

（5）用于拌制混凝土和砌筑砂浆的水泥；

（6）用于承重结构混凝土中使用的掺合料和外加剂；

（7）防水材料；

（8）预应力钢绞线、锚夹具；

（9）沥青、沥青混合料；

（10）道路工程用无机结合料稳定材料；

（11）建筑外窗；

（12）建筑节能工程用保温材料、绝热材料、粘结材料、增强网、幕墙玻璃、隔热型材、散热器、低压配电系统选用的电缆、电线等；

（13）钢结构工程用钢材和焊接材料，高强度螺栓预拉力、扭矩系数、摩擦面抗滑移系数和网架节点承载力试验；

（14）国家及地方标准、规范规定的其他见证检验项目

2. 验收原则

（1）坚持进场一批，验收一批的原则。

进场的材料必须经验收合格后才能使用到工程上，未经批次验收坚决不允许使用到工程上。

（2）坚持见证取样送检的原则。

凡施工规范规定必须送检的材料，由监理见证取样，施工单位送检测部门进行检测，必须检测合格，才能使用到工程上。

（3）坚持程序合规、依据充分、实事求是的原则。

材料进场时，施工单位应通知监理单位。监理单位应立即组织施工单位（甲供材料、设备，施工单位自购但需见证取样送检的通知建设单位），依据材料技术要求、质量标准，并对照封存的样品，在现场严格进行验收。

4.2.2.5 过程质量控制

"过程控制"是实现科技园工程质量管理目标的有力措施。要求监理及承建单位按照施工程序，

强化施工过程中重点环节、细节的质量控制。结合科技园工程施工作业面大、施工单位多的实际情况，在施工班组自检、互检、交接检，总包专项质检、监理检查验收的基础上，加强并参与到各工序操作的质量巡查、抽查及重点部位、重点环节的跟踪检查，形成了"多检制"、"联检制"、"抽检制"相结合质量检查制度，使施工过程各工序的质量受控。督促监理严格执行隐蔽工程和分部分项工程的验收，验收合格后方可进行后续施工；未经验收合格的工序，不得进入下道工序施工。

4.2.2.6 监理工作的协调及督导

为落实公司精细化管理的实施要求，在工程建设管理过程中，需加强对监理单位的协调和督导，充分发挥监理的重要作用。

1. 明确职责。监理单位需履行国家有关建设监理法规及《监理合同》所规定的职责；要以工程合同、施工规范、施工技术文件为依据，检查、监督工程质量、安全、工期、投资等目标任务的落实；应按照国家有关质量检查验收标准、技术规程，监督检查施工单位施工过程，确保工程质量；必须客观公正、实事求是地控制好进度款拨付及工程量签证，协助建设单位做好建设资金管理。

在此基础上，公司制定了《科技园工程项目实施阶段质量控制、管理试行办法》，要求参与科技园建设的监理单位必须执行本办法，进一步明确了监理单位管什么、怎么管，从而理清职责、落实制度。

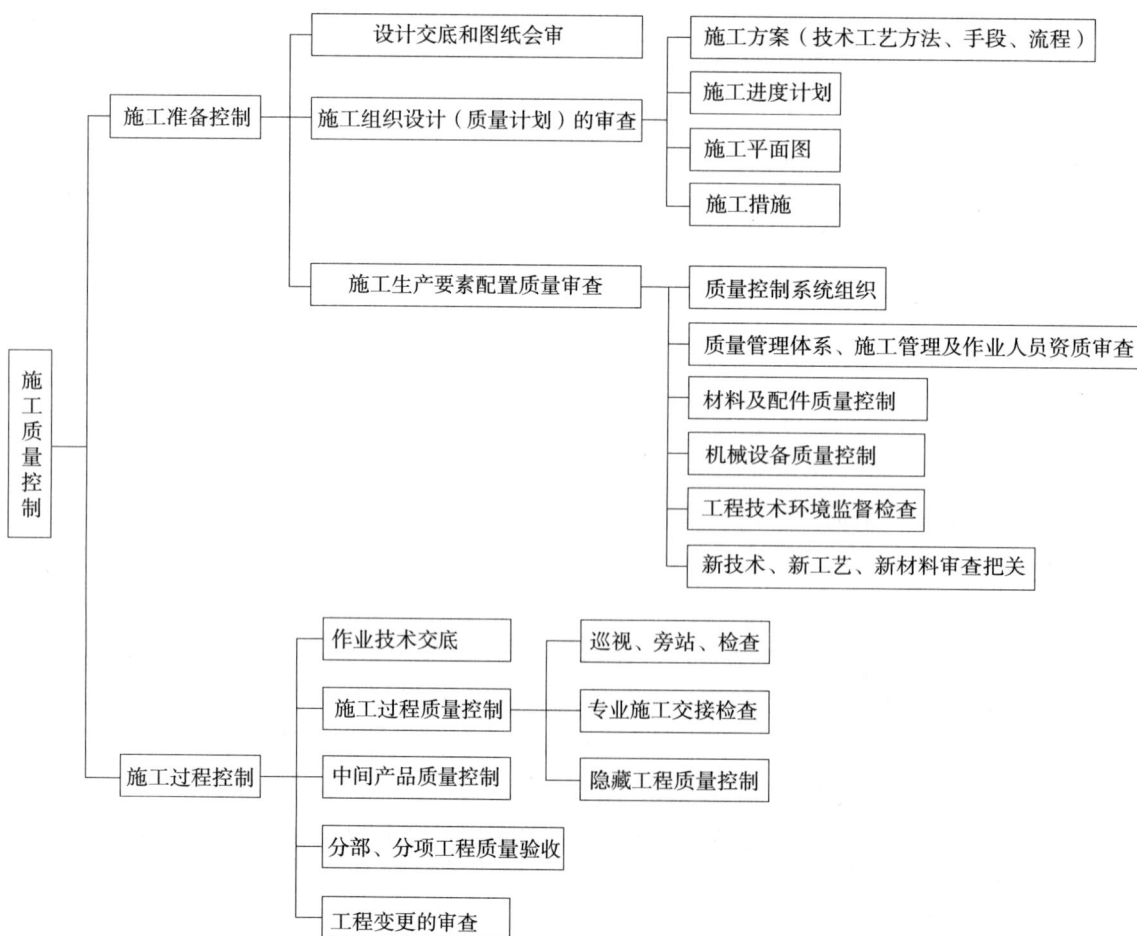

图4-7 科技园施工质量控制过程

2. 连续督导。根据科技园各项工程的不同特点，公司及时修改、补充和完善《监理工作协调及督导管理办法》、《旁站监理规定》、《监理工作管理考核办法》等相关文件，并作为监理合同的重要附件，与监理合同发挥同等效果。在工程实施过程中，各项指令均通过监理单位统一管理、执行并落实，监理单位需切实执行"PDCA循环"工作，不断改进提高工作质量，确保工程建设全面受控。

3. 持续纠偏。在科技园工程建设管理过程中，公司及时掌握监理单位"四控两管一协调"的运行状态和运行效果，对于工程建设实施过程中质量、进度、安全文明施工、造价控制等方面存在的与合同、计划方面的偏差，要求监理单位要提出意见和要求，及时纠偏。通过日检查、周讲评、月考核、施工现场大检查等多种方式，对工程质量、进度、安全文明施工、运行状态进行控制，及时提出要求，由监理负责落实，确保"四控两管一协调"工作到位，状态达标，确保工程建设目标如期实现。

4. 旁站管理。旁站管理是有效发挥监理职能的重要手段，在科技园工程建设中，旁站监理方案需在监理规划时统一制定，需明确旁站监理的范围、内容、程序、人员及职责。旁站监理方案报送建设单位纳入合同文件，并抄送工程所在地的建设行政主管部门或其委托的工程质量监督机构。

在实际工程管理过程中，旁站监理记录是监理工程师或者总监理工程师依法行使有关签字权的重要依据。对于需要旁站监理的关键部位、关键工序施工，凡没有实施旁站监理或者没有旁站监理记录的，监理工程师或者总监理工程师不得在相应文件上签字。在工程施工验收后，监理企业应当将旁站监理记录存档备案。对于因未实行旁站监理而引起任何工程事故的项目，将追究监理单位相关责任。

4.2.2.7 加强工程资料管理

工程资料管理是科技园工程质量管理的重要方面，是工程施工过程质量控制的全面反映，是建筑工程施工管理程序化、规范化和制度化的具体体现。

1. 建立健全档案管理制度。为了加强对工程建设各阶段档案资料的有序管理，保证归档资料及图纸的准确、齐全、规范，在项目建设初期就按照国家档案管理的有关规定，结合建筑实际情况，制定相应的档案管理制度、措施。明确参建单位工程项目管理人员及档案人员在工程档案形成过程中的职责，规范档案资料的收集、整理，以保证工程自开始就与档案跟踪管理同步。

2. 严把竣工验收资料关。工程竣工验收时，按照建筑工程档案管理归档范围的要求，对工程建设中形成的全部文件进行全面的检查、审核，发现问题及时解决，查缺补漏，务必确保竣工材料真实、完备、及时，归档范围符合要求。

3. 强化档案材料编制工作。工程档案材料的质量，关键在于编制形成过程。应明确施工单位、监理单位的责任，加强对编制档案材料的训练，不断提高编制工程档案材料的业务水平。要充分利用现代化手段，做好档案信息统计和台账工作。大力推行对缩微档案、电子文件档案在工程档案中的运用。提高档案管理水平，提高各部门档案管理工作的协调工作能力及工作效率。

4.2.3 工程质量管理实例——科技园某地块主体结构施工质量管理

4.2.3.1 科技园某地块主体结构概述

1. 主体结构特点

建筑地上4层，地下1层，建筑高度为23.8m；总建筑面积81280m²，其中地上建筑面积

61580m²，地下建筑面积19700m²。

主体结构地基基础复杂、主体结构具有层高高，层数少，柱间跨度大，高低跨连接较多，单层面积大等特点；且高空、超高空、大面积、大体量作业相对较多。

2. 工程质量目标

（1）满足工程合同要求，质量标准必须符合中华人民共和国国家标准和北京市地方标准；

（2）确保工程质量一次性验收合格率为100%；

（3）确保主体结构工程获得"北京市建筑结构长城杯金奖"，争创"中国建筑工程鲁班奖"。

4.2.3.2 主体结构施工质量管理措施

1. 督促监理单位编制监理规划及各专业监理实施细则和旁站监理方案；督促总包单位建立健全质量管理组织机构、质量管理策划和施工方案报批制度、材料报验制度、施工质量检查检验制度等十几项质量管理制度。

建立以项目经理为核心、技术负责人为主、专职质量检查员、技术员、班组长及其兼职质量检查员组成的质量管理体系、控制网络，形成分工明确、责任分明的执行机制。

2. 对主体结构影响较大的钢筋、混凝土做到"双控"，既要有质保书、合格证，又要有经监理人员见证取样并监督送至试验室进行复试，检验合格后准许在工程实体上使用。严格控制不合格材料的使用，未经检验的材料不允许用于工程，质量达不到要求的材料，及时退场。

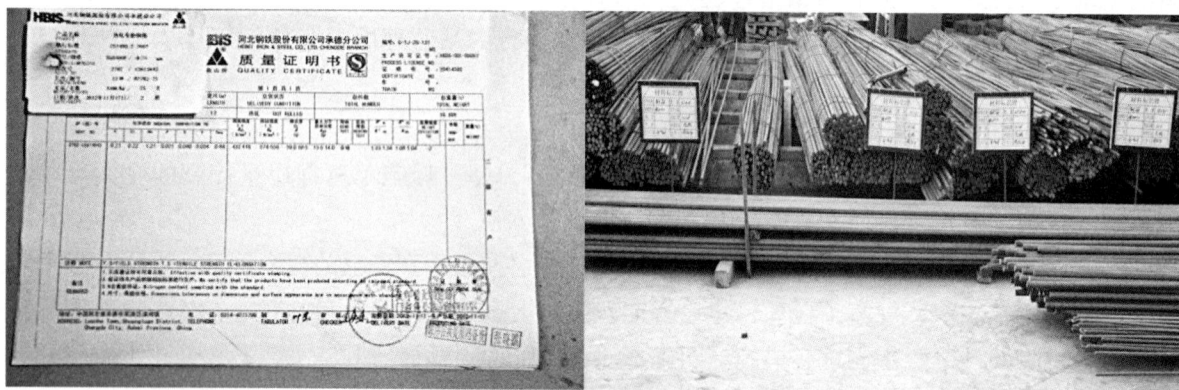

图4-8 科技园某地块材料验收

3. 在施工过程中，组织相关单位多方研讨，对主体结构中涉及基础标高、平面布局、楼梯、电梯及梁柱结构尺寸、增减柱子、调整洞口尺寸、各层配筋等方面及时进行优化确认，确保了主体结构施工的质量和进度。

4. 加强冬期施工质量管理

该工程50%的主体结构施工正值冬季，要求施工单位提前做好冬施部署：强化冬施方案的编制工作；根据现场实际布置混凝土测温点；严格要求混凝土入模温度不低于10℃；并在施工过程中进行24小时昼夜监控。

图4-9 混凝土测温

特别是在混凝土养护前3天，对混凝土能否达到抗冻临界强度起到关键作用，要求施工单位对同条件养护2～3天龄期的试块进行强度试压，用强度数据验证冬施质量控制效果，做到质量管理心中有数。

4.3 工程建设进度管理

4.3.1 工程建设进度管理概述

工程建设进度管理是指一项工程建设各阶段工作内容、程序、持续时间及衔接关系的总称。根据总体进度目标和资源优化配置的原则编制计划，在实施过程中审查施工进度与计划要求的匹配性，分析偏差情况，或采取补救措施，或调整、修改原计划后付诸实施，直至项目竣工交付使用的管理。

由于科技园区工程项目普遍具有规模大、周期长、参建单位多等特点，因此，在实施科技园各个工程项目进度控制时，主要分为四个阶段：（1）编制进度计划；（2）实施进度计划；（3）检查与调整进度计划；（4）分析与总结进度计划。

4.3.2 影响工程项目进度控制的因素

为有效控制科技园工程项目的施工进度，科技开发公司对影响工程进度的因素进行分析，制定保障进度的具体措施，以实现对工程项目施工进度的主动控制。影响科技园工程项目施工进度的因素有很多，归纳起来，主要有以下七个方面：

（1）工程建设参建单位的影响：工程地质勘查报告是否及时、准确；设计单位的设计进度、质量是否达到相应设计阶段的设计深度要求等；

（2）设计变更的影响：因施工图不完善导致设计资料需要修改，或者建设单位对工程建设提出新要求等；

（3）施工条件的影响：如施工现场的水电线路及市政设施是否满足施工要求等；

（4）资源投入的影响：因施工方的人、财、物等相关资源未能按计划有效匹配造成的影响；

（5）物资供应进度的影响：因施工方的材料、机具和设备未能按进度计划需求运抵施工现场或者运抵施工现场后发现其质量不符合有关标准等；

（6）承建单位管理水平的影响：主要表现在项目部人员配备不力；项目经理组织能力不强，缺乏综合协调和计划控制能力等；

（7）风险因素的影响：包括政治、经济、技术及自然等方面的可预见或不可预见的因素。

4.3.3 工程项目进度控制的方法（管理看板）

施工项目进度控制的关键是：规划、控制和协调。其中，规划是指确定施工项目总进度和分进度的控制目标，并编制进度计划；控制是指在施工项目实施中，进行实际进度与计划进度的比较，及时调整存在偏差；协调是指协调处理与施工进度有关的单位、部门之间涉及到影响进度的相关因素，确保现场施工按进度计划顺利进行。所以，进度管理的关键在协调。

根据科技园工程项目特点和公司实际情况，工程管理人员借鉴了丰田生产模式中的重要概念——看板管理。就是将各项目的质量、进度管理的重点工作、进度计划、现场管理中的关注要点、协调事项等按月下发到每个工程管理人员，明确分工，信息共享，责任到人，使每位工程管理人员对于近期管辖各专业的进度计划、完成情况、重点关注细节、协调事项等情况一目了然。同时，要求工程管理人员按照所辖专业编制每周工作计划，每日逐项协调解决及跟踪，形成"周计划—日看板"的"管理看板"模式，实施动态管理。周末汇总专业信息，做到及时总结、认真剖析、管理有序，确保现场施工顺利、有序推进。

在××1、××2两地块的现场施工管理中，工程管理部门首先尝试推行"任务分解计划看板"的管理方法，将每月重点工作、进度计划及现场管理的要点、协调事项等内容下发到每位工程管理人员，确保分工明确，信息共享，责任到人，使工程管理人员均对近期管辖内各专业的进度计划、完成情况、协调事项等一目了然。增强了工程管理部门"抓落实"的工作力度，特别是针对管理的施工现场数量多、规模大、协调单位多、管理人员少等问题，实行"周计划—日看板"的管理优势和效果更为显著。具体分为如下程序：

（1）编制月度重点工作计划

根据施工总体规划，工程管理部门编制月度重点工作计划,如下表4-2所示，主要包括：动态管理现场分部分项施工进度；现场存在的安全、质量、进度等方面的问题及整改情况；需领导协调解决的问题等内容。其中，在动态管理现场分部分项施工质量及进度中，重点列出本月施工分部分项明细，在总体规划中完成的时间节点，本月完成的进度计划，现场管理中关注的细节等内容。

工程管理部门2013年6月份重点工作   表4-2

工程管理部门2013年6月份重点工作						
一、××1地块动态管理现场分部分项施工质量及进度						
序号	项目名称	主要工程量	年度计划	本月进度计划	质量管理重点	责任人
1	二次结构砌筑	4700	4月1日~5月28日	基本完成	砌块质量、砌筑平整垂直度、砂浆质量、错缝等	土建专业工程师
2	附属工程	5项目	4月1日~7月30日	二次结构及屋面全完	结构混凝土、钢筋及施工质量	土建专业工程师
3	屋面工程	18000	4月1日~5月15日	防水及保护层全完	保温、防水材料质量，找坡及厚度，保护层施工质量	土建专业工程师
4	楼地面工程	70000	5月1日~7月30日	垫层施工完成50%	混凝土质量及浇筑平整等	土建专业工程师
5	室内精装修施工	40000	5月15日~9月30日	完成样板间及二层轻钢龙骨石膏板隔墙完	定位、放线及材料质量，施工接缝等细节管理	土建专业工程师
6	幕墙工程	40000m²	5月15日~11月30日	剔凿预埋板、放线及深化设计	校对、调整预埋件位置及深化施工图	土建专业工程师
7	消防工程	6700m	4月1日~9月30日	完成地上四层喷淋支管	安装标高及顺直、平整和接头质量	机电专业工程师
8	弱电工程	23000m	5月15日~9月15日	校对埋管及深化设计	校对、调整预埋件位置及深化施工图	机电专业工程师

工程管理部门2013年6月份重点工作					
9	室外工程	8100m管网及1万m² 路基	4月15日-7月14日	完成室外管网及路基施工	材质、防腐、标高及街口施工质量；路基回填密实度及标高、找坡	土建、机电专业工程师
10	每周、月收集、传阅存档总包、监理周报、月报			监理、总包的周报、周计划收集传阅；及时下发会议纪要、通知、联系单等相关资料	土建专业工程师
11	每周收集、下发监理、总包工作联系、变更、洽商、会议纪要等相关资料				土建专业工程师
12	协助编写周报、周计划			编写、上报工程管理部门周报、周计划等	土建专业工程师

二、××2地块动态管理现场分部分项施工质量及进度

1	搭建临设	6月份全部完成	完成	平面布局、方案审批等	
2	场地平整及临时道路施工	6月份全部完成	完成	平面布局、方案审批、混凝土质量控制等	土建专业工程师
3	基础开挖、验槽及垫层施工	6月份全部完成	完成	开挖尺寸、探钎、验槽及混凝土、模板、钢筋质量控制等	
4	场地平整及临时用电、水、消防管网施工	6月份全部完成	完成		

三、协调解决事项

1	协调处理建筑图纸中的技术问题（列出具体协调的事宜或联系单）	协调图纸下发及处理所辖专业中总包提出的技术问题及其影响进度的其他问题	部门各专业工程师
2	协调精装修图纸下发、技术交底及存在问题处理		部门各专业工程师
3	督促总包组织实施屋面新增开洞事宜	施工方案及其措施落实情况	土建专业工程师
4	检查总包自行采购物资、材料质量验收程序（列出具体检查、封样的材料名称）	相关材料品牌、厂家资质、合格证等相关资料及封样检查	部门各专业工程师
5	督促总包抓紧暂估价材料中的六种材料的封样、认价工作	严格按封样、认价程序进行	部门各专业工程师
6	检查督促施工现场安全管理、文明施工	拆除材料、垃圾清理及安全检查	机电专业工程师
7	协调、配合技术、商务处理有关A42地块、A45地块招投标相关事宜（列出具体材料或分项名称）	配合相关专业的招标公告、招标文件审核等事项	部门各专业工程师
8	了解熟悉所管辖专业的招投标相关内容	消防、幕墙、弱电等专业投标内容	部门各专业工程师
9	协调下发45地块施工图及图纸会审	组织参加图纸会审会议	部门各专业工程师
10	督促总包及时办理临设及45地块建筑施工许可证	协调工程一部相关人员配合	部门各专业工程师
四	现场存在的质量、进度、安全等方面的问题及整改情况		部门各专业工程师
五	需领导协调解决的问题		部门各专业工程师

（2）编制每周工作计划，实施看板管理

每位工程管理人员根据月度重点工作计划，编制本人所管辖专业的每周工作计划，如表4-3所示，细化日均工作安排，对照落实情况，实现动态管理。同时，根据工程施工进展及时增补工作内容，如设计变更、工程签证、技术协调等。

员工周工作计划 表4-3

员工周工作计划											
部门：工程管理部门			责任人：（土建）专业工程师			时间：2013年6月第2周（6.10-6.16）					
一、现场进度、质量动态管理											
工程名称	序号	项目名称	主要工程量	年度计划	本月计划量	本周计划					
						进度			质量		
						计划完成量	计划控制措施	纠偏执行计划	质量管理重点	过程控制措施	质量缺陷整改计划
××1地块	1	二次结构砌筑	1-4F（3200m³）	4月1日~5月28日	基本完成	地上收尾工作	将周计划分解到天计划中，每天检查计划执行情况，及时进行偏差分析，找出原因，商讨解决措施，必要时汇报领导	督促增加人员	方案、砂浆饱满度、标高、轴线等几何尺寸偏差、电梯井圈梁、砌体墙封顶处、穿管线处	督促监理旁站的执行，按照审批的方案对各工序重点抽查控制，发现问题及时与监理总包沟通，必要时汇报领导	屋面坡度、回填土、防水领导已协调，督促总包执行；结构质量缺陷：加固、局部休整剔凿进行中，随装修进度
			地下部分	6月	基本完成	地下室砌筑隔墙基础300m³					
	2	防水工程	地下室顶板防水（8300m²）	3月22日~6月	基本完成	完成至100%			方案、防水材料、施工资质、防水层空鼓、裂缝、渗漏水、穿管线、后浇带、施工缝、转角洞口、平立面交界处质量控制		
			屋面防水（18000m²）	4月1日~6月	基本完成	完成屋面防水6000m²					
	3	室内装修施工	5层（地下1层、地上4层）	5月15日~9月30日	方案、样板、隔墙、开始室内地面施工	继续进行工作面、资源、方案图纸会审等技术的准备工作；样板：完成样板吊顶、双面石膏板的施工，开始大面积隔墙施工			方案，样板，垫层，墙地砖，踢脚，吊顶（关于吊顶的平整度、标高控制线的要点等另附）		
	4	……	……	……	……	……		……	……	……	……

续表

员工周工作计划										
部门：**工程管理部门**			责任人：（土建）专业工程师				时间：**2013年6月第2周（6.10-6.16）**			
××2地块	1	施工准备	现场准备、技术准备、资源准备，各方协调	5月下旬~6月上旬	图纸会审、方案	图纸会审、继续方案编制	将周计划分解到天计划中，每天检查计划执行情况，及时进行偏差分析，找出原因，商讨解决措施，必要时汇报领导	继续督促人员配备、完善组织机构；方案按照"长城杯"要求	结合其他专业看图：标高，尺寸，前后有无矛盾、不清、不可实施项；方案按照"长城杯"要求	督促监理旁站的执行，按照审批的方案对各工序重点抽查控制，发现问题及时与监理总包沟通，必要时汇报领导	继续完善、规范内业
	2	前期测量	坐标点校验、场区方格网、建筑定位	5月、6月上旬	建筑定位	开始建筑定位准备工作		场平标高的控制、建筑定位的准确性控制、测量人员资质、仪器校验		继续完善、规范中
	3	临设	方案、测量放线、场地平整、挖土、主体施工、回填	5月、6月	方案、测量放线、挖土、主体施工、回填	开始场地平整、放线		材料符合消防等要求，按方案施工（具体材料、施工等质量控制另附）		
	4	……	……	……	……	……		……		……

二、协调解决事项

工程名称	序号	项目名称		本周计划完成内容	计划完成时间
××1地块	1	施工技术协调	施工方案、计划	精装方案、幕墙方案	本周/6月底前
			审图：协调技术协调单034	协助协调034的上报与回复，及出技术协调单022—033相对应的正式单子	本周/陆续完善
			设计变更	执行变更：跟踪现场建筑设计变更022、023、028、029、026、032，结构设计变更025、031、030的执行	随工程进度
				审核变更：	随发生进度
			图纸深化	跟踪总包对装修图纸的深化	随工程进度
	2	现场资源协调	材料认质、认价：卫生间隔断、防火玻璃窗技术要求已发总包，材料认质、认价工作进行中	督促总包执行	6月/7月
	3	现场施工协调	工序间会签制度	督促现场工序间会签制度的执行	随工程进度
			协助协调A2-2外挂电梯首层拆除工作/协助协调D区钢结构计划安装时间	督促总包明确方案，做好计划	6月
	4	招投标协调	石材、墙地砖、木门	督促：进行中	6月

员工周工作计划				
部门：工程管理部门		责任人：（土建）专业工程师	时间：2013年6月第2周（6.10-6.16）	
××2 地块	1	……	……	……	……

三、HSE及内业

	序号	配合事项	计划完成内容	计划完成时间
HSE	1	个人安全行动计划	按计划完成	本周
	2	随时配合公司安全HSE计划		按要求

（3）每周组织工程管理人员进行工作总结和分析

要求部门管理人员简单汇报本周完成的工作情况，所辖专业进度、质量，协调处理事务的进展情况以及需要领导协调解决的问题。部门对当前问题汇总分析后，及时部署安排，并制定下周工作计划，确保员工均按每周计划逐项抓好落实。

此方法的优点包括：

一是通过对月度、每周重点工作进行合理安排，使每位工程管理人员均能掌握当前重点工作，卡控施工进度及质量，全面提升工作效率。

二是通过工程管理人员对自己工作动态的实施掌握，对已经完成的工作、未完成的工作及存在的问题，均能做到一目了然，并通过信息共享，帮助管理者第一时间掌控各环节的工作动态，进一步优化施工组织。

三是通过深化基础管理，逐步构建"全员参与，电脑看板，管理透明"的"管理看板"模式，确保了各项工作的落实，提升了部门的执行力。

四是促进电子台账、各类资料的健全完善，确保现场资料一目了然，更为将来工程结算等后续工作奠定基础。

管理看板不仅是工程管理部门内全员参与的管理活动，更是对各项任务目标及协调事项进行"目视控制"的管理方法。鉴于此，工程管理人员应转变观念，增强自身的使命感和责任感，通过建立项目整体的工作理念，打破部门职责的片面观念，求真务实、真抓实干，确保施工项目顺畅、有序进行。

4.3.4 工程项目进度管理措施及案例

科技园区××1地块主要由石油化工研究院的通用实验室、试验厂房、库房以及集团公司其他后续入驻单位科研实验用房等组成。建筑面积81280m²，其中地下一层为19700m²，地上四层为61580m²。2012年7月11日土方单位进场施工，8月20日设计院下发施工图纸，9月6日完成施工许可证办理工作，总承包单位正式进场。根据集团公司年度工作任务的总体部署，确定了××1地块2013年年底结构封顶的工期目标，为实现这一目标，现场需要完成8万m²的主体结构工程、20余万m³土方、护坡土钉墙1万余m²及10m深止水帷幕1000余m；绑扎1万多吨钢筋、浇注7余万m³混凝土、保护墙砌筑及施工现场的水、电、路等工作。面对紧迫的工期目标和降雨频繁的雨季等影响因素，除了采取临设与土方工程平行施工，土方与基础工程流水作业等施工管理措施（土

图4-10 ××1现场土方与基础施工流水作业

图4-11 ××1现场基础与临设施工平行作业

方和基础流水作业如图4-10所示，基础与临设平行作业如图4-11所示）外，为了克服这些制约因素的影响，工程管理部门通过采取"看板管理"措施，进一步优化人员、材料、机械等资源，确保实现年底完成工期目标。

首先，通过运用"管理看板"的方法制定了总进度计划，控制重要时间节点；通过量化"结构砌筑，防水、附属工程及回填土、现场环境及临水、临电工程"等月度项目管理内容，细化制定每周重点工作计划，将××1地块每月重点工作、进度计划及现场管理的要点、协调事项等内容落实到每位工程管理人员，确保分工明确，信息共享，责任到人。

其次，结合"管理看板"中每周工作计划的推进情况，在每周监理例会中对监理、土方及总包单位提出明确要求，确保总包及土方单位能够按每日完成的工作量配置资源，按节点控制施工计划，主要包括施工准备计划，劳动力进场计划，施工设备、机具进场计划等；工程管理部门每个人根据实际情况第一时间协调解决问题，并协调设计院、勘察等单位，及时解决工程现场和图纸间存在的问题和矛盾。

在此基础上，工程管理部门还积极探索"管理看板"多元化新模式，通过制定资料动态表（表4-4），包括：设计变更、工作联系单、工程商洽、工程签证单、技术协调单及图纸深化资料、专业施工技术方案等，促进流转文件的动态量化管理，真正实现工程管理的规范化、标准化及程序化。例如：对于施工紧急且商务影响较小的设计变更，可按快速通道部署下发；根据"管理看板"实时掌握施工进度，及时组织有关部门进行隐蔽工程验收，确保验收工作不留死角；及时整理有关施工进度及相关结算的台账、资料，为做好进度控制的事后工作奠定基础等。

通过"管理看板"方法的运用，工程实体进度平稳推进，截至2013年12月底，科技园区××1地块顺利完成基础清槽、钎探及防水等施工工艺，主体结构工程全部完成，并获得了"北京市结构长城杯工程金质奖"等奖项，保质保量实现了2013年底结构封顶的预期目标。

2014年××1地块相继完成了幕墙、机电安装、装饰装修和市政及外线施工，7月底完成系统调试，9月30日顺利实现总体工程竣工验收。见图4-12至图4-17。

按照"管理看板"的模式推进，科技园区工程项目都按期实现了各自的工期目标，各地块工程相继竣工投用。科技开发公司不断完善工程管理模式，有效控制了工程建设进度，按期实现了集团公司年度总体计划目标。工程竣工现状如图4-18至图4-20所示。

表4-4

资料动态表

项目名称	××1地块						编号	C-1308-1 8月第1周		制表人	×××	
日期	2013.7.29-2013.8.2											
	协调审批资料	接收时间	交付单位/责任人	处理方式	领导批示	下发部门责任人	下发时间	工程管理部门督办人	完成时间	状态备注		

类别	序号	协调审批资料	接收时间	交付单位/责任人	处理方式	领导批示	下发部门责任人	下发时间	工程管理部门督办人	完成时间	状态备注
工作联系单 总包	1	工作联系单：商-001（关于重新计量范围确定的事宜的）	2012/10/25	总包资料员	挂单走程序	请商务部阅处（副经理）	技术商务附复印件	2012/10/26	土建专业工程师	2012/11/20	审批完成、存档存回复复印件
	2	工作联系单：商-002（关于地下人防临战封堵门的事宜）	2013/3/19	总包资料员	未走程序	纳入签证及重计量	无	无	土建专业工程师	2013/4/12	存档
	3	工作联系单：商-003（关于按2012年8月31日施工图纸重计量的相关事宜）	2013/4/17	总包资料员	挂单走程序	技术配合商务回复（商务专业）	技术商务附复印件	2013/4/19	土建专业工程师	2013/4/26	审批完成、存档待存回复
	4	工作联系单：商-004（关于外线排水检查井认价）	2013/4/12	总包资料员	挂单走程序	技术配合商务回复（商务专业）	技术商务附复印件	2013/4/18	机电专业工程师	2013/4/22	审批完成、存档已回复20130702
	5	工作联系单商-005（关于洁净室及恒温房间总包方与专业分包界面划分的相关责任）	2013/5/3	总包资料员	挂单走程序	商务部回函（商务标负责人）	技术商务附复印件	2013/5/3	土建专业工程师	2013/6/25	审批完成、存档已回复
	6	工作联系单：商-006（关于恒温废水管(FRPP)认价的事宜）	2013/5/6	总包商务技术员	挂单走程序	商务牵头尽快给予认可（商务部）	技术商务附复印件	2013/5/8	机电专业工程师	2013/6/24	审批完成、存档已回复20130620
	7	工作联系单：商-007（关于地下人防临战封堵者门框认价的事宜）	2013/5/15	总包商务技术员	挂单走程序	请商务部给予认价	技术商务附复印件	2013/4/17	土建专业工程师	2013/6/24	审批完成、存档已回复20130620
	8	工作联系单：商-008（关于EPS电源认价的事宜）	2013/5/15	总包商务技术员	挂单走程序	请商务部给予认价	技术商务附复印件	2013/4/17	机电专业工程师	2013/6/24	审批完成、存档已回复20130620
	9	工作联系单：商-009（关于EPS电装修工程隔间墙、地砖材料进场问题的事宜）	2013/5/24	总包商务经理	暂不走程序	通知商务	商务附复印件	2013/4/24	土建专业工程师	2013/5/31	商-009作废编号顺延
	10	工作联系单：商-010（关于洁具技术、品牌及认价的事宜）	2013/5/31	总包商务技术员	挂单走程序	技术协商认可	技术商务附复印件	2013/6/3	机电专业工程师	2013/6/18	审批完成、已存回复2013628
	11	工作联系单：商-011（关于高区给水加压泵组技术、品牌及认价的事宜）	2013/5/31	总包商务技术员	挂单走程序	技术助收认可尽快认可（商务部）	技术商务附复印件	2013/6/3	机电专业工程师	2013/6/18	审批完成、存档待存回复
	12	工作联系单：商-012（关于高区中水加压泵组技术、品牌及认价的事宜）	2013/5/31	总包商务技术员	挂单走程序	技术助收认可尽快认可（商务部）	技术商务原件	2013/6/3	机电专业工程师	2013/6/18	审批完成、存档已回复2013716
	13	工作联系单：商-013（关于屋面太阳能系统技术、品牌及认价的事宜）	2013/5/31	总包商务技术员	挂单走程序	技术助收认可尽快认可（商务部）	技术商务原件	2013/6/3	机电专业工程师	2013/6/18	审批完成、存档待存回复
	14	工作联系单：商-014（关于卫生间隔断品牌认价的事宜）	2013/6/26	总包商务副经理	挂单走程序	技术配合商务附回复（商务专业）	技术商务附复印件电子版	2013/6/26	土建专业工程师	2013/7/8	审批完成、已存回复2013716
	15	工作联系单：商-015（关于消防专业分包认价的事宜）	2013/7/2	总包商务经理	挂单走程序	技术配合商务回复（商务部责任人）	技术商务附复印件电子版	2013/7/2	土建专业工程师	2013/7/8	审批完成、已存回复2013716
	16	工作联系单：商-016（关于弱电专业分包认价的事宜）	2013/7/10	总包商务经理	挂单走程序	请商务部回复（商务副经理）	商务原件及附表	2013/7/10	土建专业工程师	2013/7/22	审批完成、存档待存回复
	17	工作联系单：商-017（关于外幕墙钢材厂家变更事宜）	2013/7/10	总包商务经理	挂单走程序	请商务部回复（商务副经理）	商务原件及附表	2013/7/10	土建专业工程师	2013/7/23	审批完成、存档待存回复
分包	1	工作联系单：商-001（关于外幕墙钢材厂变更事宜）	2013/7/8	幕墙项目经理	挂单走程序	请商务部给予确认（技术专业）	技术商务复印件	2013/7/8	土建专业工程师	2013/7/11	审批完成、存档已回复20130710
工程洽商 总包	1	工程洽商：建筑01-05-C2-001（地下室部位底板及外墙防水做法变更）	2013/1/10	总包资料员	挂单走程序	商务核算	技术	2013/1/14	土建专业工程师	2013/1/2	已下发总包监理存档
	2	工程洽商：建筑04-01-C2-001（屋面做法变更）	2013/4/8	总包资料员	挂单走程序	商务核算	技术	2013/4/19	土建专业工程师	2013/5/20	已下发总包监理存档
工程签证 CPE	1	现场签证单：CPE-003（A42地块二期闽土区土方量）	2012/9/7	cpe项目经理	挂单走程序	商务核算	技术商务	2012/10/22	土建专业工程师	2012/11/5	已下发cpe监理存档
	2	现场签证单：CPE-006（关于天然地基承载力载试验验签证）	2012/9/9	cpe项目经理	挂单走程序	工作内咨确认商务核算报价	技术商务	2013/1/14	土建专业工程师	2013/3/15	已下发cpe监理存档
	3	现场签证单：CPE-005闽土场A19地块（进出场道路及配合闽土设备）	2013/1/17	cpe项目经理	挂单走程序	商务佔算结算	技术商务	2013/3/3	土建专业工程师	2013/4/22	已下发cpe监理存档

图4-12 ××1地块幕墙完工现场进度照片

图4-13 ××1地块装修、机电施工过程现场进度照片

图4-14 ××1地块机电安装完工现场进度照片

图4-15 ××1地块装修完工现场进度照片

图4-16 ××1地块市政、园林完工现场进度照片

图4-17 ××1地块机电调试现场进度照片

图4-18 ××1地块竣工后现场照片

图4-19 ××2地块竣工后现场照片

图4-20 ××3地块竣工后现场照片

4.4 工程竣工验收及备案管理

4.4.1 工程竣工验收及备案的重要性

工程竣工验收是在工程完工后,由建设单位组织,监理、设计、施工单位参加,质量监督机关同步监督,对工程质量合格达成一致结论。

工程竣工验收备案是建设过程最后一个法定程序,是在工程竣工验收合格之日起15日内,向工程所在地政府建设主管部门提请资料备案。工程竣工验收备案不合格的工程,工程竣工验收无效,需重新组织竣工验收。工程竣工验收并备案完毕,才能投入使用。

工程竣工验收及备案管理,包括了对工程从立项、设计、招投标、施工、竣工等全过程的质量管理,有利于督促业主、勘察、设计、监理、施工等责任主体加强工程质量管理,提高工程整体质量。

4.4.2 工程竣工验收及备案需要具备的条件

工程竣工验收及备案需要具备的条件,因工程性质及工程所在地区略有不同。科技园位于北京市昌平区。下面结合该工程所在地的要求,对该工程竣工验收及备案需要具备的条件进行针对性阐述。

4.4.2.1 工程竣工验收及备案需提交的文件

科技园项目工程竣工验收需要提交给北京市昌平区建委的文件如表4-5。

工程竣工验收资料目录   表4-5

序号	资料名称
1	工程竣工验收通知书(附:验收组成员名单(建设、勘察、设计、施工、监理单位))
2	单位(子单位)工程质量竣工验收记录
3	外立面照片
4	北京市民用建筑节能设计审核备案登记表
5	无障碍设计竣工验收记录
6	节能保温工程质量验收记录
7	民用建筑工程室内环境质量监测报告
8	施工、监理、设计、勘察单位《工程竣工报告》
9	其他文件:如质量保证资料等

说明:所提供的文件如为复印件,应加盖复印单位公章,并提供抄件人身份证复印件,且注明:1. 复印件与原件内容相符,2. 原件存放处,3. 抄件人签字及日期

科技园项目工程竣工验收备案需要提交给北京市昌平区建委备案部门的文件如表4-6。

工程竣工验收备案资料目录   表4-6

序号	资料目录
1	网上申请工程竣工验收备案业务,并打印《北京市房屋建筑工程和市政基础设施工程竣工验收备案表》
2	工程竣工验收报告

续表

序号	资料目录
3	单位（子单位）工程质量竣工验收记录
4	工程施工许可证（复印件）
5	工程规划许可证（复印件）
6	应由规划部门出具的认可文件（复印件）
7	应由公安消防部门出具的工程验收合格的证明文件或者备案凭证（复印件）
8	工程质量保修书（复印件）
9	建设工程档案预验收意见复印件
10	法人委托书和法定代表人身份证明（原件或复印件）

说明：所提供的文件如为复印件，应加盖复印单位公章，并提供抄件人身份证复印件，且注明：1. 复印件与原件内容相符，2. 原件存放处，3. 抄件人签字及日期

4.4.2.2 工程竣工验收及备案需具备的条件

北京市昌平区工程竣工验收需要具备以下条件：（1）完成工程现场实体施工和同步资料：按合同和设计文件完成现场实体施工，完成与工程同步的合格文件、试验报告等资料编制和收集；（2）完成主要专项验收；（3）完成合同备案及发承包双方无拖欠工程款证明。

工程竣工验收备案除需要具备工程竣工验收所需要具备的条件外，还需要工程竣工验收合格。

4.4.3 工程竣工验收及备案流程及内容

1. 完成现场主要专项验收及检测

完成规划、档案、消防、防雷、电梯、节能、无障碍设施、供电验收及室内环境检测、防雷检测等专项验收和检测项。

2. 完成专项验收备案资料
3. 取得专项验收成果文件
4. 完成竣工验收

（1）工程竣工验收程序

施工单位先自检并且合格后，由施工单位向建设单位提交工程竣工申请，建设单位告知工程质量监督机构并组织竣工验收。

（2）工程竣工验收内容

工程竣工验收包含实地检查各参建单位的工程档案资料，实地查验工程质量、安全和主要使用功能。

5. 完成竣工验收备案资料
6. 取得工程竣工验收备案成果文件

4.4.4 工程竣工验收及备案管理经验

4.4.4.1 造成工程竣工验收及备案迟缓的原因

总结工程竣工验收及备案阶段工作经验，分析造成工程竣工验收及备案迟缓的原因如下：

（1）部分人员在思想上不够重视，缺乏懂专业和程序的人员；

（2）工程部分前期手续不完备，文件前后期内容不一致；

（3）工程现场实体施工和质量缺陷整改滞后；

（4）工程施工过程中资料不齐全或不符合规范要求，竣工技术资料和有关竣工结算凭证（含总包与分包的结算凭证）交付不及时；

（5）工程档案预验收、消防、规划、节能各专项验收不及时，合格文件取得滞后。

4.4.4.2　工程竣工验收及备案管理经验

结合科技园工程所处位置、工程规模、建设工期，分析并预测科技园工程竣工验收及备案阶段可能面临的问题，采取以下管理措施。

1. 组织措施：工程竣工验收及备案工作是一项系统工程，科技园各项目建设规模都在3万m²以上，涉及的专业和单位多。各单位所站角度不相同，各方的利益不同，所关注的只是工程某一方面的质量。因此，作为工程建设方的科技开发公司工程管理人员，在工程验收和备案工作中要发挥主导地位，主动协调各单位，明确各责任主体实施内容及时间要求；调动勘察、设计、施工、监理、规划、消防等多个单位共同合作，齐抓共管，增强竣工验收及备案观念意识和专业知识，不断提高工程竣工验收及备案工作的及时性和准确性。

2. 技术措施：竣工验收及备案阶段所需的资料涉及工程立项、招投标、设计、施工等全过程。科技园工程建设周期长，一般都跨越两个年度以上，公司工程管理人员要清楚工程竣工验收及备案的具体内容，加强科开公司从工程立项到竣工阶段的资料收集和对承包方资料的管理，以及现场的施工进度管理。了解熟悉竣工资料中需要承包商准备的资料内容及要求，督促、检查承包商资料进度和质量。在科技园其他工程项目管理中，从项目立项、可行性研究、勘察、设计、招投标、施工等各阶段，应做好工程全过程施工质量和资料管理工作。

3. 进度措施：科技园工程为公共建筑，有实验厂房、数据中心、机械装备厂房等工程，专业多，涉及建筑、结构、弱电、消防、强电、智能、综合布线等多个专业，比一般的居住建筑复杂，相对应的竣工验收及备案阶段所需要的工程资料就很多。科开公司工程管理人员根据工程总进度计划，统筹安排工程验收及备案工作，确定验收及备案启动时间，并订立验收及备案总计划和各专项验收计划，对验收和备案进行关键节点控制。

案例：以科技园×1地块为例，工程竣工验收及备案计划制定及完成情况如下：

科技园×1地块建筑面积81280m²，为局部地下1层、地上4层的中试试验厂房、办公楼。地下有−3.1m、−4.15m、−6.9m、−7.4m、−9.0m左右不同的底板标高，部分梁跨度达到18m，层高为5.1m、10.2m左右。工程从2010年立项，2012年开工建设，工程工期目标为2014年9月底竣工验收，工程质量目标为建筑长城杯金奖，争创工程鲁班奖。建设规模大、结构复杂、工期跨度长，对工程每个阶段的质量管理和资料同步管理都需要较高的要求。为此，竣工验收及备案阶段加强了进度措施，提高了竣工及备案工作的统筹性、计划性和执行力度。

（1）根据×1地块2014年9月底完成竣工验收的总目标，统筹安排竣工验收及备案工作，制定工程竣工验收及备案总计划，及各专项验收计划，明确各专项验收启动时间、完成时间、管理重点及难点等，如表4-7、表4-8。

×1地块竣工验收及备案总计划 表4-7

×1地块竣工验收及备案总计划									
编号：×1-备案总计划-201407									
一、各专项验收备案及检测进度计划									
序号	项目名称	时间要求	计划开始时间	计划完成时间	实际完成时间	协调单位	配合单位（部门）	管理重点及难点	管理措施	与竣工备案关系
1	规划验收	8月底前完	14-0606	14-0829	14-0829	工程管理部门	规划测量单位、总包	建筑面积、外边界、坐标、高度、红线等误差是影响规划验收合格与否的关键。	核施工图纸与报规图纸、施工图纸与现场实际面积、坐标、高度等关键指标的误差，明确面积等计算规则	备案前需完成
2	档案预验收		14-0719	14-0801	14-0801	工程管理部门	昌平城建档案馆、总包	竣工图纸、分部工程的验收单、基建文件	提前绘制竣工图，收集整理工程前期资料	备案前需完成
3	节能验收		14-0815	14-0828	14-0910	工程管理部门	建委、总包	现场实体工程节能验收：重点会对墙体、外窗、屋面、地面等材料的合规性使用进行检查；供暖节能工程分项验收	提前了解最新节能验收政策文件，及时组织验收；按时做外墙、外窗现场实体检测、系统节能检测、材料和设备采购备案	备案前需完成
4	无障碍设施验收		14-0827	14-0827	14-0827	工程管理部门	设计、总包、监理	残疾人坡道、残疾人卫生间等	检查现场是否按图纸施工完毕	备案前需完成
5	电梯验收		14-0815	14-0828	14-0828	工程管理部门	分包	机房(机器设备间)、井道、轿厢与对重(平衡重)、悬挂装置、补偿装置及旋转部件防护、轿门与层门、无机房电梯附加检验项目、试验	检查安装、生产厂家资质	备案前需完成
6	供电验收		14-0805	14-0815	14-0815	工程管理部门	分包	配电室		备案前需完成
7	消防验收	8月底前完	14-0811	14-0825	14-0825	工程管理部门	分包、消防局	不是仅对"消防设施"进行简单验收，而是对"整个建筑消防工程"进行验收。	协调解决"甲供设备的调试、以及小市政与相邻地块复杂的交叉施工"难点工程，及时完成消防检测和调试	备案前需完成
8	防雷验收		14-0820	14-0828	14-0909	工程管理部门	分包、气象局			备案前需完成

续表

	×1地块竣工验收及备案总计划
	编号：×1-备案总计划-201407
9	生活水质检测	8月底前完	14-0805	14-0815	14-0815	工程管理部门	总包			可在备案后完成
10	室内环境监测		14-0618	14-0625	14-0625	工程管理部门	总包	甲醛、氨气、苯、氡等气体浓度	控制地砖、木地板、墙面漆等材料的质量	备案前需完成
11	人防验收			14-0821	14-0821	工程管理部门	总包、分包	除砼、钢筋、模板、孔口防护设施；密闭穿堵短管的制作与安装；通风管道的制作与安装；给排水管道的安装；临战封堵、临战砌筑；标识的制作与安装；	人防资料要单独组卷，包含隐检资料；图纸、现场施工是否满足人防验收规范	可在备案后完成
12	供水验收					工程管理部门	水务局、总包	集水池、绿化、卫浴、冷却塔等指标和施工质量	图纸指标控制、设备选型满足设计图纸	可在备案后完成
13	竣工验收	9月底前完	14-0920	14-0924	14-0924	工程管理部门	总包、分包	现场实体施工质量、资料收集	先自验、整改	备案前需完成
	二、竣工验收及备案进度计划
1	合同备案及无拖欠工程款证明、凭证	10月初完	14-0924	14-0928		工程管理部门	商务、财务、总包、分包、建委	按合同已支付工程款		备案前需完成
2	竣工备案		14-0924	14-1013		工程管理部门	总包、建委	质量监督报告	紧密配合建委	

×1消防验收备案各责任主体工作内容及进度计划   表4-8

	×1消防验收备案各责任主体工作内容及进度计划
	编号：×1-消防验收备案-201408
	一、消防验收备案进度计划及完成情况
顺序号	内容	责任单位	配合单位	启动时间	进度计划	实际完成时间	完成状态
1	各责任主体准备好消防验收备案需要的资料、沟通	工程管理部门	各责任主体	14-0805	14-0805——14-0809	14-0809	完成

续表

×1消防验收备案各责任主体工作内容及进度计划						
编号：×1-消防验收备案-201408						
2	去窗口正式报送	工程管理部门	分包	14-0811	14-0811	14-0811	完成
3	现场验收沟通、进场验收	工程管理部门	总包、分包、消防支队	14-0811	14-0811——14-0818	14-0818	完成
4	验收备案完毕：出验收意见书	工程管理部门	消防支队	14-0825	14-0825	14-0825	完成

二、消防验收备案资料准备进度计划及完成情况

顺序号	文件材料题名	责任单位	配合部门	启动时间	进度计划	实际完成时间	完成
1	建设单位的工商营业执照	工程管理部门	办公室	14-0805	14-0805——14-0809	14-0809	完成
2	中华人民共和国组织机构代码证	工程管理部门	办公室	14-0805	14-0805——14-0809	14-0809	完成
3	企业法人营业执照	工程管理部门	办公室	14-0805	14-0805——14-0809	14-0809	完成
4	组织机构代码等合法身份证明文件复印件（法人委托书、法人和被委托人身份证复印件及被委托人身份证复印件和劳务合同）	工程管理部门	办公室	14-0805	14-0805——14-0809	14-0809	完成
5	建设工程消防设计审核意见书	工程管理部门	技术部	14-0805	14-0805——14-0809	14-0809	完成
6	规划许可证复印件（公章）	工程管理部门		14-0805	14-0805——14-0809	14-0809	完成
7	施工许可证复印件（公章）	工程管理部门		14-0805	14-0805——14-0809	14-0809	完成
8	建筑消防设施施水量水压监测报告	工程管理部门	分包	14-0805	14-0805——14-0809	14-0809	完成
9	接合器示意图	工程管理部门	分包	14-0805	14-0805——14-0809	14-0809	完成
10	证明函（关于北京华安恒信消防科技有限公司保证营业执照副本、组织机构代码证及资质证书复印件与原件一致）	工程管理部门	分包	14-0805	14-0805——14-0809	14-0809	完成
11	电气防火技术检测报告	工程管理部门	分包	14-0805	14-0805——14-0809	14-0809	完成
12	建筑消防设施检测报告	工程管理部门	分包	14-0805	14-0805——14-0809	14-0809	完成

续表

	×1消防验收备案各责任主体工作内容及进度计划						
	编号：×1-消防验收备案-201408						
13	建设工程竣工验收消防备案申请表（标准A4纸正反面打印）	工程管理部门	分包	14-0805	14-0805——14-0809	14-0809	完成
14	工程竣工验收报告	工程管理部门	分包	14-0805	14-0805——14-0809	14-0809	完成
15	有关装修及消防设施的工程竣工图纸（纸质版和电子版）（装修及消防施工单位分别盖竣工图章）	工程管理部门	分包	14-0805	14-0805——14-0809	14-0809	完成
16	消防产品质量合格证明文件复印件	工程管理部门	分包	14-0805	14-0805——14-0809	14-0809	完成
17	具有防火性能要求的建筑构件、建筑材料（含建筑保温材料）、装修材料符合国家标准或者行业标准的证明文件、出厂合格证复印件	工程管理部门	分包	14-0805	14-0805——14-0809	14-0809	完成
18	消防设施检测合格证明文件原件	工程管理部门	分包	14-0805	14-0805——14-0809	14-0809	完成
19	施工、监理、检测单位相关执业人员身份证及执业证明文件复印件（加盖公章）	工程管理部门	分包	14-0805	14-0805——14-0809	14-0809	完成
20	建设工程施工现场消防安全备案凭证	工程管理部门	总包	14-0805	14-0805——14-0809	14-0809	完成

表4-7各专项验收内容，其中除9、11、12项外，其余各项都作为竣工验收和备案的前提条件，第12项作为交付使用的条件；各专项验收之间前后逻辑关系视各地规定略有不同，科开公司所管辖工程所在地的昌平区规划验收要在档案预验收之前进行。

（2）根据×1地块竣工验收总进度计划及各专项验收计划，为确保各项验收工作的按时完成，严格控制各阶段完成的单项验收内容，制定工程竣工验收及备案关键节点控制计划。×1地块工程竣工验收及备案关键节点控制计划和各专项检测及验收文件如下图所示。

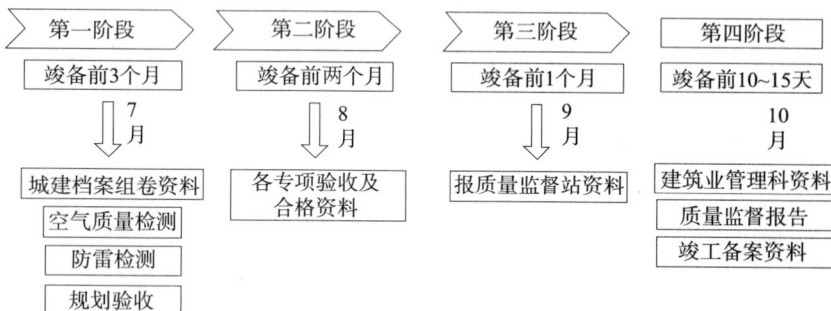

图4-21
工程竣工验收及备案关键节点控制计划示意

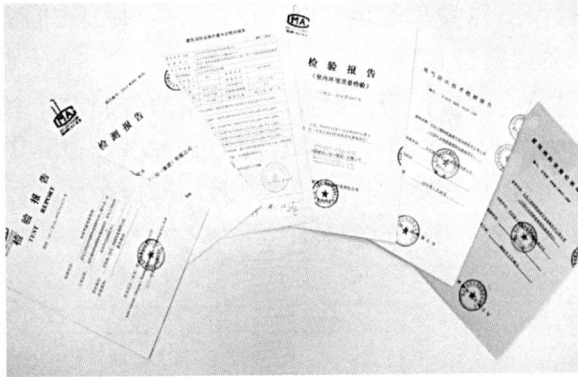

图4-22 ×1地块各专项检测报告

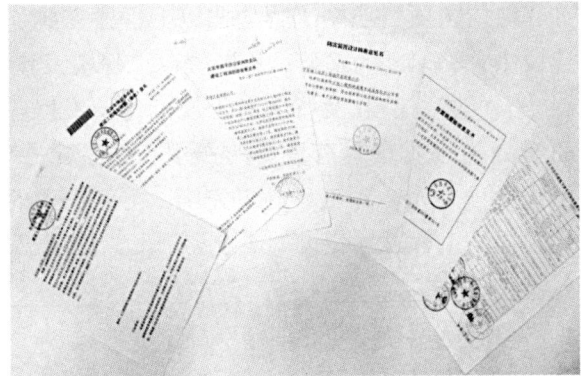

图4-23 ×1地块各专项验收成果文件

科技园×1地块在完成各主要专项验收备案的情况下，于2014年9月30日，由科开公司组织勘察、设计、监理、施工单位进行了本工程的竣工验收，昌平区质量监督站进行了同步监督。经过综合验收，其结论为工程质量合格，并于2014年10月份取得了工程竣工验收备案文件。×1地块工程竣工验收会、竣工（四方）验收单及工程竣工验收备案表如图所示。

图4-24 ×1地块工程竣工验收会

图4-25 ×1地块工程竣工（四方）验收单

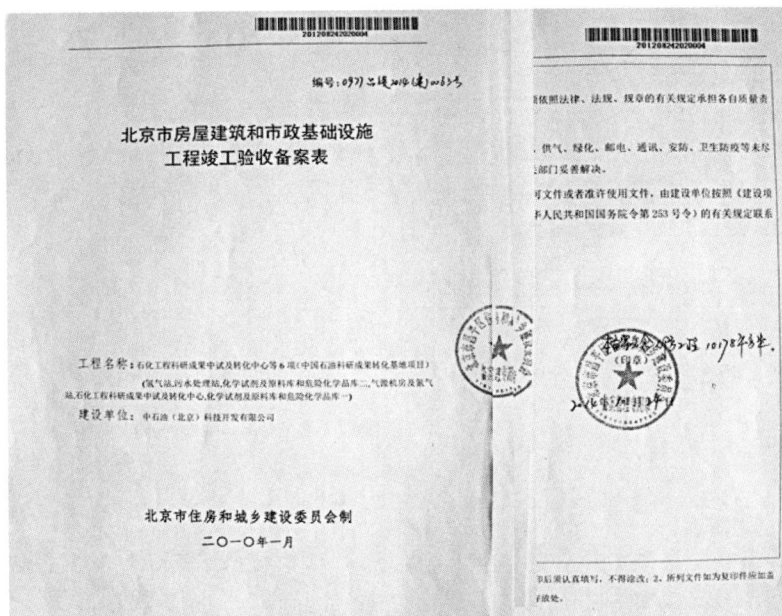

图4-26
×1地块工程竣工验收备案表

科技园项目已交工程均按以上程序完成了工程竣工验收及备案工作。在以后的科技园工程建设中，将以此为借鉴，不断提高工程竣工验收及备案质量和进度。

工程竣工验收及备案对于规范建设工程各参建方的质量行为，加强政府质量监管职责，全面提高工程质量具有重要的作用。各参建方要加强工程竣工验收及备案管理的责任意识，从工程立项开始，到工程施工完毕，再到工程的各专项验收和竣工验收整个过程中，规范质量行为，提高工程整体建设的质量和进度，提高工程经济效益，树立良好的社会形象。

4.5 工程移交管理

4.5.1 工程移交管理的重要性

工程移交是在工程竣工后，投入使用前，由建设单位组织物业单位、施工单位、监理单位对工程观感质量、使用功能质量和工程资料的全数检查验收，是建设项目全过程管理的重要环节，是工程交付使用前重要的质量管理手段。

在实际工程建设中往往由于其阶段性和相对于项目进度关键里程碑的"隐蔽性"而不被重视，但其直接影响到物业单位接管后的运维管理及入驻单位对使用功能的满意程度，对工程正常投入使用具有重要的意义。

4.5.2 工程移交流程及职责

科技园工程移交包括实体移交和文件移交，项目移交方和项目接收方共同形成项目移交报告。项目移交报告的签署即表明项目移交的结束。具体流程及各方职责如下：

4.5.2.1 科技园工程移交流程

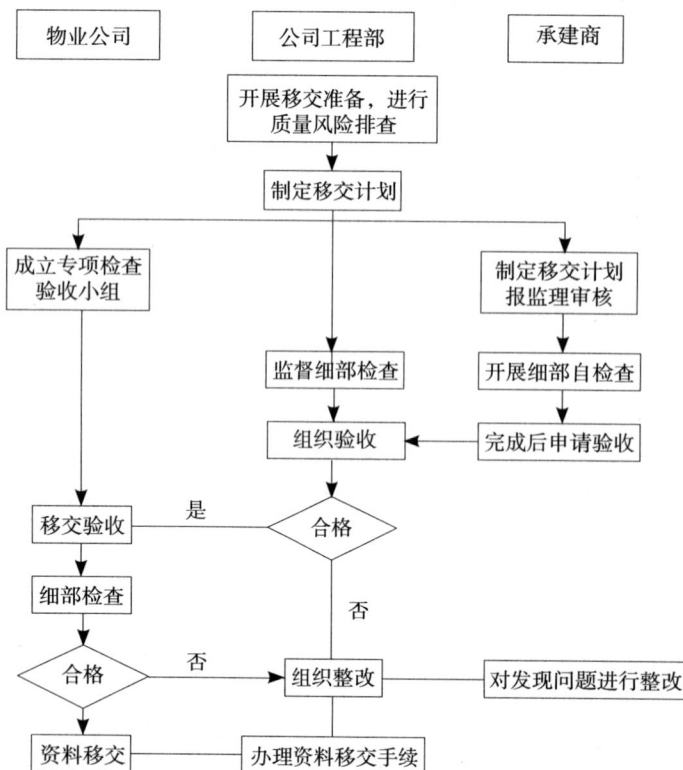

图4-27
科技园工程移交流程

4.5.2.2　科技园工程移交工作各方职责

1. 公司工程部

（1）组织工程竣工移交计划编制；

（2）组织相关单位、部门沟通协调移交前的工作；

（3）按照有关验收标准组织监理公司、承包商进行交付验收，建立书面验收档案，对不合格项目督促相应施工单位整改并负责消项记录；

（4）组织向物业公司移交工程，办理移交手续。组织对物业公司相关人员进行移交后的工作交底，对重要设备的使用进行相关培训；

（5）组织编制工程竣工图、竣工档案，并办理相关资料的移交；

（6）对移交中发现的问题，及时组织整改，确保达到移交标准。

2. 物业公司

（1）配合进行移交验收，并办理移交手续；

（2）对工程细部进行检查并填写《质量问题整改通知单》；

（3）工程移交后，安排相关人员进场并对其进行管理和维护；

（4）对移交的工程档案资料进行归档保管。

3. 承包商

（1）保证工程达到交付验收标准，做好质量消项工作；

（2）在通过交付验收以后，对工程实体进行清洁、封闭，整理和完善工程竣工资料，保障工程移交的顺利进行；

（3）参加移交验收。对检查中发现的问题，严格按照限定日期组织人员进行整改，并进行复查，确保工程质量达到移交验收标准；

（4）配合公司工程部将工程实体移交给物业公司进行管理。

4.5.3　移交管理方法

4.5.3.1　建立和完善组织机构

科技园各项目功能不尽相同，开、竣工时间相对独立，存在多项目同时移交的建设高峰期。建立高效的组织体系是保证工程移交有序高效进行的基础，要切实做好工程移交管理工作，首先要完成工程移交管理的组织体系建设。需建立起从领导层到工作层自上而下便于垂直管理的工程移交组织体系，以协调解决移交过程中碰到的各类问题，确保任务快速下达，问题得到及时解决，保证移交的进度和质量。

4.5.3.2　建立和完善运作机制

科技园工程移交相对复杂，不同的功能项目、不同的移交内容、不同的接产单位、不同的阶段需建立针对性很强的运作机制。主要包括：会议协调机制、专项技术协调机制、分层运作、分级决策机制等。

1. 会议协调机制

根据科技园项目工程移交过程中不同的工作重点及协调层级，建立了多种工程移交会议制度，理清各类技术及管理问题的解决思路，推进工程移交工作高效完成。如：

（1）组织物业、监理、施工单位召开承接查验启动会；共同确认工程承接查验方案，明确查验组织结构、查验内容及查验时间。

（2）工程实体承接查验期间，每日定时召开承接查验专项会，确认查验的问题，汇总后整理下发给各承建方，督促施工单位制定整改计划。

2. 专项技术协调机制

为了更好地推进科技园工程移交工作，确保相关会议决策切实落地，根据专项技术工作需要，公司工程部与物业公司、承建商共同成立多种联合专项技术协调组，主要包括：幕墙与装饰装修工作组、水暖工作组、电气工程专项组、消防工程专项组、楼宇自控运行管理组、计划控制组、维修消缺组、文件移交组、备件及工具移交组、设备运行维修手册专项组等。

3. 分层运作、分级决策机制

为进一步提高工程移交工作效率，科技园移交工作采用分层运作、分级决策的运作机制。组织结构主要包括决策层、管理层、协调层三个层级。所有相关工作，首先在协调层进行点对点的沟通交流，不能解决的问题逐级提交协调，整个协调决策过程以"全面沟通、快速响应、及时决策"为工作原则，有力地保障移交接产工作顺利开展。

4.5.3.3 建立和完善考核、激励机制

科技园项目移交可分为实体移交和资料移交两部分内容。其中，实体移交包括可交付的一切项目实体或项目服务。资料通常包括：房屋质量保修书、竣工验收资料、主要设备的使用说明书、竣工图纸、工程前期文件等。通常，移交工作周期短、要求高、任务繁重。

因此，在科技园工程移交管理过程中，在构建良好的组织机构及运作机制的基础上，需与接管单位共同建立考核和激励机制，有效落实项目移交工作。通过层层细化，使各项移交工作目标最终落实到个人，并切实执行接产查验与后续运维管理相结合的岗位安排原则，从根本上调动工作的积极性、主动性和创造性，推进移交工作顺利完成。

4.5.4 移交管理经验

（1）注重工程实体及资料验收

高质量的完成工程实体及资料验收是做好移交工作的基础。在移交工作开展前，要确保工程预验收、四方验收及相关整改复验工作高标准完成。避免物业移交与工程验收同步开展。要不断监督施工单位在移交过程中应履行的管理责任，防止出现带病移交、整改缓慢等诸多问题。

要确保工程资料准确完整，与工程实体移交同步进行，使物业单位在运维初期有图可依，有规可查，有约可履，在一定程度上保障物业运维效率。

（2）强化移交方案的编制和执行

工程移交方案要涵盖工程实体及资料两部分的查验、整改、复验、培训及移交工作，方案编制要细化到日工作量、组织单位、配合单位及相关责任人员。

充分发挥建设单位的综合协调作用，防止因组织工作不到位而造成实体查验信息不对称、重复查验、整改不及时、销项滞后、培训人员不到位等问题的出现，提高工作效率，推动移交工作按计划进行。

（3）加强专项系统的深化培训

科技园建设集科技创新、研究试验、产品开发及机械制造等多项功能为一体。其中包括的特殊气体、实验室送排风系统等专项系统及特殊功能设备，往往是常规物业单位运维管理工作中从未接触的。为此，要特别加强该类系统及设备的深化培训，除常规的设计、功能、操作、运维内容外，要特别强调新系统、新设备在节能、功能定位等方面的突出作用，以便在后续工

作中合理使用、正确运维。

几年来，公司始终将工程移交作为建设项目全过程管理的重要环节，始终高度重视工程实体质量和工程资料对正常投入使用的重要意义。后续工作中，在做好竣工移交的同时，还需强化工程保驾服务工作，通过工程回访发现实际问题，不断总结提升，提高工程建管水平。

4.6 专项工程管理——幕墙工程

建筑幕墙工程在中国迅速发展已有30多年，是现代大型和高层建筑常用的带有装饰效果的轻质墙体。近年来，随着新技术、新理念的不断涌现，幕墙工程在结构、构造、工艺、性能上日趋复杂，幕墙工程自身构造复杂、施工难度大、过程管理要求高的特点也日益明显。

按照科技园"六统一"的建设原则，科技园建筑外立面采用开缝石材幕墙与玻璃幕墙相结合的构造体系。此类幕墙体系由于石材背后的空气层与室外空气相通等压，可以有效防止雨水因压力差进入室内；少量的渗漏水和冷凝水可以通过每层设置的排水板(兼作隔气板)分层排出；石材背后的空气层通过空气对流减少了热转换，有助于降低建筑能耗。

4.6.1 科技园幕墙主要施工工艺流程

1. 室外幕墙安装工艺流程
（1）测量放线、预埋板纠偏；
（2）安装转接件；
（3）安装竖向龙骨；
（4）安装防水板和角钢横龙骨；
（5）安装窗框型材；
（6）安装固定扇玻璃；
（7）打密封胶、安装胶条；
（8）安装开启扇、窗五金。

2. 室内幕墙安装工艺流程
（1）安装层间封修（防火岩棉及防火铁皮）；
（2）安装保温棉及钢丝网；
（3）安装铝合金踢脚；
（4）安装轻钢龙骨及石膏板；
（5）安装窗帘盒。

4.6.2 科技园幕墙工程质量管理要点

4.6.2.1 严格主龙骨进场、安装报验

主龙骨采用热镀锌方钢管，是石材幕墙和玻璃幕墙主要承重构件，其功能与建筑结构框架柱等同。在科技园幕墙工程管理过程中，对竖向主龙骨的质量及安装精度要求较高，重点控制龙骨母材壁厚、镀锌层厚度是否满足技术

图4-28 科技园某地块幕墙主龙骨安装

要求，确保龙骨的强度、防腐性能达标。

在竖向主龙骨安装过程中，严格按照测量放线成果控制安装精度，避免因主龙骨位置的偏移影响后续石材安装及窗扇的密闭性能。

4.6.2.2 注重细部节点方案控制

在科技园幕墙工程建设中，全过程重视细部节点方案管理工作。如对幕墙石膏板与铝型材接缝节点，踢脚的尺寸和定位，窗帘盒的尺寸、定位及安装方式，旋转门与幕墙交接处的处理方式等问题细化施工方案、执行样板引路。

通过对细部节点方案的管理，进一步验证设计方案的合理性，及时暴露专业交叉、材料选样、工序衔接等相关问题，为大面积加工订货、施工检查及验收提供重要依据。

如在科技园某地块幕墙工程施工过程中，对幕墙百叶窗的安装节点方案进行细部控制。

4.6.2.3 确保石材质量及安装精度

石材质量直接影响建筑外立面效果，石材加工需经过一系列的复杂过程，科技园幕墙管理过程中重点强化对石材加工精度、石材色差及石材防护剂等方面质量控制，满足石材安装及视觉效果的要求。

科技园幕墙体系中大量使用U型石材，其规格较大，单块重量近200kg，正面及侧面共有8个挂钩，安装时需要8个挂钩同时入槽，安装精度要求高，安装质量控制难度较高。为保证U型石材的安装质量必须确保石材横龙骨的安装精度，特别是水平及垂直度的控制尤为重要，在安装挂钩入槽的质量控制上，严格执行施工单位自检、监理工程师旁站制度，过程巡视每块石材的安装情况，确保过程质量受控。

图4-29 科技园某地块幕墙石材加工主要流程

4.6.2.4 重点控制质量通病

科技园项目幕墙工程施工周期长，工序环节多，在工程管理过程中，重点强化对质量通病的预防及整改工作。如：

（1）防水板安装。防水板是幕墙防水的根本保障，要重点控制防水板两侧与幕墙龙骨的接缝处理、上下板连接接缝的处理、转接角码与横龙骨连接的孔洞处理等，该工序完成后一定要进行淋水试验，不合格严禁进行下道工序。

（2）窗框型材安装。科技园幕墙窗框为钢铝结构体系，钢、铝刚度不一致，安装时窗框铝型材在长度方向易产生挠度变形，影响窗扇的气密、水密性。安装时，要严格控制垂直度及局部变形，不能有过大冲击力和应力集中的现象，在钢龙骨对应固定位置提前打孔，固定螺钉不宜过紧，避免钢、铝结合带来刚度不一致的问题。

（3）檐口铝板的保护。科技园幕墙檐口铝板胶缝多，且装饰铝板刚度有限，如频繁受力或上人踩动，易造成胶缝开裂出现漏水现象。为尽量避免此处漏水，尽可能采用大板块以减少胶缝，同时合理安排胶缝施工工序，避免频繁受力，雨季前应加强巡检，确保防水性能。

4.6.3 科技园幕墙工程进度控制要点

1. 深化设计

科技园幕墙施工图通常仅完成外立面和指导节点的设计，达到方案深度，后续结合项目具体情况，聘请专业设计顾问来完成招标图纸，因此，施工单位确定后需尽快组织深化设计的交底、开展及确认工作，以推动型材开模和玻璃下单等后续工作尽早开展。

在深化设计的审核过程中应重点关注工程范围、幕墙材料及施工重点及难点。

（1）工程范围。幕墙工程涉及的交叉界面多，范围广，许多节点需要在深化过程中对招标图进一步细化，这些内容往往在深化过程中容易忽视，而在施工过程中又会影响工程质量和进度。如在某项目中，对幕墙防雷接地做法进行深化补充。

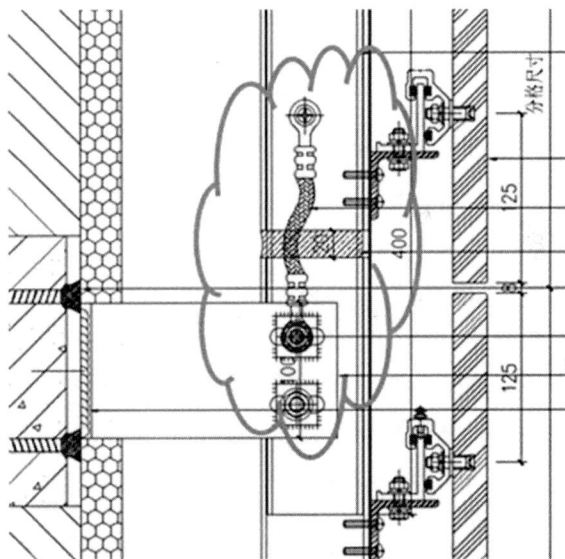

图4-30 某项目幕墙防雷接地做法

（2）幕墙材料。幕墙工程中涉及的材料有钢材、铝型材、铝单板、玻璃、保温防火岩棉、门窗五金、石材、耐候胶、结构胶、胶条等。这些材料的规格尺寸、表面处理方式、相关参数需要在深化图纸中表述清晰，确保施工有图可依、有据可查。

（3）施工重点及难点。科技园某项目中庭锥体拉索系统结构受力主要由核心筒顶部和结构环梁来承受。核心筒反力最大值不超过180kN，环梁反力最大值不超过30kN，通过对锥体顶部刚度的调整，优化支反力分配，并通过减少自重、增加钢环梁、加固混凝土梁等措施，以达到拉索系统的安全稳定。

2. 进度策划

幕墙工程作为科技园项目建设管理的主控项目，直接影响工程各阶段质量、进度目标能否

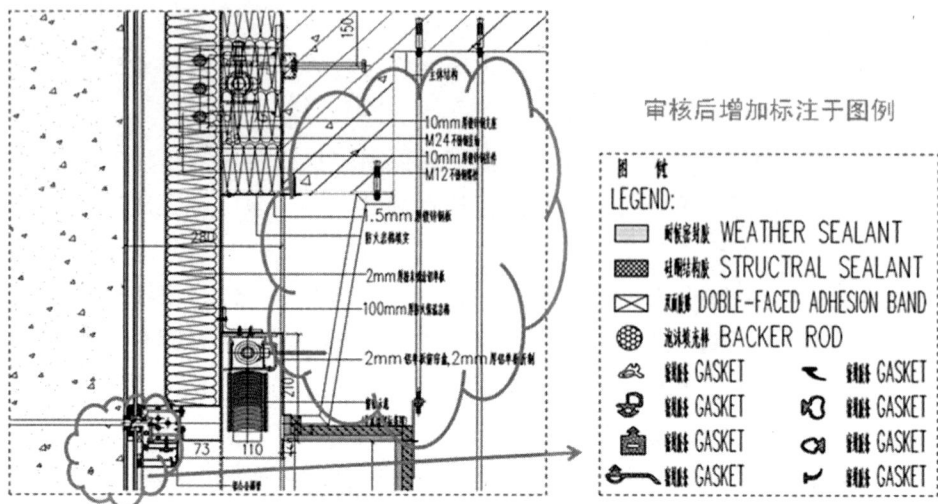

审核后增加标注于图例

图例
LEGEND:
耐候密封胶 WEATHER SEALANT
结构性密封胶 STRUCTRAL SEALANT
双面胶条 DOBLE-FACED ADHESION BAND
泡沫条 BACKER ROD
胶条 GASKET
胶条 GASKET
胶条 GASKET
胶条 GASKET
胶条 GASKET
胶条 GASKET

图4-31
某项目部分幕墙工程材料

31	QD（最大）	0.00	0.00	16.38
32	QD（最大）	0.00	0.00	16.69
33	QD（最大）	0.00	0.00	15.11
34	QD（最大）	0.00	0.00	16.77
35	QD（最大）	0.00	0.00	12.40
36	QD（最大）	0.00	0.00	16.73
37	QD（最大）	0.00	0.00	12.04
38	QD（最大）	0.00	0.00	16.31
39	QD（最大）	0.00	0.00	14.28

环梁反力值

418	QD（最大）	46.59	36.45	50.86
419	QD（最大）	28.85	55.34	51.21
422	QD（最大）	6.15	12.97	44.42
425	QD（最大）	13.49	5.09	31.43
458	QD（最大）	52.19	6.25	176.16
459	QD（最大）	17.60	63.89	162.24
515	QD（最大）	33.88	28.36	−60.41

核心筒反力值

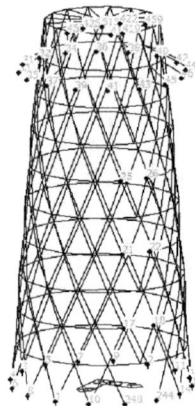

图4-32 某项目幕墙工程局部结构受力分析

如期实现。因此，在幕墙工程进度策划中，应做好如下工作：

（1）科学组织。应依据合同内容，充分利用施工准备阶段，根据深化设计图纸、施工组织设计、施工方案以及人材机的组织，结合总包总控计划，编排幕墙专业的进度计划，以此作为施工进度控制的指导纲领和约束文件，为后续施工管理及各项组织协调工作打好基础。

（2）进度管控。幕墙工程进度策划主要包括：详细的施工计划表，关键线路网络图，进度计划的编制依据及说明文件，施工方案及方法，人力、材料、机械配置说明，质量、环保、安全管理计划等。

（3）细化作业。在科技园幕墙工程进度策划过程中，着重强化劳务施工区域、施工流水段合理划分。幕墙工程是专业性很强的分项工程，对应需要专业性强的劳务作业队来完成，通常80~100人队伍已经是很有实力的作业队，因此现场施工区域的划分不能超过幕墙单个劳务所能承担的极限，避免因劳动力组织不到位影响进度计划的实现。

3. 材料组织

幕墙工程材料组织工作至关重要。其中，玻璃和型材的生产周期较长，成为制约幕墙单元深加工的关键节点。因此，玻璃和型材的到场时间是幕墙工程进度控制上的关键点。如发现后台生产计划异常需及时纠偏并驻场监造，否则将会制约进度计划的实现。

在科技园幕墙工程管理过程中，甲方人员驻场成为严控材料加工进度、质量的一项管理举措，旨在重点考量加工厂的管理水平、主要材料的加工能力以及产品的质量保证体系能否满足工程要求。

4. 优化吊篮

科技园幕墙体系中，屋顶钢结构以及女儿墙节点位置封闭是实现幕墙真正封闭的标志，关系到室内精装等大量后续工作的开展。因此，在吊篮方案的架设上，应尽量选择在屋面上直接采取高支架架设，给钢结构安装以及檐口铝板安装提供条件，有效地提高作业效率和加快安装进度。

5. 统筹协调

在科技园幕墙工程管控中，重点做好如下专业交叉协调工作：

（1）与室内装修的协调：在完成幕墙与装修衔接位置细部节点方案及实际样板确认后，应牵头组织幕墙、装修专业明确施工先后顺序、验收流程及责任区域。

（2）与弱电专业的协调：对于在幕墙上安装周界防范的摄像头以及在主要外开幕墙玻璃门上安装的门禁系统，需协调弱电与幕墙单位对开孔位置以及安装节点固定措施进行确认。

（3）与消防专业的协调：电动开启（排烟窗）扇的控制柜应与电气专业的电源线可靠连接，与消防系统形成联动。

（4）与总承包单位协调：主次入口门底与室外散水及石材铺装标高协调，需根据现场实际情况对细部节点进行排版确认，确保使用功能、外观效果的实现。

科技园建筑幕墙从设计到施工的全过程牵涉到多种技术和工艺，其自身构造复杂、施工难度大、影响范围广。因此，对幕墙工程的管控工作十分重要。在工程管理过程中，要求各相关岗位工程师必须结合工作要求加强幕墙专业知识的学习，提高对幕墙的设计原理、材料性能、施工工艺等的理解和认识，以利于在今后工作实践中针对每个工程的特点，采取有效措施，确保幕墙工程建设目标如期实现。

4.7 业务工作小结

科技园自开工建设以来，公司高度重视工程报建及现场管理工作在投资总体可控、安全生产无事故的基础上，确保了工程进度和质量。A12地块荣获"2012-2013年度国家优质工程奖"；A34地块、A42地块获北京市建筑长城杯金质奖；A16地块、A45地块均获北京市结构长城杯金质奖。

后续工程建设管理中，需进一步处理好质量、成本和工期之间的制约关系，加强集成服务的管理方式、全寿命周期的管理意识及多赢共赢的管理理念，切实做好科技园工程现场管理工作。

第 **5** 章
项目全过程商务管理

5.1 商务部机构组织框架

石油科技园项目的商务管理工作包括招投标管理、合同管理、造价管理，此部分工作主要由公司商务部门组织执行。

5.1.1 公司商务部主要职责

（1）负责建设项目投资计划的编制工作。

（2）负责建设工程各项招标组织工作，标底的编制、审核工作。

（3）参与工程需要的重要设备材料的考察及确认工作。

（4）负责项目的概、预、结算和成本控制，进行项目成本水平的分析。

（5）负责建设工程的预、决算工作，并提交预、决算报告。

（6）负责建设工程项目工程款审核支付工作。

（7）负责并协助办理与工程相关的手续，并负责工程实施过程中，与相关单位的协调工作。

（8）负责公司的合同管理，研究与公司业务相关的法律、法规、政策，为公司事务提供法律意见。

（9）负责对拟签订的合同（协议书）审核工作，并对合同跟踪管理，对合同的执行情况进行定期检查和总结。

（10）负责商务资料的管理和存档工作。

5.1.2 商务部管理模式

在公司组织结构中，商务部与技术部、工程部等公司其他部门并列平行设置，由直属公司常务副总经理分管。商务部内部设置商务经理一人，副经理一人。商务部岗位设置按业务类别分别设置招投标管理岗、合同管理岗、预算管理岗、资料管理岗。

结合科技园按地块建设的管理需求，在招投标管理岗、合同管理岗、预算管理岗之下，又将岗位员工按地块配置。形成每个地块的招标工作、合同签订工作、造价管理工作都对应有专人负责的地块负责制。

商务部的工作管理模式，是在科学分解商务工作的基础上，根据人员专业特点进行的人力资源合理配置。将商务工作科学分解为三大部分，既保证了每一部分工作的完整性，又便于业务之间衔接。根据商务人员知识

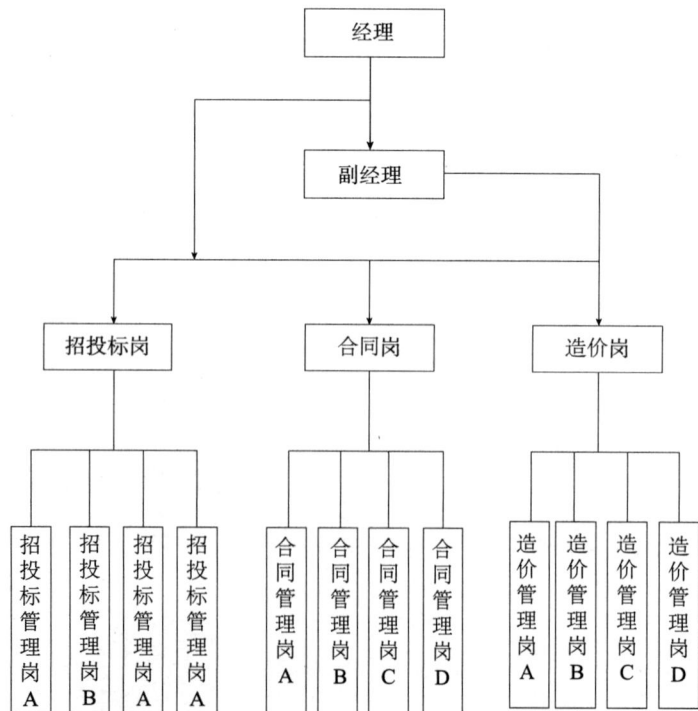

图5-1 商务组织结构及管理模式

结构和专业背景，针对石油科技园各地块同时建设的管理现状，"一对一"地为每个地块的每个商务岗位配置了一名商务管理人员，保证"岗位责任制"的有效落实。

5.2 科技园项目建设中的合约规划

5.2.1 合约规划概述

狭义上讲，合约规划是指将一个总体工程项目分解为不同子项工程的不同种类的合同；广义上是除了上述内容外，还包括各项合同的招标规划、工期规划、合同内容规划，不同种类或专业之间的界面划分、预计的标的额等。

合约规划是项目管理的核心和纽带，通过合约规划的合同规划清单，指导各项合同的招标采购以及目标成本的控制。

5.2.2 合约规划的必要性

1. 合约规划是控制目标成本的根本保证

合约规划根本目的在于成本控制，是在项目目标成本（投资）确定后，对项目全生命周期内所发生的所有合同分类和合同金额进行预估，将目标成本控制的金额分解为具体的合同，作为指导从招标到工程结算的整个建设过程的合同签订及变更的一种管控手段，保障项目的顺利开展以及成本动态管控的最终实现。

合约规划对工程投资控制的作用十分重要，特别是对科技园项目这样规模巨大、使用功能繁多、施工工序反复叠加交叉的公共建筑项目的作用尤为突出。

2. 合约规划是招标工作顺利完成的基础保障

合约规划对整个项目的招标工作做出长远细致的安排和打算，

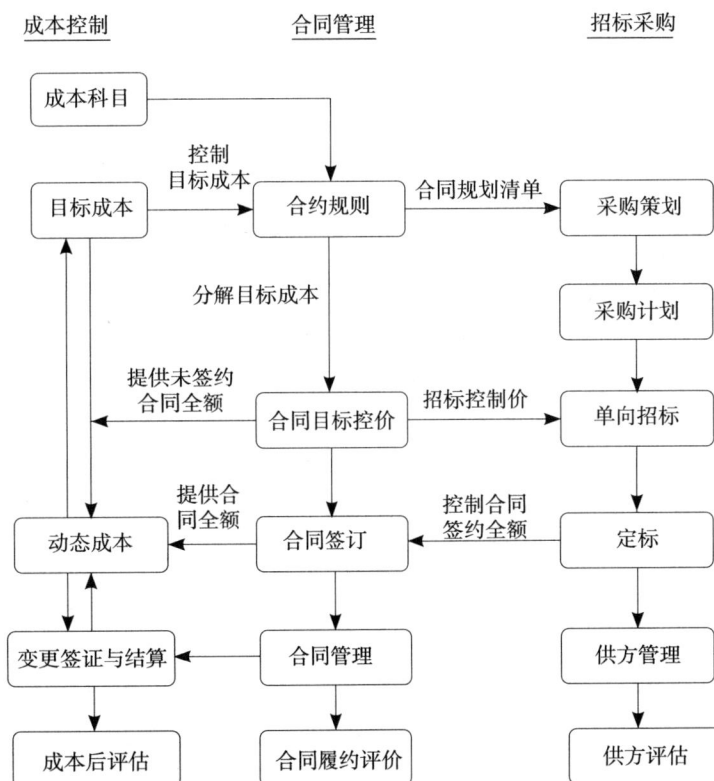

图5-2 合约规划图解

根据投资控制目标、品质定位，以及投资者的管理理念，总结既往经验教训，充分吸收相关建议，以科学态度经过缜密的分析探讨后制定，内容具有科学性、严肃性、可行性。其中分项工程开始及结束的时间，提示和约束了招标工作的执行及施工工期；工程的估算金额，预示了招标工作的类型选择；工程的界面划分，约束了合同的工程范围等。招标工作要想准确、及时、有效地完成，合约规划不可或缺。

3. 合约规划是控制项目进度的前提条件

合约规划的全局性决定了合约规划的制定涉及众多因素，涉及投资管理思路、整体工期要求、分项施工进度、建筑功能繁简程度、专业单位的承包习惯等，需要我们掌握大量的项目信息以及可靠的市场资料。

合约规划的提前预计，使市场信息资料的收集工作更有针对性，保证有充分的时间推敲编制严谨详细的招标文件、合同条款，以全面准确地选定合作伙伴。而严谨的工程合同、恰当的施工队伍是控制项目进度的重要前提。

在科技园项目管理过程中，根据公司年度目标计划，统筹项目需求，制定每个项目的合约规划。总包招标完成后，以监理批复的项目总体进度计划作为指导专项工程招投标、签订合同以及指导现场进度管理的重要工具。

5.2.3 合约规划的编制

1. 立足市场规则，确定合约界面

总分包之间工作界面划分、各分包之间工作界面的划分、哪些项目适合做供货合同、哪些项目适合做成分包施工合同、哪些材料适合甲供，在建筑行业有大致一个习惯做法，是在长期实践中摸索的成功经验。比如：弱电、消防、幕墙、精装修、园林绿化等由专业的施工单位承担；制冷机组、高低压柜等重要设备通常由甲指供货或甲方指定品牌范围，既保证了建筑品质，又确保了日后物业管理的便利和效果；电梯的安装合同一般由电梯制造厂家认可的施工单位实施，遵从专业要求，避免维护时产生责任纠纷。

实际操作中经常会遇到：因为合约界面模糊或是划分不科学，引起施工单位互相推诿扯皮，诱发诸多矛盾和纠纷，需要花费大量精力进行争议的分析和处理；合同标段划分不合理、招标工作时间匆忙、合同条款不严密等也同样会诱发此类问题。因此合约规划的编制过程也有利于反思和总结，规避习惯的工程管理弊端。

例如：在墙体工程界面划分上，以前习惯将总包与精装分包界面划分为总包施工至墙面腻子完工，面层由精装分包完成，但实际操作中，精装修专业分包常以腻子层不平整为由，提出重新施工墙面腻子。铲除原腻子，重新涂刮，花三遍的钱完成一遍的工程做法，显然会带来浪费及工期拖延。在制定合约规划时，基于此类工程教训，把工程界面划分为总包施工至结构面，其余面层均由精装修单位完成，既避免了扯皮拖延工期，又保证了投资的有效使用。

2. 细化招标分类，完善合约规划

公司结合石油科技园建设管理需要，深入分析项目管理需求，依据建筑行业招标分类基本原则，在施工、货物、服务三大类招标类型的基础上，做了如下细化：

（1）施工类

施工类招标种类多，投资大，施工队伍的能力素质等对工程质量影响较大。对施工类招标项目进一步细化，其目的是为了明确招标人、招标范围、专业特性，从而有针对性地开展招投标管理。

施工总承包招标：按照国家和北京市建委大力推行施工总承包管理模式的要求，对科技园每个地块都采用施工总承包管理模式，据此开展施工总承包招标；

独立发包施工招标：为更好地把控建筑质量和满足特殊功能需求，发挥"术业有专攻"的优势，开展专业承包施工的招标，如园林景观工程、小市政工程、外电源工程、会议系统工程等施工招标；

专业分包招标的监督管理：总承包模式下的专业分包如消防工程、弱电工程、幕墙工程等的施工项目由总承包人招标，建设单位承担应有的管理监督职责，对技术要求、招标进度进行把控，招标控制价格、对招标结果进行确认。

包含设计的施工招标：个别技术专业性强的项目，涉及跨行业设计，招标图纸不能满足施工需要，要求施工方具备设计施工能力，如蓄冷罐设计安装项目、信息化工艺独立工程、太阳能系统工程、园区集成平台项目等。

（2）货物类

建筑功能越是全面，工程设备材料的需求越是多样。货物类招标的管理重点在于确定招标人；明确招标范围、性质。

① 确定招标人

在施工总承包管理模式下，总承包合同体系中设置了两项"暂估价"条款，"总承包人负责采购的材料设备"和"发包人供应材料和设备"。为了达到控制成本和质量的目标，招标管理工作需要充分考虑如何将暂估价材料设备归类。在总包招标过程中，明确哪些建筑设备材料归为发包人供应，哪些总承包人作为招标人采购。

对于总承包人采购的暂估价材料设备，在总包合同履约过程中，通过发包人设置控制价、质量标准的方式，监督管理总承包人组织其项下的暂估价材料设备的招标工作。

② 明确招标范围、性质

设备招标范围和性质的划分应综合考虑市场习惯、标的物制造及安装质量、现场施工管理方便等的需要。

设备、材料供货招标：招标范围是货物供货，安装工作另由其他承包人完成。在石油科技园建设中，此类货物的招标项目主要有：冷却塔、空调机组、水泵、冷水机组、燃气锅炉、中压柜、低压柜等；工程材料包括石材、瓷砖、卫生洁具等。

设备、材料供货安装招标：招标范围不仅包含货物供货，还包含安装工作。在石油科技园建设中，此类招标项目主要有：旋转门、擦窗机、速通门、幕墙百叶等。

（3）服务类

针对石油科技园项目各地块建筑功能多样、专业性强的特点，为保证建筑功能满足使用需要，管理工作集思广益，借助社会专业技术力量，为项目决策、设计、施工各阶段的精准性保驾护航。商务招标陆续组织开展了设计、监理、全过程造价咨询、全过程审计、厨房咨询、酒店咨询、幕墙顾问等各类专业咨询服务类的招标工作。

5.2.4 合约规划实例

以××地块为例的合约规划：

在××项目初始，根据项目初步设计及项目特点，我们编制了合约规划的总表，分为总承包、总包项下的专业分包、独立工程、独立供应、暂估价材料等合同形式，作为指导项目招标和合同签署的纲领。

根据公司全年的工作计划及合约规划总表，对××地块的概算批复情况做了详细分解，对总体招标工作进行细致规划，拟定了总承包、各专业分包、设备供应等招标开始及完成的时间、招标方式、标的额，以及招标范围等。详见下表：

表5-1

××地块合约规划一览

序号	合同类别、名称	合同性质	概算批复金额	合同目标成本	招标方式	合同主体	工期	合同范围
A	施工总承包合同类							
A1	施工总承包合同（含市政工程）	施工总承包合同	×××	×××*0.9	公开招标	业主、总承包单位	×年×月×日~×年×月×日（总工期×××天）	基坑及地基工程；钢筋混凝土工程；砌筑工程；屋面工程；防腐、隔热、保温、减震、防震工程；室内装饰装修工程；门窗工程；防水系统；消火栓系统；消防电系统；通风和空调系统；动力工程；给排水系统；照明工程；全部室外工程都承包人的范围内，包括车区域的连廊及能源中心引出的空调水、给排水、消防水等管廊，与小市政工程的接驳、园区道路等
B	专业分包合同类							
B1	幕墙专业分包合同	总包项下专业分包合同	×××	×××*0.9	公开招标	总承包单位、专业分包单位	随总包进度计划	竖向条形玻璃幕墙系统、竖向条形石材幕墙系统、铝单板装饰线条系统、普通框架玻璃幕墙系统、普通开缝石材幕墙系统、玻璃-铝单板雨篷、点支雨篷、蜘蛛人擦窗挂钩系统
B2	消防专业分包合同	总包项下专业分包合同	×××	×××*0.9	公开招标	总承包单位、专业分包单位	随总包进度计划	火灾报警与消防联动控制系统；气体灭火系统和自动喷水灭火系统
B3	弱电专业分包合同	总包项下专业分包合同	×××	×××*0.9	公开招标	总承包单位、专业分包单位	随总包进度计划	固定通信系统；计算机网络系统；建筑设备集成管理系统；数据中心统一监控系统及机房动力环境监控系统；气流热交换系统；RFID资产管理系统；智能照明控制系统；综合布线系统；安全技术防范系统；出入口控制系统；防尾随门系统；室内移动通信覆盖系统；停车场管理系统；视频会议系统；有线电视系统；速通门快速通道系统；数字集群对讲系统；弱电系统的防雷接地；各系统桥架和管线的技术要求
B4	电梯安装专业分包合同	总包项下专业分包合同	×××	×××*0.9	公开招标	总承包单位、专业分包单位	随总包进度计划	电梯设备的安装、调试及验收通过
B5	变配电独立工程承包合同	总包项下专业分包合同	×××	×××*0.9	公开招标	总承包单位、专业分包单位	随总包进度计划	变配电设备供货及安装、线缆桥架供货安装、智能电力自动化监控系统工程（详见电力监控系统图）及模拟屏的供货、安装、调试、集成，验收及售后维保等，所有设备的防雷接地的工作
C	暂估价材料设备							
C1	装饰门	总包项下暂估价合同	×××	×××*0.9	公开招标	总承包单位、供应商	随总包进度计划	材料供应
C2	配电箱（三箱）	总包项下暂估价合同	×××	×××*0.9	公开招标	总承包单位、供应商	随总包进度计划	材料供应
C3	灯具	总包项下暂估价合同	×××	×××*0.9	公开招标	总承包单位、供应商	随总包进度计划	材料供应

续表

序号	合约类别、名称	合同性质	概算批复金额	合同目标成本	招标方式	合同主体	工期	合同范围
C4	恒温恒湿机组	总包项下暂估价合同	×××	×××*0.9	公开招标	总承包单位、供应商	随总包进度计划	材料供应
C5	新风机组	总包项下暂估价合同	×××	×××*0.9	公开招标	总承包单位、供应商	随总包进度计划	材料供应
C6	冷却塔	总包项下暂估价合同	×××	×××*0.9	公开招标	总承包单位、供应商	随总包进度计划	材料供应
C7	洁具	总包项下暂估价合同	×××	×××*0.9	公开招标	总承包单位、供应商	随总包进度计划	材料供应
D	独立工程承包合同类							
D1	三联供独立工程承包合同		×××	×××	—	第二投资方、施工单位	随总包进度计划	
D2	信息化工艺独立工程承包合同	业主发包合同	×××	×××*0.9	公开招标	业主、专业承包单位	随总包进度计划	数据中心的网络综合布线；机柜系统；气流热场系统；资产管理系统；数据中心网络；园区网络；KVM系统；保密机房，包括园区专网；屏蔽机房；DWDM网络，包括两地三中心；网络安全，包括软件网络管理系统；列头柜下口的强电线槽、电缆、工业插头
D3	交通标识合同	业主发包合同	×××	×××*0.9	邀请招标	业主、专业承包单位	随总包进度计划	交通标识供货安装
D4	园林绿化专业分包合同	业主发包合同	×××	×××*0.9	公开招标	业主、专业承包单位	随总包进度计划	园林绿化施工
D5	蓄冷罐	业主发包合同	×××	×××*0.9	公开招标	业主、专业承包单位	随总包进度计划	设备供货安装
D6	数字集群系统	业主框架合同	×××	×××*0.9	公开招标	业主、专业承包单位	随总包进度计划	系统集成供货和安装
D7	标识专业分包合同	业主发包合同	×××	×××*0.9	公开招标	业主、专业承包单位	随总包进度计划	楼宇标识供货安装
D8	开闭器至配电室送电工程（用户产权）	业主发包合同	×××	×××*0.9	公开招标	业主、专业承包单位	随总包进度计划	输变电设施供货安装

续表

序号	合约类别、名称	合同性质	概算批复金额	合同目标成本	招标方式	合同主体	工期	合同范围
D9	外电源至开闭站送电工程（局产权）	业主发包合同	×××	×××*0.9	公开招标	业主、专业承包单位	随总包进度计划	输变电设施供货安装
D10	其他（如果有）	业主发包合同	×××	×××*0.9	公开招标	业主、专业承包单位	随总包进度计划	
E	独立供应合同类							
E1	变压器独立供应合同	甲指供货合同	×××	×××*0.9	公开招标	业主、供货商	随总包进度计划	设备供货
E2	UPS独立供应合同	甲指供货合同	×××	×××*0.9	公开招标	业主、供货商	随总包进度计划	设备供货
E3	精密空调独立供应合同	甲指供货合同	×××	×××*0.9	公开招标	业主、供货商	随总包进度计划	设备供货
E4	冷水机组独立供应合同	甲指供货合同	×××	×××*0.9	公开招标	业主、供货商	随总包进度计划	设备供货
E5	列头柜独立供应合同	甲指供货合同	×××	×××*0.9	公开招标	业主、供货商	随总包进度计划	设备供货
E6	低压柜独立供应合同	甲指供货合同	×××	×××*0.9	公开招标	业主、供货商	随总包进度计划	设备供货
E7	电梯	甲指供货合同	×××	×××*0.9	公开招标	业主、供货商	随总包进度计划	设备供货
E8	其他（如果有）	甲指供货合同	×××	×××*0.9	公开招标	业主、供货商	随总包进度计划	
	工程合同费用合计							
F1	设计合同	咨询服务类合同	×××	×××	公开招标	业主、咨询服务单位	×年×月×日~×年×月×日（设计周期×××天）	
F2	监理合同	咨询服务类合同	×××	×××	公开招标	业主、咨询服务单位	总包开工至竣工后3个月	
F3	工程保险费	咨询服务类合同	×××	×××	邀请招标	业主、咨询服务单位	工程施工全生命周期	
F4	其他	咨询服务类合同	×××	×××	邀请招标	业主、咨询服务单位	随总包进度计划	
	二类费用合计							
	合　计							

集团公司对概算预备费的批复额度，占工程费及二类费之和的5%，不足以填补工程实施过程中的变更、洽商、二类费用及不可预见增加的费用。根据科技园建设实践，上述增加费用一般占工程建安费的10%~15%。为了保证项目总费用控制在总投资批复之内，合约规划的成本目标控制在单项目标成本的90%。

上述规划首先保证了在项目前期基本包含了项目实施需要的各项合同任务；各分项合同额基本限制在投资批复工程费用的90%以内，各项合同总额控制在概算批复工程费用之内；同时保证了在项目计划工期内的各项工作的有序开展。由此，合约规划真正起到了统筹安排、系统管理的计划和核心作用。

5.2.5 合约规划的动态管理

科技园项目规模较大，各地块分期建设，施工工期长，变化因素较多，诸如天气、政策、人为因素、意外事项、使用需求变化等，都会引起时间及内容的调整，工程条件和信息的变化。保持合约规划的指导性、适用性，需要定期或临时性地进行动态管理。

合约规划的动态管理，通常采用以下两种方式：一是根据工程的实际进度进行时间调整。例如：结构施工的工期拖延，设备、装修招标启动时间就要顺延，否则，招标期与施工期时间存在时间差较大，可能会引起合同价格的多项调整。

二是市场对建筑产品功能需求的变化、建筑材料的推陈出新、建设单位对同类产品的认识逐渐深入、改变获取标的的方式等，特别是包含精装的公建项目或多或少都会遇到项目内容的增减、合并或是拆分，此时合约规划必须及时进行调整。

例如，上述××地块的合约规划中的"信息化工艺工程"，项目伊始的合约规划中，作为"发包人发包专业工程"，应由科技开发公司委托专业设计，组织招标及管理。

在项目进展过程中，通过细致周密地调研分析了解到：机房工程是实现数据中心项目主要功能的重要载体，投资高达×××万元，涵盖了工艺桥架和机柜、机柜布线、屏蔽体工程、网络及网络设备系统、气流热场管理系统、RFID资产管理系统、KU波段卫星小站、统一监控软件等，专业性要求非常高，设计安装及调试复杂，有别于一般写字楼项目的验收规范和施工组织模式。初设阶段的使用需求较为笼统，需要使用单位明确具体需求，进一步深化设计方案、反复论证，达到施工图深度。

考虑到××公司是集团内部单位，是数据中心功能需求的提出者，是使用及运维单位，自身具有较强机房工程设计和施工能力，由该单位实施交钥匙工程有利于项目的顺利实施，能发挥其在机房工程专业设备采购、施工安装等方面的宝贵经验，能保证功能需求的准确实现，更能有效控制项目投资。

根据集团公司信息发展的宏观要求，将以达产为目的的设计、采购、施工为一体的"EPC"模式直接交由××公司组织实施。

合约规划是以工程投资及总体进度计划为基础，指导从工程招标到结算的全过程整体规划。只有充分认识合约规划的重要性，项目开工前综合多方面信息，多种方法并用，编制合理实用的合约规划，在建设过程中注重做好合约规划的动态监管，合约规划才能最大限度的发挥指导作用，从而促进工程的顺利开展。

5.3 招投标管理

对建设工程依法开展招投标活动是国家法律法规的基本要求。通过招投标活动确定承包人，承接施工工作，是工程建设的必要前提。采用招投标，引入市场竞争，对投标人优胜劣汰，控制项目管理成本，提高工程质量，是精细化管理的迫切需求。

利用招投标规范承包商引入机制，杜绝贪污腐化，是科技园项目"阳光工程"的重要组成部分。招标工作依照相关法律法规和集团公司招标管理规定，严格履行法律程序，为石油科技园顺利建设奠定了基础。

在项目管理过程中，招投标管理是采购管理的重要组成部分。招投标管理包括制定招标计划、建立招标流程、开展招标等环节。科技园项目各地块分期建设，彼此相对独立。按照"统一管理"原则，据法律规定和集团管理要求，公司制定了科技园招投标管理工作流程。

根据各个地块分期建设前期合约规划制定出招标计划，按照招标管理工作流程开展招标。在招标过程中，加强各环节的管理，实现采购意图，顺利完成招标，与中标人签订合同。

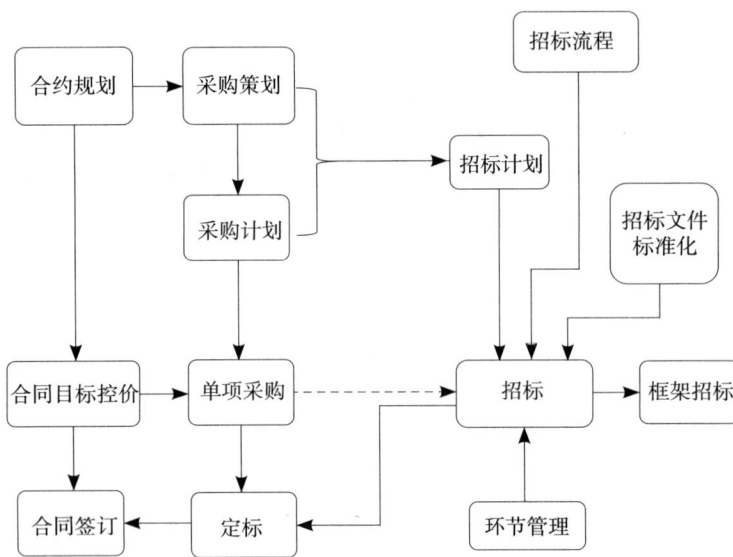

图5-3
招标管理图解

5.3.1　建立规范的招标管理工作体系

5.3.1.1　制定招标工作流程

根据国家法律法规和公司内控体系要求，科技开发公司制定了一套符合公司组织结构、工程项目特点的招投标工作流程。

（1）招标流程：根据法律法规等相关要求，按照北京市建委招投标管理部门的工作流程，石油科技园建设招投标管理的工作流程如下：

（2）组织流程：招标管理是商务部组织，各部门配合的多方参与的管理工作。商务部组织招标代理机构、造价咨询机构编制招标文件、招标清单；公司内技术管理部门负责招标文件中技术要求的编写、招标图纸的提供；工程现场管理部门负责提供现场条件，配合审核招标文件；公司领导负责审核对应分管工作。

招标流程中公司内部分工如下：

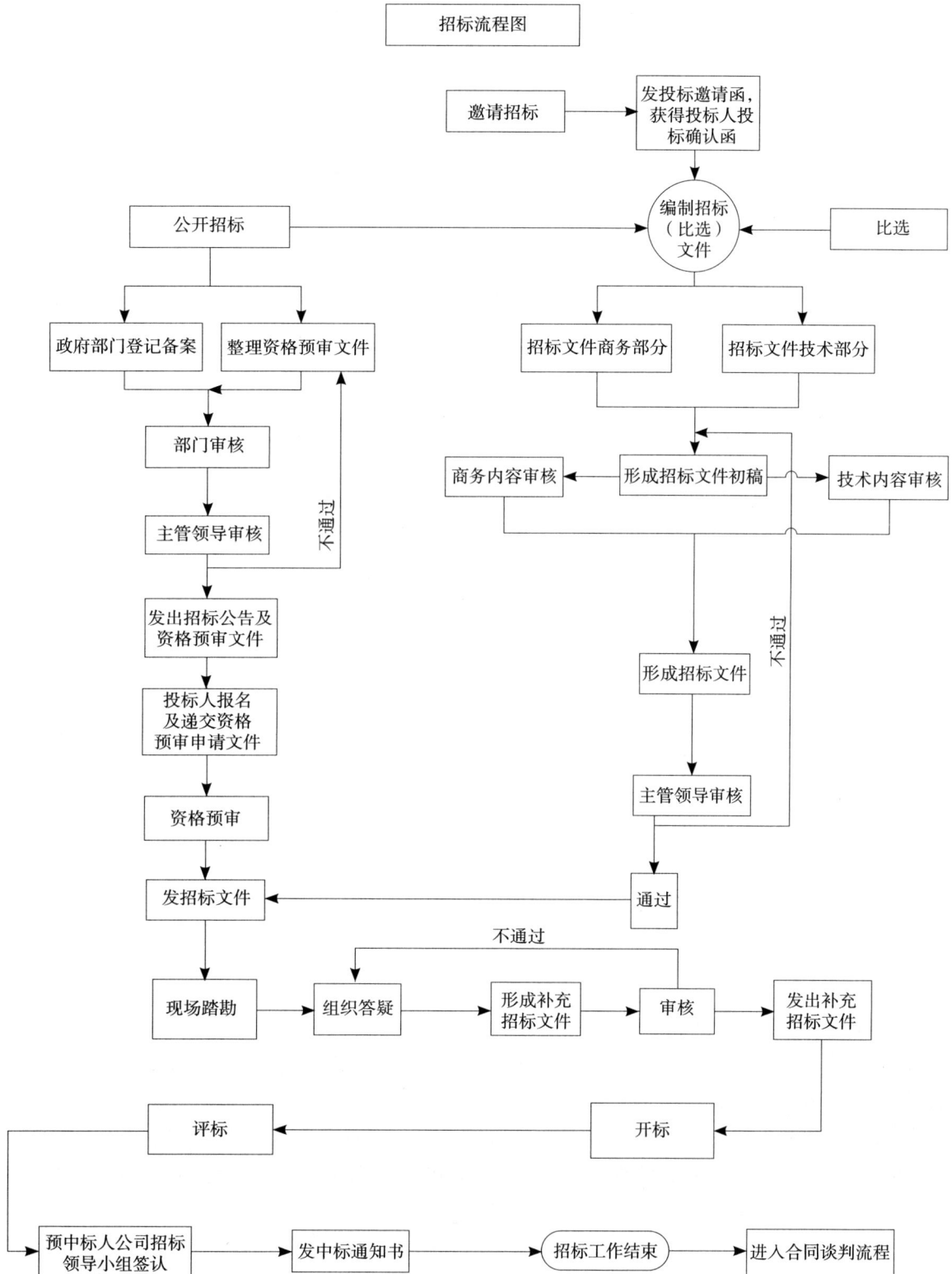

图5-4 招投标流程

招标组织流程

商务部	技术部 工程部	各级领导	相关方

根据总控计划制定招标进度计划 ——商务部负责发送给技术部和工程部

编制及审核招标文件商务部分

编制招标文件技术部分负责招标图纸的审核确认

代理合成招标文件初稿

招标文件初稿 ← 负责发送给商务部

有疑义，返回修改

有疑义，返回修改

重点审阅商务部分

重点审阅技术部分、合同条款

确认

确认

合成招标文件报审稿 ——商务部负责上报各级领导审阅——

审核意见

修改商务部分

修改技术部分、明确现场管理要求

合成招标文件终稿，组织发出 ←

招标代理发出招标文件

组织评标，发出评标结果

对评标结果的认知

领导认知

答疑，与管一名进行商务谈判，清标

谈判失败

谈判成功

与第二名进行商务谈判，清标

招标小组会答

发出中际通知书

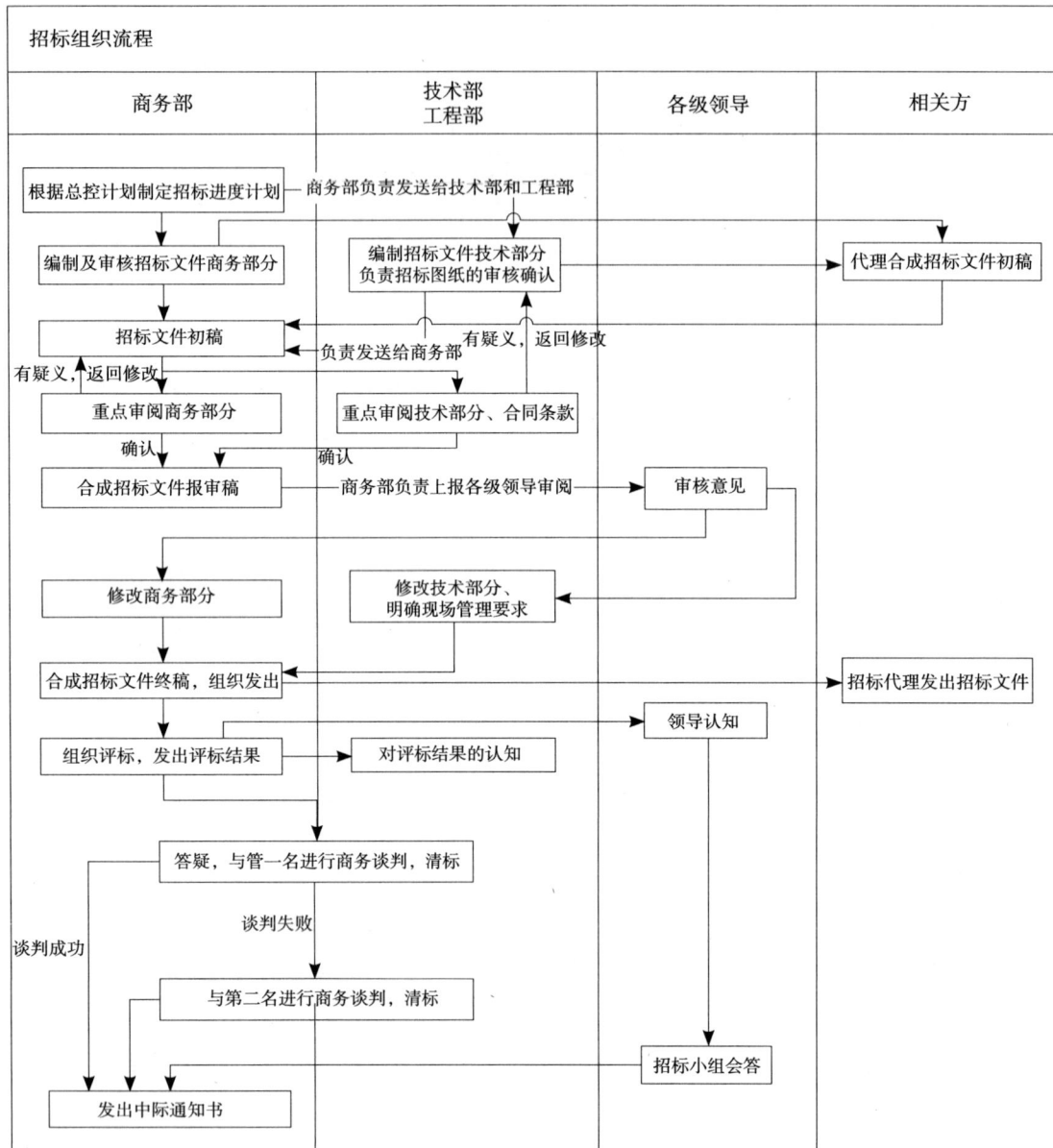

图5-5 招标组织流程图

（3）招标工作任务分解

石油科技园商务招标管理工作中，要细化分工，统筹协调，责任到人，制订明确的时间计划，保证招标顺利开展。

以××地块总承包招标为例，通过内外部协同分工，制订总承包招标时间及任务计划大表，明确建设单位单位、招标代理、造价咨询单位的工作内容和时间节点，确保招标工作的有序推进。

××地块总承包招标任务分解 表5-2

序号	工作内容	所需时间（计划时间）	招标人	招标人+招标代理	招标人+造价咨询
1	前期准备阶段	4个工作日（××××年××月××日至××月××日）	招标人负责盖章确认招标过程中的所有表格及文件 1. 招标公告发布单加盖公章 2. 招标人委托招标登记表加盖公章 3. 招标方式登记表加盖公章 4. 资格预审文件备案表 5. 委托招标代理合同签订备案表加盖公章 6. 签订委托招标代理协议	1. 委托招标代理协议 2. 招标代理机构资质证书 3. 项目负责人及经办人执业资格证书、劳动合同、社保证明、身份证、授权委托书 4. 填写招标公告发布单、招标人委托招标登记表、招标方式登记表、委托招标代理合同签订备案表、资格预审文件备案表 5. 编写资格预审文件，并与招标人确定	
2	项目入场登记	1个工作日（××××年××月××日）		1. 到标办进行现场审核 2. 发布招标公告（审核无误）	
3	投标人报名（即发布公告）	5个日历天（至少包含两个工作日，最后一天必须是工作日）（××××年××月××日至××月××日）		投标人在网上进行刷卡报名，报名截止后，可打印报名单	
4	资格预审文件备案	两个工作日（××××年××月××日至××月××日）	1. 资格预审文件备案表加盖公章 2. 资审文件封面加盖公章 3. 文件印刷完后加盖骑缝章	到标办进行资格预审文件审核、备案	
5	领取资格预审文件	5个日历天（领取截止日为工作日）（××××年××月××日至××月××日）		审核投标申请人相关资料，并满足公告要求后，发售资格预审文件	
6	递交资格预审申请文件	5个日历天（领取截止之日开始，递交截止日为工作日）（××××年××月××日）		1. 接收资格预审申请文件 2. 预约资格预审评审标室	
7	抽取专家	1个工作日（××××年××月××日）	资格预审评审专家抽取申请表加盖公章	到标办办理抽取专家手续	

序号	工作内容	所需时间（计划时间）	招标人	招标人+招标代理	招标人+造价咨询
8	资格预审评审	1个工作日（××××年××月××日）	1. 资格预审报告及有关表格盖章确认 2. 提供设计图纸 3. 提供技术要求、设计规范 4. 如纪检、监察参加评审会，需提供介绍信、身份证（出示原件并提供复印件加盖公章）	1. 评审后根据专家评审结果编制资格预审报告、投标人投标资格登记表、资格预审情况书面报告 2. 编制招标文件除技术需求以外的部分（商务部分、合同条款等），并与招标人确定	
9	资格预审结果备案	1个工作日（××××年××月××）	资料审核，在资格预审结果相关资料上加盖公章	资格预审结果备案	
10	清单、控制价	××月××日前			完成控制价和工程量清单，提供招标范围
11	招标文件备案	两个工作日（××××年××月××日至××月××日）	招标文件备案表加盖公章 招标文件封面加盖公章 准备招标图纸、招标控制价及清单	在标办进行招标文件备案，确定开标时间，约标室	
12	领取招标文件及图纸	20个日历天（××××年××月××日至××月××日）		通知入围投标人购买招标文件及图纸	
13	现场踏勘	1个工作日（××××年××月××日）		与招标人共同组织投标人现场踏勘	
14	澄清、答疑	1个工作日（××××年××月××日至××月××日）	答疑文件封面盖章 对投标人提出的疑问进行回复	汇总所有投标人提出的疑问，形成答疑文件	对投标人提出的疑问进行回复
15	答疑文件备案	1个工作日（××××年××月××日）		1. 到标办审核答疑文件备案（答疑文件备案之日至开标之日间隔15日历天） 2. 发放答疑文件	
16	抽取专家	1个工作日（××××年××月××日）	评标专家抽取申请表加盖公章	到标办办理抽取专家手续	
17	开标	1个工作日（××××年××月××日）	开标会代表授权书、身份证（出示原件并提供复印件加盖公章） 纪检、监察参加开标会，提供介绍信、身份证（出示原件并提供复印件加盖公章）	主持开标会	

续表

序号	工作内容	所需时间（计划时间）	招标人	招标人+招标代理	招标人+造价咨询
18	评标	1个工作日（××××年××月××日）	1. 如纪检、监察参加评审会，需提供介绍信、身份证（出示原件并提供复印件加盖公章） 2. 评标后，对评标结果盖章确认	1. 评标期间评审服务工作 2. 评标后，根据专家评标结果编制招投标情况书面报告、中标结果公示登记表及附件、中标通知书、合同签订备案表	
19	中标结果公示	3个日历天（不少于两个工作日）（××××年××月××日至××月××日）	中标结果公示登记表及附件加盖公章	到标办进行中标结果公示	
20	中标通知书备案	1个工作日（××××年××月××日）	中标通知书加盖公章 招投标情况书面报告加盖公章	1. 中标公示截止后，将中标通知书及招投标情况书面报告上传，标办进行备案 2. 向中标人发放中标通知书	
21	缴纳交易服务费	1个工作日（××××年××月××日）	招标人和中标人根据收费标准到北京市建设工程发包承包交易中心缴纳交易服务费 如中标单位替招标人缴纳费用的，需填写申请，并加盖单位公章		
22	合同备案	1个工作日（××××年××月××日）	合同签订备案表加盖公章 与中标人签订施工合同	1. 让中标人进行网上数据申报 2. 持施工合同、招标文件、中标通知书、合同签订备案表等到标办进行合同备案	

（4）内部审核流程：包括以确定招标方式、招标组织形式、招标总体时间安排为主要内容的招标公告审批流程；以会同公司相关部门审核完善招标文件，签认评标结果确定中标人为主要内容的文件审批流程。

5.3.1.2　制订招标计划

按照《中华人民共和国招标投标法》、《中华人民共和国招标投标法实施条例》和《工程建设项目招标范围和规模标准规定》，对采购预算超过规定的工程施工、工程材料设备类和勘查、设计、监理等项目严格进行公开招标。在此前提下，石油科技园的招投标管理从严要求，对未达到公开招标的规模的采购项目，在兼顾招标成本的前提下，进行了公开招标。此做法一方面扩大竞争，利于控制采购成本；另一方面便于监管，避免腐败发生；但同时延长了采购时间，因此在招标计划的制定过程中要综合考虑工程进度，制定招标时间计划。

在项目之初，根据项目合约规划及进展需要，依次开展设计、监理招标，总承包招标完成后，按照总承包施工合同工期制定详细的项目总体进度计划，招标计划以此为时间依据进一步完善。

以地块为单位制定招标计划，详细列明招标项目、暂估金额、招标方式、招标起始和完成时间、责任人等相关信息。招标计划包括：暂估价材料、设备招标计划；发包人发包项目招标计划；发包人供应设备材料计划、专业分包招标计划。

<table>
<tr><td colspan="4">中国石油科技创新基地工程</td></tr>
</table>

中国石油科技创新基地工程
文件审核单
编号：AXX-ZB-CL-XXXX-XX

文件名称 ＿＿＿＿＿＿＿＿＿

商务部

本文件为＿＿＿＿＿＿＿

具体内容详见文件。

经办人：　　　　部门负责人：　　　年

技术部

核定人：　　　　部门负责人：　　　年

工程质量部

核定人：　　　　部门负责人：　　　年

主管领导审核

签字：

签字：

签字：

公司领导意见

图5-6　文件审核单

中国石油科技创新基地工程
文件会签单
编号：A16-XX-XX-0005-6

文件名称 ＿＿＿＿＿＿项目招标中标结果会签

商务部

会签内容说明：
＿＿＿＿＿＿项目，招标过程按照相关要示在北京市招投标公共服务平台进行，接受集团公司纪检监察的监督管理，于××××年××月××日评标结束，＿＿＿＿＿＿为第一名，＿＿＿＿＿＿为第二名，＿＿＿＿＿＿为第三名；拟推荐第一＿＿＿＿＿＿为中标人，中标金额为：＿＿＿＿＿＿元。
请招标小组确认。
过程文件详见附件。

招标小组成员签字

签字：　　　　　　　年　月　日

签字：　　　　　　　年　月　日

签字：　　　　　　　年　月　日

签字：　　　　　　　年　月　日

签字：　　　　　　　年　月　日

签字：　　　　　　　年　月　日

签字：　　　　　　　年　月　日

签字：　　　　　　　年　月　日

副组长签字

组长签字

图5-7　文件会签单

暂估价材料、设备招标计划　　　　　　　　　　表5-3

序号	项目名称	暂估金额（万元）	招标方式	技术文件提交时间	招标开始时间	招标完成时间	确认完毕合同签订时间	计划进场时间	责任人
1	木门（含五金）								
2	木质防火门（甲乙丙，含五金）	×××	公开招标	2013.3.30	2013.4.1	2013.5.20	2013.5.31	2013.6.15	×××
3	地面砖-楼梯、办公								
4	防滑墙地砖（厨房、卫生间）	×××	公开招标	2013.4.30	2013.5.1	2013.6.20	2013.6.28	2013.7.10	×××
5	泵类设备（不含污水泵）	×××	公开招标	2013.3.15	2013.4.8	2013.5.15	2013.5.20	2013.6.28	×××
6	换热器、换热机组	×××	公开招标	2013.3.15	2013.4.29	2012.7.1	2013.8.5	2013.9.1	×××
7	分集水器、隔膜式膨胀罐	×××	认价	2013.3.15	2013.4.15	2013.6.15	2013.7.5	2013.9.1	×××
8	电热风幕	×××	认价	2013.3.10	/	2013.3.31	2.13.4.15	2013.5.31	×××
9	多联体空调	×××	认价	2013.3.10	/	2013.3.31	2013.4.15	2013.5.31	×××
10	水处理器、补水装置、真空脱氧机、全自动软化水设备	×××	认价	2013.4.15	2013.5.15	2013.6.15	2013.7.15	2013.8.30	×××
11	冷却塔	×××	公开招标	2013.1.8	2013.2.18	2013.4.30	2013.5.24	2013.8.27	×××
12	新风机组、新风换气机、空调机组	×××	公开招标	2013.2.1	2013.2.18	2013.4.30	2013.5.16	2013.5.31	×××
13	配电箱	×××	公开招标	2012.11.26	2012.11.26	2013.1.22	2013.3.8	2013.3.28	×××

发包人发包招标计划 表5-4

序号	项目名称	暂估金额(万元)	招标方式	技术文件提交时间	招标开始时间	招标完成时间	确认完毕合同签订时间	计划进场时间	责任人
1	发电机组	×××	公开招标	2013.5.20	2013.6.20	2013.12.20	2014.1.20	2014.4.20	×××
2	厨房设备及	×××	公开招标	2013.6.28	2013.7.30	2013.9.30	2013.10.21	2013.11.16	×××
3	会议系统	×××	公开招标	2013.4.10	2013.5.10	2013.6.30	2013.7.31	2013.12.30	×××
4	太阳能工程	×××	邀请招标	2013.2.5	2013.2.25	2013.4.25	2013.5.24	2013.5.30	×××
5	标识系统	×××	公开招标	根据设计计划待定	2013.9.16	2013.11.20	2013.12.10	2014.3.1	×××
6	燃气工程	×××	公开招标	2013.7.20	2013.9.13	2013.11.30	2013.12.10	2014.3.12	×××
7	擦窗机工程	×××	邀请招标	已完成招标	2012.12.7	2012.12.27	2013.1.31	2014.3.1	×××
8	油水分离系统	×××	邀请招标	2013.6.28	2013.7.29	2013.8.30	2013.9.20	2013.11.16	×××
9	泳池净化系统	×××	公开招标	2013.6.15	2013.7.15	2013.9.16	2013.9.30	2013.7.8	×××
10	变配电系统	×××	公开招标	2013.7.30	2013.8.10	2013.9.30	2013.12.20	2013.12.31	×××
11	园林绿化	×××	公开招标	2013.10.31	2013.11.11	2013.11.30	2013.12.5	2014.6.9	×××

发包人供应设备一览 表5-5

序号	项目名称	暂估金额(万元)	招标方式	技术文件提交时间	谈判完成时间	确认完毕合同签订时间	计划进场时间	责任人
1	电梯	×××	合同谈判	技术条件未成熟	2013.3.1	2013.3.10	2013.5.15	×××
2	低压柜			2013.2.28	2013.3.5	2013.3.20	2013.6.10	×××
3	变压器	×××	合同谈判	2013.2.28	2013.3.10	2013.3.20	2013.6.10	×××
4	高压柜			2013.2.28	2013.3.5	2013.3.20	2013.6.10	×××
5	制冷机组	×××	合同谈判	2013.2.25	2013.3.1	2013.3.5	2013.6.14	×××

专业分包招标计划 表5-6

序号	项目名称	暂估金额(万元)	招标方式	技术文件提交时间	招标开始时间	招标完成时间	确认完毕合同签订时间	计划进场时间	责任人
1	幕墙工程	×××	公开招标	已提交	2012.12.12	2013.3.25	2013.4.15	2013.4.20	×××
2	弱电工程	×××	公开招标	已提交	2012.12.12	2013.3.25	2013.4.15	2013.4.29	×××
3	消防工程	×××	公开招标	已提交	2013.2.22	2013.4.22	2013.4.28	2013.4.30	×××

5.3.1.3 标准化招标文件

编写招标文件是招标工作的主要内容。高质量的招标文件是招标程序顺利进行，招标结果最大满足项目需要的重要保证。石油科技园的多个独立项目之间有相似性，建立标准化招标文件，便于"统一管理"。

根据国家法律法规对工程建设领域招标活动的具体要求，针对石油科技园建设中招标项目标的物的性质，商务招标文件编制分为以下三类：

第一，施工类招标文件。采用《北京市房屋建筑和市政基础设施工程施工总承包招标文件》、《北京市房屋建筑和市政基础设施工程施工专业分包招标文件示范文本》，充分借鉴《简明标准施工招标文件》和《标准设计施工总承包招标文件》等，在专用部分条款设置上，紧密结合项目特点，在不影响公平性的前提下，准确体现招标需求。

具体使用的招标文件版本有：

《北京市房屋建筑和市政基础设施工程施工总承包招标文件》（2008年版和2013年版），适用于施工总承包招标和建设单位发包的专业承包施工招标；

《北京市房屋建筑和市政基础设施工程施工专业分包招标文件示范文本》（2010年版和2013年版），适用于总承包人发包的专业分包施工招标；

《简明标准施工招标文件》（2012年版），适用于工期较短，投资额较小的小型施工项目招标；

《标准设计施工总承包招标文件》（2012年版），对于包含设计的施工招标充分借鉴了此版本。

第二，货物类招标文件。采用北京市招投标管理办公室推广的货物类招标文件版本，同时借鉴多家招标代理公司的成熟文本，重点完善"投标须知"、"合同条款"。在实质性条款（如品牌、资质、业绩等要求）设置上，既要灵活巧妙，又要遵守文件规定，保证投标人之间公平竞争，避免因招标文件有倾向性，引起质疑。

第三，服务类招标。建立了针对不同服务项目如造价咨询、幕墙咨询、工程审计、勘查设计等的不同招标文件的文本。便于不同类型服务项目之间的横向比较和同类型服务项目之间的纵向对照。

招标文件标准文本的建立和专用条款的标准化设置，从内容上更严谨，提高了工作效率，减小了出现纰漏的可能，从小处着眼落实了科技园"六统一"的总体要求，便于各地块之间，同类项目之间的横向管理。

5.3.1.4 加强环节管理

1. 公告环节

招标公告是招标启动的第一环节。在编写招标公告时，第一要提出合理预算价格作为刺激市场反应的重要手段；第二要准确描述采购类型，便于市场自行选择参与，特别是在设备材料招标项目中，因种类多、分类细，必须明确拟采设备的基本类型和参数等，使市场准确响应，避免招标失败；第三要在充分调研的基础上设置准入条件，利用公告对潜在投标人进行初分；第四要结合现场管理进度，明确工期、供货期等关键信息。

招标公告是招标公开原则的具体表现，招标公告编写和发布要满足法律法规的要求，既要充分表达采购意图，刺激市场，调动市场投标热情，又要利用公告达到初步区分和筛选的目的。

招标公告的书写要充分尊重市场行情，对于工程建设货物招标项目标的物是成熟产品，市场竞争激烈的，为选取优质的中标人，可以适当抬高准入门槛，缩小潜在投标人的范围；标的物是新技术新产品，产业处于发展初期，潜在投标人资格条件参差不齐的，为激发市场参与热情，可适当放宽商务资格条件，例如注册资本金等，以顺利实现招标意图。

2. 资审环节

我国《建筑法》、《建筑工程安全生产管理条例》等法律法规对建筑工程内的合同当事人的民事权利能力和民事行为能力有明确要求。在招投标阶段对合同相对人进行资格审查，避免招标失败，合同无效，预防法律风险的有效手段。

（1）对投标人资格的审查。针对设备材料市场销售模式和习惯，有的货物生产商直接销售，有的通过代理商销售，有的两者皆可。招标前期，应做充分的市场调研，确定哪些货物采购只允许生产商投标，哪些生产商和代理商皆可。例如：冷却塔、直燃机、变配电设备、木门等投标人资格设定为生产商；地砖、石材等投标人资格设定为代理商，新风机组、制冷机组、旋转门等生产商、代理商均可。

（2）对投标人从业资质的审查：我国某些生产行业实行强制性准入管理，如施工企业必须取得安全生产许可证方可施工；我国对工程建设领域的设计、监理、施工等企业采取等级管理，不同等级的从业范围有所不同。

（3）对投标人履约能力的筛查。通过对潜在投标人的财务状况、融资能力、人员结构、以往业绩、市场信誉、供货保障、售后服务等条件的评比，挑选履约能力强，信用高的潜在投标人，减小合同履约风险。

3. 招投标环节

加强招投标环节的管理主要表现在：正确选取招标文件版本、明确招标范围、合理制定招标控制价、组织编写技术标准和要求、合同管理前置等。

招标文件版本的选取，要结合细化的招标类型和标准化的招标文件，合理选用。

招标范围在合约规划制定过程中已进行了初步划分，招标过程中要对其进行详细描述和完善修正。招标范围的划分和清晰描述，是保障招标文件质量的关键环节。招标范围和成本目标一一对应，是招标控制价编制的基础。同时，为了便于现场管理，招标范围要合理有序，避免出现重复、遗漏、交叉的混乱局面，造成现场管理和造价控制难度。

招标文件中的合同条款，是招标文件的重要组织部分，是中标后签订合同的依据。在招标阶段应该精心策划，合同管理前置，在公平原则下，依据项目管理思路，明确甲乙方权利义务、合同价款、时间进度、风险分担、违约条款等重要信息，便于中标后的合同谈判和签订，更好满足成本、进度、质量和安全管理要求。

招标文件包含多项内容，各部分应该对应一致，并能够相互补充。招标范围与招标控制价的对应性，招标图纸和招标清单的对应性，招标文件技术标准和要求与合同条款的一致和互补，都是必须引起重视的内容。在招投标文件编制过程中，充分利用标准文件的补充条款，补充、明确、清晰既包含技术、现场管理又涉及商务的综合内容。

如××地块总包招标文件中，对于承包人的义务条款进行补充，对总承包人管理责任进行了细化和明确，便于现场管理，防止管理真空和扯皮发生。

A）合同中对承包人的配合义务进行如下明确：

1）承包人应负责工程的整体进度，统筹管理和协调各专业分包工程、独立发包工程的工程进度，对各工程的施工时间、工序和方法等进行协调，对各工程的工程进度承担总承包管理责任。主动要求专业分包工程分包人、独立承包人提供施工程序及时间表，对不同单位施工出现矛盾的地方作出协调，主动找出解决办法。

2）由承包人负责施工现场的所有临时设施、临时道路、水、电管线等其他设施的修建安装、维护及管理。在工程进行期间提供足够的临时用水和用电，并保证冬季正常供水，不会结冰；用电高峰正常供电，不会跳闸。

承包人应为自身和各专业分包人、独立承包人用水用电提供可靠的用水用电计量设施和措施并最终就使用量达成一致，事后不得以计量纠纷为由请求发包人给予协调。

3）提供满足现场需要的临时照明、保安、冬雨季及酷热天气施工所需特别措施、施工用水电及排污接口、足够合理及符合监理人要求标准的卫生设施，并负责定时清理和保养直至不再需要时予以拆除。

4）统筹管理、维护施工现场的围墙、围挡、交通、安全、保卫和施工消防设施。

5）为运抵施工现场范围内的发包人提供材料和设备进行卸车、保管并参加监理人组织的开箱验货。

6）统筹规划和分配各专业分包工程、独立发包工程现场施工场地，提供在工地内现成的垂直运输机械、脚手架等供共同使用。承包人须注意部分专业分包工程、独立发包工程需用这些垂直运输机械、脚手架等的时间或许会超过承包人本身所需的时间时，承包人仍须按此提供。

7）提供已安装在现场的吊升机械、棚架、脚手架、爬梯、工作台、升降设备、垂直及横向运输机械设备供专业分包工程、独立发包工程使用。

8）负责组织对各专业分包工程施工项目的质量检查和施工验收，并负责统一准备和报送工程验收资料，统一管理和编制竣工文件；及时敦促专业分包工程分包人、独立承包人按要求制作自己的竣工图和整理自己的竣工资料，并要求专业分包人、独立承包人随工程进度逐步提交给承包人，由承包人统一汇总整理和装订。

9）专业分包人、独立承包人完成穿墙、穿板设施施工完成后，承包人负责以适当的物料完成上述设施与墙、板之间的缝隙、留洞、凹口、凹槽等进行填补、灌浆填充及修正装潢工作，并满足有关专业规范要求。

B）对承包人的深化设计工作提出的具体要求如下：

承包人应在土建、机电施工图的基础上进行检查、深化，彻底解决存在的内部、外部矛盾（图纸深化费用已含在合同价格中）。深化施工图与施工详图的范围以解决工程所有内部、外部矛盾为最终标准，因深化设计不到位造成的工程损失由承包人负责，深化施工图与施工详图包括但不限于综合预留预埋图、综合管线图、与装饰工程配合等。

承包人应对各分包人及其他承包人的深化设计图纸进行审核协调，协助各分包人及其他承包人完成相关专业深化设计的设计单位（合同范围内）审核签章工作，避免发生设计与施工的矛盾，造成不必要的返工。承包人应组织各分包人及其他承包人编制管线安装综合图，并进行审核，提交管线综合布置图。

深化图纸内容包括但不限于下述内容：

1）电工程管道三线路表示在1：50平面分布图上，包括尺寸及毛重的机械和/或设备位置。

2）机电系统的正确维修及操作用的维修通道，设备及计划。

3）列明各项机电工程管道的标高，同时应包含任何分包安装所需设备及管道正确位置。

4）所有管道应按规范，图集等要求确保留有足够的间距，为保温保留足够的安装空间，为托架、管道等的安装及支撑预留足够的安装空间（如管道安装在顶棚上应为固定管道预留的支撑架预留安装位置），为安装在未来或将会出现修改的管道和/或管子安装的位置预留空间。

5.3.2 开展框架招标，提升投资效益

5.3.2.1 框架招标的前提

科技园项目具有投资规模大、建设周期长、分期分批建设、所需物资数量较大、需求期较长的特点，且在"统一设计"的前提下，各项目之间要基本保持统一的建设标准和投资水平。科技开发公司人力资源有限，开展框架招标能够提高采购效率，降低采购成本，控制工程质量，实现规模效益，有效控制通货膨胀、物价上涨的市场风险，满足建设需求的同时节约投资，保证工程建设顺利进行，提高工程投入使用后日常维护管理水平，有利于科技园建设"六统一"原则的实现。通过对于技术成熟的大宗设备采用一次招标、分期供货的框架招标方式，并在合同中约定招标数量、价格有效期限、价格调整方式、解除合同条件等，解决了各个地块分期建设、分期采购、统一标准的问题，达到提高采购效率、降低采购成本、控制工程质量、实现规模效益、保证工程进度的目的。

5.3.2.2 框架招标的组织

在北京市建委的大力支持下，商务部通过专业招标代理先后组织了电梯、10kV中置开关柜、低压开关柜、直燃机、制冷设备等大宗设备框架招标。框架招标共组织10项，后续地块建设中直接签订合同46个，金额超亿元，比"一单一招"大大减少了招标次数，节约了招标成本。通过框架协议的履行和约束，2009年至今，在建筑市场人工费、材料费涨浮的情况下，主要工程设备仍维持当年招标价格水平，发挥了集采价格优势，有效规避了市场价格风险，节约了建设成本，充分提升了投资效益。

电梯是科技园首个进行框架招标的货物，电梯框架招标的成功实施，为后续框架招标的开展开辟了道路，现以电梯框架招标作为经典案例进行分析：

在电梯采购招标过程中，公司组织设计院、招标代理机构、电梯专家、公司各部门等相关人员，对科技园总体需求进行分析，以落实需求的××地块为基础，确定了客梯、货梯、扶梯、消防梯等各地块采购需求86台。在电梯招标技术要求和标准的文件中，采用穷举的方式，列出每台电梯的规格型号、97项技术参数以及各部件品质要求等。

A. 在合同方式上：以框架协议为基础，形成了设备供货合同、安装服务合同、维修保养合同、临时电梯使用合同等一套完整的合同体系。特别是在分项报价和细项报价方面，和报价，为后续可能发生的变更奠定基础。

B. 在评标方式上：对① 技术要求；② 综合实力、品牌信誉度及知名度；③ 安装及维修保养；④ 商务一般性偏离及投标文件质量；⑤ 投标报价五方面综合评比，并对技术条件和合同条款做出了不允许偏离的强制性要求。制定科学细致的评标办法，选择优质供应商。

C. 在投标报价上：对电梯设备彻底"解剖"，明确要求投标报价从每台电梯的投标总价分解到分项报价表，细项报价（不同档次轿厢装饰、扶手类别、报站功能等43项），其中分项报价列明出厂价、运输费、安装费、其他费、监控系统费等，便于以后供货合同签订时各项需求的价格调整。

表5-7-1、表5-7-2是招标文件中关于电梯轿厢的细项报价清单：

细项报价清单1   表5-7-1

序号	内容（清单1）	材料、设计制造等费用（即安装费以外的所有费用）	安装费
1	监控系统用线缆： 根据招标文件第四章要求，中标人还须提供每台或每组电梯至VTMMS电梯值班室的线缆及负责布线工作，此部分的线管及线槽由其他承包商负责。在投标文件中提供所需要的线缆规格，提供线缆的分项报价，线缆长度按照全部电梯共2000m计算报价，计入投标总价。该报价皆已计入A12地块投标总价中。注意：其他地块不要再重复计入	① 线缆规格： ② 元/m ③ 元/2000m	元/2000m布线
2	五方通话用线缆： 根据招标文件第四章要求，中标人还须提供每台或每组电梯至电梯值班室的线缆及负责布线工作，此部分的线管及线槽由其他承包商负责。在投标文件中提供所需要的线缆规格，提供线缆的分项报价，线缆长度按照全部电梯共2000m计算报价。该报价皆计入A12地块投标总价中。注意：其他地块不要再重复计入	① 线缆规格： ② 元/m ③ 元/2000m	元/2000m布线
3	隔离钢梁： A12地块四组群控电梯（即TA1~TA4，TB1-1~TB1-4，TB2-1~TB2-4，TC1~TC4）共有8列隔离钢梁由中标人承担，请提供相关分项报价。该报价已含在A12地块投标总价中	一、8列钢梁材料费共元，并回答以下分项报价： 1）8列隔离钢梁共多少根 2）每根钢梁材料费 3）固定每根梁的支架及相关附件材料费 4）其他材料费用（如有，须列明细） 二、钢梁的类型及型号	8列钢梁的总安装费：元
4	扶手	根据不同条件分别报价↓	
4.1	三侧圆形发纹不锈钢扶手	元/三侧	元/三侧
4.2	三侧扁形发纹不锈钢扶手（采用不小于6mm厚不锈钢板加工而成）	元/三侧	元/三侧
5	顶棚含照明（即吊顶） 基本要求：美观明亮，在轿厢地板上的照度不小于200lx。提供3种符合基本要求的高档样式的型号及相应报价	根据不同条件分别报价↓	
5.1	高档顶棚形式①（附图片及介绍，可索引至彩色样本）	型号：　；报价：	
5.2	高档顶棚形式②（附图片及介绍，可索引至彩色样本）	型号：　；报价：	
5.3	高档顶棚形式③（附图片及介绍，可索引至彩色样本）	型号：　；报价：	
6	轿厢内残疾人操纵盘（相关要求请见招标文件第四章），如果与电梯规格相关，请分别描述并报价	根据不同条件分别报价↓	

续表

序号	内容（清单1）	材料、设计制造等费用（即安装费以外的所有费用）	安装费
6.1	当……时	每套：元	
6.2	当……时	每套：元	
7	厅召唤按钮附带盲文功能的报价	每层每套按钮附带盲文需增加：元	
8	轿厢内中英文语音报站功能	每套：元	
9	轿厢内副操纵盘	每套：元	
10			

细项报价清单2　　　　　　　　　　　　　　　　表5-7-2

序号	内容（清单2）	材料、设计制造等费用（即安装费以外的所有费用）	安装费
1	控制系统差价：		
1.1	单台集选电梯改为两台并联电梯，仅控制系统造成的费用（台数增加造成的其他费用另计）	仅控制系统增加的费用共计：元	
1.2	并联电梯改为3台群控电梯，仅控制系统造成的费用（台数增加造成的其他费用另计）	仅控制系统增加的费用共计：元	
2	门套内侧净尺寸改变：A12地块四组群控16台电梯（即TA1~TA4，TB1-1~TB1-4，TB2-1~TB2-4，TC1~TC4）：如果将招标文件第四章所要求的非标门套更改为："门套内侧净尺寸与开门净尺寸相同；其他不变"，则每台电梯可以降低的费用	每台降低：元	每台降低：元
3	轿厢装饰改变：A12地块四组群控16台电梯（即TA1~TA4，TB1-1~TB1-4，TB2-1~TB2-4，TC1~TC4）：如果将招标文件第四章所要求的玻璃风格轿厢四壁及顶棚装饰方案改为："后壁及侧壁采用钢板喷漆；前壁板、门楣板及立柱采用发纹不锈钢；取消顶棚（出厂仅提供两套并联日光灯）；取消扶手；轿厢预留450kg的二次装饰重量；其他不变"，则每台电梯可以降低的费用		每台降低：元
4	轿厢装饰改变：A34地块两组群控8台电梯（即CK1~CK8）：如果将招标文件第四章所要求的后壁、两侧壁及顶棚装饰方案改为："后壁及侧壁采用钢板喷漆；取消顶棚（出厂仅提供两套并联日光灯）；无扶手；轿厢预留450kg的二次装饰重量；其他不变"，则每台电梯可以降低的费用	每台降低：元	每台降低：元
5	轿厢装饰改变：载重量为1000kg，如果将轿厢后壁、两侧壁由发纹不锈钢材质改为钢板喷漆，则每台可降低多少费用	每台降低：元	每台降低：元

序号	内容（清单2）	材料、设计制造等费用（即安装费以外的所有费用）	安装费
6	轿厢装饰改变： 载重量为1350kg，如果将轿厢后壁、两侧壁由发纹不锈钢材质改为钢板喷漆，则每台可降低多少费用	每台降低：元	每台降低：元
7	轿厢装饰改变： 载重量为1600kg，如果将轿厢后壁、两侧壁由发纹不锈钢材质改为钢板喷漆，则每台可降低多少费用	每台降低：元	每台降低：元
8	层站差价： 增减一个层站（即一个停层）差价（层高按照4m计算），参照本次招标的不同类型电梯，分别提供	根据不同条件分别报价↓	根据不同条件分别报价↓
8.1	有机房电梯①，当规格为（如速度，载重量，开门尺寸或哪些电梯编号电梯）……时	增减一个层站的差价为：元	增减一个层站的差价为：元
8.2	有机房电梯②，当规格为（如速度，载重量，开门尺寸或哪些电梯编号电梯）……时	增减一个层站的差价为：元	增减一个层站的差价为：元
8.3	……		
8.4	无机房电梯①，当规格为（如速度，载重量，开门尺寸或哪些电梯编号电梯）……时	增减一个层站的差价为：元	增减一个层站的差价为：元
8.5	无机房电梯②，当规格为（如速度，载重量，开门尺寸或哪些电梯编号电梯）……时	增减一个层站的差价为：元	增减一个层站的差价为：元
8.6	……		
9	提升高度差价： 层站不变，提升高度每增减1m产生的差价	根据不同条件分别报价↓	根据不同条件分别报价↓
9.1	有机房电梯①，当规格为（如速度，载重量，开门尺寸或哪些电梯编号电梯）……时	增减1m差价为：元	增减1m差价为：元
9.2	有机房电梯②，当规格为（如速度，载重量，开门尺寸或哪些电梯编号电梯）……时	增减1m差价为：元	增减1m差价为：元
9.3	……	增减1m差价为：元	增减1m差价为：元
9.4	无机房电梯①，当规格为（如速度，载重量，开门尺寸或哪些电梯编号电梯）……时	增减1m差价为：元	增减1m差价为：元
9.5	无机房电梯②，当规格为（如速度，载重量，开门尺寸或哪些电梯编号电梯）……时	增减1m差价为：元	增减1m差价为：元
9.6	……	增减1m差价为：元	增减1m差价为：元
10	层门装饰差价： 镜面蚀刻花纹不锈钢层门高于发纹不锈钢层门的差价。	根据不同条件分别报价↓	根据不同条件分别报价↓
10.1	开门尺寸为：宽1100mm×高2100mm时	元/套/层	

续表

序号	内容（清单2）	材料、设计制造等费用（即安装费以外的所有费用）	安装费
10.2	开门尺寸为：宽1100mm×高2300mm时	元/套/层	
11	开门净尺寸改变： A16地块，AK1~AK4四台群控电梯，如果其开门尺寸由宽1100×高2300mm，调整为宽1100mm×高2100mm，则每台电梯可以降低多少费用	每台电梯可降低：元 同时，请提供计算方法：如 1）材料费：每层每套层门差价 元； 2）非标设计费：每台 元； 3）其他（如有，请列明）	每台电梯可降低：元
12	开门净尺寸改变： A34地块，CK1~CK8八台电梯，如果其开门尺寸由宽1100mm×高2300mm，调整为宽1100mm×高2100mm，则每台电梯可以降低多少费用	每台电梯可降低：元	每台电梯可降低：元
13	开门净尺寸改变： A45地块，EK1、EK2两台电梯，如果其开门尺寸由宽1100mm×高2300mm，调整为宽1100mm×高2100mm，则每台电梯可以降低多少费用	每台电梯可降低：元	每台电梯可降低：元
14	开门净尺寸改变： A45地块，EK3、EK4两台电梯，如果其开门尺寸由宽1100mm×高2300mm，调整为宽1100mm×高2100mm，则每台电梯可以降低多少费用	每台电梯可降低：元	每台电梯可降低：元
15	无障碍： A16地块，AK1~AK4四台群控电梯，如果取消AK1电梯的无障碍功能（即取消：轿厢内残疾人操纵盘、中英文语音报站、厅外残疾人用的一套专用召唤按钮），则一共可以降低多少费用	共可降低的费用：元	共可降低的费用：元
16	无障碍： A16地块，AK9、AK10两台并联电梯，如果取消这两台电梯的无障碍功能（即取消：轿厢内残疾人操纵盘、中英文语音报站、厅外召唤按钮的盲文），则每台可以降低多少费用	每台降低的费用：元	每台降低的费用：元
17	无障碍： A16地块，AK11、AK12两台并联电梯，如果取消这两台电梯的无障碍功能（即取消：轿厢内残疾人操纵盘、中英文语音报站、厅外召唤按钮的盲文），则每台可以降低多少费用	每台降低的费用：元	每台降低的费用：元

实行框架招标后，电梯供货单位在设计阶段就开始配合，提高了设计文件的准确性，减少了设计完成后在实施过程中造成的图纸修改，避免了对建筑物整体平面布局、功能配套的不利影响。另外，前期竣工投用地块的电梯两年维保期满后，个别电梯出现了零配件损坏的现象，经与厂家沟通，无偿给予维修更换，保障了我司及使用单位的利益，框架招标的模式在运营维修维护方面已经体现出优势。

框架招标后，在开展后续地块总承包招标时，框架设备材料得以提前确定规格型号和参数，准确提供合同价格，为总承包招投标过程中安装费、管理费的计取提供了基础数据。以××地块总承包招标为例：

发包人供应材料和工程设备及其暂估金额一览   表5-8

序号	发包人供应材料和工程设备名称	计量单位	暂估金额（万元）	损耗率	备注
1	电梯	项	×××	0	框架招标
2	高压开关柜	项	×××	0	框架招标
3	环网柜	项	×××	0	框架招标
4	低压开关柜	项	×××	0	框架招标
5	干式变压器	项	×××	0	框架招标
6	燃气热水锅炉	项	×××	0	框架招标
7	冷水机组	项	×××	0	框架招标
8	蓄冰钢盘管	项	×××	0	框架招标

说明：上述发包人供应材料和工程设备的暂估金额本身不计入投标报价中。

5.3.2.3 框架招标的思考

框架招标模式虽不鲜见，但没有法律条文依据，目前仍处在探索阶段，各投资主体做法均不相同，尚无统一的标准可循。在招标形式、招标文件和合同文件等诸多条件还有待完善。

（1）框架协议价格的约定：价格受原材料价格影响较大的产品，建立合理价格模型，约定价格调整公式，为价格有效期过后合同的谈判提供依据；对于招标单价，约定价格有效期限，有效期满之后，根据市场价格波动情况、涨跌幅度，双方协商调整确定；考虑到市场价格的变动，对框架协议中确定的单价，根据实际情况灵活掌握，框架合同中的设备采用一年一认价或是几年一认价，或是根据物资特点确定不同订单不同有效期。

（2）科技园建设期的框架招标的做法有特殊性，能否对后期"统一管理"或是否有更多普遍的借鉴意义，还应继续在健全框架招标形式及内容上做进一步思考。

5.4 合同管理

5.4.1 建立完善的合同管理体系

合同管理贯穿于项目实施的全过程，从项目伊始制定合约规划，通过招标投标，确定合同相对人，签订合同就开始了合同管理。建设项目复杂多样，涉及的合同种类多，数量大，工程合同管理是项目开展的基础与前提，规范、有序、高效的合同管理尤为重要。

5.4.1.1 制定和完善合同管理制度

合同管理制度的建立和实施，是对工程目标、项目执行、资源管理、成本控制、结果导向等一系列项目管理行为进行规范化的过程，也是项目管理的综合性基础工作。科技园项目在实施过程中建立了合同归口管理、合同授权委托、合同审查、合同会签和审批、合同专用章管理、合同监督检查、合同资料归档等一整套以事前防范、事中控制为主，事后补救为辅的合同管理制度。通过不断完善合同管理制度，各环节合理约束和协调，实现合同执行分工细化、责权清晰，保障项目实施有效推进。

5.4.1.2 选择和使用标准合同文本

科技园项目规模大，多个地块同时实施，合同类型和相对人较多，合同管理工作繁杂。如果缺少统一的标准文本，合同编审时间长，管理难度大，工作效率低。为了避免上述情况，科技园合同管理部门在合同文本选择和使用上，借鉴国家标准、地方标准、FIDIC条款、行业通用文本等，选择以优秀范本为蓝本，同时注意收集和整理集团公司和建设工程格式范本，并根据每个标的物的实际情况，更新、修订和完善现有示范文本。从项目实际出发，编写修订出适合科技园的标准化合同范本，包括《总承包施工合同》、《专业分包施工合同》、《材料供应合同》、《设备供货及安装合同》、《设计合同》、《造价咨询合同》、《监理合同》及各种技术咨询类合同等。

针对一些功能复杂、专业性强的系统工程，设计院图纸只有方案性建议，无法达到施工图深度，例如：蓄冷罐系统，游泳池净化水系统，太阳能系统等，合约规划设置的招标范围为带方案的招标，即承包范围既有设计工作又有施工工作。因此，需要设置一个适应该类型工作内容的合同文本。

带设计的施工类合同，在建筑业内没有成熟的范本，我们通过调研集团公司石油工程EPC合同，市场上参与类似工程活动的相关单位的经验及案例，在《供货合同》的基础上，在以下几方面进行完善：

1）承包范围：包括配套设计、制作安装、调试验收、售后服务及维保等。

2）固定总价：包含上述内容的固定包死价。含各项风险及税金、辅材、备品备件，以及政府部门验收（如果有）相关费用。该项设置基于不同厂家系统设置有区别，在完成功能的前提下，追求性价比。

3）供货期：根据项目本身需要，结合总承包进度和管理要求设定。

4）技术条件：设计方案与技术要求的符合性，满足国家规范、标准等的相关规定。

5）售后服务：包括技术支持、辅导培训等，因为项目的专业性，该项要求尤为重要。

6）其他：对支付条件、履约要求、违约处罚、合同生效、争议处理等做具体约定。

在每个独立项目选择和合同范本使用过程中，坚持有利于工程造价的控制，有利于工程进度的控制，有利于工程质量的控制，有利于工程风险控制的原则。例如施工类合同，分为通用部分和专用部分，通用条款统一使用，项目的特殊性相关内容和质量工期要求等均在专用条款中明确。合同管理人员只需重点查看专用条款中所标注的相关约定即可，提高了合同签订工作效率，大幅度降低了合同审批隐含的管控风险和合同执行的风险。

5.4.1.3 融合集团公司HSE管理体系

按照建筑行业管理规定，建筑工程施工企业执行国家GB/T24001-2004idtISO14001：2004及GB/T28001-2001环境和职业健康安全标准。科技园建设项目采用建委通用的招标文件合同范本，范本中对环境和职业健康安全的要求满足该项标准。集团公司对工程建设项目的环境和职业健康安全提出了国际化的HSE标准要求。为满足该项要求，公司把集团公司HSE管理体系纳入施工招标文件合同部分，确保了HSE管理体系在合同履约过程中的合法性及规范性。通过这项合同管理措施的实施，以及科技开发公司对集团公司HSE体系的进一步宣贯，参建单位对合同HSE体系有了更高的要求认识，提高了自身安全管理意识，确保能较好地执行HSE管理程序。

通过对合同文本及HSE管理体系的认真学习和不断完善，公司全体员工强化了HSE意识，重视HSE体系的各项细节，与实际相结合做好自查，日常工作中严格履行公司HSE管理体系，实现了"一岗双责"的公司要求，提高了自身合同执行力。

5.4.1.4 建立合同台账

建立合同台账，旨在通过合同信息的记录和整理，全面监控合同签署和履行，便于项目的有效实施。为了规范工作流程、更有效地保存数据和信息共享、提高工作效率，合同管理人员负责台账的登记管理，用EXCEL表格建立合同和支付的信息台账，对合同进行归类整理，追踪和呈现合同相对方、签署金额、合同工期、合同变更金额、合同完成比例、合同逾期情况等信息。实时更新，确保台账的准确性和实效性。

	合同编号	合同名称	合同乙方	合同内容	合同金额	签署合同时间	合同工期	付款方式
3	XX-HT-SJ(设计合同)							
4	XX-HT-SJ-0001-	场地勘察设计	XXX	场地勘察及氡气检测	XXX	2012/9/18	2012-9-10开工	勘察人提交勘察报告并经发包人在设计合同签订后向
5	XX-HT-SJ-0001-1	配电工程设计合同	XXX	新建箱变及外电源设计	XXX	2012/11/19	合同生效并工程资料齐全后，15个工作日内交付提审设计文件	
6	XX-HT-SJ-0002	建设工程设计合同	XXX	包括方案规划设计、初步设计、施工图设计。包括：总图规划、工艺	XXX	2012/11/9	设计合同使用年限为土建部分主体结构五十年	1、方案设计及配合招标文件完
7	XX-HT-SJ-0002-1	工程设计合同补充协议	XXX	1、综合建筑和动力专业的修改；2、联合厂房建筑、结构、暖通和电	XXX	2013/9/29	-	一次性支付
8	XX-HT-SJ-0004	施工图设计审查合同	XXX	工程施工图设计文件进行审查	XXX	2012/4/2		已一次性支付
9	XX-HT-ZX（咨询合同）							
12	XX-HT-ZX-0001-	可行性研究技术咨询合同	XXX	可行性研究	XXX	2010/3/10	2010-3-18至2011-3-17	已一次性支付
18	XX-HT-ZX-0005	全过程造价咨询合同	XXX	全过程造价咨询	XXX	2013/9/24	-	分期付款
22	XX-HT-JL（监理合同）							
23	XX-HT-JL-0001-	监理合同	XXX	施工阶段的全过程监理工作（包括四控、两管、一协调、建筑节能、	XXX	2013/3/11	2013-3-15至2014-8-16	1、预付款：合同总价的
34	XX-HT-SG（施工合同）							
37	XX-HT-SG-0003	建设工程施工合同	XXX	总承包合同	XXX	2013/6/1	2013-6-1至2014-6-5，合同工期：370日历天	1、预付款：开工前7天，支付
40	XX-HT-SG-0004	管道工艺工程	XXX	本工程的管道主要为联合厂房内车间工艺设备服务，共有氮气、氢气	XXX	2014/6/4	2014-6-9至2014-7-23，共计45日历天	签订合同且进场后7个工作
41	XX-HT-SG-0005	厂区园林工程	XXX	厂区园林	XXX	2014/6/9	2014-5-15至2014-8-30，共计108天	分期
42	XX-HT-SG-0006	外电源用户产权施工合同	XXX	用户产权	XXX	2014/6/4	2014-6-1至2014-7-15，共计45天	分期
44	A45-HT-SB（设备合同）							
45	A45-HT-SB-0001	冷水机组	XXX	冷水机组采购	XXX	2014/3/5	交货：2014-4-30	20%，50%，25%，5%

图5-8 合同台账例样

5.4.1.5 精细化管理措施

（1）合同管理重心前置

要做好合同管理工作，在日常工作中必须注重工作程序，不断完善流程和制度，将合同管理重心前置，在招标过程中精细研究。合同文件是招投标文件的组成部分，在招标文件中加入针对性强且具可操作性的合同文本及条款，减少了中标后的分歧，同时缩短了谈判、合同治商时间。

（2）做好合同谈判准备工作

在合同签订前，做好谈判的准备工作非常重要。了解招标情况、对方相关背景资料的收集、合同谈判方案拟定、策略应对预案等。合同谈判过程中，做好谈判记录，将谈判过程中提出的问题、双方的分歧进一步分析，通过沟通，结合公司法律顾问的意见，在不违背招标原则、公平原则的基础上，对相关条款进行相应的调整和修正。

（3）合同履约的自查和跟踪

通过合同台账的记录和管理，加强自查和合同履约跟踪。合同管理人员对合同台账定期逐一检查，内容包括节点时间、工程的进展情况、付款情况等，做到合同执行的及时性，以保障项目的有效开展。通过公司相关部门以及承包商的反馈，了解现场履约情况，按照合同要求及时处理违约事项。发现问题，处理问题，避免统统遗留到结算阶段，拖延结算时间，给结算带来难度。

5.4.2 合同签订阶段的法律风险管理

建设工程施工合同是工程建设单位与施工单位以完成商定的建设工程为目的，明确双方相互权利义务的协议。建设工程合同是建设主体各方履行义务、享有权利的法律基础，是科技园项目建设质量控制、进度控制、投资控制的主要依据，也是正确处理科技园建设项目过程中出现的纠纷的法律依据。合同的风险管理是合同管理的重要组成部分，对于加强科技园项目建设具有十分重要的意义。

合同履约的风险，大多数是在合同签订过程中管理失效埋下的隐患。为了避免施工合同的履约风险或减少风险造成的损失，应当在合同签订过程中予以高度重视，充分认识到工程所面临风险的性质及其严重程度，识别风险的类型和产生的原因，对可能产生的风险进行科学的分析评估，并采取相应的措施，最大程度保障公司利益。

5.4.2.1 合同签订阶段的法律风险

科技园建设项目施工合同在签订阶段可能面临的法律风险主要涉及以下几个方面：

（1）合同无效的法律风险

《合同法》第五十二条的规定，有下列情形之一的，合同无效：（一）一方以欺诈、胁迫的手段订立合同，损害国家利益；（二）恶意串通，损害国家、集体或者第三人利益；（三）以合法形式掩盖非法目的；（四）损害社会公共利益；（五）违反法律、行政法规的强制性规定。

根据科技园建设项目的实际情况，可能导致合同无效的风险因素主要集中在上述第（五）项，包括以下几种情况：

1）合同相对人不具有法人资格

自然人，法人的职能部门、未办理营业执照的分支机构或直属机构，合伙、个人独资企业等非企业法人都不具备法人资格，与之签订合同，会由于主体不适格而导致合同无效。

2）合同相对人不具有资质或超越资质

《建筑法》第二十六条规定："承包建筑工程的单位应当持有依法取得的资质证书，并在其资质等级许可的业务范围内承揽工程。禁止建筑施工企业超越本企业资质等级许可的业务范围或者以任何形式用其他建筑施工企业的名义承揽工程。禁止建筑施工企业以任何形式允许其他单位或者个人使用本企业的资质证书、营业执照，以本企业的名义承揽工程。"

与不具有特定资质，或者超越资质等级许可的业务范围的单位签订建设工程施工合同，该合同具有无效的法律风险。

（2）合同效力待定的法律风险

《合同法》第四十八条规定："行为人没有代理权、超越代理权或者代理权终止后以被代理人名义订立的合同，未经被代理人追认，对被代理人不发生效力，由行为人承担责任。"可见，行为人无代理权、越权代理、代理权终止后签订的合同并非当然无效，而是效力待定，只有在被代理人追认的前提下才具有效力。此时的法律风险主要体现在两方面：

1）合同相对方签约人没有代理权、超越代理权或代理权终止后签约。

如果被代理人拒绝追认，则合同无效，我方可能要承担为缔约所进行准备工作而带来的损失。

2）我方代理人未经授权或授权终止后仍进行签约。

虽然我方可以行使形成权，决定是否承认该代理的效力，但根据《合同法》第四十九条的规定，行为人没有代理权、超越代理权或者代理权终止后以被代理人名义订立合同，相对人有理由相信行为人有代理权的，该代理行为有效。在上述构成"表见代理"的情况下，我方将承受该代理权限有瑕疵的行为人的代理活动所形成的权利义务，可能会对我方的经营活动带来损失。

（3）其他法律风险

除了主体不符合法律规定导致的合同无效法律风险和代理人代理权限瑕疵导致的合同效力待定法律风险之外，对于科技园建设项目的施工合同，还可能由于以下原因造成合同不严谨：

1）在签订工程合同的过程中，未按规定签订安全合同或未明确各自的安全责任，或未与主合同同时签订安全合同、安全合同期限约定不明。

2）合同条款对质量标准、质保期、质保金、违约责任、争议解决方式等内容约定不明确。

3）签字时未注明日期。

4）未明确交易价格是否含税。

5）未经有效审批或没有对合同的签订审批进行适当的职权分离。

6）合同没有完整的包括法律规定的必要条款。

7）未以书面形式签订合同。

8）合同专用章的使用未经有效授权。

5.4.2.2 合同签订阶段的风险防范

在科技园项目建设过程中，合同相对人主要是通过招投标来确定，在招投标资格审查阶段完成对投标人的资格及资质的审查。为了进一步规范、严格合同的管理，在签订合同过程中，合同人员仍要对拟签合同的相对方的资质和资格再一次审查。合同的资格和资质审查主要关注以下内容：

（1）加强对合同相对人主体资格的审查。

1）签订合同时，法律合同岗人员对合同相对人的主体资格进行合法性审查。

A. 审查承包人的企业形式，明确承包人并非个人合伙或个人独资企业，法人的职能部门、未办理营业执照的分支机构或直属机构。

B. 重点审查承包方的营业执照、经营范围、注册资本、是否经过年审等。通过核查对方营业执照是否通过了最近三年年检，断定合同对方是否是依法设立及有效存续；通过核查税务登记证，可以判断合同对方能否为企业开具发票的凭据，及其开具的发票是否有效。

2）对合同相对人的资质情况进行审查。

审查合同相对人是否具有建筑企业资质，根据营业执照上载明的信息，可以断定合同约定的义务是否在对方的经营范围之内以及合同金额是否超出资质范围；并且其资质等级是否符合本工程项目，审查其是否为挂靠单位。

如果合同相对人没有资质或超越资质，另行选择具有资质的单位。每年度组织对准入单位进行考察，取消被挂靠单位准入资格，并指定专人负责监督合同履行情况，发现挂靠单位履约的，中止履行合同，在3个工作日内以书面形式通知被挂靠单位按约定履行合同。

3）了解行业对于施工单位资格的特殊要求，在签订合同时审查合同相对人是否符合该行业准入的特殊条件。

例如燃气工程，属于地方区域管理，在本区域相关主管单位认可的施工名录之中的施工单位，才被允许办理施工许可。科技园项目中有4个类似施工项目，在招标前期做了充分的调研，避免了招标完成签订合同后，相对人无法履约的情况。

4）定期根据合同相对人的供货业绩、信誉状况、资质等级、售后服务情况组织对其进行授信评价。

由公司制定承包商年度业绩评价表及综合评价表，包括承包商基本条件评价及业绩评价两部分。其中，承包商基本条件评价项目主要有：① 法人资格和相应的资质证明文件是否满足要求且持续有效；② 是否具有满足要求的国家有关部门、行业颁发的生产经营、安全生产许可证且持续有效；③ 质量、职业健康与安全、环境管理体系是否通过认证且持续有效；④ 近一年内是否发生较大及以上质量、安全事故和严重环境污染事件；⑤ 是否继续保持具有与资质等级相适应的生产经营能力、良好业绩及社会信誉；⑥ 是否发生违规分包和违法转包，是否允许其他企业挂靠、出借资质证明等情况；⑦ 是否发生严重扰乱集团公司工程建设市场秩序、提供虚假材料和信息的行为；⑧ 是否在规定时间内提交基本条件评价所需相关证明文件，办理评价相关手续。

承包商业绩评价项目主要有：① 项目组织实施；② 质量管理；③ 职业健康安全与环境管理；④ 成本管理；⑤ 进度管理；⑥ 分包管理；⑦ 信息资料管理；⑧ 诚信履约，根据承包商的实际情况打分，计算出结果：优秀、合格、观察使用、不合格。

承包商年度评价 表5-9

承包商名称			
评价单位名称			
承建项目名称		项目合同编号	
评价项目当年 完成合同额（万元）		评价年度	
项目类别	□咨询 □勘察 □设计 □施工 □监理 □检测 □工程总承包		
基本条件评价			
序号	评价项目		是否满足
1	法人资格和相应的资质证明文件应满足要求且持续有效		
2	国家有关部门、行业颁发的生产经营、安全生产许可证应满足要求且持续有效		
3	质量、职业健康与安全、环境管理体系应通过认证且持续有效		
4	近一年内未发生较大及以上质量、生产安全事故和严重环境污染事件		
5	应继续保持具有与其资质等级相适应的生产经营能力、良好业绩及社会信誉		
6	未发生违规分包和违法转包，允许其他企业挂靠、出借资质证明文件及有关资格证书的情况		
7	未发生严重扰乱集团公司工程建设市场秩序、提供虚假材料和信息的行为		
8	承包商能在规定时间内向评价单位提交基本条件评价所需相关证明文件，办理评价相关手续		

续表

业绩评价			
序号	评价项目及标准分值	评价得分	备 注
1	项目组织实施（10分）		
2	质量管理（20分）		
3	职业健康安全与环境管理（20分）		
4	成本管理（5分）		
5	进度管理（10分）		
6	分包管理（15分）		
7	信息资料管理（10分）		
8	诚信履约（10分）		
总　　　分			

重要事件描述（适用于年度评价结论为观察使用及不合格情况）：

年度评价结论：　□优秀　　□合格　　□观察使用　　□不合格

评价单位（章）：
年　　月　　日

（2）加强对合同双方代理人的权限审查

1）法律合同岗人员签订合同时，要求相对人提交授权书，审查授权书的授权主体、授权对象、授权范围、授权期限及真实性。

如果在审查时发现合同相对人无代理权、超越代理权或代理权终止，则中止签约，直到合同相对人提交合法有效的授权书为止。

2）公司合同章及法定代表人章由行政事务部综合事务岗保管。

在合同盖章前，行政事务部综合事务岗人员需要审核合同内控流程单、授权委托书授权范围、期间等。

合同用章管理内控表 表5-10

编号	业务活动	操作岗位/部门	业务表单	描述
01	签发授权委托书	中石油（北京）科技开发公司总经理	授权委托书	
02	接受由对方法定代表人或委托代理人签字并加盖合同专用章或行政章的合同	商务部法律合同岗	合同文本	
03	法定代表人或委托代理人签字	中石油（北京）科技开发公司法定代表人或委托代理人	合同文本	
04	接受合同文本，并审查是否有法定代表人签字，对于委托人签字的合同，审查授权委托书，包括授权的范围、期间等内容	行政事务部综合事务岗	合同文本；授权委托书	
05	加盖合同专用章或行政章，并在用印登记表登记	行政事务部综合事务岗	印章使用登记表	
06	按照相关规定将合同报相关部门备案	相关部门相关岗位		
07	建立合同管理台账	商务部法律合同岗	合同管理台账	

（3）建立健全合同审批程序

企业合同管理是指企业对以自身为当事人的合同依法进行订立、履行、变更、解除、转让、终止以及审查、监督、控制等一系列行为的总称。其中订立、履行、变更、解除、转让、终止是合同管理的内容；审查、监督、控制是合同管理的手段。

按照集团公司内控体系要求，针对科技园项目建设特点，科技开发公司建立并不断完善了公司内控体系，指导科技园项目建设的日常工作。合同签订的审批审查流程是内控体系的重要组成部分，通过流程的执行，规范了合同管理的行为，提高了合同管理质量。

正式签订前，由商务部按公司内控规定及审批权限上报合同文本，经技术部、工程部、安全环保部、财务部审批，法律顾问审查、公司领导逐级审核确认后，方能正式签订。对于审核部门及主管领导在合同会签中提出的问题，由商务部及时作出修改补充。合同的审批程序如下：

1）商务部申报

公司对外签订合同时，由商务部事先填写"中国石油科技创新基地工程文件审核单"，标明合同编号、文件名称、甲方与乙方、合同金额、支付方式、合同主要内容等基本情况，随同合同初稿及有关资料、附件等证明材料，提请公司有关部室审查会签。

2）相关部门审核

对送审的合同，由工程部、技术部、财务部、安全部审阅相关内容，必要时可进行调查研究，或通知申报单位补报材料。

3）法律顾问审查

相关部门审核后，由商务部将上述材料交由公司法律顾问审查，确保合同条款内容的合法性和用语的严谨性。对于需要完善的合同，由法律顾问出具法律意见书，指出需要修改的条款，分析原因和存在的风险，最后提出修改意见。

4）公司领导批准

由商务部将已经完成各部门审核和法律审查的材料交由公司领导逐级审查并批准。

5.4.3 工程索赔管理

5.4.3.1 工程索赔的定义

工程索赔是指在工程合同履行过程中，合同当事人一方因对方不履行或未能正确履行合同，或者由于其他非自身因素而受到经济损失或权利损害，通过合同规定的程序向对方提出经济或时间补偿要求的行为。工程索赔是一种正当的权利要求，是互相的、双向的，承包商可以向业主索赔，业主也可以向承包商反索赔。

在工程实施过程中，习惯上把施工单位向业主提出的索赔称为"施工索赔"，即由于建设单位直接或间接原因，致使承包人在项目实施过程中付出了额外的费用和造成了损失，承包人通过协商、谈判、仲裁，甚至诉讼等途径，要求业主偿付损失的诉求行为。相反，业主向施工单位的索赔习惯上称为"施工反索赔"。

5.4.3.2 工程索赔的原因

引起工程索赔的原因多且复杂，根据科技园建设项目实际，大致分为以下几个方面：

1）设计方面。在工程施工阶段发生设计与实际间的差异等原因导致的工程项目在工期、人工、材料等方面的索赔。

2）工程合同方面。在设计施工过程中双方在签订工程合同时未能充分考虑和明确各种因素对工程建设的影响，致使施工合同在履行中出现各种矛盾，从而引起施工索赔。

3）意外风险和不可预见因素。在施工过程中，发生了如地震、台风、流沙泥、地质断层、天然溶洞、沉陷和不明地下构筑物等引起的施工索赔。

4）不依法履行施工合同。承发包双方在履行施工合同的过程中往往因一些意见分歧和经济利益驱动等人为因素，不严格执行合同文件而引起的施工索赔。

5）工程项目建设承包人管理原因。当前建筑市场中工程建设项目的承发包包括总包、分包、指定分包、劳务承包、设备材料供应承包等多种方式，使得承发包工作变得复杂和管理难度增大。其中任何一个承包合同不能顺利履行或管理不善，都可能会引发其他承包合同在工期、质量、数量和经济等方面的索赔。

6）价格调控引起的索赔和法规变化引起的索赔。

5.4.3.3 工程索赔的分类

索赔可以从不同的角度、按不同的标准进行以下分类：

1）按索赔发生的原因分类。如施工准备、进度控制、质量控制、费用控制及管理等原因引起的索赔，这种分类能明确指出每一项索赔的根源所在，使业主和监理工程师便于审核分析。

2）按索赔的目的分类。可分为工期索赔和费用索赔。工期索赔就是要求业主延长施工时间，使原规定的工程竣工日期顺延，从而避免违约罚金的发生；费用索赔就是要求业主或承包商双方补偿费用损失，进而调整合同价款。

3）按索赔的依据分类。可分为合同规定的索赔、非合同规定的索赔。合同规定的索赔是指索赔涉及的内容在合同文件中能够找到依据，业主或承包商可以据此提出索赔要求。这种索赔不太容易发生争议；非合同规定的索赔是指索赔涉及的内容在合同文件中没有专门的文字叙述，但可以根据该合同某些条款的含义，推论出一定的索赔权。

4）按索赔的有关当事人分类。可分为承包商同业主之间的索赔，总承包商同分包商之间的索赔，承包商同供应商之间的索赔，承包商向保险公司、运输公司的索赔等。

5）按索赔的业务性质分类。可分为工程索赔和商务索赔。工程索赔是指涉及工程项目建设中施工条件或施工技术、施工范围等变化引起的索赔，一般发生频率高，索赔费用大；商务索赔是指实施工程项目过程中的物资采购、运输、保管等方面活动引起的索赔事项。

6）按索赔的处理方式分类。可分为单项索赔和总索赔。单项索赔就是采取一事一索赔的方式，即按每一件索赔事项发生后，报送索赔通知书，编报索赔报告，要求单项解决和支付，不与其他的索赔事项混在一起；总索赔，又称综合索赔或一揽子索赔，即对整个工程中所发生的数起索赔事项，综合在一起进行索赔。

5.4.3.4 承包商及建设单位提出的索赔事项

1. 承包商可以提出的索赔事件有以下几种：

1）基准条件不具备：未按合同规定的时间和数量交付设计图纸和资料，未按时交付合格的施工现场及行使道路、接通水电等，造成工程工期拖延和费用增加。

2）基础资料不准确：工程实际地质条件与合同规定不一致。

3）业主变更合同规定的施工顺序，打乱了工程施工计划。

4）设计变更或设计错误，业主、监理工程师的错误指令或提供错误的数据等造成工程修改、返工、停工或窝工等。

5）工程量变更，使实际工程量与清单工程量存在较大差距。

6）业主指令提高设计、施工、材料的质量标准。

7）业主或监理工程师指令增加额外工程。

8）业主指令工程加速，造成赶工。

9）不可抗力因素。

10）业主未及时支付工程款。

11）合同缺陷，如合同条款不全、合同条款有错误或者前后相互矛盾，双方就合同条款产生争议。

12）物价上涨，造成材料价格、人工费上涨。

13）国家政策、法令修改，如增加或提高新的税费、颁布新的外汇管理条例等。

14）货币贬值，使承包商蒙受较大的汇率损失等。

除此之外，作为索赔条件还要看具体的工程和合同背景、合同条件，不可一概而论。

2. 业主可以提出的索赔事件有以下几种：

1）工期延误反索赔。工期延误属于施工承包人责任时，发包方对承包人进行的索赔，即由承包人支付延期竣工（或交付）违约金。

2）施工质量缺陷索赔。

3）对指定分包人的付款索赔。

4）发包方合理终止合同或施工承包人不合理放弃工程的索赔。

5.4.3.5 索赔证据

索赔证据是当事人用来支持其索赔成立或和索赔有关的证明文件和资料。索赔证据既要真实、全面、及时（时效性），又要具有法律效力。常见的索赔证据主要有：

1）各种工程合同文件。

2）施工记录。

3）工程照片及声像资料。

4）来往信件、电话记录。

5）会议纪要。

6）气象报告和资料。

7）监理签字确认工程进度计划及施工组织设计。

8）投标前业主提供的参考资料和现场资料。

9）工程备忘录及各种签证。

10）工程结算资料和有关财务报告。

11）各种检查验收报告和技术鉴定报告。

12）其他，包括分包合同、订货单、采购单、工资单、官方的物价指数、国家法律法规等。

5.4.3.6 索赔的程序

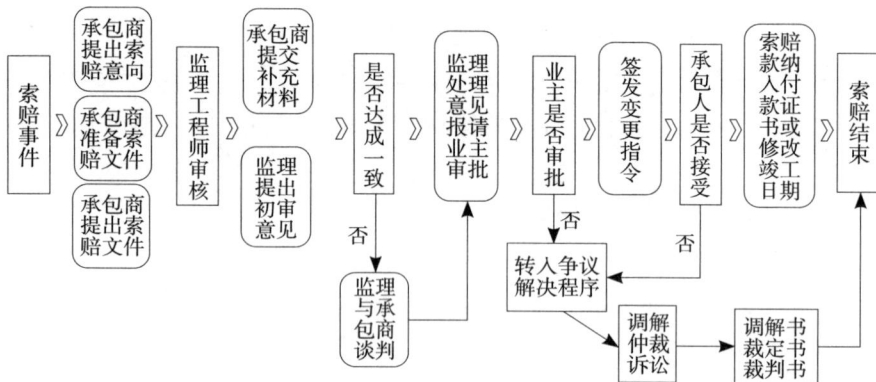

图5-9 索赔流程

5.4.3.7 工程索赔的计算方法

1. 费用索赔的计算方法：

1）分项法。分项法是按每个索赔事件所起损失的费用项目分别分析计算索赔的一种方法。这一方法是在明确责任的前提下，将索赔费用分项列出，并提供相应的工程记录、收据、发票等证据资料，这样可以在较短时间内予以分析、核实，确定索赔费用，顺利解决索赔事宜。在实际中绝大多数工程的索赔都采用分项法计算。

2）总费用法，又称总成本法。就是当发生多次索赔事件后，重新计算该工程的实际总费用。再从这个实际总费用中减去投标报价时的总费用，计算索赔余额，具体公式为：

索赔金额=实际总费用−投标报价总费用

2. 工期索赔的计算方法：

1）网络图分析法。承包商提出工期索赔，必须确定干扰事件对工期的影响值，即工期索赔值。网络分析法是利用进度计划的网络图，分析其关键线路。如果延误的工作在关键线路上，则总延误的时间为批准顺延的工期；如果延误的工作在非关键线路上，工作延误后仍为非关键工作，则不存在工期索赔问题。但当该工作由于延误超过时差限制而成为关键工作时，可以批准延误时间与时差的差值。

2）比例计算法

工期索赔值=额外增加工程量的价格/合同总价×原合同总工期

5.4.3.8 建设单位的索赔管理措施

工程索赔管理的好坏，直接关系到业主方和施工方的根本利益。尤其对业主方来说，只有加强工程索赔管理，才能有效地降低建设成本，减少经济损失，实现投资控制目标。

工程索赔管理是业主方维护自身合法权益的有效途径，也是建设项目顺利开展的重要保证。业主方在进行索赔管理时必须努力做好事前、事中、事后控制，认真分析和排查可能引起索赔事件的诱因，尽可能地防止和减少索赔事件的发生。具体来讲，应该做好如下工作：

1）严把设计质量关，尽量减少实施过程中的设计变更。

2）认真编制招标文件，签订合理完善的施工合同。

3）加强项目实施阶段管理，避免和减少施工索赔。

4）严格控制承包商的履约行为，合理进行反索赔。

5）充分发挥监理作用，加强职业责任感和树立风险意识。

6）加强档案和信息管理，为索赔管理提供可靠保障。

7）建立索赔机制，提高管理人员索赔意识和业务素质。

在实际管理过程中，索赔管理工作要合理、守规、重法，施工单位提出的"施工索赔"与"非法勒索"有本质上的区别，施工索赔决不能成为施工单位谋利的手段。施工索赔的性质应该理解为：仅限于因索赔事件的影响，承包人迫不得已向业主索要额外增加部分的费用，使承包人得到相应的补偿的行为。

建设工程项目业主方索赔管理是一项复杂而系统的工程，也是项目管理的一项重要内容，贯穿项目实施的全过程。要做好此项工作，业主方的管理者必须思想上要高度重视，以合同为依据，以预防为主、合理索赔为原则；以相关证据（资料）的收集和整理为中心控制环节，才能有效地防止承包商的索赔，同时也可以在业主的权益受到损害时，能够积极应对，使业主不受损失或少受损失。

作为项目管理单位，在工作中必须坚持学习和实践，了解和掌握工程索赔的相关知识和程序，提高业务综合能力和素质，既要懂工程管理，又要熟悉合同和法律程序，更要有敬业精神和良好的职业道德，才能保证索赔管理的各项工作落得实，抓得好，有成效，使科技园项目建设经得起审计和时间的考验。

5.5 造价管理

工程建设项目的投资控制工作涉及到工程建设的各个阶段：即决策阶段（可行性研究阶段）、设计阶段、实施阶段及竣工阶段。科技园项目造价管理贯穿于项目实施全过程。

5.5.1 项目决策阶段的造价管理

在项目的投资决策阶段，项目的各项技术、经济决策对项目投资以及项目建成以后的经济效益有着决定性的影响，是项目投资控制的一个很重要的阶段。项目决策正确与否，直接关系到项目建设的成败，关系到工程造价的高低和投资效果的好坏。认真做好建设项目的可行性研究，减少决策的盲目性，对建设工程造价的合理控制是十分重要的。

可研阶段需要多方案比较，根据不同设计方案提供各方案造价指标、造价指数、影响指数，做出造价分析，便于在选择技术方案时能够充分考虑其经济效果，拥有更大的选择空间，让方案达到技术和经济的统一，做到设计方案的最优化。

在可行性研究阶段，造价管理工作主要是投资估算的编制与审核。

5.5.1.1 投资估算的主要内容

投资估算包括工程费用、工程建设其他费用及预备费。

其中工程费用：包括建筑工程、装修工程、暖通工程、给排水及消防工程、电气工程、电梯工程和室外工程等费用。

工程建设其他费用：包括固定资产其他费用、无形资产费用、其他资产费用。

预备费包括基本预备费。

5.5.1.2 投资估算的审核

集团公司对科技园项目可研投资估算的批复，一般参照石油行业内工程数据、造价指标及行业内其他费用取费文件，而科技园项目属于建筑工程类项目，与石油行业设计和建设标准差异较大。为了更贴近建筑工程行业现行市场投资水平，公司造价人员对可行性研究报告中的投资估算进行核实对比，对不符合项及缺漏项等加以修正，然后上报集团公司。

单位工程与分部工程投资指标的审核是该阶段造价管理的核心工作。指标的获取依赖于社会平均水平及经验，针对园区内各地块类似单位工程的单方造价指标类比，能够得出相对确凿的数据。

造价人员在审核时重点关注：可研部分指标是否参考科技园项目已建类似工程的造价指标；是否参考科技园项目已建类似工程设备、材料价格；是否执行科技园项目框架招标的设备合同价格；建设其他费取费是否执行国家、建筑工程行业标准；是否参考科技园项目已建项目中的已发生其他收费项目，如临时接水费用、审计费用等。

在可研估算批复审核过程中，造价人员与集团公司相关部门人员充分沟通行业差异，以期得到充分理解和支持。

5.5.1.3 批复投资估算的分析

根据集团公司投资指标和水平，可研批复下达后，造价人员结合上报的可研与可研批复做出对比分析，具体形式可详见下表：

××地块可研分析：

投资估算与批复对比分析 表5-11

主要工程量(修改前)	修改前投资(万元)	修改前指标(元/m²)	主要工程量(修改后)	修改后投资(万元)	修改后指标(元/m²)	投资调减(万元)	指标差(元/m²)	调整说明
1.65万m²	10063	6103	1.03万m²	5886	5715	4177	388	地下面积减少约0.5万m²（主要是人防），地上面积比上版减少0.02万m²
	3194	1937		1542	1497	1652	440	去掉人防地下室后，指标减小

主要工程量 (修改前)	修改前 投资 (万元)	修改前 指标 (元/m²)	主要工程量 (修改后)	修改后 投资 (万元)	修改后 指标 (元/m²)	投资 调减 (万元)	指标差 (元/m²)	调整说明
	3099	1879		1471	1428	1628	451	外装修从石材改为涂料，减少约860万元；地上部分内装修降低约300元/m²
	952	577		905	879	47	−302	冷热源设备设在综合楼地下，因此面积减少后投资指标增大
	397	241		324	315	73	−74	地下面积减少后指标增大
	1227	744		731	710	496	34	
3部	84		3部	103		−19		
1.78万m²	8003	4496	2.44万m²	9498	3893	−1495	603	增加地下室面积0.57万m²
	2393	1344		4103	1682	−1710	−338	增加地下室主要是人防，建筑造价较高(人防土建指标从上版的3130元/m²调减到2600元/m²)
	2970	1669		2885	1182	85	487	外装修调减约200万元；地上部分内装修降低约170元/m²
	1059	595		523	214	536	381	中央空调改为分体空调
	413	232		438	180	−25	52	
	992	557		935	383	57	174	照明、弱电标准降低
4部	176		6部	233				
	1235			1283		−48		
0.81万m²	203	250		203	250	0		
0.69万m²	311	450		311	450	0		
	30			30		0		
	15			15		0		
	30			30		0		
	208			280		−72		增加一路外线热源
	166			166		0		
	272			248		24		强电外线单价调整
3.43万m²	19301	5629	3.47万m²	17752	5116	1549	513	

上表中，上报装饰工程上报可研费用及单方造价与下达可研批复相比，有所核减。主要调整内容是将外立面装修方案从石材改为涂料，地上部分内装修标准降低。

从可研分析表中清晰地看到主要核减可研内容和费用，提醒在后期初步设计中关注设计标准的改变，为限额初步设计提供依据。

投资估算是决定工程造价的基础，直接影响建设项目之后各个建设阶段工程造价控制是否科学、合理。投资估算的编制与审核过程即为投资的规划、纠偏及其合理性分析过程，找出可研投资估算的不合理项，针对性采取相应的措施，使各项单位工程造价指标在工程投资中占的比例、预备费的预留、各种建筑设备价格等均趋于合理。

投资估算合理，意味着对项目建设做出了科学的决断，优选了最佳投资技术方案，达到了资源的合理配置，为下一步设计阶段的造价管理奠定了基础。

5.5.2　工程设计阶段的造价管理

设计阶段是工程建设的灵魂，是处理技术与经济关系的关键环节，是确定和控制工程造价的又一重要阶段。在设计阶段，对设计方案进行优化选择，不仅从技术上，更重要的是从技术与经济相结合的角度，进行充分论证，达到提高设计质量，降低工程成本的目的。加强设计阶段的造价控制，是把造价管理工作前移到建设前期阶段的主要表现，是主动控制、事前控制的具体体现。

在初步设计阶段造价管理的主要环节：设定设计概算控制目标，对已批复设计概算对比分析。

5.5.2.1　设计概算的控制目标

在可研批复额度内，推行限额设计，设计概算总投资额不超集团公司可行性研究批复。

5.5.2.2　设计概算的审核

（1）设计概算的编制依据

1）国家、行业和地方政府有关建设和造价管理的法律、法规、规定。

2）批准的建设项目的可行性研究文件和主管部门的有关规定。

3）初步设计项目一览表。

4）能满足编制设计概算的各专业设计图纸、文字说明和主要设备表。

5）定额依据：2004年《北京市建设工程概算定额》及其配套费用定额、相关文件等。

6）专业软件：采用广联达工程造价管理系统GBQ4.0。

7）类似工程或园区内概预算指标、技术经济指标等。

8）人工、设备、材料费：人工、设备、材料费参考北京市当期造价信息、设备、材料采用市场询价，参考园区内设备采购框架招标的设备价、同类设备价格及市场询价等。

9）建设工程其他费用按照国家及集团公司有关部门的规定执行。

（2）设计概算的编制方法

以××地块为例：

1）在设计概算编制原则和依据基础上，按已批复的可研费用和可研内容进行初步设计，编制设计概算。

在可研批复分析表中综合楼单项工程，装饰装修上报可研的单方1669元/m²，批复单方1182元/m²，投资额单方减少487元/m²，公司造价人员在核实设计概算时，着重控制装饰装饰设计方案，要求设计方案标准与批复设计方案应基本一致，使装饰单项工程的设计概算指标控制在可研批复费用之内。

2）设计概算的编制方法有概算定额法、概算指标法、类似工程预算法。

上述××地块初步设计图纸深度已满足实际测算的要求，采用定额测算法为主，概算指标法为辅的编制方法进行。

定额测算法，根据初步设计图纸资料和概算定额的项目划分计算出工程量，然后套用概算定额单价或其他单价，计算汇总后，再计取有关费用，便可得出单位工程概算造价。

概算指标法，××地块是园区综合楼，用园区技术条件基本相同的××地块概算指标得出直接费，然后按规定计算出其他直接费、现场经费、间接费、利润和税金等。

两种方法相互校验，使编制的概算更加贴近设计方案本身，更能真实地反映项目的投资成本。

（3）设计概算的主要内容

项目设计概算的内容由建筑工程费、设备及工器具购置费用、安装工程费用、其他费用、预备费及土地费等组成。

（4）设计概算的审核原则

项目设计概算编制严格执行国家的建设方针和经济政策原则；要完整、准确地反映设计内容的原则；要坚持结合拟建工程的实际，反应工程所在地当时价格水平的原则。

5.5.2.3 批复概算的分析

设计概算是控制施工图设计和编制施工图清单和控制价的依据，经批准的建设项目设计总概算的投资额，是该工程建设投资的最高限额。

在集团公司下达概算批复后，根据上报的设计概算与概算批复做出对比分析，将概算批复细化至分部分项工程，具体形式详见下表：

上述设计概算批复分析表，在可研批复的基础上，对装饰装修工程设计标准进行调整后，装饰装修上报概算的单方1008.26元/m²，设计概算批复装饰装修工程单方941.04元/m²，减少67.22元/m²。

对上报概算与概算批复进行分析，指导确定施工图的设计标准，为招投标阶段编制招标控制价提供参考标准，为项目实施阶段投资动态管理的提供基准，为下一步制定项目合约规划提供依据。

5.5.2.4 成本控制的动态管理

成本控制的动态管理贯穿于整个项目实施全过程。根据科技园项目规模大、分期实施的特点，针对每个地块工程，创造出了一种直观而全面的造价管理数据分析工具——动态成本控制表。由公司造价人员负责编制，技术、工程，财务人员提供协助完成，为公司领导决策提供依据，便于技术人员对后续待招标单项工程选择经济水平相当的设计方案。

按照批复的设计概算及设计概算分析，将目标成本划分到合约规划的每个合约中，对应合同界面和工作内容，以自然月为周期，将目标成本计入动态成本控制表。动态成本控制表包含的要素有：合同编号、合同名称、合同相对人名称、概算批复金额、合同金额、变更金额、预计结算金额、与上期动态成本、与投资目标成本的比较分析等。

动态成本控制表的数据来源有：概算批复、合同金额、工程量计量、工程预估费用、变更费用、现场已实施但尚未出具签证洽商项目的费用预估、尚未实施但已确定需要发生项目的费用预估。

以××项目为例，动态成本控制表主要有以下两部分组成：一是总表（即××项目工程成本计划控制目标总表、总承包工程费用分析表）；二是基础数据表（设计变更费用表、工作联系单费用表、工程二类费使用情况表）。

表5-12

初步设计概算与初设批复对比

序号	项目	主要工程量（修改前）	修改前投资（万元）	修改前指标（元/m²）	主要工程量（修改后）	修改后投资（万元）	修改后指标（元/m²）	投资调减（万元）	指标差（元/m²）	调整说明
一	物业综合楼及餐厅	1.65万m²	10063	6103	1.03万m²	5886	5715	4177	388	地下面积减少约0.5万m²（主要是人防），地上面积比上版减少0.02万m²
1.1	建筑工程		3194	1937		1542	1497	1652	440	去掉人防地下室后，指标减小
1.2	装修工程		3099	1879		1471	1428	1628	451	外装修从石材改为涂料，减少约860万元；地上部分内装修降低约300元/m²
1.3	暖通工程		952	577		905	879	47	-302	冷热源设备设在综合楼地下，因此面积减少后投资指标增大
1.4	给排水及消防工程		397	241		324	315	73	-74	地下面积减少后指标增大
1.5	电气工程		1227	744		731	710	496	34	
1.6	电梯工程	3部	84		3部	103		-19		
1.7	餐厨设备		1110			810		300		原餐厨设备各北石厂厨房设备；调减80万元
二	宿舍楼、北石厂餐厅	1.78万m²	8003	4496	2.44万m²	9498	3893	-1495	603	增加地下室面积0.57万m²
2.1	建筑工程		2393	1344		4103	1682	-1710	-338	增加地下室主要是人防，建筑造价较高（人防土建指标从上版3130元/m²调减到2600元/m²）
2.2	装修工程		2970	1669		2885	1182	85	487	外装修调减约200万元；地上部分内装修降低约170元/m²
2.3	暖通工程		1059	595		523	214	536	381	中央空调改为分体空调
2.4	给排水及消防工程		413	232		438	180	-25	52	
2.5	电气工程		992	557		935	383	57	174	照明、弱电标准降低
2.6	电梯工程	4部	176		6部	233		-48		
三	室外工程		1235			1283				
3.1	道路及场地	0.81万m²	203	250		203	250	0		
3.2	绿化工程	0.69万m²	311	450		311	450	0		
3.3	建筑标识		30			30		0		
3.4	交通标识		15			15		0		
3.5	景观工程		30			30		0		

续表

序号	项目	主要工程量（修改前）	修改前投资（万元）	修改前指标（元/m²）	主要工程量（修改后）	修改后投资（万元）	修改后指标（元/m²）	投资调减（万元）	指标差（元/m²）	调整说明
3.6	室外暖通工程		208			280		-72		增加一路外线热源（A29地块三联供）
3.7	室外给排水工程		166			166		0		
3.8	室外电气工程		272			248		24		强电外线单价调整为1300元/m
四	公用设施					1085		-1085		补充物业综合楼调度中心设备560万元、洗衣设备525万元
	一期工程费用合计	3.43万m²	19301	5629	3.47万m²	17752	5116	1549	513	随工程费用减少约300万元；补充物业宿舍家具218万元。
	一期其他费用		5464			5541		-77		将基础设施配套费从预备费基数中扣除
	一期预备费		1747			1561		186		与上版同口径调减2961万元，另补充设备设施投资1303万元（调度中心、洗衣设备、物业宿舍家具）
	一期建设投资		26512			24854		1658		
五	二期工程	0.77万m²	3489	4531	0.63万m²	2209	3506	1280	1025	地基处理和地上主体结构调减
5.1	建筑工程		1013	1316		776	1232	237	84	
5.2	装修工程		1337	1736		858	1362	479	374	外装修减约170万元；地上部分内装修降低约200元/m²
5.3	暖通工程		458	595		112	178	346	417	中央空调改为分体空调
5.4	给排水及消防工程		165	214		104	165	61	49	
5.5	电气工程		428	556		281	446	147	110	照明、弱电标准降低
5.6	电梯工程	两部	88		两部	78		10		
	二期工程费用合计	0.77万m²	3489	4531	0.63万m²	2209	3506	1280	1025	
	二期其他费用		193			232		-39		随工程费用减少66万元；补充物业宿舍家具105万元
	二期预备费		295			195		100		
	二期建设投资		3977			2636		1341		
	总计	4.20万m²	30489		4.10万m²	27490		2999		与上版同口径调减4302万元，另补充设备设施投资1303万元（调度中心、洗衣设备、物业宿舍家具）

表5-13

×工程成本计划控制目标总表

序号	项目名称	概算批复 A	已签合同金额 B	2014.11版 C	调整增加金额（工程计量调整金额）C	预估合同金额 D	变更金额 E	工作联系单 F	预估结算金额 G=B+C+D+E+F	已结算金额 J	2014.12版 D	投资目标（批复）与成本估算差额 E=D-A	差值 11月版与12月版差异 F=D-C	说明
一	建筑工程费	159,048,086.96	145,424,599.65	167,787,138.59	10,921,682.96	5,589,868.67	4,292,782.50	437,141.37	145,265,850.37	23,416,783.25	168,682,633.62	-9,634,546.66	895,495.03	工程计量调整详见后附总包分析表
1	总包自施工程费用	120,058,494.37	116,149,704.16	129,120,606.66	10,514,121.27	—	2,443,779.03	397,302.23	129,504,906.69		129,504,906.69	-9,446,412.32	384,300.03	
2	专业分包工程费用	16,885,178.60	8,489,442.19	13,576,965.56	—	4,753,868.67	569,241.03	—	6,317,207.25	7,759,758.31	14,076,965.56	2,808,213.04	500,000.00	
2.1	消防工程	5,013,871.40	2,025,163.26	2,236,021.02			70,000.00	—		2,236,021.02	2,236,021.02	2,777,850.38	—	包含喷淋末端水平管线追位和洽商增加信号模块的费用，预估费用约7万元
2.2	太阳能	800,000.00	708,960.00	708,960.00			—	—		708,960.00	708,960.00	91,040.00	—	待出结算报告
2.3	变配电设备安装	2,090,000.00	1,063,338.58	1,063,338.58			500,000.00	—	1,563,338.58		1,563,338.58	526,661.42	500,000.00	与技术部沟通，以招标图为有效图纸供电局审核确认图纸的变化，将以变更形式发出，预估变更费用约50万元
2.4	弱电系统	4,227,438.53	4,691,980.35	4,814,777.29			-758.97	—	—	4,814,777.29	4,814,777.29	-587,338.76	—	含变更增加湿器控制点变化加TD点位增加费用
2.5	调度中心	4,753,868.67	—	4,753,868.67		4,753,868.67	—	—	4,753,868.67		4,753,868.67	—	—	未实施

续表

序号	项目名称	概算批复 A	已签合同金额 B	2014.11版 C	调整增加金额（工程计量调整金额）C	预估合同金额 D	变更金额 E	工作联系单 F	预估结算金额 G=B+C+D+E+F	已结算金额 J	2014.12版 D	投资目标（批复）与成本估算差额 E=D-A	差值11月版与12月版差异 F=D-C	说明
3	发包人发包工程费用	3,486,673.67	3,093,634.36	3,228,105.45	—		10,082.43	—			3,228,105.45	258,568.22	—	
3.1	燃气工程	2,103,273.67	1,720,002.90	1,844,391.56				—		1,844,391.56	1,844,391.56	258,882.11	—	待出结算报告
3.2	绿化工程（含景观）	1,383,400.00	1,373,631.46	1,383,713.89	—	—	10,082.43	—	1,383,713.89		1,383,713.89	-313.89	—	计划13日上报
4	暂列金额（室外工程）	9,982,300.00	9,539,897.65	13,291,417.64	-7,903.50	836,000.00	1,269,680.01	25,987.34	5,182,412.09	8,109,005.55	13,291,417.64	-3,309,117.64	—	
4.1	建筑标识	345,200.00	125,575.00	121,271.50	-7,903.50		—	3,600.00	121,271.50		121,271.50	223,928.50	—	
4.2	交通标识	66,000.00	50,829.50	50,829.50	—		—	—	50,829.50		50,829.50	15,170.50	—	
4.3	小市政（含机械厂一物业消防管线，道路及场地）	8,759,300.00	6,481,249.41	8,109,005.55					8,109,005.55	8,109,005.55	8,109,005.55	650,294.45	—	待出结算报告
4.4	外电源工程	811,800.00	2,882,243.74	5,010,311.09		836,000.00	1,269,680.01	22,387.34	5,010,311.09		5,010,311.09	-4,198,511.09	—	
5	甲供设备材料	8,635,440.32	8,151,921.29	8,570,043.28	415,465.19		—	13,851.80	2,877,610.45	5,703,627.83	8,581,238.28	54,202.04	11,195.00	
5.1	电梯设备供应（8台）	878,777.86	1,062,200.00	1,062,200.00	—	—	—	—		1,062,200.00	1,062,200.00	-183,422.14	—	
5.2	补充电梯设备（11/12号楼4台）		744,000.00	744,000.00	—	—	—	—		744,000.00	744,000.00	-744,000.00	—	
5.3	干式变压器	400,000.00	376,400.00	376,400.00	—	—	—	—		376,400.00	376,400.00	23,600.00	—	
5.4	10KV中置高压柜	320,000.00	732,300.00	732,300.00	—	—	—	—		732,300.00	732,300.00	-412,300.00	—	待出结算报告
5.5	低压配电屏（设备数量由概算中36台调整为24台）	3,200,000.00	2,606,061.00	2,606,061.00	—	—	—	—		2,606,061.00	2,606,061.00	593,939.00	—	
5.6	墙地砖	3,719,627.70	2,389,908.46	2,808,030.45	415,465.19	—	—	2,656.80	2,808,030.45		2,808,030.45	911,597.25	—	
5.7	食堂消费管理系统	117,034.76	58,385.00	58,385.00	—	—	—	11,195.00	69,580.00		69,580.00	47,454.76	11,195.00	取消一个客户端增加软件
5.8	数字集群		165,166.83	165,166.83	—	—	—	—		165,166.83	165,166.83	-165,166.83	—	待出结算报告

序号	项目名称	概算批复 A	已签合同金额 B	2014.11版 C	调整增加金额（工程计量调整金额）	预估合同金额 D	变更金额 E	工作联系单 F	预估结算金额 G=B+C+D+E+F	已结算金额 J	2014.12版 D	投资目标（批复）与成本估算差额 E=D-A	差值 11月版与12月版差异 F=D-C	说明
5.9	中水泵变频控制柜供货		16,000.00	16,000.00						16,000.00	16,000.00	-16,000.00	—	待出结算报告
5.10	中水泵变频控制柜安装费		1,500.00	1,500.00						1,500.00	1,500.00	-1,500.00	—	待出结算报告
二	公用设施施工	16,525,863.00	13,037,015.00	12,866,395.02	-214,688.37	376,500.00	—	76,160.00	11,795,307.63	1,071,087.39	12,866,395.02	3,659,457.98	—	待出结算报告
1	地下室洗衣机房设备	4,483,200.00	3,780,000.00	3,618,467.68	-161,532.32	—	—	—	3,618,467.68		3,618,467.68	864,732.32	—	
2	宿舍内洗衣机	71,680.00	62,955.00	62,955.00						62,955.00	62,955.00	8,725.00	—	待出结算报告
3	电视机	386,000.00	230,284.00	230,284.00						230,284.00	230,284.00	155,716.00	—	待出结算报告
4	厨房设备	8,869,301.77	6,332,166.00	6,279,009.95	-53,156.05				6,279,009.95		6,279,009.95	2,590,291.82	—	待出结算报告
5	餐厨桌椅	468,248.00	210,105.00	210,105.00						210,105.00	210,105.00	258,143.00	—	待出结算报告
6	油脂分离器	70,495.23	397,663.00	397,663.00						397,663.00	397,663.00	-327,167.77	—	待出结算报告
7	家具	2,033,800.00	1,821,670.00					76,160.00	1,897,830.00		1,897,830.00	135,970.00	—	
8	宿舍钢制上下床床垫		133,708.40	—		376,500.00								
9	窗帘（宿舍布艺）	143,138.00	68,463.60											
10	窗帘（办公楼、餐厅卷轴）	—		170,080.39						170,080.39	170,080.39	32,091.61		待出结算报告
三	其他各种费用	18,840,000.00	19,179,394.35	19,339,394.35		160,000.00			19,339,394.35	—	19,339,394.35	-499,394.35	—	
四	合计（一+二+三）	194,413,949.96	177,641,009.00	199,992,927.96	10,706,994.59	6,126,368.67	4,292,782.50	513,301.37	176,400,552.35	24,487,870.64	200,888,422.99	-6,474,473.03	895,495.03	
五	预备费	8,950,000.00				—			—		—	8,950,000.00		
	基本预备费	8,950,000.00				—			—		—	8,950,000.00		
六	投资总计（四+五）	203,363,949.96	177,641,009.00	199,992,927.96	10,706,994.59	6,126,368.67	4,292,782.50	513,301.37	176,400,552.35	24,487,870.64	200,888,422.99	2,475,526.97	895,495.03	
七	土地费用	29,310,000.00	29,310,000.00	29,310,000.00		—	—	—	29,310,000.00		29,310,000.00	—		
八	含土地总投资（六+七）	232,673,949.96	206,951,009.00	229,302,927.96	10,706,994.59	6,126,368.67	4,292,782.50	513,301.37	205,710,552.35	24,487,870.64	230,198,422.99	2,475,526.97	895,495.03	

通过上述动态成本控制表，可以直观地看到当期及预期的该项目成本发生情况，与投资成本的对比情况，哪些单位工程出现了超投资情况或是有可能出现超投资情况，哪些单项工程有节约，哪些单项工程变更洽商发生额较大，等等。通过汇报分析，给领导提供决策依据，调整单项工程投资比例，对应调整技术方案，确保项目总体成本控制在批复投资之内。

××工程总承包工程费用分析   表5-14

序号	单位工程名称	合同金额(元)含暂估价	重计量金额（元）				备注
			确定金额	争议金额	争议及遗留问题的变更预估	小计	
1	建筑工程	65,041,313.27	53,431,301	1,612,554		55,843,855	地基处理、措施钢筋
2	装饰工程	19,359,073.30	24,216,837	800,000	800,000	25,016,837	幕墙工程排水沟砌筑及装修
3	动力、照明、防雷接地系统	12,127,445.37	11,972,453	572,525		12,544,978	新增加材料认价
4	弱电系统(预留预埋)	291,727.39	304,089			304,089	
5	消防报警系统预留预埋	361,862.49	330,753			330,753	
6	给排水工程	5,856,384.67	4,445,990	868,225	300,000	5,614,216	新增加材料认价（参数变化）现场开凿孔洞认价
7	供暖工程	2,256,509.51	1,853,696	29,205		1,882,901	新增加材料认价
8	通风空调工程	9,386,152.77	8,389,643	1,539,640		9,929,283	新增加材料认价（参数变化）
9	消防工程	601,176.23	580,640			580,640	
10	电梯安装	271,222.14	492,222			492,222	
11	措施费	—	13,527,216			13,527,216	
12	专业分包及配合费	596,837.02	596,837			596,837	
	合计	116,149,704	120,141,676	5,422,150	1,100,000	126,663,825	不包括后续变更及联系单

根据建设项目总体合约规划，在目前总承包负责制的市场要求下，总承包自施部分费用占项目总成本的比例最大，也是工程量最大，现场发生变更情况最多，也是最容易出现争议的单项合同。因此，需要对总承包合同进项专项分析。总承包合同的成本控制的是否有效决定了该项目投资控制的成败。

设计变更根据时间顺序，专业性质做出统计，估算费用，计入动态成本控制表。变更洽商是施工阶段影响成本的最主要的因素，因此，通过变更洽商的费用评估以及对总体成本的影响，公司内部审核流程控制，决策变更内容是否实施，或是选择决策变更方案。

表5-15

× × 工程设计变更统计

序号	变更编号	变更内容	专业名称	收到时间	发出时间	涉及估算金额(元)	放入工程量计量	涉及估算金额	其他情况未算	备注	变更上标注时间
		截至目前总包发生的变更金额				1,809,375.71					
一		结构									
1	02-00-C2-001	明确地下室连廊分缝处理及大详图;修改油脂分离器盖板做法;明确11#、12#首层预制楼板做法;修改部分柱及后浇带位置;修改10#地下室预埋套管位置	结构	2012.09.03	2012.9.11	18,914.29	已核对	18914.29		9.3给咨询审核;9.4发疑问卷同卷刘;9.6刘畅返回卷给技术部刘;9.10咨询审核完。9.10发出	2012.8.31
2	02-00-C2-002	修改部分基础、柱、板配筋及定位	结构	2012.9.13收到纸质版、2012.9.14收到电子版	2012.9.26	4,696.55	已核对	4696.55		9.14给咨询审核;9.18给给审核意见;9.19咨询提出疑问卷;9.20将咨询疑问卷与变更一同给刘畅;9.24技术部给刘问卷回复;9.26咨询回复	2012.9.10
3	02-00-C2-003	修改暗柱详面图、电缆防爆波井平面及剖面图,首层楼板泄爆井局部平面及剖面图及其楼板及梁配筋;取消部分板洞并调整相应梁配筋;明确14#楼二层外围板边线;配合电梯安装,调整9#、11#、12#楼预留洞口、梁尺寸及配筋等	结构	2012.10.9收到纸质版,10.10收到电子版	2012.10.11	—	已核对			10.10给咨询电子版	2012.9.18
4	02-00-C2-004	明确部分梁尺寸及配筋;明确9#、10#、14#楼梯起步节点牛腿外挑长度;9#楼根据电气专业取消(9-E)~(9-F)/(9-2)~(9-3)洞口及洞边梁	结构	2012.10.9收到纸质版,10.10收到电子版	2012.10.11	2,689.75	已核对			10.10给咨询电子版	2012.9.20

续表

序号	变更编号	变更内容	专业名称	收到时间	发出时间	涉及估算金额（元）	放入工程量计量	涉及估算金额	其他情况未算	备注	变更上标时间
5	02-00-C2-005	1. 根据最新建筑条件补充电梯井通风口及女儿墙,10#物业办公楼增加女儿墙需后植筋; 2. 明确楼梯起步高度、墙体长度; 3. 补充基础拉梁; 4. 根据设备条件调整车库顶板开洞; 5. 根据电梯厂家提供条件调整电梯周边梁尺寸及配筋				—	已核对				
6	02-00-C2-006	1. 补充汽车坡道防倒塌棚架钢柱基础; 2. 明确13#楼屋顶层局部结构平面图中的屋顶处标高; 3. 调整13#楼电梯机房板厚及配筋; 4. 补充9#、10#、14#楼屋面电梯井通风口配筋大样图; 5. 根据暖通专业所提条件,在10#楼地下一层墙柱配筋图中增加两个柔性防水套管; 在10#楼首层结构平面图中增加一个板洞				8,591.55	已核对				
7	02-00-C2-007	修改汽车坡道装配式钢结构防倒塌棚架选型及坡道局部剖面				—	已核对				
8	02-00-C2-008	根据最新设备条件,补充9#、10#、13#、14#楼屋顶层结构平面图中屋顶设备基础定位;明确部分屋面风井大样和梁做法				15,176.95	已核对				

续表

序号	变更编号	变更内容	专业名称	收到时间	发出时间	涉及估算金额(元)	放入工程量计算	涉及估算金额	其他情况未算	备注	变更上标注时间
9	02-00-C2-009	修改结构局部板标高（11#、12#）；补充顶高11#、12#、13#楼屋顶；太阳能基础；补充9#、10#、13#、14#室内设备基础、增设局部堵洞和空调板				138,297.63	未核对，按估算金额计入				
10	02-00-C2-010	11#楼（物业男宿合楼）首层（锅炉房）平面布局开洞				3,403.34	已核对				
11	02-00-C2-011	增加洗衣机房干洗区基础定位及预埋件布置图；为便于施工，11#、12#楼夹层地基埋顶设压顶过梁,另首层预制板上墙底设反梁；根据水专业条件,在地下室增加水箱水泵基础；根据建筑专业条件,在11#四至六层结构平面图中,增加空调板；根据暖通专业条件,在11#、12#屋顶层新增风机基础;10#首层结构平面图中吊装孔取消;10#基础平面图新增电梯坑需部分剔凿；9#、10#雨棚处增设地梁				48,603.13	已核对				
12	02-00-C2-012	在地下室A/1-2轴间增加人防设备脚踏风机基础				3,305.62	已核对				
二、		建筑					已核对				
三、		电气									
四、		给排水									
五、		暖通									

表5-16

××工程工作联系单样例

序号	类型	收到的承包商工作联系单					业主发出的工作联系单						费用（元）	备注
		收文编号	收文内容	收到时间	资料时间	领导批示时间	发文编号	发文内容	发文时间	发件人	发文时间	抄送		
			费用合计										522,870.55	
			总承包单位										397,302.23	
1	业主发文	—	—	—	—	—	CNPC-北京*-13168	关于重新计量时间安排的相关事宜	2012.9.18	程芹芹	2013.10.31	监理、咨询		
2	联系单回复	商-001	关于10#楼物业办公楼首层走廊、门厅、客服大厅墙面、地层面装饰面层改为石材,石材主材单价确认事宜	2012.10.26	2014.2.25	2014.3.4	CNPC-北京*-14018	关于商-001的回复	2012.11.20	程芹芹	2014.3.6	监理、咨询、工程二部（电子版）		费用在"变更02-00-C2-005"中体现
3	联系单回复	商-002	关于10#楼物业办公楼首层顶板女儿墙等植筋及洞口碳纤维加固综合单价确认事宜	2013年3月下旬	2014.3.14	2014.3.5	CNPC-北京*-14027	关于商-002的回复	—	程芹芹	2014.3.14	监理、咨询、工程二部（电子版）		费用在"变更02-00-C2-005、006"中体现

续表

序号	收到的承包商工作联系单					业主发出的工作联系单						费用（元）	备注
	类型	收文编号	收文内容	收到时间	资料时间	领导批示时间	发文编号	发文内容	发文时间	发件人	发文时间	抄送		
4	联系单回复	商-003	材料或设备更换厂家确认事宜-（锅炉设备、软化水设备、铜制阀门、新增防火卷帘门品牌更换）	2013年3月下旬	2014.3.20	2014.3.28	CNPC-北京*-14033	关于商-003号工作联系单的回复意见		刘贞	2014.3.31		不涉及费用变化
5	业主发文	—	—	—	—	—	CNPC-北京*-14042	关于厨房设备厂家与总承包单位工作界面划分的相关事宜		程芹芹	2014.4.9	监理、咨询、众嘉方圆、工程二部（电子版、纸质版）		不涉及费用变化
6	业主发文	—	—	—	—	—	CNPC-北京*-14043	关于认价工作程序的相关事宜		程芹芹	2014.4.9	监理、咨询、工程二部（电子版）		不涉及费用变化

表5-17

××项目二类费使用情况分析

序号	投资批复名称	批复金额（A）	已签合同金额（B）			未签预估合同金额（C）		财务发生费用及其他（D）		差额（A−B−C−D）
			签订合同名称	承包商	签订合同金额	名称	预估合同金额	名称	金额	
	二类费用	48,150,000.00			38,789,228.35		160,000.00		9,700,166.00	(499,394.35)
（一）	与土地有关的费用	29,310,000.00	国有建设用地使用权出让合同	北京市国土资源局	29,310,000.00				0.00	0.00
（二）	与项目建设有关的费用	18,840,000.00			9,479,228.35		160,000.00		9,700,166.00	(499,394.35)
1	城市基础设施配套费	6,900,000.00			0.00			城市基础设施配套费	6,900,000.00	0.00
2	建设单位管理费	2,700,000.00			0.00				2,700,000.00	0.00
3	HSE费	220,000.00			0.00					220,000.00
4	工程质量监督费	220,000.00			0.00					220,000.00
5	设计费	3,100,000.00			4,149,411.75					(1,049,411.75)
			设计合同	中国建筑科学研究院	2,997,755.00					
			设计合同补充协议	中国建筑科学研究院	695,000.00					
			室外园林绿化设计合同	中国建筑设计研究院	120,000.00					
			工程人防设计审查合同	中国中元国际工程公司	17,475.00					
			施工图设计审查合同	北京大图国际建筑设计咨询有限公司	77,613.75					

续表

序号	投资批复名称	批复金额（A）	已签合同金额（B）			未签预估合同金额（C）		财务发生费用及其他（D）		差额（A－B－C－D）
			签订合同名称	承包商	签订合同金额	名称	预估合同金额	名称	金额	
			燃气设计合同	北京市燃气热力工程设计院有限公司	113,768.00					
			外电源设计合同	北京创毅工程技术咨询有限公司	127,800.00					
6	勘察费	720,000.00			197,700.90					522,299.10
7	可行性研究费	200,000.00			222,136.00					（22,136.00）
8	建设工程监理费	2,790,000.00	委托监理合同	北京银建建设工程管理有限公司	2,155,260.00					559,632.00
			燃气工程委托监理合同	北京市煤气热力设计院有限公司	75,108.00					
9	环境影响评价及验收费	70,000.00			0.00					70,000.00
10	安全预评价及验收费	70,000.00			0.00					70,000.00
11	水土保持评价费	70,000.00	水土保持方案报告书、监测和水土保持设施竣工验收服务合同	北京清大绿源科技有限公司	322,000.00					（252,000.00）
					322,000.00					

续表

序号	投资批复名称	批复金额（A）	已签合同金额（B）			未签预估合同额（C）		财务发生费用及其他（D）		差额（A－B－C－D）
			签订合同名称	承包商	签订合同金额	名称	预估合同金额	名称	金额	
12	工程保险费	470,000.00			31,989.94					438,010.06
			保险合同	中国人寿财产保险股份有限公司北京市分公司	31,989.94					
13	场地准备及临时设施费	620,000.00			456,122.71					163,877.29
			临时接水工程	北京市燕龙供水有限公司	29,568.72					
			临时电力工程	北京建宏旭电气设备安装有限公司	426,553.98					
14	竣工验收杂项增加费	690,000.00			0.00		0.00			690,000.00
15	咨询费	0.00			1,629,467.58		130,000.00			(1,759,467.58)
16	招标代理及招标交易服务费	0.00			174,858.47		0.00	监理招标交易服务费	100,166.00	(275,024.47)
			（二期）项目招标代理服务协议	北京中外建工程管理有限公司	174,858.47			监理招标交易服务费	6,750.00	
								总承包招标交易服务费	93,416.00	
17	其他	0.00			65,173.00		30,000.00			(95,173.00)

工作联系单是工程项目实施过程中由业主或是承包方发出的解决现场问题的有效文件方式。工作联系单内容包括：界面的划分，材料设备的认价，技术条件的确认等等，有些涉及到费用的发生。因此，必须将工作联系单纳入到动态成本管理范畴。

二类费用是不构成工程实体，却是工程建设必不可少的成本。扣除土地费用，一般占工程建设费用的10%左右。

5.5.3 施工阶段的造价管理

建设项目的投资使用主要发生在施工阶段。在这个阶段，通过招投标，签订施工合同及设备采购合同，成本目标非常明确，成本分解也比较深入可靠，这个阶段造价管理的特点是"精、细、准"，对施工阶段的变更签证等工程文件要精于管理，对施工图纸及变更的审核要细心，对费用的测算要准确。做好施工阶段的造价管理对于全过程造价的管理起到至关重要的作用。这个阶段应着重加强以下关键环节的管理：

5.5.3.1 招投标环节的造价管理

招投标阶段的造价管理，以合约规划及动态成本表中单项工程的目标成本为基准，在保证项目使用功能的前提下，确认招标技术方案，编制招标清单以及确定招标控制价。

×× 工程弱电专业目标成本控制　单位：元　　　　　　　表5-18

序号	项目名称	概算批复金额	最初控制价	最初控制价与概算对比	修正后的控制价	备注
		A	B	A–B	C	
1	弱电系统线槽	112,023.71	965,899.05	−853,875.34	721,505.85	
2	综合布线及通信系统	948,445.40	1,054,306.18	−105,860.78	1,024,434.86	
3	有线电视系统	193,086.29	143,707.38	49,378.91	–	
4	安全防范系统		1,525,785.64		1,543,860.51	
5	室外监控系统	2,363,181.25	287,454.18	545,068.29	199,891.73	调整个别系统配置
6	无线巡更系统		4,873.14		8,971.51	
7	背景音乐及紧急广播系统	33,473.02	–	33,473.02	–	取消
8	停车场管理系统	224,743.37	424,874.61	−200,131.24	112,211.16	变化：取消岗亭、打印机、对讲机、操作台等
9	淋浴刷卡管理系统	110,768.34	553,653.86	−442,885.52	303,069.67	定额调整
10	楼宇自控		683,960.61	−683,960.61	557,540.25	取消太阳能和换热站借口，增加一台计算机

续表

序号	项目名称	概算批复金额	最初控制价	最初控制价与概算对比	修正后的控制价	备注
		A	B	A−B	C	
11	液体渗漏		84,922.25	−84,922.25	−	
12	管线敷设		−	−	−	
13	防雷接地		65,319.79	−65,319.79	65,275.60	
14	会议系统	300,000.00	123,574.03	176,425.97	276,095.26	
15	弱电智能化集成		579,080.62	−579,080.62	−	
16	费用合计	4,285,721.39	6,497,411.34	2,211,689.95	4,812,856.40	

如上表，××工程工程弱电专业，根据设计图纸计算的造价较概算批复的目标成本增加221万元，预示着超投资情况有可能发生。通过方案调整、优化技术方案、核减次要的功能需求，控制价共计调减168万元，基本接近了成本控制目标。

A 工程量清单的编制

工程量清单是招标文件的重要组成部分，工程量清单应包括由承包人完成工程施工的全部内容，用工程量和文字清楚地表示。工程量清单是编制控制价、投标报价的依据，是签订工程合同、调整工程量和办理工程结算的基础。因此在工程量清单编制时，应当列项全面、项目特征描述准确，工程量计算准确。工程量清单发出后，若发现清单的工程量与施工设计图纸不一致时，应通过招标补充通知、招标答疑等形式予以更正。按照招标清单原则，投标单位对综合单价负责，发包人对工程量准确性负责，为了能够尽可能真实准确地反映项目成本，工程量计量编制的准确性尤为重要。

提高清单工程量编制准确性的方法：

（1）熟悉《规范》内容，避免重、漏项

《建设工程工程量清单计价规范》（以下简称《规范》）中规定，工程量准确性由业主负责，所以在工程量计算过程中，首先应做到不重项、漏项，过多的重项、漏项，会加大工程造价管理风险。

由于《规范》中清单项目的综合性很强，有些项目综合了几个子目的内容，如木装饰墙面综合了龙骨、基层、面层、压条、防护、油漆等的内容，因此在编制清单时要根据设计要求仔细全面列项。在计算工程量时应先熟悉《规范》中各项目的工程内容，熟悉图纸内容，根据《规范》和图纸及施工方案快速、准确列项，使清单项目名称具体化、项目划分清晰，便于投标人报价。

除了要熟悉各清单项目的工程内容外，还应仔细区分清单中分部分项工程项目费、措施项目费、其他项目费和规费、税金等各项费用的组成、内容，避免重复计算。

（2）全面、清晰描述"项目特征"

"项目特征"描述不清楚容易引起理解上的差异，会引起投标报价不准或不必要的失误，造成施工过程中的扯皮，是目前工程量清单编制中比较典型的问题，可能埋下价格争议和索赔的隐患。

（3）准确计算工程量

实行工程量清单计价后，工程量清单中的工程量只是报价的基础，而结算时以实际完成的工程量为准。因此出现了招标过程中对工程量计算准确性不够重视，计算粗略、甚至错误较多的情况，这也是目前工程量清单编制中的一个常见的问题。

工程量计算是工程量清单编制工作的核心内容，工程量计算不正确，可能带来下列问题：

工程量计算错误，如果被投标人发现和利用，会给发包人带来经济损失。投标人发现工程量计算错误，可能会采取不平衡报价等手段，达到中标后在工程实施中追加合同价格的目的，还可能提出索赔，例如：由于工程量增加，承包商的措施费开支不足，可能要求业主赔偿。

工程量的错误还会增加工程变更价款的处理难度。《规范》规定：由于工程数量有误或设计变更引起工程量增减，属于合同约定风险幅度以外的，其增加或减少后剩余部分的工程量的综合单价由承包人提出，经发包人确认后，作为结算的依据，重新计价需要协商，由于利益驱使，与承包商协商确定新的单价的难度很大。

工程量的错误还会造成投资管理的难度。由于合同价通常是根据中标价加上适当的预留费用后确定的。如某装修子项，由于工程量计算不准确，造成合同价和结算价差距百万元之多。因此，正确计算工程量是保证工程量清单质量和造价控制的重要手段。

（4）认真校核工程量清单

在科技园项目招标过程中，工程量清单编制完成后，除编制人员反复校核外，公司技术人员也参与校核工程量清单，注重清单特征描述与施工图是否完全吻合；造价管理人员抽查工程量是否准确无误，清单项目是否重项、漏项；清单编制依据是否规范合理。通过多级校核，保障工程量清单的准确性。

（5）提高设计文件深度

图纸设计深度是影响工程量清单编制质量的一个主要原因。设计深度不够，会使项目设置不准确，特征描述不清楚。因此，还应从提高设计文件的质量方面入手，设计文件深度满足工程量清单计价的需要，才能提高清单编制质量，保障招标质量。

B 招标控制价的确定

国有资金投资的工程建设项目应实行工程量清单招标，并应编制招标控制价。招标控制价应由具有编制能力的招标人或受其委托具有相应资质的工程造价咨询人员编制。招标控制价编制依据：

1）国家清单计价规范；

2）国家或省级、行业建设主管部门颁发的计价定额和计价方法；

3）建设工程设计文件及相关资料；

4）招标文件中的工程量清单及有关要求；

5）与建设项目有关的标准、规范、技术资料；

6）工程造价管理机构发布的工程造价信息；工程造价信息没有发布的参照市场价；

7）其他的相关资料。

科技园项目在招标环节的造价管理，首先根据当前动态成本，明确此时整体项目投资的使用情况，然后确定招标的单位工程在整体项目中所占的投资比重及投资金额，在限额设计的基础上，组织咨询单位针对施工图纸结合当前市场因素制定招标控制价。

合理的综合单价的确定与项目特征的描述、清单子目下定额项目的组成、主材的价格、工程类别的分类等关系密切。

1. 清楚每个清单子目下包含几个定额项目，结合工程的实际和经验确定每一个清单下的定额子目组价。

2. 综合单价中，材料、设备费在工程造价中约占60%左右，是确定合理的综合单价重点，材料设备价格的确定方法有三种：

1）按当地工程造价部门发布的某一期材料设备指导价确定。

2）装饰工程和安装工程项目，主材的品牌不同、档次不同、价格差异很大。比如：外墙设计时，图纸上只是简单说外墙涂料、外墙花岗岩，但具体用什么材料、做法没有明确说明，需要提供三种以上材料或设备同等档次品牌及类似的规格型号询价后确定。

3）按已实施工程中同类型材料、设备的价格确定。

3. 准确描述工程量清单和招标控制价的编制说明，除了明确工程概况、编制范围、编制依据外，重点要对设计不明确、不详细，甚至设计错误的地方做出详细说明，便于投标单位报价，避免施工和结算的扯皮。比如：设计图纸平面图与系统图不一致的问题，是按哪一个来计算的；设计不明细的暂按什么计取的，或者暂不考虑的。

5.5.3.2 施工图工程量计量

（1）施工图工程量计量的产生背景

一般情况下，在招标阶段应该采用成熟的施工图，实际操作过程中有可能出现初设图纸或深度达不到施工图的招标图的情况；招标完成后，施工图纸完成，与招标图差异较大，需要对施工图重新计量工程量。

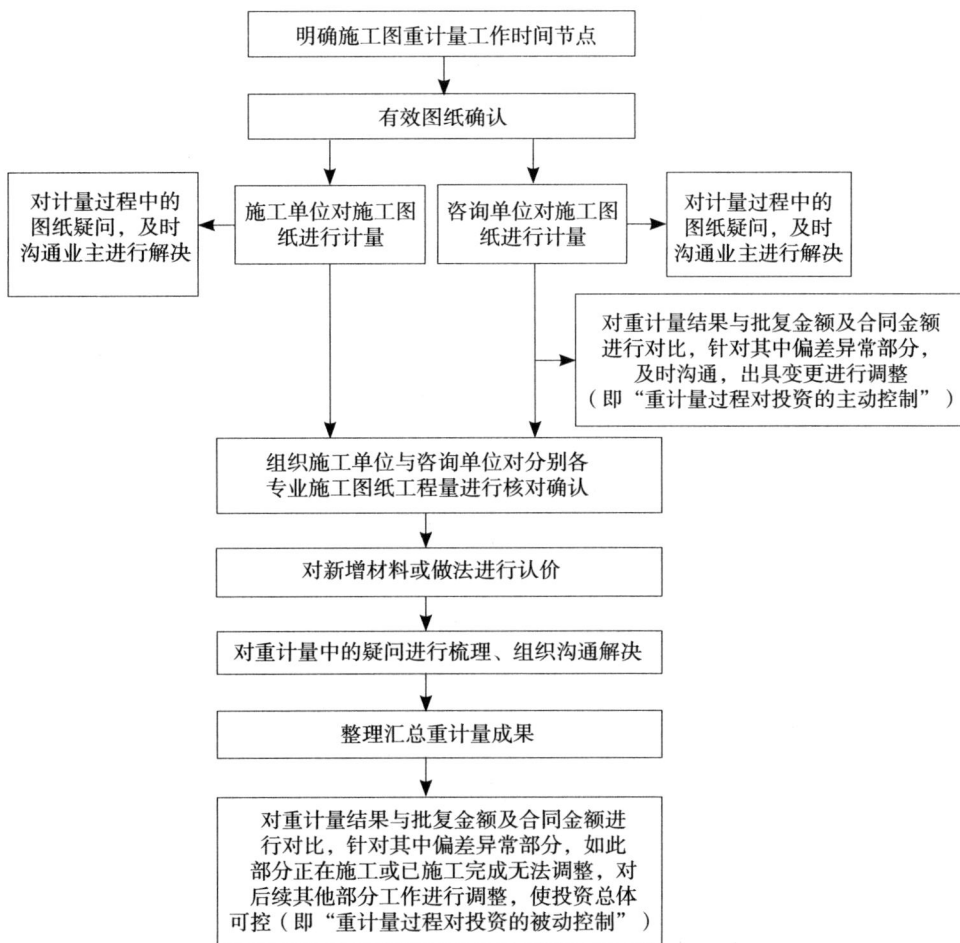

图5-10 工程量清单重计量流程

施工过程中，由于各种原因导致施工图做法进行调整，例如使用需求发生改变，招标清单编制存在疏漏和偏离，国家政策要求等，也造成了工程量重新计量的情况。

（2）施工图工程量计量工作程序流程

（3）工程量计量工作的开展

1）工程量计量的时间点把控

工程量计量对投资控制的意义在于，使投资由"被动控制"变为"主动控制"，在现场尚未施工、未与施工单位进行核对前，开展重计量工作。

例如：××地块重计量工作中发现：地下室外露顶板部位招标图做法为"防水层4mmSBS耐根刺防水卷材+2mmSBS防水卷材隔离层"，施工图中做法为"防水层4mm铜胎SBS防水卷材+4mmSBS防水卷材"，后者做法综合单价是前者的两倍。经研究，招标图做法不满足现场功能要求，而施工图做法偏于保守浪费。在保证工程质量的前提下，调整为经济适用的"防水层4mmSBS耐根刺防水卷材+3mmSBS防水卷材+塑料膜隔离层"做法，因此项工程量较大，该调整较施工图节约投资约××万元。

如果没有在施工前开展重计量工作，我们只能在实施阶段发现招标图和施工图的差异。如果施工单位已按照施工图实施，就无法再进行变更，造成成本的浪费。由此，从计量工作的提前，使得投资控制由"被动"变为"主动"。

2）建立有效图纸管理机制

工程项目具有建设周期长、环节多、施工过程复杂等特点，普遍存在施工图与招标图不一致，变更中图纸替换等现象。在重计量之前，对重计量中的有效图纸进行认真核实，形成施工单位、监理单位、建设单位、设计单位四方签字确认的有效图纸目录。相关单位统一口径进行计量，避免计量与核对过程中的扯皮与反复，保障工作的成效性。

3）建立完善的疑问卷问答机制

重计量过程中会有图纸理解困难或深度不够、有矛盾错漏情况，工程师在熟读图纸的基础上，运用准确语言描述问题，形成疑问卷，及时与专业工程师沟通解决。计量前明确疑问卷、问答主体；过程中建立台账，明确过程监管；回复结果签字完整，整理成册，统一管理。

5.5.3.3 工程变更、洽商

工程变更指设计部门对原施工图纸和设计文件中所表达的设计方案或设计标准状态的改变和修改，还包含由于设计工作本身的漏项、错误或因业主原因而修改、补充原设计项目的日常管理的技术资料。公司《工程变更洽商管理办法》对工程变更洽商的管理程序做了严格细致的规定，有效地促进了工程变更造价管理，具体管理措施有：

（1）建立有效变更目录

有别于重计量工作，在结算阶段中，需核对大量的变更洽商量，且整个施工过程中变更洽商存在附图调整、撤销，编号轮空，跳号等问题。因此造价人员在变更洽商结算前，建立了有效变更目录，并协调各部门共同审核，各方会签，作为对方上报结算及业主审核结算的基本依据。这样有效防止了施工单位对减项变更洽商的隐瞒，同时控制补充的变更洽商，防止重复补充，影响结算质量，造成利益损失。

（2）有效控制变更成本

工程变更是完善设计施工图，优化工艺做法，保障工程施工质量的重要手段，工程变更的审核是造价管理的重要环节，也是工程审计关注的重点。造价管理人员会同公司各部门，从成

有效图纸目录

序号	有效图纸编号	有效图纸名称	版次	出版时间	备注
1	A-Z-001	总平面图	0	2013年9月	建筑
2	A-Z-002	首层组合及竖向平面图	0	2013年9月	建筑
3	A-Z-003	组合剖面图	0	2013年9月	建筑
4	A-Z-004	建筑设计说明(一)	0	2013年9月	建筑
5	A-Z-005	建筑设计说明(二)	0	2013年9月	建筑
6	A-Z-006	建筑设计说明(三)	0	2013年9月	建筑
7	A-Z-007	建筑设计说明(四)	0	2013年9月	建筑
8	A-Z-008	材料做法表(一)	0	2013年9月	建筑
9	A-Z-009	材料做法表(二)	0	2013年9月	建筑
10	A-Z-010	材料做法表(三)	0	2013年9月	建筑
11	A-D-101(建防-001)	地下一层平面图	0	2013年9月	建筑
12	A-D-401(建防-002)	人防室外出入口、排风井详图(一)	0	2013年9月	建筑
13	A-D-402(建防-003)	人防室外出入口、排风井详图(二)	0	2013年9月	建筑
14	A-D-403(建防-004)	1#进风井详图	0	2013年9月	建筑
15	A-D-404(建防-005)	2#进风井详图	0	2013年9月	建筑
16	A-D-405(建防-006)	地下汽车库坡道详图	0	2013年9月	建筑
17	A-D-406(建防-007)	地下室(人防)门窗表及详图	0	2013年9月	建筑
18	A-9/10-101	首层平面图	0	2013年9月	建筑
19	A-9/10-102	二层平面图	0	2013年9月	建筑
20	A-9/10-103	三层平面图	0	2013年9月	建筑
21	A-9/10-104	四层平面图	0	2013年9月	建筑
22	A-9/10-105	屋顶平面图	0	2013年9月	建筑
23	A-9/10-201	立面图(一)	0	2013年9月	建筑
24	A-9/10-202	立面图(二)	0	2013年9月	建筑
25	A-9/10-301	剖面图(一)	0	2013年9月	建筑
26	A-9/10-401	楼梯LT-1详图	0	2013年9月	建筑
27	A-9/10-402	楼梯LT-2详图	0	2013年9月	建筑

施工单位签字:

监理签字:

业主签字:

设计单位签字:

图5-11 有效图纸目录

本控制的角度,积极参与到工程变更的准备、编制、审核、确立、实施等各环节。

1)优化方案,控制成本

根据变更或洽商事项,确定合理的限额并分解至单位工程,优化和细化变更设计方案。

例1:根据××地块某月动态成本表,显示超投资迹象,按照成本控制目标及公司决策,及时调整未实施部分精装修方案,在保证装修质量的前提下,尽量降低方案成本,部分区域地面石材改为瓷砖,核心筒墙面石材改为乳胶漆。通过变更节约投资约247万元。

2)提高工程结算资料质量

工程变更大多是从方案的角度进行描述,有时不能为变更估算提供依据,甚至有些方案不合理,因此造价管理人员必须对设计院变更描述的准确性、全面性和合理性进行审核,使得变更估算有理有据,也为后续的结算和审计工作打下了坚实的基础。

2012.8.31 版图纸计量过程中的疑
问卷回复-汇总版
（提出单位：咨询公司）
（提出时间：2012 年）

2013 年 3 月后图纸核对过程中的疑
问卷回复-汇总版
（提出单位：施工单位）
（提出时间： 2013 年 3 月之后）

（备注：2013 年 3 月由于精装布局调整装饰、安装等专业施工图纸均重新下发）

结构工程重计量中的疑问及回复

序号	中建精诚提出的疑问	设计或业主给予的答复	答复人签字	疑问卷时间	备注
37	二层梁平板筋、梁配筋、板配筋图中D7-D8轴到。DD-DE轴向的两道梁的标号和配筋是什么？（暂按KL-9a及L-b-it算）	北两道梁为连梁、配筋详见墙柱配给图	黄川	2012.08.31 第二版	
38	结构图中四层墙柱施工图中M/82、86-87中KZ21没有详图。（暂按三层的柱名修算）	KZ21详附图	黄川	2012.08.31 第二版	
39	建筑图中首层平面图中BG轴井道轴填墙为300与施工说明中井道隔墙150矛盾。以何为准请明示。（有核150计算）	按200	七	2012.08.31 第二版	
40	施工说明中防火墙具体是指什么部位。请明示。（暂没有画）	混凝土砌块墙均满足防火要求，防火墙隔墙其它混凝土砌块墙。	七	2012.08.31 第二版	
41	建筑图中首层平面图江中BU-BW/B1-B3的墙体300厚是什么材质？（暂按实验室300砌块墙）	为钢筋混凝土墙	七	2012.08.31 第二版	2012年9月11日
42	建筑图中连梁部位的墙体是什么材质的，请明示。	混凝土砌块墙（对应相关隔墙位置），墙体处度同每种墙窗。	七	2012.08.31 第二版	
43	建筑图纸中玻璃隔断的做法，请明示。	落地隔断玻璃厚暂定12mm，有窗台隔断玻璃厚暂定10mm，详图详装饰设计。	七	2012.08.31 第二版	
44	结构图中构造柱与混凝土现浇带的尺寸与配筋，请明示。	构造柱详各部分结构图均有说明，其尺寸计平面图中已有标明为800宽、混凝土详大样详结构总说明。	黄川	2012.08.31 第二版	
45	结构图中首层梁配筋图中BP-BR/B2、B3和B2轴-A4/A5、A6轴梁没有名称及配筋。（暂按B1和A4轴的梁计算）	详见最终版施工图。	黄川	2012.08.31 第二版	

第 5 页，共 8 页

结构工程重计量中的疑问及回复

序号	中建精诚提出的疑问	设计或业主给予的答复	答复人签字	疑问卷时间	备注
1	建筑图纸编号A-203地下一层放大平面图-3中3幅/F-G轴间显示有两换块墙，结构图纸编号S2-002地下一层墙柱配给图（二）中3幅/F-G轴间显示于无有检填墙，此遗让哪张图为准？	结构图表示-5.400以下为检墙，建筑表示-5.400之上为砌块墙。	黄沃河	2012.08.31 第二版	
2	建筑平面图中有部分显示有检填及墙例，墙测是否填充，如填充采用什么材料？例如建筑图纸编号A-202地下平面图-2中A5轴/AT/AU轴间显示有检填及墙例，墙测是否填充，如填充采用什么材料？	剪力墙墙测填充材料如无特殊说明，地下为沉疑土砌块，地上为加气混凝土或砌块。	七	2012年11月27日	2012.08.31 第二版
3	图纸结构说明中，"钢筋直径≥22mm时优先采用机械连接"，及承包单位提出采混凝实际施工中钢筋直径≥16mm时知至机械减连接"，请查询明确以材料什为准请令甲方提供相相应的变更说明?	结构说明无误，总包方描施请甲方定夺即可。	黄沃河	2012.08.31 第二版	
4	建筑图纸详图-2(A-407)中所指的装饰柱的具体位置及其下部上架梁的配筋是什么，请明示。	详建筑、结构屋图。	黄沃河	2012.08.31 第二版	
5	建筑图纸详图-2(A-407)中所指的出屋面详图的05、06、07所指的位置来如以及Z1的尺寸400*400与建筑图纸机房平面图中Z1尺寸200*200相矛盾，以何为准请明示。	详见设计更变11，Z1尺寸为200*200	七	2012年12月17日	2012.08.31 第二版
6	建筑图纸中机房楼层平面图中有的板间处未标明为设备风道的是否为设备风道（如CH/C3轴等），请明示。	机房平面图所有板间处都为设备风道	七	2012.08.31 第二版	
7	二次砌筑的墙体的定位具体范图是那些，请明示。	200宽墙为砌块墙。150宽墙为轻钢管墙。	七	2012.08.31 第二版	
8	1、请明确暖通一层 A轴和C13、C14轴处指预排风百叶规格？	1、2问题——该百叶属于建筑外立面一部分、不属于暖通专业安装内容，按风百叶规格、与邻近开间百叶上的洞室面露百叶一致，A轴和C13、C14轴预排风暂估名具百叶规格为1065*825	七	2012.08.31 第二版	
9	1、请明暖通一层 B轴和C10、C13处预排风暂估名具百叶规格？	1、B轴和BC10、C13处暂预暂排风暂名具百叶规格1065*1650（高*宽）。	七	2012年12月17日	2012.08.31 第二版

第 1 页，共 8 页

图5-12　重计量疑问卷及回复确认单

例1：关于"吊顶设置反支撑"的××工程洽商，造价人员在审核过程中发现支撑的镀锌角钢排布间距和排布范围与规范有出入，与施工单位核实后，要求其按照施工规范相关要求，重新调整了附图，避免了施工单位谎报、误报给公司造成的利益损失。

5.5.3.4　材料和设备认价

招标文件设定为暂估价的材料设备，在施工过程中出现的新增材料设备，还可通过认价方式确定价格，按照国家法律法规要求必须通过招标确认采购价格以外（简称"非招标"）除外。

公司制定了建筑材料认价制度，通过多种方式来确定材料设备的价格水平，并严格按照确定的价格水平与承包商谈判，做好详细的审核说明，经多级审核后下发正式文件以完成整个认价过程。为确保认价结果的可靠性，可采用以下方式互相校验：

1. 借鉴合同中参数类似的材料设备价格；
2. 参考北京市造价管理部门颁发的造价信息；
3. 市场调研和实地询价；
4. 电话询价；
5. 参考其他单项工程中相同或类似材料和设备价格；

5.5.4　竣工结算阶段的造价管理

工程竣工结算是指承包单位按照合同规定的内容全部完成所承包的工作范围，经验收质量合格，并满足合同要求后，向发包单位提出的，是依据合同，按照工程实际发生的工程量，发、承包双方根据施工图纸、设计变更通知书、工程洽商记录、现场签证及施工记录、合同清单等资料，对合同价款进行增减。

工程竣工结算，会涉及许多具体复杂的问题，应坚持实事求是的原则，针对具体情况具体分析，对于疑难问题的处理要慎重，做到既合法，又合理，既坚持原则，又灵活对待，不得以任何借口和强调特殊原因，高估冒算和增加费用，也不得无理压价，以致损害相对方的合法利益。

对于存在的难以通过合同及相关文件直接判定结果的争议，定额与清单计量方法冲突或不明确的问题，组织相关方向北京市造价处咨询解释作为参考。

5.5.4.1　工程竣工结算的基础条件

工程竣工结算是核定建设工程造价的依据，也是建设项目竣工验收后编制竣工决算和核定新增固定资产价值的依据。为保证工程竣工结算的"精、细、准"，建设单位和施工单位必须建立在同一平台进行结算，即统一的结算依据：

（1）有效图纸目录：如果在施工阶段未做工程量重新计量的，根据单价合同的宗旨，需要重新计量工程量，原则与5.5.3.2同，以保证结算依据的统一口径。

（2）有效的设计变更目录：为避免结算过程中施工方漏报、错报、只报增项不报减项，结算开始前需对有效的变更目录进行确认。原则与5.5.3.4同，以提高工程结算的准确性和有效性。

5.5.4.2　工程竣工结算出现的问题

工程竣工结算过程中，经常出现一些问题，主要表现在：

（1）工程结算的认识不充分

在工期进度要求的约束下，不论是业主还是施工单位，重视抓工程进度、质量，认为工程竣工交付使用后该工程基本就结束了，忽视了工程结算属于工程建设的一部分，没有全面认识到，一个项目从立项开始到结算完毕才能算是真正结束，主要表现在对结算资料编制不完整不规范。项目竣工验收后，施工单位项目组撤销，管理人员不到位，提交的结算资料常常不完整不规范，甚至缺乏真实性，资料丢失，或突击补充资料的情况时有发生。再者，有些施工单位工程造价编制人员故意多报工程量，为结算谈判制造空间，人为增加了业主审核的工作难度，拖延了结算的时间。

（2）变更签认不完善，结算时容易造成漏项

有些设计变更中的变更内容同时影响两家施工单位的工作量，而签发的设计变更单中只有一方施工单位签字，容易导致在结算时的漏项和混乱。

（3）计量错误，引起结算金额的偏差

工程量计算错误（多计、重复）；工程组价错误(定额、清单子目错误、混用、重复)；未施变更应扣未扣；对一个变更的增减项，施工方往往只报增项不报减项，未核实核减项等。

5.5.4.3　工程竣工结算中解决问题的措施

工程建设管理的一些问题、矛盾和缺漏，会集中反映在结算阶段，一定程度上增加结算工作难度。针对这一现状，科技园项目商务管理提出以下解决措施：

（1）在确认有效施工图后，现场施工前，完成施工图纸重计量工作；在工程实施过程中，对工程变更进行精确计量，并与施工各单位核对完成。充足的准备工作为后期结算节省结算时间，提高了结算效率。

（2）严格遵守公司内控体系，结合招标图及施工图，对变更洽商逐一审查，避免承包商上报结算漏项，如发生减项情况，应及时给相关各施工单位出具变更。

（3）加强造价人员专业知识的学习和培训，实行全过程造价管理、全过程跟踪审计、集团审计三级审核制。

（4）在结算过程中承包商采取各种"策略"，以期获得较高的利润。比如：抱着蒙混过关的心态，虚报工程量；利用定额滞后于现状的缺陷直接获利或是制造纠纷；抓住业主尽快完成结算的心理，考验业主的耐心，从而获得利益；在变更洽商上作伏笔，在洽商编号上做文章；甚至软硬兼施，拖延结算时间等。因此需要了解和掌握施工单位心态，加强与承包商沟通、协调，在合同中约定处罚措施杜绝以上现象发生。

（5）对完成的结算进行分析总结，形成各专业建筑单方指标，梳理常用做法的综合单价及主要设备材料价格，为后续开展的工程项目提供价格参考。

5.6　业务工作小结

在科技园项目商务管理过程中，通过合约规划的策划，保障了各项商务工作的有效实施；通过框架招标的探索和实践，提高了招标工作效率，实现了投资效益的最大化；通过合同签约的风险控制，排除了合同履约风险，保障了项目顺利实施；通过全过程造价管理，基本实现了科技园项目投资控制目标。

科技园项目全过程商务管理工作以招标为手段，以合同为依据，通过造价管理实现投资控制目标。在建设管理实践中，根据投资批复，分解目标成本，制定合约规划；以合约规划为指导，组织招投标，签订各项合同；通过合同履约管理，动态成本控制，实现项目成本目标。商务管理人员在严格遵守国家法律法规及集团规定的前提下，结合科技园建设需求，不断探索创新，建立起了一套适合科技园建设需求的商务管理模式，并在科技园建设实践中不断完善，积累了宝贵的经验，形成了一系列适合科技园建设的管理办法。

第**6**章
安全环保管理与HSE体系建设

6.1 安全环保管理与HSE体系建设组织机构框架

为加强科技园项目HSE管理体系建设和现场安全环保监管责任落实，科技开发公司设立安全总监、安全副总监岗位，并成立HSE主管部门安全环保部，全面负责科技园项目建设安全环保工作。根据业务需要，安全环保部设置部门经理岗、副经理岗、体系管理岗、安全环保管理岗，细化责任分工，严格对照岗位职责进行考核。

6.1.1 部门职责

1. 负责贯彻落实有关HSE法律、法规和上级HSE规章制度，对公司HSE工作负管理责任。
2. 负责组织月度安全生产形势分析会，及时总结分析问题和部署安全生产工作。
3. 负责组织编制公司HSE中长期发展规划、年度HSE工作要点和阶段性HSE工作计划，并组织实施。
4. 负责组织建立健全公司HSE规章制度和HSE责任体系。组织指标分解、责任状签订、承诺书编写，并监督落实。
5. 负责识别和掌握HSE体系与部门有关条款，组织制修订部门"体系文件实施一览表"，并组织宣贯学习和落实。
6. 负责组织建立健全公司HSE管理体系，定期组织开展体系内审和管理评审，协调不符合项、改进项的整改，确保HSE体系在公司有效运行。
7. 负责组织危害因素识别与评价，并负责风险削减与控制措施的制定。
8. 负责组织开展重大事故隐患排查评估，编制HSE管理方案，及时向主管领导提交重大事故隐患治理建议。
9. 负责督促相关部门及时签订安全协议书。
10. 负责组织开展安全管理人员及承包商员工HSE培训，配合主管部门完成对公司新员工安全教育相关事宜。
11. 负责组织现场HSE检查表的制定、修订、实施工作。组织开展HSE大检查、专项检查和日常突击检查，及时查纠各类违章和隐患问题。
12. 负责对相关危险作业项目许可的审批手续进行审查与监督，并督促落实。
13. 负责对现场高危作业许可的签发、实施过程进行监督管理。
14. 负责组织制定或审核劳动防护用品、防暑降温品发放，并督促落实。
15. 负责组织建立健全交通、消防、环保管理制度，并督促落实。
16. 负责部门所管辖范围内的车辆、人员、场所，以及所组织的活动、会议的HSE监管，及时制止和纠正"三违"现象。
17. 负责监督检查HSE体系文件及HSE规章性公文的落实情况。
18. 贯彻落实"反违章六条禁令"、"HSE九项原则"中的各项规定，发现违章及时处理。
19. 负责监督检查新建、改建、扩建工程项目的职业安全卫生、消防、环保"三同时"实施情况。
20. 负责监督检查公司其他部门的HSE管理落实工作。
21. 负责组织HSE事故的调查、分析、统计、上报等管理工作。
22. 定期汇报分管范围内的HSE情况和建议，完成领导交办的其他HSE工作。

6.1.2 安全环保制度建设

1. 加强公司安全环保制度建设，推广先进HSE管理文化

公司在2011年4月先后制定了《办公室HSE管理规定》、《进入施工现场HSE须知》、《集体活动HSE须知》、《HSE安全检查规定》，并结合2012年、2013年管理体系换版和公司规章制度修订工作，持续修订规章制度，为科技园建设各项工作顺利开展提供了有力保障。

2. 安全环保工作"一岗双责"、"党政同责"是集团公司HSE管理重要工作宗旨

2014年11月，公司根据《中国石油天然气集团公司安全生产和环境保护责任制管理办法》相关要求，组织编写公司领导层、部门及各岗位安全环保职责，共计完成66个岗位HSE职责，确保HSE责任层层传递，横向到边，纵向到底，全覆盖。

3. 按照科技园建设HSE管理"三零"工作目标，加强公司对承包商安全监督规章制度建设

2011年4月研究制定了《中石油（北京）科技开发有限公司安全监督管理办法》、《中石油（北京）科技开发有限公司安全环保管理办法》，明确了各部门在安全环保监督管理工作中所承担的责任和义务。

2012年3月研究制定《建设工程项目HSE监督管理规范》、《中石油（北京）科技开发有限公司承包商HSE管理办法》，明确了安全环保工作界面划分与承包商施工过程安全监管的途径和方法。

2013年4月制定《建设项目作业许可备案登记检查制度》等有代表性一系列规章制度，为实施科学监管，夯实公司安全环保管理基础起到积极推动作用。

6.2 工程项目前期HSE管理

6.2.1 招标资格预审阶段HSE管理

1. 资审阶段HSE管理是项目安全环保管理源头

科技园区项目建设采用建筑市场公开招标形式，目前，多数承包商执行GB/T24001-2004 IDT ISO14001：2004及GB/T28001-2001环境和职业健康安全管理体系标准与企业自身的CI管理体系。科技开发公司作为集团公司下属企业，按集团公司要求在承包商中推行石油行业Q/SY1002.1《健康安全与环境管理体系》标准，这就造成通过市场招标进入的承包商对中石油HSE标准、规范不了解，现场安全管理标准执行与管理要求不一致的情况。为解决二者存在的差异，在项目招标资格预审阶段，公司在承包商引入过程中，在各施工项目的资质审查环节，对于承包商安全生产许可证、安全监督管理机构设置、HSE体系、安全生产资源保障和主要负责人、项目负责人、安全监督管理人员、特种作业安全资格证书，以及近三年安全生产业绩证明等有关资料都作为重要的评价标准。特别是对于安全生产许可证的要求格外严格，无安全生产许可证的单位直接视作废标，不进行下一步评审。在资格预审中ISO系列质量体系、ISO系列环境体系、GB/T职业健康安全管理体系在资格预审的打分表中都是打分选项，每一项都直接影响施工单位资审的入围乃至最后评标（表6-1）。

资格预审文件中安全环保部分评分   表6-1

企业管理体系认证3分	ISO 系列质量体系	认证证书有效，加盖公章	1
		无认证证书，或证书过期	0
	ISO 系列环境体系	认证证书有效，加盖公章	1
		无认证证书，或证书过期	0
	GB/T 职业健康安全管理体系	认证证书有效，加盖公章	1
		无认证证书，或证书过期	0

2. 严格落实集团公司《承包商安全监督管理办法》

公司HSE方针、管理目标及项目安全措施费用要求写入招标文件，并要求承包商单独列支项目HSE费用使用计划，承包商投标过程中必须制定项目HSE规划并对招标文件中HSE要求作出强制性回应。承包商进场后措施费使用计划由安全环保部定期进行监督，防止挪做他用或降低措施费，确保安全文明措施费足额投入。此办法在科技园项目建设各个地块均已实施。

6.2.2　合同签订阶段HSE管理

公司与承包商签订HSE管理协议，形成对承包商实施违约赔偿工作机制。安全管理必须形成惩戒机制，必须按照合同约定严格执行。结合施工现场实际，完善后续地块协议中违约赔偿实施细则，增强其可操作性。协议进一步将承包商安全管理人员应履行的合同条款等，作为新违约赔偿范围，将违约赔偿种类分为八大类（管理行为类、培训教育类、人员资质类、设备设施类、验收类、消防安全类、文明施工类、环境保护类），为科技园项目建设中严格承包商安全环保监督管理奠定基础。

6.2.3　进场前期施工HSE管理

1. 开工前严格实施安全生产条件审查，有力保障各在建地块安全施工。进一步统一管理要求，项目开工前，要求监理、承包商及时编写《安全监理实施细则》、《项目总承包管理办法》、《施工组织设计》，对承包商在项目安全环保上拟投入人员、措施和费用与投标承诺进行比对，对违反招标文件HSE要求和投标承诺的现象及时纠偏，移至进一步统一管理要求前向监理、承包商阐明公司对该项目HSE管理规定，确保承包商对项目HSE管理承诺得以实现。

2. 实施建设工程开工安全生产条件审查是监督承包商HSE协议履约情况重要工作。研究制定《建设工程开工安全生产条件审查表》，科技园新建项目开工前，均要办理安全生产条件审查。

3. 施工单位填写《建设工程开工安全生产条件审查表》并提交如下资料：

1）施工企业安全生产许可证原件及复印件；

2）施工企业三类人员安全生产考核证原件及复印件及联系方式；

3）经审批的施工方安全生产管理制度；

4）经审批的施工方安全施工技术措施；

5）施工现场平面布置图；

6）其他相关证实资料。

4. 提交上述资料前，首先由施工单位自检，监理单位审查，再由公司安全环保部审核。符合要求后在《建设工程开工安全生产条件审查表》上相应位置签署审查意见，并加盖相关单位公章，审批手续完成。施工单位应确保表格填写内容真实性，监理单位审查人员应如实履行审查职责，并对签署的审查意见负责，此表格科技开发公司、施工单位和监理单位各留存一份。

检查中，如果发生现场监理、承包商安全组织机构人员与投标文件不符、降低资质、人员配备不到位，违反合同约定现象，按照合同条款约定整改落实，规范项目前期安全管理。

5. 按照建设工程"三同时"原则，在实施开工前安全生产条件审查过程中严格把关，例如：完善前期建设消防道路硬化施工、临边防护、临水方案、消防泵房，增加临时消防水冬季保温防冻措施等；塔吊覆盖半径内，钢筋加工区、木工加工棚、生活区、办公区等防砸措施落实；电、气焊动火作业区落实情况、生活区环境治理排污以及场区绿化、防扬尘等承包商经常疏漏的一些问题，在第一时间内向承包商下发书面HSE隐患治理通知单。使项目开工建设前期各项安全环保措施落实到位，确保建设工程"三同时"原则落实。

6.3 树立HSE样板工地，推行标准化管理

针对科技园区项目建设周期较长、项目较多特点，在建设初期，公司树立"标准化样板工地"建设思路，以点带面推动科技园区后续项目标准化建设。例如：2011年4月初，A-34中石油钻井研发中心一号楼工程建设初期，公司按照项目开工高标准起步，从源头强化属地安全标准化HSE管理。主要从以下几方面入手：

（1）督促总包做好施工现场场容、场貌标准化规划。按照建筑标准红线划定该地块施工区域，砌筑封闭式围墙，合理设置出入口。监督总包高标准完成生活区、食堂、办公区建设，从健康、安全、环保上要求总承包商做到生活区、办公区与施工现场明显分界，设置规范，布局合理。加强食堂卫生管理，合理排放厨余垃圾，避免对环境产生污染。加强场容、场貌合理规划，做好场区内道路硬化确保消防通道畅通、场地平整与绿化工作。合理规划料场、加工区及垃圾回收区等区段，促使场容、场貌规整有序。

（2）监督安全设备设施及现场"安全目视化管理"，即通过设置安全色、标签、标牌等方式，明确施工材料规格、型号、设备设施编号，工器具和设备设施的使用状态，以及生产作业区域危险状态的一种现场安全管理办法。督促总承包商加大现场安全设备、设施及安全文明标识资金投入力度：一是在消防设备设施配备方面，严格按照消防器材配备规定，合理设置消防设施，配备消防器材（灭火器、消防锹、消防桶、消防砂等），设专人每天检查；二是在危险区域设立警戒线；三是在现场临电管理和动火管理上规范化；四是完善塔吊作业半径内防砸棚设置、场区配电系统防雨、防砸措施，木材加工房防砸措施；五是加工区与物料堆放区实行严格分离，各种材料堆放按要求进行分类，上盖下垫合理布局；六是加工产生建筑废弃物集中回收处理，定期清运。通过以上措施，满足了HSE环境保护要求，安全文明施工始终处于良好受控状态。

（3）加强对总承包商合同管理。公司在加强自身执行力建设的同时，加强与总承包商合作，按照HSE合同条款内容要求，对承包商实施规范管理。科技园项目管理层高度重视安全文明施工，加强与承包商合作和现场监管，严格保障各类安全投入，杜绝"三违"现象，最大限度避免安全事故发生，取得良好的HSE管理业绩。

（4）项目实施中，制定合理工期，确保安全文明施工。A-34地块施工中，充分考虑全年天气、特殊阶段、节假日以及前期技术方案、施工工艺、合同签订、订货、运输等方面因素，合

理制定工期。严格按照各专业工期节点、合理调动资源，确保安全环保措施落实到位。现场安全管理工作严格履行合同管理职责，实现全过程受控，得到集团公司和政府主管部门肯定。

6.4 现场HSE监督管理

6.4.1 现场HSE监管要素

（1）监督管理要求

中石油科技园项目地处北京，在园区大规模建设中，任何安全环保事故、事件都会对科技园建设项目以及中石油集团公司造成负面社会影响。建设过程中要求各承包商严格遵守国家《安全生产法》和《环境保护法》，国务院有关建筑领域的安全监督管理条例，贯彻落实《中国石油天然气集团公司承包商安全监督管理办法》（中油安〔2013〕483号）和科技开发公司HSE《管理手册》、《程序文件》。

（2）监督管理对象

园区建设的安全环保重点监督对象是各地块总承包商（含专业分包）及现场施工人员，施工临时设备设施安全技术方案执行、设备设施入场、作业、拆除和资料全过程监督，以及承包商在作业过程中工作制度执行和工作机制运行是否有效。

（3）监督管理机构与职责

按照《中国石油天然气集团公司承包商安全监督管理办法》要求，科技开发公司是承包商安全监管责任主体，应当严把承包商施工监督关和现场管理关，做到统一制度、统一标准的HSE管理。

科技开发公司对总承包单位的安全生产负有监管责任，总承包单位对施工现场的安全环保负总责。总承包单位承担对分包单位的安全监管职责，对分包单位实行全过程安全监管，并对分包单位的安全生产承担连带责任。

（4）监督管理思路

按照《中国石油天然气集团公司承包商安全监督管理办法》要求，结合贯彻落实"安全第一，预防为主，综合治理"工作原则，在科技园项目安全环保管理中，形成"一级抓一级，一级对一级负责"，"谁主管，谁负责"的安全责任体系。在现场安全监管中，把人、机、料、法、环管控和隐患治理有机结合，强调具体实施过程监管，提高安全监督工作成效。

在园区建设过程中，科技园项目安全环保实施HSE管理体系和现场安全监督相结合管理机制。HSE管理体系强调逐级负责的线式管理责任，而现场安全监督担负的是旁站监督和检查督促的责任。公司把安全生产管理工作重心前移至施工现场，能够及时掌控承包商基层安全生产动态，收集信息，归纳总结、用于有效指导现场安全生产，能够在第一时间组织承包商采取隐患防控措施，降低现场安全事故发生概率。

（5）监督管理难点

作为科技园区建设单位，科技开发公司严格执行安全监管职责，在工作中落实HSE管理制度，并监督各总承包单位执行落实。主要有两个方面难点：

一是承包商执行GB/T24001-2004 IDT ISO14001：2004及GB/T28001-2001环境和职业健康安全管理体系标准，科技开发公司执行健康安全环保管理体系Q/SY1002.1-2007标准，体系之间存在差异。

二是园区建设任务艰巨，高峰期同时有5个地块开工建设，监管建筑面积达45万m²。承包商施工工期阶段性强，管理及施工人员流动性大，人员培训效果不能持续发挥作用，监管难度大。

6.4.2 现场安全环保监督管理实施情况

6.4.2.1 HSE"两书一表"执行及安全考核办法

（1）监督执行HSE作业指导书、制定HSE作业计划书

作业指导书是对常规HSE风险的管理，作业计划书是对人、机、料、法、环的变更而引发的新增风险的控制，是对作业指导书的补充。作业指导书是总承包商在投标阶段对项目招标文件HSE条款的具体响应，是用于该项目施工安全风险控制的有效文件。因此，对中标总承包商来说，其施工组织设计方案中的安全环保内容及施工进度计划，即作为HSE作业指导书内容，用于现场施工常规风险控制，承包商必须执行，也是科技开发公司监督其现场采用的安全环保技术措施依据。作业计划书是根据园区各个项目实施重点及特点变化而制定的，主要围绕项目建设不同阶段，各专业开展风险辨识，制定HSE监管重点及措施，促进日常各项工作机制正常运转。公司不但要监督总承包商制定相应的HSE计划书，为提高各个地块的监督效率，还要加强现场指导，根据各总承包商的施工组织设计方案和施工进度计划，各地块配备安全监督工程师，制定安全环保监管重点和培训等内容，与总承包商的计划书合并称为施工现场HSE作业计划书（表6-2）。

2014年科技开发公司HSE作业计划书实例　　　　表6-2

目标任务	具体内容	负责人	总负责人	任务分解时间点	备注
A16地块安全环保管理工作	按照A16地块2014年1月份总包单位总体工期安排，严格落实监理、总包安全环保管理责任，监督总包单位做好幕墙、精装修、电梯工程、机电、消防设备安装、强弱电、室外工程等专业分包施工安全管理工作，强化现场HSE监管，确保全年安全"三零"目标实现	××	××	1. 春节放假前联合安全检查、人员稳定，放假期间值班值守、应急预案，放假后承包商培训、教育计划、新入场分包、人员安全资质、组织机构等检查、审核；结合质安处年初安排，联合行政事务部开展内部体系员培训等	××负责A、B区及连接区域和生活区，××负责C、D区及连廊区域和核心岛、环路，××全面管理
				2. 2014.2.19~2014.7.28 外幕墙施工关注吊篮载荷、安全锁、绳、屋顶高支架、配重等安全管理	
				3. 2014.3.20~2014.12.4 室内精装修防火、高处作业、脚手架搭设或室内吊篮、文明施工等安全管理	
				4. 2014.2.20~2014.4.30 室内电梯安装过程中安全方案审批、竖井脚手架搭设、人员安全防护措施落实等	
				5. 2014.2.20~2014.11.9 机电、消防、通风管线及设备安装，加强对高处作业、人员安全防护、动火焊接作业、临时用电等方面安全管理（大型机房设备安装）	
				6. 2014.2.19~2014.12.31 电气工程、弱电工程安装中电线、电缆穿线、辐射、机柜及机房安装等安全监管	
				7. 2014.5.1~2014.11.26 室外工程施工人员防护、管线焊接、土方作业、大型机械设备规范操作等安全管理	
				8. 每周定期参加A16地块召开的安全联检与监理例会	
				9. 配合昌平区建委、消防支队每月对现场安全大检查工作	
				10. 加强每月三级安全考核以及每半个月一次的现场检查表收集考核工作	
				11. 两会、各法定节假日安全责任落实监督、检查	

（2）制定HSE现场检查表，确定HSE监督管理标准和实施方法

科技开发公司依据施工安全检查标准、施工节点、特点分类制定《HSE现场检查表一》（表6-3），确定对监理、承包商实施现场监管的具体内容和管理标准，成为指导科技园项目建设安全环保管理工作指导性文件。同时推广延伸，将HSE现场检查表进一步落实到监理和承包商监管层级，由公司主导，按照检查项对监理、承包商每月HSE管理实施考评打分，提升监管精细化、规范化水平。

建设单位HSE现场检查表（一）   表6-3

一、检查监理方					
序号	检查项目	查、看、问内容	检查资料	检查方法	检查情况
1	安全监理实施细则	安全监理实施细则内容是否符合经总监审核，内容是否全面	检查安全监理实施细则主要内容及监督重点：电梯、吊篮安全管理、动火、消防管理、临边防护细则编制	核对	
2	安全监理日常管理	建设单位、昌平区建委提出的现场安全问题整改落实情况进行检查	安全监理会议纪要、工作联系单	核对	
3	安全专项方案审核	总监是否对专项安全方案进行了审核	临时用电方案；脚手架搭设方案；塔吊施工方案；吊篮施工方案；临边、洞口安全防护方案审核内容	核对	
二、检查总包方					
序号	检查项目	查、看、问内容	核查资料	检查方法	检查情况
1	总包安全组织机构	组织机构图、项目经理、安全总监、安全管理人员取证情况	安全组织机构图及安全人员资质	核对	
2	安全教育培训	施工人员是否进行全员入场教育；日常教育开展情况；农民工夜校教育情况；特殊工种教育情况	施工人员入场安全教育、培训记录、考试卷；特殊工种教育、培训记录	核对	
3	总包日常安全管理	每周周检情况 每月安全检查情况 建委安全检查情况	周检、月检，建委检查记录	核对	
		现场动火作业	动火作业审批流程，动火证备案	检查核对	
		现场消防安全管理	消防水、灭火器配备与日常检查记录		
		"四口"、"五临边"防护	楼梯口、电梯口、预留洞口、通道口。沟、坑、槽和深基础周边，楼层周边，楼梯侧边，平台或阳台边，屋面周边		
4	特种机械使用	室外电梯运行	室外电梯日常运行、保养记录	检查核对	
		外幕墙吊篮作业	吊篮作业人员登记备案、吊篮安装验收记录		
5	文明施工	现场材料、构件码放	现场材料堆放、库房材料码放	检查	
6	消防安全管理	消防设施管理	现场消防设施有效性	检查	
7	环保管理	土方扬尘治理	覆盖	检查	
		施工废弃物处理	生活、施工垃圾分类处理、清运		

（3）制定HSE现场考核办法

施工现场HSE管理按照"两书一表"内容结合现场实际情况，采取周安全环保检查、日常安全环保巡检、专项安全环保检查等措施，检查结果作为月度考核依据。重点内容：

1）各总承包商制定其内部考核管理办法，细化实施细则及奖惩办法，定期开展施工现场安全环保考核。考评办法规定要进行量化打分，由监理单位进行问题整改复查签字确认，每两周报公司安全环保部备案。

2）科技开发公司根据每半个月考核内容与日常检查实际情况进行对照，对存在隐患问题不及时整改的进行追踪监督，负责销项关闭监督，并在每周安全检查例会上通报。

6.4.2.2 现场组织责任机构建立

为加强科技园区建设安全环保管控力度，科技开发公司联合各地块承包商，成立现场安全环保监督管理机构，建立安全环保监督管理责任人制度。

（1）成立现场安全环保监督管理机构。机构由科技开发公司安全总监和安全副总监、安全环保部成员以及各地块总承包商项目经理、各监理单位总监代表组成，其他成员由各承包商及专业分包单位的安全环保部门负责人、生产经理、技术总负责人组成（图6-1）。机构主要职责：一是有效调动各参加方人员积极性，严格落实各单位安全环保岗位职责；二是联合开展现场HSE各项安全环保工作，资源、信息共享，合作共赢，提升现场安全环保管控力度。

（2）建立安全环保监督管理责任人制度。公司在各个地块分别设置现场安全环保监督管理责任人，负责对所辖区域内安全环保全面管理，将现场各项安全环保要求传达给承包商，现场发生安全环保违章不符合项由属地内施工管理人员落实整改（A16地块实例，图6-2）。

6.4.2.3 安全生产制度运行监督及完善

在每周召开的公司总经理办公会上汇报上一周安全监管情况和下一周安全监管计划，对存在的问题及时提交办公会研究解决，按照会议确定内容，用于指导现场落实。公司安全监督人员坚持写监督日志，梳理现场监管内容，对安全施工阶段现场情况进行客观记载，在处理可能的事故事件中建立原始资料。

（1）安全例会制度运行监管

1）监督周安全例会制度。每周固定组织一次安全会议，由科技开发公司、总承包商、监理、专业分包的主要安全负责人参加，会议主要内容是对上周现场发生的安全环保问题和整改

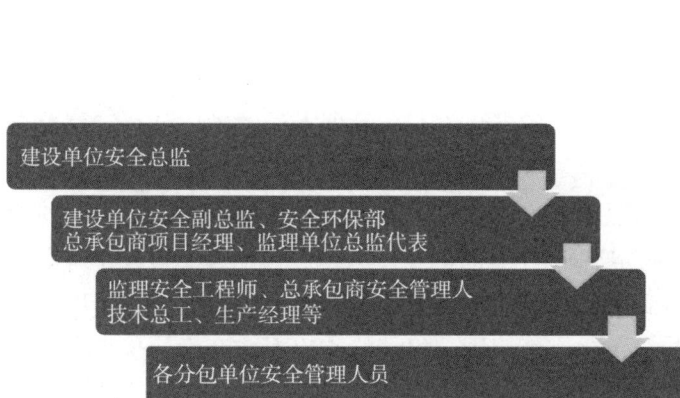

图6-1 现场安全环保监督管理机构

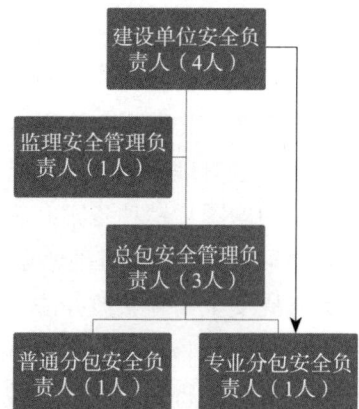

图6-2 安全环保监督管理责任体系实例

情况落实，对问题整改情况和存在的新问题进行核实。

2）监督专项会议制度。在会上指出违章行为，使其他施工单位引以为戒，避免类似违章现象发生。

3）要求总承包商安全管理人员检查专业分包班前安全教育，对班前实施情况现场询问检查。

（2）安全环保检查制度运行监督

1）月安全环保检查。每月固定组织安全环保检查，由公司各地块安全管理人员、监理、施工单位三方的主要负责人、生产经理以及安全环保管理人员参加的联合检查，对检查出的隐患进行问责。

2）周安全环保检查。每周由公司各地块安全管理人、监理代表、各地块项目经理、生产经理以及安全环保管理人员，进行一次施工现场易燃易爆物品、临时用电设施、消防设施等检查，公司安全环保部对存在的问题进行跟踪销项整改。

3）日常安全环保巡检。由公司各地块安全管理人员、监理、施工单位生产经理以及安全人员进行日常安全环保巡检，及时把安全隐患消除在萌芽状态。

4）专项安全环保检查。组织对脚手架搭设、临时用电、消防设施等专项检查，参与高大空间脚手架搭设、高支架吊篮搭设等方案核查。

5）督促总承包商不定期对施工承包商劳动用工、住宿条件、食堂卫生进行检查，为施工人员创造一个良好生活环境。

通过上述监督、检查，对发现的问题下达《HSE隐患整改通知单》，对拒不整改或严重隐患按照合同处罚条款要求处罚。

（3）安全环保教育培训制度监督

1）监督入场三级安全教育培训。针对新进场施工人员进行安全培训，组织培训内容包括现场HSE合同管理规定、现场安全环保要求、应急管理等。

2）监督日常安全环保培训。针对现场发生实际问题的培训，内容带有针对性。

（4）特殊工种持证上岗制度和作业许可制度执行监管

凡要求持证上岗特种作业人员，如：电工、电气焊工、外挂电梯司机工、吊篮作业等必须实行持证上岗，无证者不得从事上述工种作业。对风险较大作业区域，实行作业许可制度。监督总承包商按照《中国石油天然气集团公司作业票》格式要求，开具动火作业、受限空间作业、吊篮高空作业等票据。

（5）与承包商形成合力，完善运行制度

为确保科技园建设项目HSE管理标准统一，在已有基础上，公司主动帮助总承包商制定了以下管控措施：

1）《安全员日考勤办法》，总承包商对每天进场各支队伍安全管理人员考勤，公司定期核查施工现场安全管理人员到位情况，对缺位单位问责，确保施工中各支承包商安全监管人员到位。

2）《问题图片销项备案办法》，为提高问题销项整改效率，每周安全联检中对查出的问题拍照，安全联检后通过PPT投影形式，按照"三定原则"（定时间、定人员、定措施）整改、备案。

3）《周安全销项整改办法》，在总承包商《安全管理考评办法》基础上，每周跟踪销项未整改问题，填写周检查表（二）（表6-4），与总承包商每两周上报的检查表形成合力，逐步完善科技开发公司、监理单位、总承包商"三位一体"安全环保监管体系。

4）完善季节性《安全环保检查表》，主要是在检查表（一）基础上，根据季节变化特点，加入夏季防汛、秋季防风、冬季防火，以及在土方、结构、装修、调试等不同施工阶段，有的放矢地制定措施，而非千篇一律。

现场检查表（二）

表6-4

建设项目：　　　　　　　　　　日期：　　　　　　　　　　编号：

序号	检查内容	整改内容	整改日期	复查日期	总包单位签字	监理单位签字	科技开发公司签字	备注
1	宿舍区临电、卫生							
2	库房清理、封闭							
3	临时消火栓防冻及配套设施							
4	现场临电断电及配电箱封闭							
5	幕墙动火作业							
6	楼内及周边可燃垃圾清理							

注：1. 对于未及时整改重大安全隐患的，将以工作联系单形式通知承包商和监理单位，将回执作为附件存档。
2. 检查内容根据实际情况每周调整。

6.4.2.4　HSE现场监管重点

（1）高处作业监管

高处作业人员严格执行高处作业安全操作规程，严格落实作业许可流程管理，填写高处作业票。要求总承包商、专业分包加强高处作业人员监管，督促总承包商对特种作业人员发放劳动防护用品并确保正确使用。

（2）临时用电监管

监管内容主要包括设置专用的保护零线，要求使用五芯电缆配电系统，采用"三级配电两级保护"。同时规定开关箱必须设漏电保护器，实行"一机一闸，一漏一箱"，每个配电箱必须张贴系统图及每极走向，所有配电柜、箱上锁并有防雨（水）措施；主配电柜须用围栏围护，挂有防触电警示牌。电器设备维修人员要对所有配电箱、开关箱每日巡查。

（3）动火作业监管

按照施工现场动火作业许可要求，动火作业单位按照作业许可填写动火票，总承包审批、现场监督检查动火作业管控要求执行情况，如：幕墙高处焊接作业时要用接火桶，现场所有动火点必须配备灭火器和动火监护人。动火作业前，作业人员必须仔细观察周围环境，在确认上下左右没有易燃物后，方能开始作业。动火监护人必须随时注意周围环境变化，当发现有异常情况或室外作业遇大风天气时，应立即通知作业人员停止动火作业。

（4）危险品存放、使用监管

实施危险品进场许可管理，保证现场危险品存放在指定危险品库中，禁止随意搁置在现场；氧气、乙炔瓶分类存放在现场气瓶库内，盖上瓶盖固定牢靠，配备防振圈和防火帽。

动火作业过程中，氧气、乙炔瓶间安全距离应大于5m，动火点与气瓶间距大于10m。监督现场明火与气瓶保持足够安全距离执行情况，检查气瓶使用过程中是否有泄漏等现象。

（5）料具存放使用监管

按照相关规定，建筑物内外存放各种材料要分规格码放整齐，要求五金、水暖管件、电器安装用品等入库保管，库房必须防雨、防潮，配备消防设施，专人看管。

（6）现场安保监管

要求各地块必须实行围墙封闭式管理，配备保安对进出现场人员及车辆实行24小时监控，加强防火、防盗巡查。

（7）文明施工、环境卫生监管

按照HSE清洁生产要素要求，分施工现场和办公、生活区监管。

施工现场监督，主要内容有：

1）场区出入口、作业区和危险区域设置安全环保警示牌、标志牌和提示标语等，创造一个整洁、干净、舒适的施工环境。

2）各地块总承包商设垃圾站，集中堆放施工垃圾并及时清运。

办公和生活区卫生监管，主要内容有：

1）办公室保持室内清洁卫生，现场做到工完场清。

2）食堂办理卫生许可证，炊事人员持健康证和卫生知识培训证，上岗必须穿带整洁的工作服、帽，杜绝食物中毒。

3）总承包商设立开水炉，保证开水供应，做到不喝生水。

4）宿舍区、办公室冬季取暖设施必须验收合格后方可使用。

5）要求工人宿舍整齐干净，宿舍门口设置鞋架，保证室内空气清洁。

6）规划合理区域，种植绿色植被，美化环境、降低扬尘。

6.4.2.5　风险隐患治理监管实例

（1）现场"安全目视化管理"监管

每年通过组织承包商开展"安全生产月"、"119"消防宣传日等多种形式活动，加强与承包商沟通、互动，使安全管理理念入脑入心。积极探索，把握规律，把HSE风险作为现场监管重点，对在建地块吊篮作业实施统一编号，目视化管理，通过在吊篮上悬挂标识标牌，从人、机、料、法、环五方面分析作业存在的风险，对作业人员起到安全提醒警示作用，确保作业人员按操作规程操作，有效降低高处吊篮作业风险。

吊篮作业风险控制监管。科技园项目建筑外立面采用玻璃幕墙及外挂石材形式，建设高峰期吊篮作业数目达到367台，是施工过程中施工风险最多、最大的环节，也是集高处作业、动火作业、受限空间作业为一体的特殊作业，要求施工单位严格实施安全目视化管理，有效防控风险，实施全过程监管。

具体监管内容：

1）对吊篮租赁厂家资质、进场材料进行核查，逐台验收，定期保养维护，落实安全责任。

2）强化作业人员持证上岗管理，做好安全技术交底和季节性安全检查，严格执行高处和动火作业票制度。

3）组织安全分析，例如：吊篮额定荷载 500kg，实际240~280kg（2人、两块石材，40~60kg/块），配重块重量1000kg（25kg×40块），确保安全受控。

4）安全绳独立悬挂，与建筑物有牢固固定措施，配重块上锁；焊接作业前清除作业下方可燃物、设置接火斗，操作人员佩戴安全防护用品。

图6-3 安全目视化管理

图6-4 HSE焊条头收集箱

图6-5 施工现场作业环境

图6-6 施工现场作业环境

5）对同一建筑所有吊篮统一编号，实施安全目视化管理（图6-3）。

（2）承包商清洁生产监管

为降低电焊作业焊条头任意丢弃造成火灾隐患，按照HSE《作业许可管理控制程序》、《清洁生产管理程序》管理要求，现场推行"HSE焊条头收集桶"（图6-4），在各地块推广，通过焊条头统一回收处理，避免焊条头余温引发火灾，保证隐蔽工程（防水施工）工序质量，防止焊条头内有害物质（硫、磷等）造成土壤污染。同时，加强施工现场环境治理，给施工作业人员提供一个安全、清洁、健康的作业环境（图6-5、图6-6）。

（3）脚手架作业风险监管

脚手架作业风险控制监管。脚手架作业应用于建筑主体结构、部分外幕墙施工和室内装修等，使用频率高、数量大，在搭建、使用、拆除中安全风险大。

具体监管内容：

①架体搭设应编制专项施工方案，经监理单位审批后执行。

②搭设前应进行安全技术交底，使作业人员了解搭设作业技术要求、存在危害，确保作业人员采取有效安全措施。

③立杆基础平整、夯实，设置纵、横向扫地杆、纵向剪刀撑。

④脚手板铺设应严密、牢靠。

⑤架体外侧应采用密目式安全网封闭，网间连接应严密。

⑥作业层设置防护栏杆，外侧设置挡脚板。

⑦ 作业层脚手板下采用安全平网兜底。

⑧ 作业人员持证上岗，作业中应正确使用安全帽、安全带、防滑鞋、工具袋等装备。此外，遇大风、雨雪等特殊天气禁止作业。

（4）冷却塔安装阶段风险控制监管。

冷却塔是建筑中主要大型机电设备之一，现场设备吊装、管线焊接以及交叉作业较多，风险点多。

具体监管措施：

① 制定吊装、安装方案，监理审批合格后实施，施工过程中拉设警戒线、严格监管。

② 明确交叉作业责任，加强操作人员现场风险教育，每日检查。交叉作业时，按照属地管理原则"谁作业，谁清理"。

③ 确保消防设施完好，应急通道畅通。

④ 防火布对冷却塔填充材料裸露面有效覆盖，防止恶劣天气损毁并设专人维护。

⑤ 焊条头收集。

⑥ 制定专项应急预案。

（5）施工用电作业风险控制监管。

施工作业主要依靠临时用电，随着项目建设阶段不同，用电设备和线路使用点多、面广，专业性强。

具体监管内容：

① 做好操作人员安全教育，持证上岗，佩戴劳动保护用品。

② 每台电器设备实行"一机一闸，一漏一箱"制，严禁用一个电器开关直接控制两台以上用电设备。

③ 对电焊机经常维修保养，发现有零部件以及线缆损坏立即更换，严禁带病作业。

④ 在现场电线悬挂时，设防触电提示，用防水橡皮护套保护。

（6）安全观察与沟通

1）规范作业许可

承包商按照北京市建委要求开具动火作业票和高处作业票，与集团公司HSE作业许可管理要求存在差异，公司召集承包商按集团公司《作业许可管理规范》，认真学习，统一认识，统一标准。对作业实施过程风险识别、管控措施、作业分级审批、执行与闭环管理要求培训，加强对现场重大风险作业（高处作业、动火作业、受限空间作业、吊篮作业等），危害因素识别与风险评价控制监督管理，使承包商加深理解，严格执行，降低属地作业风险（图6-7，图6-8）。

2）取长补短，相互借鉴

为强化科技园项目HSE监管，公司组织各地块承包商进行"HSE管理样板工地"观摩学习，召开安全经验交流座谈会，集思广益，总结经验，对各地块安全管理亮点分享交流，交流实例如下：

① 消防水防冻监管：为确保冬期施工中消防水防止被冻，除常规总承包商对室外临时消防水系统临时井保温以外，室内消防水管弯头处和建筑外区管线24小时电伴热。极端天气下，带领总承包商用汽油喷灯对容易结冰消火栓出口处加热处理；要求总承包商在各个楼层设置简易水桶，遇突发火情及时采取有效措施。

② 酒精测试监管：按照集团公司《六大禁令》，要求总承包购买酒精测试仪，每天午饭后上

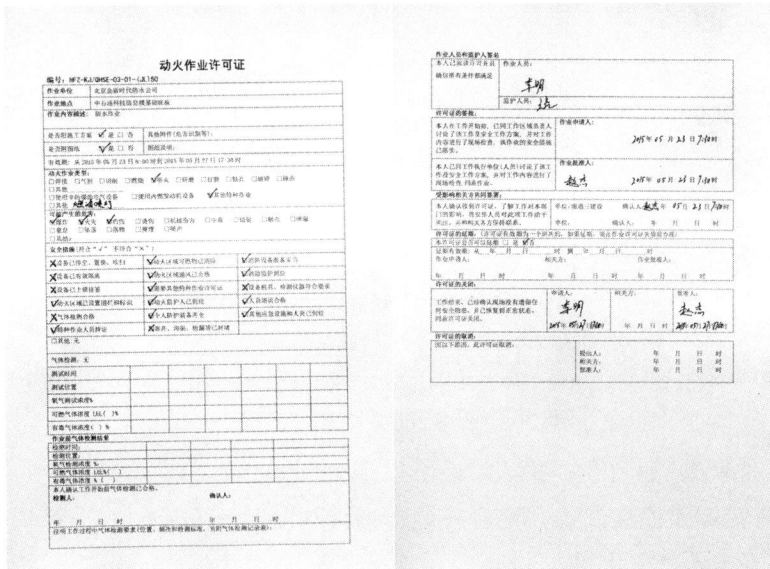

图6-7 集团公司动火作业许可证

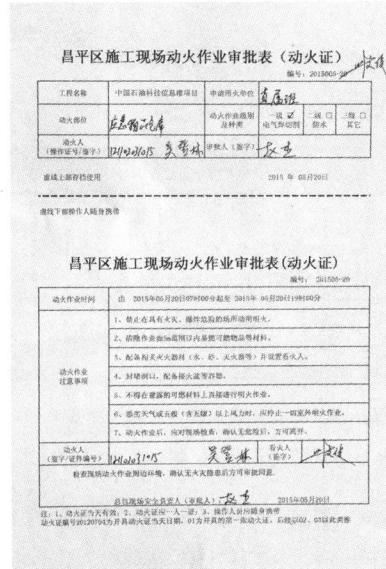

图6-8 地方政府动火作业票

图6-9 施工现场生活区板房

图6-10 施工现场二级配电箱

图6-11 施工现场班前安全分析会讲台

图6-12 施工现场手机充电柜

班前，对入场工人进行酒精测试，不合格者禁止入场，通知其管理单位现场领人，有效降低了酒后上岗行为。

③ 总结以往经验，不断加强施工现场标准化建设水平，树立良好示范。如：生活区板房，二级配电箱，班前安全分析会讲台，手机充电柜等（图6-9至图6-12）。

图6-13 公司《突发事件应急预案》

图6-14 现场火灾消防演习

④ 组织播放反面事故事件教育案例，提高认识，警钟长鸣，激发各地块承包商"比、学、赶、帮、超"工作氛围，促进现场安全管理上水平。

应用HSE安全观察与沟通管理工具，通过现场各类临时设备、设施，作业风险监督以及标准化建设，大大降低人的不安全行为和物的不安全状态，增强各级管理和操作人员的岗位履职能力和安全意识，解决安全操作规程与实际操作之间对接问题，降低隐患发生概率，引导现场临时设备设施管理和安全文明标准化建设方向，保障各项安全生产任务按期完成。

6.4.3 应急能力建设监督管理

（1）通过科技园项目应急体系建立和预案编制，建立反应灵敏、运转有效的应对突发事故、事件指挥系统和应急处置体系，力求预案贴近实际，可操作性强，一旦突发事故、事件，各部门能按本预案协同联动、果断处置，将损失降至最低。

（2）按照"一案三制"和集团公司《应急预案编制通则》标准要求，完善公司《突发事件总体应急预案》，结合体系审核不断细化、完善各专项预案。针对施工现场可能发生的高处坠落事故、机械伤害事故、人员触电事故、受限空间作业事故，有针对性编写专项预案。高度重视突发自然灾害天气应急管理工作，要求承包商在特定季节，特殊天气条件下，建立应急组织机构，配备专业人员，制定预案和防范措施，加强应急物资储备检查与使用管理，保障现场安全（图6-13）。

（3）与昌平区消防支队、昌平区建委、安监站建立联控联防应急机制，定期组织各地块承包商开展现场火灾消防演习、防汛应急演练，加强对应急实战演练效果总结、评估，不断完善预案可操作性，提高施工人员应对突发事件应急处置能力（图6-14）。

6.4.4 安全环保文化建设和效果

（1）安全管理。按照集团公司"54321"工作思路和领导干部"七个带头"工作要求，加强承包商对HSE管理体系目标、方针、承诺、管理要求的掌握和运用能力，公司领导及部门负责人带头制定实施《个人安全行动计划》，尤其带头在现场实施安全经验分享和监督隐患排查，合理调节现场人、机具、环境之间关系，建立一套与公司安全文化相适应的安全生产运行机制，确保实现"零伤害、零污染、零事故"安全目标。

总结现场监督检查内容，公司积极推广"安全五查"（查制度、查措施、查死角、查隐患、查记录），"动火作业五查"（查动火证、查操作证、查监护人、查消防设备、查预防措施），"五勤"（眼勤、手勤、嘴勤、腿勤、脑勤）等HSE现场管理理念，把HSE管理体系与地方政府法律法规有机结合，把责任落实到施工监管全过程，承诺"我在现场你放心"。

（2）安全协议。按照与总承包商HSE管理协议内容，加强对监理、承包商安全管理人员履职情况督导检查，特别是管理者安全意识、重视程度，以及在资源配置方面所提供的保障进行及时疏导、纠正与反馈，通过定期参加地块安全例会和监理例会和每天现场安全监督，传递公司安全管理要求。

安全管理工作要树立"想不到就是失职，做不到就要问责"理念，对现场"三违"现象采取强制管理，强化监管，分级治理，发现HSE隐患及时下发整改通知，实施"三定"（定人员、定时间、定措施）原则销项整改。

对不服从业主、监理方管理，隐患整改不力的承包商采取合同、协议管理措施进行违约赔偿；对严重违反"禁令"、造成恶劣影响的承包商坚持采用"三铁"管理（铁心肠、铁面孔、铁手腕），较好推行集团公司"六大禁令"，"HSE九项管理原则"长效机制。

（3）安全投入。公司每年对安全管理人员进行安全防护用品投入，如：安全帽、工作服、防护鞋、绝缘手套、3M口罩、护目镜等，确保了安全管理人员职业健康。

（4）安全宣贯。通过向承包商发放HSE宣传挂图、海报，开展经验分享活动，加强集团公司"六大禁令"、"HSE九项管理原则"等内容宣贯，把HSE管理文化与现场安全管理有机融合，在"转变观念、养成习惯、提高能力"方面下功夫。定期开展公司内部人员安全知识培训、组织公司全体人员开展安全知识答题，在公司网站上发布安全提示等，提升全体员工对安全工作理解和认识。

（5）安全监督效果。目前，科技园区建设处于现场监管与承包商自主管理相结合阶段，公司在抓好在建项目安全环保基础上，探索"安全科技园区"建设管理模式。通过2014年建设高峰期对5个地块5家总承包商安全环保评分统计（图6-15），可以看出园区项目建设安全环保受控。

（6）文化融合。在抓好公司自身安全文化建设同时，公司积极与各总承包商进行安全文化对接，相互取长补短，不断吸收、转化、完善自身安全文化内涵，开创安全文化相互依托，合作共赢的新局面。

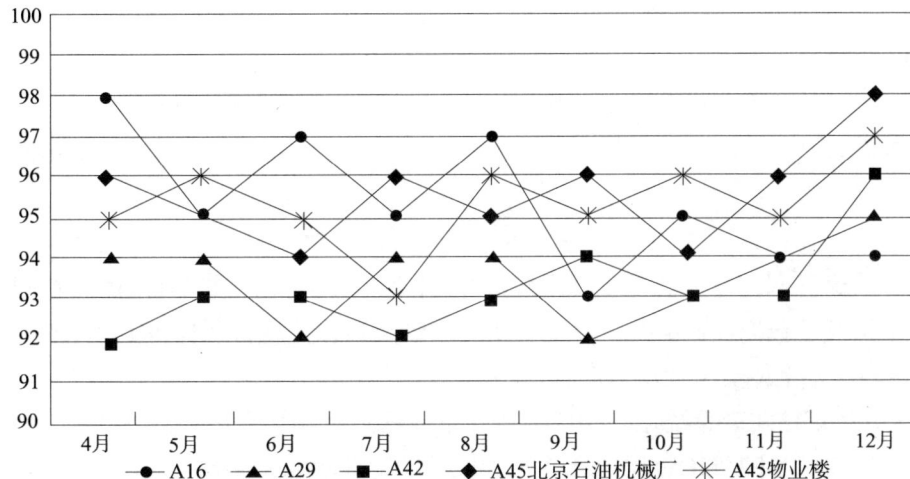

图6-15
2014年度各地块总承包商
安全环保三级考核统计

6.4.5　承包商和供货商后评价

按照集团公司有关规定，承包商和供货商后评价体系包括承包商HSE业绩、自身HSE管理手段、风险控制能力、设备技术先进程度、重大事故发生及控制能力。公司每年对承包商开展后评价，评价未合格者，第二年不得承包科技园发包工程及物资采购项目。

6.4.6　园区生态环境建设

中国石油天然气集团公司是以生产能源为主的大型国有企业，中国石油科技园是中关村国家工程技术创新基地的重要组成部分，科技园建设必须体现"节能、环保、绿色"理念，充分考虑城市生态环境因素，将科技园区建筑自身对周边环境的不利影响降至最低。在节能方面，园区采用新技术、新工艺、新材料等多项措施，减少能源消耗，提高能源利用效率。在环保方面，一是项目建设前期做好水土保持、防噪声污染、防污水、废气排放等规划、设计；二是项目建设过程中，对建筑垃圾清理、污水排放、扬尘、噪声等控制措施，严格HSE监管。在绿色施工方面，加强园区整体景观实施。园区景观以"破坏原生态最小化，利用最大化"原则，充分利用原有植物资源，形成自然稳定的植物生态群落景观，改善人居环境。园区当前各地块绿化面积约22hm²，园区市政绿化面积约10hm²，园区东南侧种植约13hm²林带，整体形成初具规模的碳汇林区。有效降低二氧化碳在大气中的浓度，降低空气中PM2.5含量，确保科技园区充分利用雨水，减少水土流失，形成与昌平区生态共建新局面。

6.5　强化HSE体系建设，改进HSE体系运行绩效

6.5.1　HSE体系推进方法

HSE体系建设是集团公司推进安全环保管理重要工作载体，是全员必须遵守的安全行为准则。公司HSE体系建设推进工作大致经历三个阶段：

第一阶段：2007年至2010年，为基础管理阶段，主要工作：

（1）梳理HSE体系、理清工作职责、界定各部门工作界面，推动"管工作，管安全"安全生产氛围。

（2）公司引入HSE专业管理人员，加强HSE体系工作宣贯，使员工逐步掌握HSE体系基础知识。建立、整理体系文件，避免存在文件流程缺漏、职责交叉现象。2009年，公司建立A版QHSE体系文件，加强HSE管理体系现场指导。

第二阶段：2011年至2012年，管理提升阶段。因园区建设后续安全环保管理压力增加，公司组织及时开展安全环保管理"回头看"。作为科技园在建项目安全监督及HSE体系推进工作责任部门。主要工作：

（1）按照集团公司体系工作推进要求，公司安全环保实施分地块属地管理，由安全环保部牵头理顺HSE工作机制，明确各部门HSE职责。公司配备7位体系工作人员，推动HSE体系基础建设。公司加强对内部员工及承包商HSE宣贯，通过定期组织安全知识竞赛、制作PPT宣传册等方式，使HSE体系理念逐渐深入全体员工及承包商管理层。

（2）体系文件修订和HSE审核实现系统化。2012年初，原工程公司与科技开发公司整合，公司开展体系文件修订，于2012年4月发布C版程序文件及管理手册。新版体系文件对公司QHSE管

理目标、指标进行重新修订，增加过程保障性指标，公司顺利通过HSE管理独立体系认证审核。

第三阶段：2013年至今，精细化管理阶段。新《安全生产法》、《环境保护法》及Q/SY1002.1–2013《健康安全与环境管理体系》新标准发布，对公司安全环保管理工作提出新要求。主要工作：

（1）HSE体系推进取得新成效。2013年，各地块持续推广HSE现场检查表、动火作业、高处作业许可和安全目视化、清洁生产标准化管理。对承包商现场安全环保管理，基本实现HSE体系闭环管理，有效控制在建地块施工过程安全风险。

（2）体系文件严格与新标准接轨。集团公司于2013年10月发布新版HSE体系标准（Q/SY1002.1–2013）。2014年3月，公司提前策划HSE体系文件换版，开展HSE体系换版技术咨询市场调研，起草《HSE管理体系换版实施方案》，下发《关于召开健康安全管理体系文件换版工作会议通知》，按照新版HSE标准要求，结合科技园建设项目实际，逐一开展文件修改工作，使HSE新标准转化工作在2014年5月提前一年完成。2014年6月初，经批准发布科技开发公司D版程序文件、管理手册。同年，经过HSE体系内审、管理评审和运行测试，通过2014年度HSE监督审核，体系运行持续改进。

（3）文件适用性进一步提升。2014年，为持续改进HSE工作绩效，进一步明确顾客满意度测量及安全监督工作流程。结合体系换版工作，在D版程序文件增加《顾客满意控制程序》、《安全监督管理控制程序》。按集团公司要求，把作业许可程序转换纳入体系文件，作业票纳入体系管理。根据风险管理全方位、全覆盖原则，协调组织公司商务部、技术部、工程部对《承包商供应方控制程序》、《变更控制程序》修订完善。在支持性文件中修订《技术管理过程中顾客需求落实管理办法》、《设计变更管理制度》等HSE相关内容。对设计变更、现场签证、工程洽商实施过程HSE风险辨识、审核。对管理手册原有HSE目标指标描述、考核和测量进行修订，确保目标指标合理、可测量。同时修订《突发事件总体应急预案》，明确公司各部门应急管理工作职责和权限，应急响应工作流程以及应急救援步骤、方法，增加四个分预案，三个处置措施，完善应急管理工作。

6.5.2 强化HSE培训，夯实"三基"工作

（1）统一HSE体系工作认识。公司高度重视HSE体系培训，紧密结合集团公司创建"五型"（学习型、安全型、清洁型、节约型、和谐型）班组和华服总"学习型企业建设"工作要求，以HSE体系管理为载体，扎实学习，苦练内功。几年来，公司采取"请进来，送出去"方式，严格实施HSE体系培训20余次，累计17人获得HSE审核员证书，培养了一批管理骨干。加快管理人员职业化进程，积极参与集团公司、华服总举办的各类培训与竞赛。通过参加各层次学历教育，丰富安全管理理论知识，提高个人素养，累计有11名同志在华服总举办及科技开发公司组织的安全职业技能竞赛中获得好成绩。通过积极创建"五型"班组活动，增强管理凝聚力，提升员工执行力，对工作起到良好促进作用。

（2）公司加强HSE体系在承包商中宣贯力度，承包商管理执行统一健康安全环境标准。2012年至2014年，在各地块累计向承包商发放安全宣传挂图、海报300余张，制作专项PPT课件并在承包商中实施安全宣讲25次，定期组织培训指导。促使各地块获得"北京市绿色安全文明工地"称号，起到良好示范效果。

6.5.3 HSE审核在体系推进工作中作用和效果

HSE体系审核是评价管理体系有效性重要手段，为体系工作持续改进起到积极作用。特别是从2012年起，集团公司一年开展两次HSE体系专项审核，为科技园建设项目HSE管理体系持续改进提供大量指导性意见。通过HSE专项审核，主要起到以下作用和效果：

（1）确保审核规范性。严格执行"三不审核"原则，即没有审核计划不审核、没有检查表不审核、没有经过培训不审核。如：2014年，集团公司HSE审核组、三星九千认证公司、东方诚信公司，分别于当年6月和10月对科技园HSE体系建设进行3次审核。年初审核策划中，认真做好审核前准备工作。审核前，公司各部门开展文件自查，完善制度文件、内业资料。向审核组提交文审，明确文件改进需求。2014年10月，集中开展认证公司、集团公司体系审核工作，公司提前部署。对照审核要素和重点关注问题，提前了解、掌握审核要素条款，做到有的放矢。对审核组提出需受审核方关注问题项及不符合项认真记录，制定纠正预防措施、限期整改。

（2）通过HSE审核推动落实"管工作管安全""谁主管，谁负责"要求。几年来，HSE体系审核强力推进下属企业落实"有感领导、直线责任、属地管理"工作认识。对承包商准入和业绩评价工作涉及商务部、工程部、技术部和安全环保部等多个部门，通过HSE专项审核，进一步明确各部门承包商从招标资审、合同签订、进场施工、过程监督和后评价各环节HSE责任。如：商务部负责牵头承包商HSE资审、HSE协议签订；工程部、安全环保部负责开工安全生产条件审查、作业许可控制及过程运行控制管理；技术部负责技术管理过程中HSE需求落实管理；行政事务部负责对科技园建设领导小组及配合入园单位做好满意度调查等。通过HSE审核，进一步明确上述职责分工，做到职责落实。

（3）通过审核杜绝以往问题重复出现。HSE审核通过对标准要素在现场执行过程动态检查，持续查找现场管理中的低标准、老毛病、坏习惯。通过问题发现、分析、整改、预防，杜绝在建设后续地块中重复出现类似问题。

体系建设工作是一件长期性、规律性工作，需要全员共同参与，严格执行集团公司"有感领导、直线责任、属地管理"工作理念，强化HSE管理制度宣传，加强制度执行过程中责任落实，使管理体系运行得到进一步提升。公司各部门协调一致，形成合力，通过多种方式HSE宣传、培训教育，严格监督和体系审核，有效提升公司HSE管理绩效，为园区建设保驾护航。

6.6 业务工作小结

科技园项目经过几年建设，科技开发公司已将集团公司HSE管理体系与民用工程项目建设进行有效结合，探索出适合科技园项目建设的安全环保管理方法。从建设工程项目前期资格预审、招投标、合同签订HSE管理，到项目建设开工审查、过程监管、应急管理、后评价HSE监督，以及通过集团公司、三星九千认证公司每年三次高质量HSE体系审核，推动公司HSE体系建设围绕项目建设全过程持续改进。

HSE价值观影响着各级管理人员和员工行为方式，在思想意识上真正树立安全是"第一管理"的理念，真正认识到"企业需要生存，安全是底线"，安全生产责任重于泰山，必须充分认识搞好安全环保工作的重要性，把这项工作摆在更加突出的位置，落实好"一岗双责，党政同责"、"管理工作必须管理安全"原则，各级管理者从"落实科学发展观，建设和谐社会，以人为本"高度认识安全环保工作，也意味着安全环保管理不仅是专职安全管理人员的工作，也是各级领导和每个员工身上沉甸甸的责任。把"敢管、敢想、能管、会管"的员工输送到安全管理岗位，干我们所写的，写我们所干的，建立起建设单位、监理单位、施工单位"三位一体"安全管理模式。

树立事故和事件资源理念，通过建立完善事故、事件管理机制及资源价值有效应用，把管理重心转移到总结经验、寻找规律层面，将安全环保工作重点从"事后处理"转移到"事前预防"和"事中监督"上来，是今后确保科技园建设安全环保总体目标实现的关键。

第 **7** 章
财务与资产管理

7.1 财务与资产管理的机构组织框架

7.1.1 财务管理主要内容

作为中石油科技园项目建设和管理单位，科技开发公司财务管理工作主要遵循国家《会计法》、《企业会计制度》、《企业会计准则》、《基本建设单位财务管理规定》和中石油集团公司的相关管理规定和要求。

（1）基本建设单位财务管理相关规定

按照财政部关于印发《基本建设财务管理规定》的通知（2002年9月27日财建〔2002〕394号）的要求，建设单位财务管理的基本任务是：贯彻执行国家有关法律、行政法规、方针政策；依法、合理、及时筹集、使用建设资金；做好基本建设资金的预算编制、执行、控制、监督和考核工作；严格控制建设成本，减少资金损失和浪费，提高投资效益。

建设单位要做好基本建设财务管理的基础工作，按规定设置独立的财务管理机构或指定专人负责基本建设财务工作；严格按照批准的概预算建设内容，做好账务设置和账务管理，建立健全内部财务管理制度；对基本建设活动中的材料、设备采购、存货、各项财产物资及时做好原始记录；及时掌握工程进度，定期进行财产物资清查；按规定向主管部门报送基建财务报表。

建设单位应当严格执行工程价款结算的制度规定，坚持按照规范的工程价款结算程序支付资金。工程建设期间，建设单位与施工单位进行工程价款结算，建设单位必须按工程价款结算总额的5%预留工程质量保证金，待工程竣工验收一年后再清算。

基本建设项目竣工时，应编制基本建设项目竣工财务决算。基本建设项目竣工财务决算是正确核定新增固定资产价值，反映竣工项目建设成果的文件，是办理固定资产交付使用手续的依据。建设单位应在项目竣工后3个月内完成竣工财务决算的编制工作。

（2）科技开发公司财务管理工作主要内容

按照集团公司的文件批复：科技开发公司主要职责是在集团公司和中石油科技园建设领导小组的领导下，负责中石油科技园的规划、建设和管理，即为：中石油科技园建设领导小组是科技园项目建设的决策机构，科技开发公司是科技园项目建设和管理的具体执行机构。按照集团定位，科技开发公司的行业所属为基本建设单位，应执行基本建设单位的相关财务制度和管理规范。

按照工程建设程序先后，公司财务管理工作的主要内容如下：

① 取得项目初步设计批复（概算批复）
② 按照建设进度，上报年度投资计划
③ 按照批复的年度投资计划，申请拨付年度计划资金
④ 按照工程进度，支付建设资金
⑤ 开展工程结算，支付结算款项
⑥ 组织竣工决算，接受决算审计
⑦ 开展项目转资，进行资产管理（盘点、租赁、收费）

公司日常财务管理工作主要包括十项内容：会计核算、资金管理、财务报表、资产管理、税务管理、内控风险管理、投资统计、预算管理、工资管理、其他基础工作。

7.1.2　财务资产工作组织架构

科技开发公司财务工作由总经理分管，公司设置财务总监，协助总经理负责公司财务管理、资产管理及会计核算工作。公司财务工作执行国家《会计法》、《企业会计制度》、《企业会计准则》等财经法律法规以及集团公司的各项财务规章制度，根据业务需要，制定了《科技开发公司财务管理办法》。

公司财务工作实行集中管理、全部收支纳入会计核算、公司预算总经理审批、报销总经理签字的制度。公司设立财务资产部，财务总监分管财务资产部工作。根据财务管理和会计业务需要，财务资产部设置以下岗位：经理、副经理、会计岗、资产管理岗、计划统计岗、出纳岗。

7.1.3　公司财务资产部工作职责

（1）遵守国家的法律法规，贯彻执行集团公司的各项规定，保护国家财产。组织建立公司的财务管理及核算制度，制定会计核算办法。

（2）负责制定公司内部各项费用报销制度并负责解释宣贯；根据公司业务内容的变化，组织制定及更新各种补充规定和实施细则。

（3）参与公司的年度投资计划的制定，根据集团公司下达的年度计划，监督实施。

（4）负责公司的资金筹措，编制财务收支预算，确保资金收支平衡，控制资金的投放，提高资金利用率。

（5）负责正确及时计算成本费用，反映预算执行情况，监督成本费用开支范围。定期编制上报会计报表、统计报表，做好经济活动分析，为领导决策提供依据。

（6）负责各项资金的结算，确保各项资金结算的安全性和准确性。

（7）会同入园单位、科开其他部门，组织好科技园资产设备、财产物资的定期清查和盘点工作，及时组织核算，保证国有资产保值增值。对于发生盈亏、丢失、损坏的，及时查明原因，弄清责任，提出处理意见。

（8）负责会计凭证、账簿的装订、管理与存档工作。

（9）负责公司财务系统内部监督，包括对财务原始凭证真实性、合法性和执行国家财经纪律情况的监督，并接受内外审计，以及税务机关的监督检查。

（10）加强财务人员的法制教育及职业道德教育，负责财务人员知识更新和业务培训，对财务人员的工作进行考核。

（11）负责梳理本部门内控工作流程，建立并发布公司内控手册，负责手册后期测试、更新及完善。

（12）做好公司领导交办的其他工作。

7.2　科技园建设项目会计核算方法

会计核算方法是对公司经济业务进行完整、连续、系统的计算和记录，全面反映和监督，为经营管理提供必要的信息所应用的方法。

科技园建设项目按照《基本建设单位财务管理规定》的相关管理要求设置会计核算科目。项目投资主要通过"在建工程"科目进行归集，下设"建筑工程"二级科目归集各地块投资成本；设置"待摊费用"二级科目用以归集暂时无法清晰界定划入某地块的投资成本，留待工程项目竣工转资时予以分摊；设置"建设单位管理费"二级科目归集项目办公费及人工费。竣工项目按竣工决算报告审定金额，将原值转入"固定资产"科目，并按规定计提折旧和房产税。竣工地块投入使用、收取租赁费后，收入计入"其他业务收入"，并将投用地块折旧费、房产税等按收入、成本、费用配比原则计入"其他业务成本"和"管理费用"科目。

公司应用中国石油财务管理信息系统（FMIS7.0系统，下同），实现了会计核算集中管理。进行账务处理和编制财务报表是对各个工程项目所发生的全部经济业务事项进行真实、完整记录的过程。基本步骤是根据审核无误的原始单据生成记账凭证，记账凭证的借贷双方在系统内自动生成明细账和总分类账，月末进行相关科目的结转并核对余额，最后根据核对无误的科目账编制财务会计报表、编写财务情况说明书，按月度、季度、年度要求报送中石油集团公司。

针对科技园建设项目工程投资规模大、建设周期长、分期滚动开发的特点，财务资产部确立了按地块归集投资成本、按实际投入核算资产价值的会计核算模式。根据集团公司投资概算批复文件，设置相应地块明细科目（表7-1）。根据集团公司概算总投资批准表，设置相应地块明细账（表7-2）。这种核算模式既有利于各地块成本清晰归集，又有利于后期地块转资时将批复投资与实际投资进行对比。

科目层级目录 表7-1

科目编号	科目名称	方向	上期结转	本期发生		方向	当前余额
				借方	贷方		
1604	在建工程	借				借	
16040001	建筑工程	借				借	
16040010002	A34地块	借				借	
160400010004	A16地块	借				借	
160400010005	A15地块	借				借	
160400010006	A13地块	借				借	
160400010007	A19地块	借				借	
160400010008	A33地块	借				借	
160400010009	A29地块	借				借	
160400010010	A45地块	借				平	
160400010012	A42地块	借				借	
160400010013	A45地块（物业）	借				借	
16040003	待摊费用	借				借	
16040004	建设单位管理费	平				平	
16040005	购置固定资产	平				平	
合计		借				借	

科目明细目录 表7-2

科目编号	科目名称	方向	上期结转	本期发生		方向	当前余额
				借方	贷方		
160400010009	A29地块	借				借	
1604000100090002	税费	平				平	
1604000100090003	勘察设计费	平				平	
1604000100090004	水费	借				借	
1604000100090005	工程款	平				借	
1604000100090006	监理费	平				平	
1604000100090007	设备费	借				借	
1604000100090009	项目评估费	平				平	
1604000100090010	咨询服务费	借				借	
1604000100090011	测绘费	借				借	
1604000100090012	评审费	平				平	
1604000100090013	城市基础设施建设费	平				平	
1604000100090015	电费	平				平	
1604000100090016	会议费	平				平	
1604000100090017	中介机构费	平				平	
16040001000900170001	律师费	平				平	
1604000100090018	散装水泥及新型建材两项基金	平				平	
1604000100090020	其他费用	平				借	
合计		借				借	

在日常管理与核算中，财务资产部严格审核、准确核算、合理分摊相关地块已经发生的前期费用、土地费用、建设成本和管理性支出。公司确立的财务管理模式与会计核算方法取得了上级主管部门和中介机构的肯定和认可，也为科学归集工程成本，规范项目会计核算，全面真实反映财务信息奠定了基础。

随着信息科学、网络经济时代的来临，财务管理面临新的挑战，也对会计核算信息系统的构建和完善提出了更高的要求。公司的财务管理模式及会计核算方法都是依托集团公司财务管理信息系统这一操作平台具体开展的，即通过集团公司FMIS7.0会计一级核算平台，逐步实现了集中统一的会计核算。

2008年按照集团公司统一要求，公司财务资产部应用财务管理信息系统FMIS7.0版，实现了会计核算的初步集中。通过FMIS7.0的运用，科技园项目财务核算基本实现了核算工具现代化、信息载体电子化、处理过程一体化、财务决策快捷化，缩短了核算流程，提高了信息质量。同时，也促进了预算、资金、资产管理的信息化，为实现全面预算管理、资金收支两条线管理和资产的精细化管理提供了技术支持。

通过实施会计集中核算，优化了业务流程，实现了数据的集中和共享，提高了财务管理的效率和效力。首先，会计集中核算模式下，在统一的账套里进行业务处理，使用标准、统一的科目体系及往来单位编码，统一了数据口径，加强了会计监督。其次，会计集中核算模式强化资金收支计划管理，撤销了内部存款账号，有力保证了资金安全，降低资金沉淀。同时，会计集中核算在提高效率、丰富数据的同时，促进了财务管理职能的转变，财务资产部的工作重心由核算逐步转向管理分析和决策支持。

按照中石油集团公司统一要求，2008年公司通过实施资金"收支两条线"管理，实现资金的集中管理。资金"收支两条线"的实质就是对资金进行全额集中管理，通过严格、科学的计划管理和过程控制，规范和优化资金运行，实现资金配置最优化、运行成本最小化、整体效益最大化，是一种安全高效、责权利明晰的资金管理模式。通过集约化管理，提高资金的使用效益；通过集中管理，降低资金管理风险。

在资金"收支两条线"管理模式下，公司按照集团公司"统一审批、收支分设"的要求，分别设置收入账户、支出账户，严格按照规定用途和范围使用账户。中油财务公司根据资金计划限定支出户支付限额，以先透支再补平的方式对外支付。公司收款则通过收入账户每日归集，资金全额上收至集团。具体管理模式如下（图7-1）。

按照中石油集团公司统一要求，2012年公司财务资产部开展了大司库体系建设工作，同年9月，大司库系统正式单轨上线运行。至此，FMIS7.0会计一级核算平台与司库资金管理系统实现了统一与融合。公司的资金管理也由独立管理、"收支两条线"管理过渡到了全面集中管理。

公司在集团公司统一推进下，借助财务管理信息系统和司库资金管理系统的融合，逐步实现了会计信息集中、资金管理集中的"双集中模式"，保证了财务管理科学化，投资核算规范化，费用控制全面化。通过会计核算模式由分散式多级管理向集中式扁平化管理的转变，按照"集成、透明、快捷、共享"的发展思路，科技园项目财务管理实现了"资金全面集中、核算统一规范"。

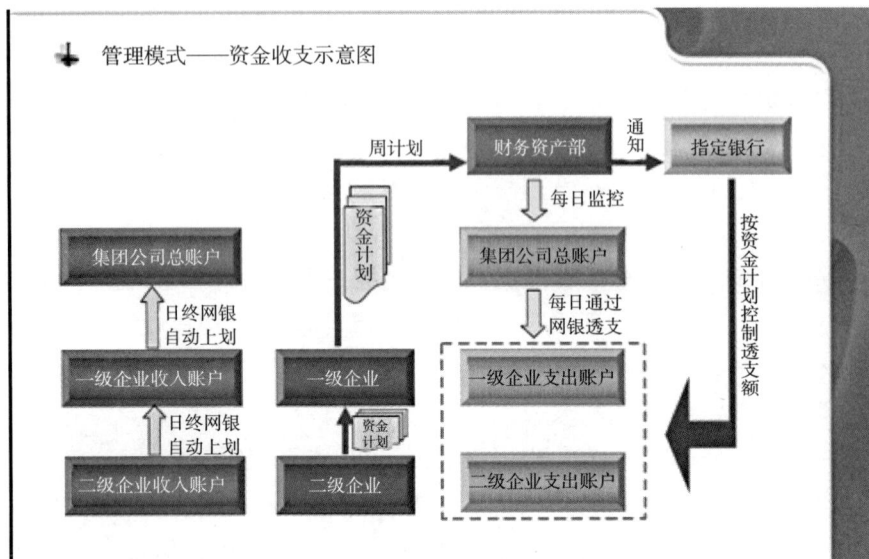

图7-1
资金收支示意

7.3 科技园建设项目资金管理

科技园建设项目资金管理工作的重心是做好资金安全管理工作，确保建设资金安全、使用合规。由于资金的收支采取集中管理，通过司库平台管理完成，资金收款实时上收至集团总账户，资金支付通过公司内部账户透支完成，透支款日终由集团总账户补平。因此，集团的资金管理模式和系统设置为公司资金的安全管理提供了首要保障。

7.3.1 资金集中管理

中石油科技园建设项目资金管理按照集团公司规定，实行集中管理模式。集团公司资金集中管理以集约化管理思想为基础，建立与集团管理体制相适应的司库管理体系，不断拓宽资金集中管理范围，使资金集中管理向源头和业务过程延伸。同时，依托司库系统，通过账户设立、透支支付、网银付款、财企直联等管理方法的有效运作，实现资金的高度集中管理。

集团公司按照"资金全面集中、统一规范管理"的工作部署，引入司库管理理念，创新资金管理机制，依托财务公司实现结算集中，建立中国石油统一资金池，统一信息系统，实现收支全程管控，构建"全面、集中、统一、规范"的资金管理体系。司库内资金收、付、转，需要通过相应单据生成凭证最后发送银行指令，实现了资金流与信息流完全同步。

司库管理模式下，原收入账户变为总分联动账户，公司一切收支通过分账户与财务公司总账户实时联动。此外，公司原支出户变为限额户，可有小额资金用以日常提取现金及批量支付。资金由原来日终归集改为实时归集；由原来银行逐级归集，改为财务公司内部逐级归集，提高了效率和信息及时性。对集团公司而言，可以准确掌控资金池头寸，降低备付头寸，保持最佳现金持有量，减少流动资金占用。对公司财务管理而言，实现资金收、付、转线上操作，做到安全、及时、高效、便捷。资金归集、资金支付流程见下图（图7-2、图7-3）。

2012年9月，科技开发公司财务资产部按照集团公司要求，实现单轨运行大司库系统（营运资金子系统），进行资金集中结算。

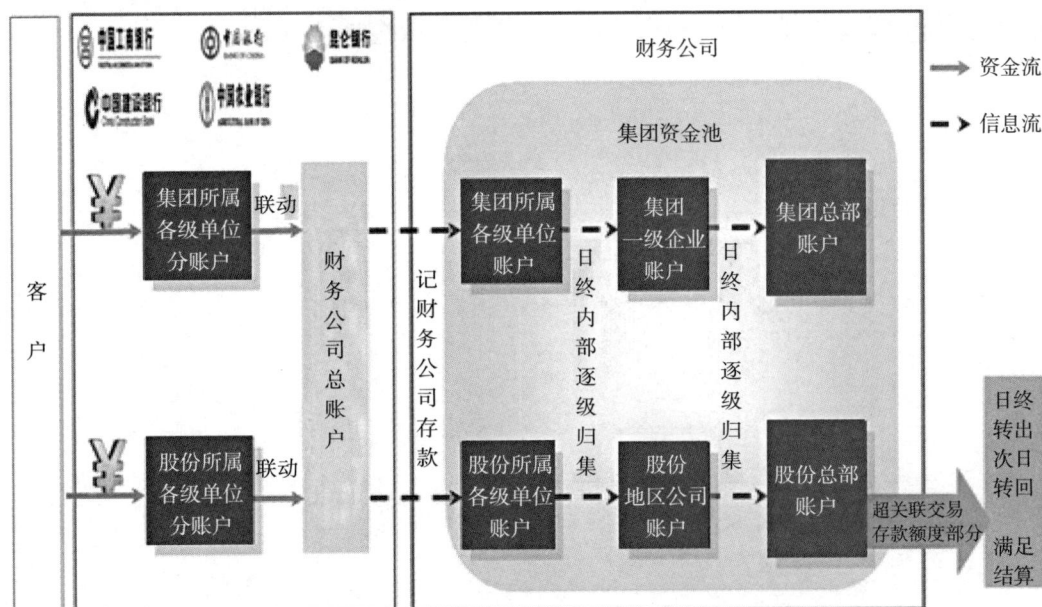

图7-2 资金集中结算流程

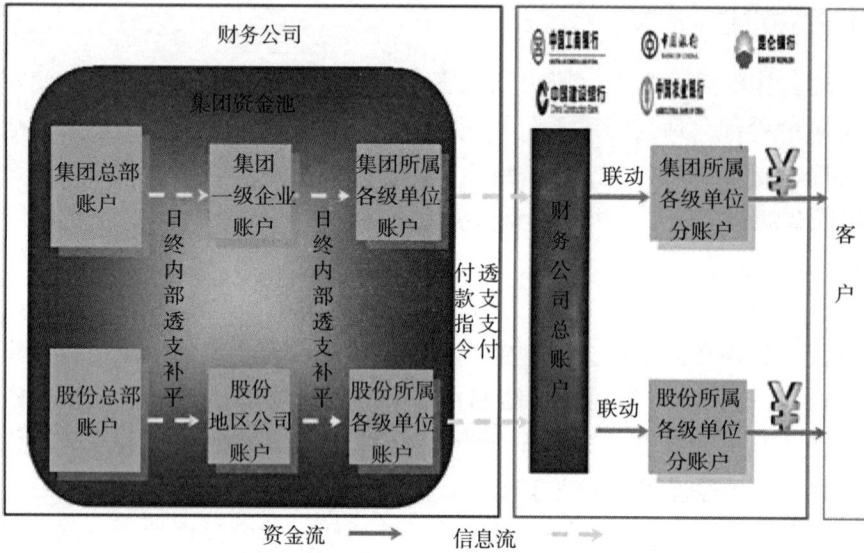

图7-3
资金对外支付流程

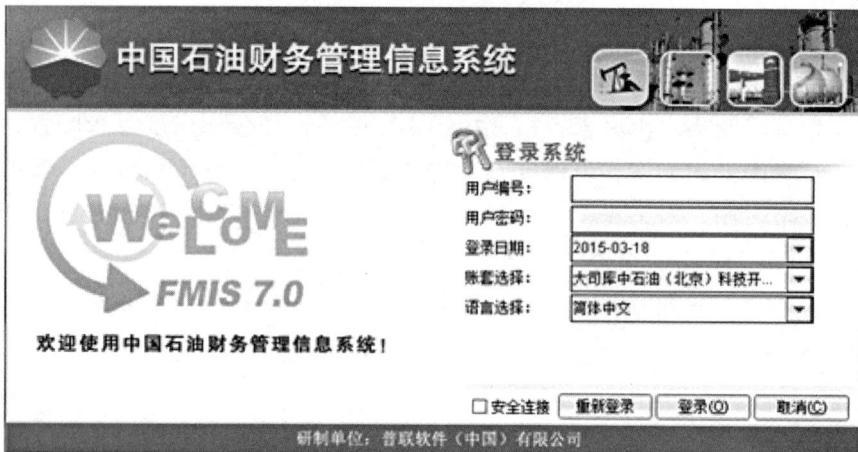

图7-4
FMIS7.0（大司库）统一登录
界面

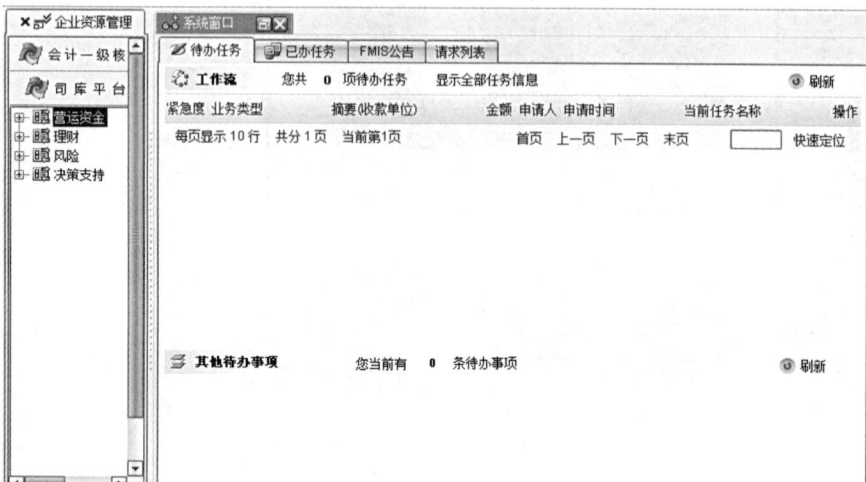

图7-5
大司库系统操作界面

司库平台由四个子系统构成，分别是营运资金子系统、理财子系统、风险管理子系统和决策支持子系统。其中：营运资金子系统包括账户管理、资金预算管理、资金计划管理、资金结算管理、资金往来管理、银企直连扩展、票证管理、债务管理、加油站资金管理、现金流管理、外币资金管理、系统管理等；理财子系统包括投资、融资、综合授信和担保等；风险管理子系统包括流动性风险、利率风险、汇率风险、信用风险等；决策支持子系统包括资金综合分析、资金流动性管理、债务融资管理、金融市场投资管理、金融性风险管理等内容。

大司库的建立有两大创新点：一是以财务公司为统一结算平台，实现全集团结算集中、资金集中、信息集中；二是优化组合集团金融资源，提高金融资源的增值能力，加强金融资源的产融协同能力。

资金集中管理的具体运行方式如下：

（1）账户设立

首先，按照司库体系管理要求，科技开发公司的银行账户设置分为总分联动账户和限额管理账户。公司基本存款账户就近在昌平工行开立，主要用于取现等柜台业务及税收缴纳等专项用途的对外收支业务。此账户设置为限额管理账户，每周资金归集一次，留底金额限额为10万元，每周五下班前超过留底金额的款项自动上划至集团财务公司总账户。

公司的总分联动账户按照集团公司要求在东直门工行开立，工行的分账户与中油财务公司的内部总账户实时联动，实现收款实时上划至总账户，付款日间透支，日终由总账户补平透支，保证分账户余额实时为零。

另外，公司工会账户按照管理要求开立独立账户。

由于集团公司对地区公司账户进行全面控制，公司所有账户的开设、变更、撤销全部由集团公司管理，未经集团公司批准，各单位不得开立账户。因此，我公司除按要求开立的公司基本户、总分联动账户、工会账户之外，再未开立其他资金账户。

（2）采取透支支付，实现公司账户实时零余额。

集团公司根据上报的资金计划设立支出限额，中油财务公司根据支出限额提供透支额度，超过部分不予付款，实现资金"限额控制"；每日在透支额度内先行对外付款，日终由总部将本日的透支金额补平，即"日间透支、日终清算"；这样使得公司账户无资金沉淀，真正实现"零余额管理"。

（3）推行财企直联付款，保证资金快速收拨。

集团公司积极应用网上银行工具，资金收拨实行电子汇划，网上操作，并在实现了银企直联的基础之上，推行财企直联，实现实时收拨款，从根本上为资金集中管理提供保障。

（注：银企直联是指集团企业在集团内部建立自己的资金管理系统，通过数据接口将内部资金管理系统与商业银行核心系统、网银或者现金管理平台实现联接。财企直联是指通过互联网或专线连接的方式，使集团公司下属企业的内部系统与财务公司业务系统实现对接。）

7.3.2 资金计划管理

7.3.2.1 资金计划管理的相关规定和主要做法

为进一步加强和规范集团公司境内人民币资金计划管理，提高司库体系整体运行效率和效益，集团公司财务资产部于2013年6月下发《中国石油天然气集团公司境内人民币资金计划管理办法》。集团公司为满足发展战略和日常经营需要，对下属企业境内人民币营运资金实行全面计

图7-6
年、月资金计划支出编制

划管理，并据此安排头寸，确保司库体系高效运行。资金计划管理坚持全面集中的原则，集团
要求下属企业的所有资金收支全部纳入计划管理，原则上不允许计划外支出。

资金计划按上报时限分为：正常计划、追加计划；按期间分为：年度计划、月度计划、周
计划。其中，年度资金计划编制以年度投资计划、年度生产经营计划和年度预算为依据，每年
12月20日10：00前上报集团公司；月度资金计划编制以月度投资计划、月度生产经营计划和月
度预算为依据，每月最后一个工作日10：00前上报集团公司，各月计划总额原则上不得超过年
度计划。

周资金计划上报以批复后的月度计划和次周资金收支安排为依据，每周最后一个工作日13：00
前上报集团公司，各周之间的计划可根据实际情况进行调整，但各周计划总和原则上不得超过
月度计划。

每月月末，公司将资金计划执行的具体情况与计划数进行对比，提交资金计划完成情况的
分析报告。

资金计划编制上报：

财务资产部作为资金计划管理的具体责任主体，在工作中主要贯彻执行集团公司资金计划
管理政策、制度、办法和工作规范，建立健全本单位资金计划管理制度、规范和流程。根据生
产经营计划、预算、投资计划以及资金头寸状况，编制本单位资金计划，报送集团公司审批，
并按照批复的资金计划组织资金收拨和使用。

作为科技园项目建设单位，由于工程前期规划、建设中涉及的国家、地方及集团公司内部
的各种审批环节众多，审批程序纷繁复杂，如果其中的某一环节出现问题，将影响整个结算程
序，资金支付也将受到影响。而各项业务开展又要求资金保障，因此，将资金支出计划向后延
续，有时造成计划与实际容易产生一定的偏差。

为加强资金计划管理，提高计划执行的准确率，不断强化资金计划的严肃性，公司要求各
部门上报资金计划时要认真研究其可行性，既要保证各项业务正常开展，又要严格按资金计

图7-7　资金计划编制界面

划支付各种款项，尽量避免超计划支出和上报的计划未按时执行等违反资金计划管理的行为发生，不断提高资金计划符合率和资金计划管理水平。

财务资产部在资金计划管理中负有以下主要职责：

（1）组织资金计划的编制工作，负责审核、汇总各部门上报的资金计划，确保公司资金计划符合编制原则。

（2）负责在规定时间内将资金计划上报至集团公司，以便组织资金筹措工作。

（3）加强资金收入与支出的管理，确保资金收入按计划完成，资金支出控制在计划范围内。

（4）负责统计各部门资金计划执行情况，并将结果反馈给相关部门。

资金计划编制上报流程如下图所示：

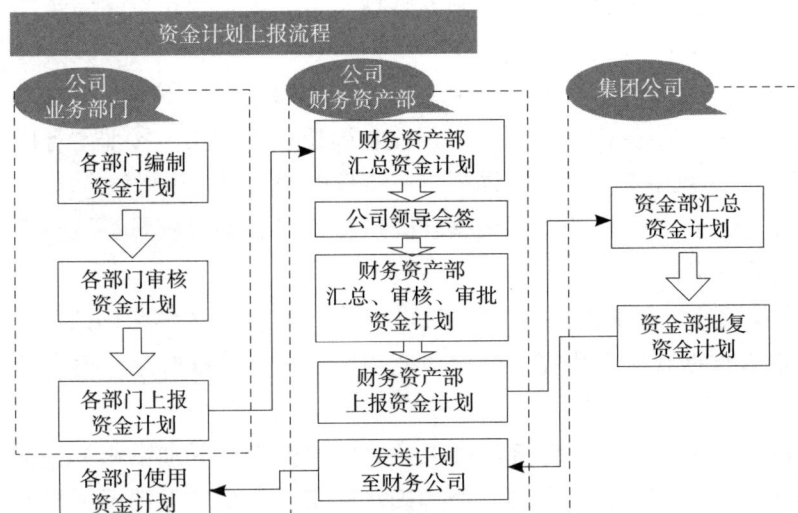

图7-8
资金计划编制上报流程

7.3.2.2 资金计划管理的经验总结

（1）简化资金计划的编制部门

资金计划实行全口径报送，即公司所有收支应全部纳入资金计划管理，公司所有业务部门的一切收支均应编制资金计划。根据目前公司主要支出业务为工程款的实际情况，因此，资金计划主要由商务部编制，财务资产部结合公司整体业务综合平衡后编制上报，暂不要求其他部门编制资金计划，此措施减轻了各部门的资金计划编制负担，提高了资金计划的编制效率。

（2）严格执行年、月计划上报时间

资金计划审批流程长，计划到达财务资产部后需经公司领导会签，若在会签中发现问题，需要修改计划的，必须在集团公司要求的最迟上报时间内修改完成。而根据目前的上报情况，计划在到达财务资产部后没有修改的时间。针对这种情况，财务资产部将月度、年度资金计划上报集团的时间分别提前为每月20日下班前和每年12月15日，要求编制部门严格执行月计划的上报时间和填报要求，确保数据的及时性。

（3）对于各周间计划相互串用的问题，采取合并周计划的解决方案。

工程付款具有审批流程长，支付时间不易控制等特点。针对在计划使用过程中，因各周之间经常出现串用计划而导致计划不足的情况，公司财务资产部在合理预测的基础上，采取将两周计划一并汇总的方法（如在第一周计划上报时，同时汇总第一周与第三周计划），为可能存在提前支付的款项预留计划，在后续各周计划上报时依次释放未使用的计划。

（4）依据往期经验合理预测资金需求

集团公司下一步考核的重点是月度资金计划的执行情况，因此确保月计划数据的及时性和准确性尤为重要。为提高资金计划执行准确率，财务资产部采取以下两点措施：

一是对于存在当月已上报支出计划但未执行，并且预计需要在下月进行支付的情况，需将该项支出计划增加至下月一并上报，避免因计划不足耽误付款。

二是根据往期计划执行情况，结合业务开展需要和项目用款紧急程度，对计划进行充分合理的预测。若计划执行率持续较低，可按一定比例调减计划后进行上报，并提高计划内支出，控制计划外支出，确保计划上报和执行的准确性。

7.3.3 资金支付管理与内控审批流程

资金支付审核严格控制、层层把关，既是公司内部控制的管理要求，也是公司资金管理的关键环节。

科技园项目工程建设资金单笔付款金额通常较大，资金支付要求准确无误，不能有分毫差错，公司对各项工程款的支付环节一直严格控制，要求各部门、各岗位层层把关，按照"合同（协议）付款审核单"审批的款项办理付款手续，并按合同规定在结算中抵扣工程预付款。

（1）"合同（协议）付款审核单"，要求公司商务部根据合同执行情况签署审核意见，要求经办人、部门负责人对付款内容审核签字；

（2）公司技术部对付款事项由相关地块负责人进行审核确认，并经部门负责人签字确认；

（3）公司工程部相应地块负责人根据现场工程完工情况对此项付款进行审核签字，再由工程部门负责人签字确认。

经过三个业务部门审核之后的付款审核单由商务部经办人按照内控流程再分别由相关主管领导审核签字，由公司财务总监进行财务审核，由公司总经理确认签字后，相应报销单才能流转到财务资产部，进入到付款流程。

公司工程类款项支付的严密流程设计，确保每一笔款项的支付均经过各相关业务部门的审核，确保款项支付的金额与合同执行情况相对应，与工程现场进度情况相一致，保证了工程建设资金的安全可控。

对外付款的注意事项：

① 注意审验收款单位的完税证明。

② 注意抵扣预付款项。

③ 注意按合同留够质量保证金或保函。

④ 注意收款单位的名称、开户银行、银行账号应与合同所列一致，不一致时，应提供必要证明。

⑤ 收款单位必须确定专人（该经办人必须出具由本单位法定代表人的委托授权书，详细注明被委托人姓名、职务、身份证号码、开户行和银行账户）办理工程款的结算手续。如由有关部门代办，必须代交正式发票（或收据）以及有关委托证明，否则，财务资产部有权拒付。

7.4 科技园项目资产管理模式与实践

7.4.1 科技园项目资产管理模式确定

按照集团公司总体安排和科技园建设管理"六统一"原则（即：统一规划、统一设计、统一标准、统一投资、统一建设、统一管理）的规定，科技园的管理体制为：中国石油科技园建设领导小组为科技园的决策机构，负责科技园重大事项的研究决策；中石油（北京）科技开发有限公司为执行机构，负责科技园项目土地取得、总体规划、建设和管理工作。

中国石油科技园建设领导小组第12次会议明确了科技园资产管理模式，即："科技园资产和相应产权由科技开发公司统一管理，向各入驻单位收取租金"。集团预算[2011]703号文（2011年12月19日印发）规定：中石油（北京）科技开发有限公司作为科技园区资产的产权所有者，每年决算后要将所收取的租金在扣除相关税费后的净现金流上交集团公司。

科技园项目的固定资产是由集团公司统一投资、资产产权归属科技开发公司，由科技开发公司代表集团公司进行价值管理。而相应的实物资产，尤其是设备资产需要由物业公司及入驻单位进行管理和使用，物业公司及入园单位对资产进行实物管理。资产所有人、管理人和使用人分属不同主体，这也就决定了科技园项目资产管理需要调动好各方积极性，明确落实责任，同时做好资产账面管理和实物管理。科技园资产管理模式如下图所示：

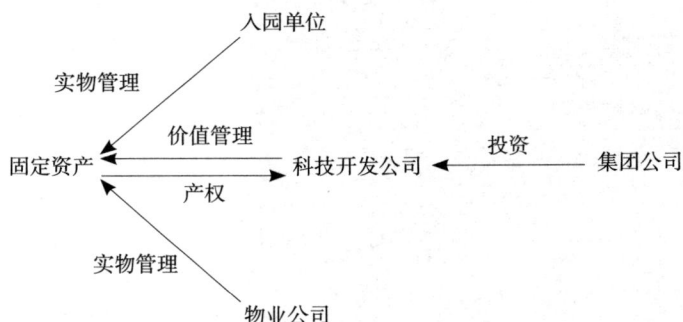

图7-9
科技园资产管理模式

7.4.2　科技园项目资产管理工作进程

科技园项目资产管理经过了一系列的工作进程，确定了目前的管理模式，并进入具体实施阶段。

2011年7月21日，科技开发公司上报集团公司《关于中国石油科技园工程竣工决算后的资产管理模式问题的请示》。

2011年8月16日，第12期《科技园建设领导小组会议纪要》明确了科技园项目资产管理模式，即资产和相应产权由科技开发公司统一管理。

2014年4月28日，科技开发公司拟定《中国石油科技园固定资产管理办法（试行）》，并上报集团公司。

2014年6月12日，科技开发公司印发《中国石油科技园固定资产管理办法（试行）》通知，发送至园区各单位。

2014年6月19日，科技开发公司财务资产部组织召开资产管理工作会议暨科技园资产清查盘点工作启动会，会议明确了科技园资产管理的运行模式，并全面启动各建成地块的资产设备盘点工作。同月即启动A12地块资产盘点工作。

2014年7月24日，启动A34地块资产清查盘点工作，至8月20日，完成了A34地块决算前的资产清查盘点工作。

2014年10月，启动A29地块资产清查盘点工作，至2015年3月5日，完成该地块的盘点工作。

2015年3月6日启动A42地块盘点工作，并于4月5日完成此地块的盘点工作。

A45北石厂和A45物业两个地块的资产清查盘点工作计划于2015年6月5日前完成。

7.4.3　科技园项目资产价值管理与AMIS管理系统应用

科技园项目资产价值管理由科技开发公司代表集团进行管理，各地块建成、工程竣工决算完成转资后，科技园的资产价值管理依托集团公司AMIS资产管理系统（中国石油财务管理信息系统资产管理子系统，下同）进行管理。资产设备录入AMIS系统，按规定的资产类别的折旧年限按月计提折旧。

AMIS管理系统，是集团公司为加强资产规范化管理，统一资产标准、分类和折旧年限，促进资产维护、更新，提高其利用率和经济效益，专门投入实施的资产管理系统。

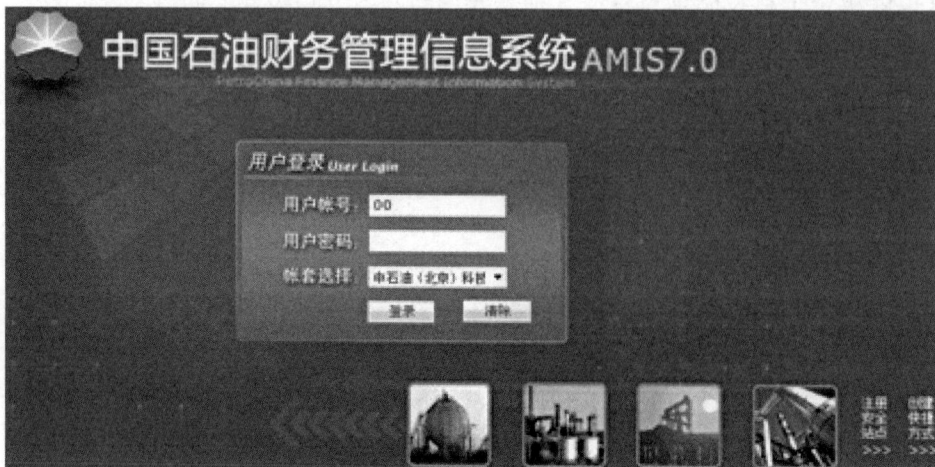

图7-10
AMIS管理系统登录界面

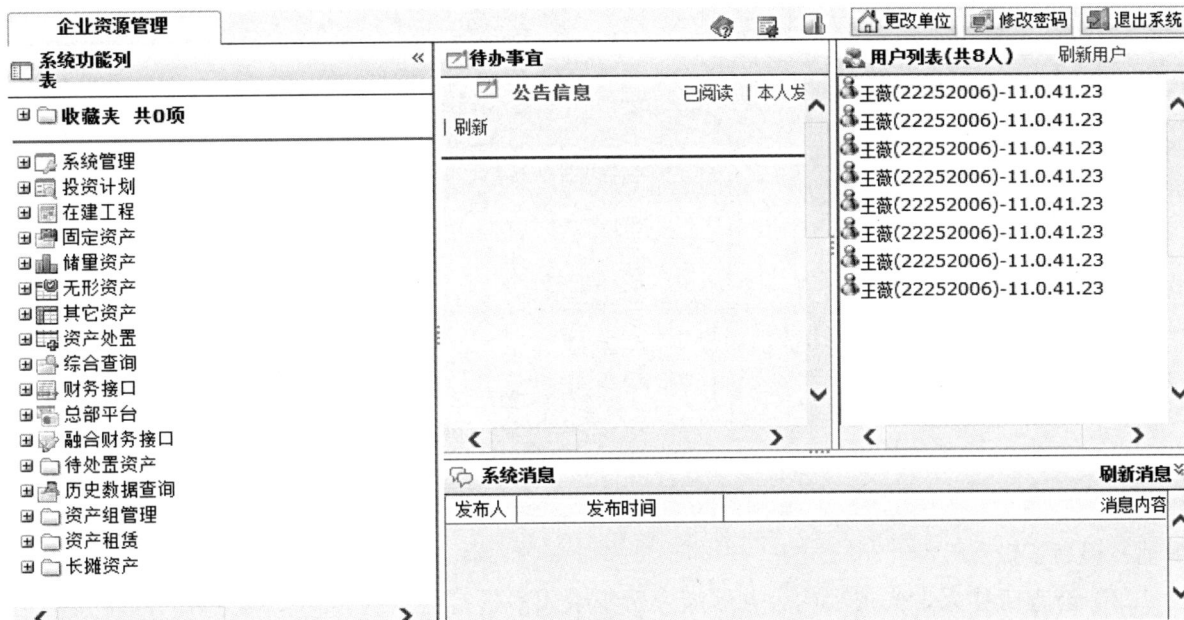

图7-11 AMIS管理系统操作界面

AMIS系统具有以下特点：

（1）细化资产管理，对中国准则、国际准则、美国准则、税务准则按单项资产管理；

（2）优化、简化业务流程，对减值、报废等业务的补提折旧调整实现自动化；

（3）统一资产核算，规范核算流程，所有的资产录入、折旧计提等相关会计凭证都通过资产系统自动生成；

（4）自动生成报表，经相关人员审核后，系统自动将生成的报表数据传输到FMIS（中国石油财务管理信息系统）报表系统中，经FMIS上报至集团总部，在集团总部通过FMIS报表系统生成信息披露的财务报告。

科技开发公司财务资产部资产管理岗的管理人员，充分利用AMIS管理系统，对各地块建成，决算转资后的各项设备资产依照集团公司《固定资产目录》，逐一录入系统，按规定标准按月完成折旧计提等相关会计处理。

7.4.4 科技园项目资产实物管理经验总结

科技园项目资产管理工作总体依照《中国石油天然气集团公司固定资产管理办法》、《中石油科技园固定资产管理办法（试行）》，具体清查盘点工作依据《关于开展科技园资产清查盘点工作的通知》，资产编码规则依照《中国石油天然气总公司固定资产目录2008》。

资产清查盘点工作分为八个步骤实施：如下图所示。

科技园项目资产清查盘点采取全面清查的方式，对园区资产进行逐一盘点核对。涉及园区全部资产，包括风机、水泵、锅炉、配电箱、电梯、洁具等设备。全面清查的范围广、工作量大、清查时间长、涉及人员多。为尽量减少对入园单位工作的影响，全面清查采取如下方式进行：

（1）清查路线由地下室开始，逐层向上直至顶层，保证盘点无遗漏。

（2）清查方式在采取由底层至顶层的楼层排序为主的基础之上，同时以设备系统清查顺序

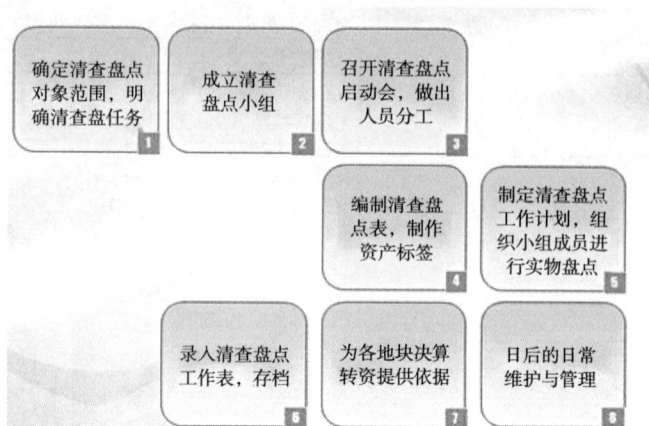

图7-12
资产清查盘点工作实施流程

为辅，提高了盘点效率。

（3）清查工作采取先楼层内公共区域，后集中入户进行盘点的方式，减少对入园单位的工作影响。

（4）吊顶内设备查图确认后录入信息并保存。

资产清查盘点工作相关表单：

设备盘点明细 表7-3

工程名称：××研发中心一号楼

序号	设备名称	型号规格	单位	数量	单价	合价	存放地点
1	变压器	SCB10 1250KVA 1号变压器/2号变压器	台	2	132,000.00	264,000.00	B-B1-配电室
2	变压器	SCB10 1600KVA 3号变压器/4号变压器	台	2	156,200.00	312,400.00	B-B1-配电室
3	隔离柜	12KV/1250A 进线隔离1AH1/2AH1	台	2	63,000.00	126,000.00	B-B1-配电室
4	隔离柜	12KV/1250A 母联隔离1AH12	台	1	45,000.00	45,000.00	B-B1-配电室
5	进线柜	12KV/31.5KV/1250A 1AH2/2AH2	台	2	73,000.00	146,000.00	B-B1-配电室
6	母联柜	12KV/31.5KV/1250A 1AH11	台	1	73,000.00	73,000.00	B-B1-配电室
7	馈线柜	12KV/25KV/1250A 1AH4-10/2AH4-10	台	14	74,500.00	1,043,000.00	B-B1-配电室
8	计量柜	1AH3 2AH3	台	2	65,000.00	130,000.00	B-B1-配电室
9	直流柜		台	1	74,800.00	74,800.00	B-B1-配电室
10	线路微机保护装置	CSC	套	14	13,200.00	184,800.00	B-B1-配电室
11	变压器微机保护装置	CSC	套	3	13,200.00	39,600.00	B-B1-配电室

中石油（北京）科技开发有限公司

××地块一期工程资产清查盘点

表7-4

序号	资产编码	资产名称	规格型号	设备厂家	增加日期	计量单位	单台数量	原值	存放地点	管理单位	资产情况
1	09020203000001	干式变压器	SCB10（2500kVA）	天津特变电工	2013-04-28	台	1	254,639.57	C–B1–DX–032 A3配电室	华服物业昌平分公司	
2	09020203000002	干式变压器	SCB10（2500kVA）	天津特变电工	2013-04-28	台	1	254,639.57	C–B1–DX–032 A3配电室	华服物业昌平分公司	
3	09020203000003	干式变压器	SCB10（2500kVA）	天津特变电工	2013-04-28	台	1	254,639.57	A–B1–DX–078 A1配电室	华服物业昌平分公司	
4	09020203000004	干式变压器	SCB10（2500kVA）	天津特变电工	2013-04-28	台	1	254,639.55	A–B1–DX–078 A1配电室	华服物业昌平分公司	
5	09020203000005	干式变压器	SCB10（1600kVA）	天津特变电工	2013-04-28	台	1	183,969.12	B–B1–DX–079 A2配电室	华服物业昌平分公司	
6	09020203000006	干式变压器	SCB10（1600kVA）	天津特变电工	2013-04-28	台	1	183,969.12	B–B1–DX–079 A2配电室	华服物业昌平分公司	
7	09020203000007	干式变压器	SCB10（1250kVA）	天津特变电工	2013-04-28	台	1	157,732.31	B–B1–DX–079 A2配电室	华服物业昌平分公司	
8	09030499000001	中压开关柜	进线隔离柜 Nxairs–12Kv/1250A	上海西门子	2013-04-28	个	1	74,177.94	A–B1–DX–078 A1配电室	华服物业昌平分公司	
9	09030499000002	中压开关柜	进线隔离柜 Nxairs–12Kv/1250A	上海西门子	2013-04-28	个	1	74,177.94	A–B1–DX–078 A1配电室	华服物业昌平分公司	
10	09030499000003	中压开关柜	进线开关柜 Nxairs–12Kv/25Kv/12	上海西门子	2013-04-28	个	1	79,978.19	A–B1–DX–078 A1配电室	华服物业昌平分公司	

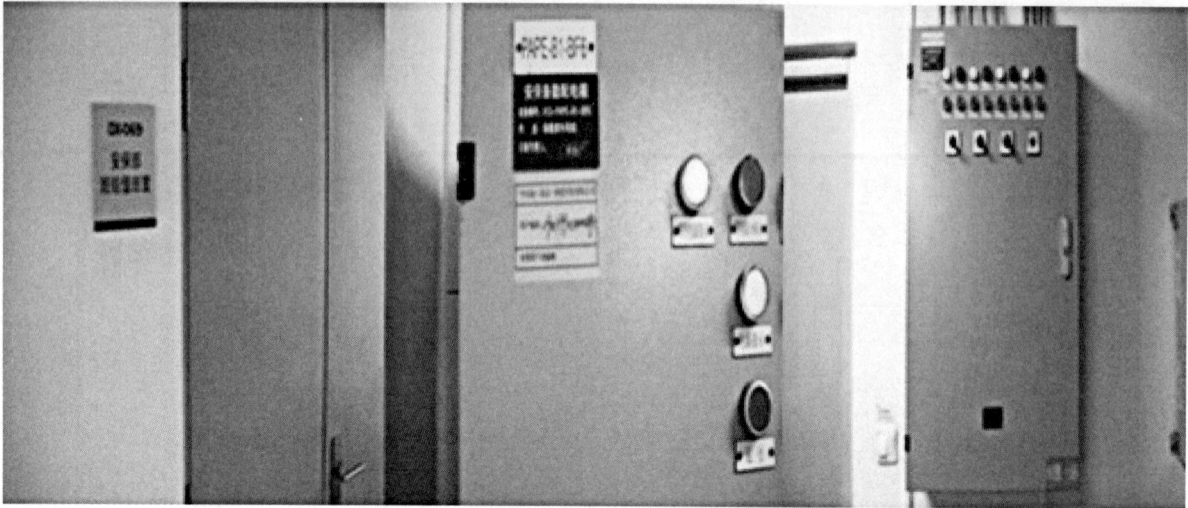

图7-13　配电箱设备盘点照片记录

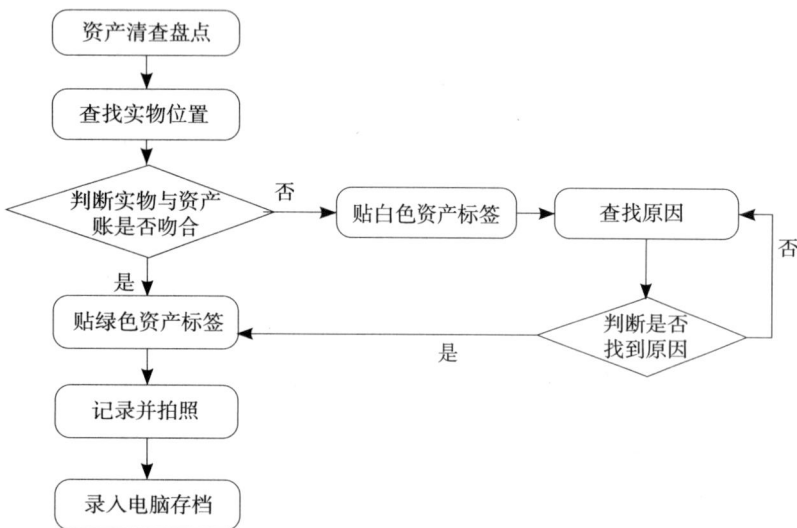

图7-14
资产清查盘点工作具体操作流程

资产清查盘点的现场工作要求严格细致，除对资产设备信息进行录入外，还要进行照片记录，共分三步完成一项资产的清查盘点：

第一步：对资产所在房间门牌号进行拍照，以确认资产位置。

第二步：对资产标签进行拍照，以确认资产信息。

第三步：对资产进行整体拍照，以方便日后管理维护。

资产清查盘点工作经验总结：

（1）资产清查盘点工作采取以楼层顺序为主，设备系统顺序为辅的盘点方式，既避免盘点中发生遗漏现象，又提高了盘点效率。

（2）在现场清查盘点工作中，对于实物不外露且不宜移动，不易盘点的设备资产（例如：吊顶内风机盘管等），采用查找竣工图确认设备位置及数量，直接录入的方法。

（3）在对已交付入园单位使用的资产进行盘点时，采取先在图纸上定位房间位置及查明数量，然后再统一联系入园单位，拿图到现场对应盘点的方式，这样不仅能提高盘点效率，避免由于不能顺序检查房间，而造成的设备清查遗漏，也有效减少了对入园单位的干扰，用此方法对A34实验楼进行盘点时，仅耗时两天就查完全部的房间。

（4）盘点过程中，小组成员除了对资产进行书面记录外，还要进行拍照记录，所取得的照片信息也将录入资产明细表中，保证了资产录入数据的准确、完整。

（5）资产盘点小组的工作开展，采取多种模式并行的方式。岗位分工、轮值上岗、技术支持、分组进行等多种方式的灵活使用，有效调动了小组成员对盘点工作的积极性，并且兼顾了不同部门人员各自分管专业的特点，使每个小组成员的力量都能得到较充分的发挥。

（6）在后续各地块的设备清查盘点工作中，将尽量提前至入园单位入驻前进行。这样既可以避免由于入园单位入驻对盘点工作带来的诸多不便，又可以在与入驻单位签署租赁合同时，提交完备的资产设备明细，方便日后对设备资产的维护管理。

7.5 内部控制体系与风险管理体系建设

7.5.1 内部控制体系建设进程

内控体系建设是公司应对经营风险的有力保障，也是加强公司管理的重要手段。科技园建设项目工期时间紧、投入资金大、安全环保要求高，受到集团公司内外部广泛关注。项目建设过程中，需要同时关注施工质量、工程进度、现场安全、投资成本，还要综合协调设计、监理、总包、地方政府等多方关系。为提高项目科学管理能力，财务资产部于2010年开始牵头进行公司内部控制体系建设，力争形成职责明确、制度完善、流程标准、监督有力的项目建设内部环境，为科技园建设的顺利进行提供运行基础和体系保障。

科技园项目内部控制体系建设经历了体系宣贯、体系建设、体系运行三个阶段。

（1）高度重视，加强培训，营造良好的工作氛围

2010年4月，根据集团公司下发的《关于开展托管企业内控体系建设的通知》，正式开始体系分册的建设工作。财务资产部以"完善内控制度，确保有效运行"为重点，以"设计有效，执行有力"为目标，将抓好体系运行、迎接管理层测试和外部审计、加大整改和完善力度作为工作重点，积极争取集团内控部与华服总审计监察处的技术支持，邀请专业老师进行内控体系建设培训，全员宣贯学习。

针对内控体系建设、COSO框架、控制环境应知应会、岗位职责描述、业务流程等内容，举办了两期内控培训班。通过不同形式的培训和学习，使公司员工对内控体系建设工作的重要性、相关知识及本单位主要业务流程内容有了更深刻的了解。公司全体员工逐渐形成了重制度、重程序、重证据的内控工作氛围。

（2）精心组织，扎实工作，确保体系设计科学有效

财务资产部结合公司现有的管理基础，对集团公司内控体系建设有关内容进行详细分解，明确具体工作内容和要求、落实相关责任部门和责任人、明确时间进度及主要控制点，为内控工作的有效开展提供保证。结合公司生产经营实际情况，经过数次的讨论、修订、完善，共完成10大类（包括KP17工程建设、MP10行政管理、MP01人力资源管理、MP02财务管理、MP04物资管理、MP09合同与纠纷管理、SP04经营计划、SP05运营监控、SP07法律事务、SP08健康安全环保）75个末级子流程的流程图（详见附录表7-14）、风险控制措施文档（RCD）、控制程序文件、控制实施证据的绘制和描述。

　　财务资产部内控工作人员要求做到，对重要风险充分识别、无一遗漏，对关键控制全面落实、无一缺失；每个控制环节点，尤其是关键控制点的控制措施要与部门职责统一、流程节点描述统一、岗位描述统一；切实把"谁负责执行控制"、"如何执行控制"、"什么时间执行"、"执行的标准和依据"基本融入业务流程中，使其在实际工作中具有较强的可行性和可操作性。

　　以财务资产部投资统计报表上报工作为例，相关岗位搜集原始资料，编制投资报表，经过财务总监、总经理逐级审批后上报集团公司。按照此业务流程，分以下三个步骤进行流程图的绘制：

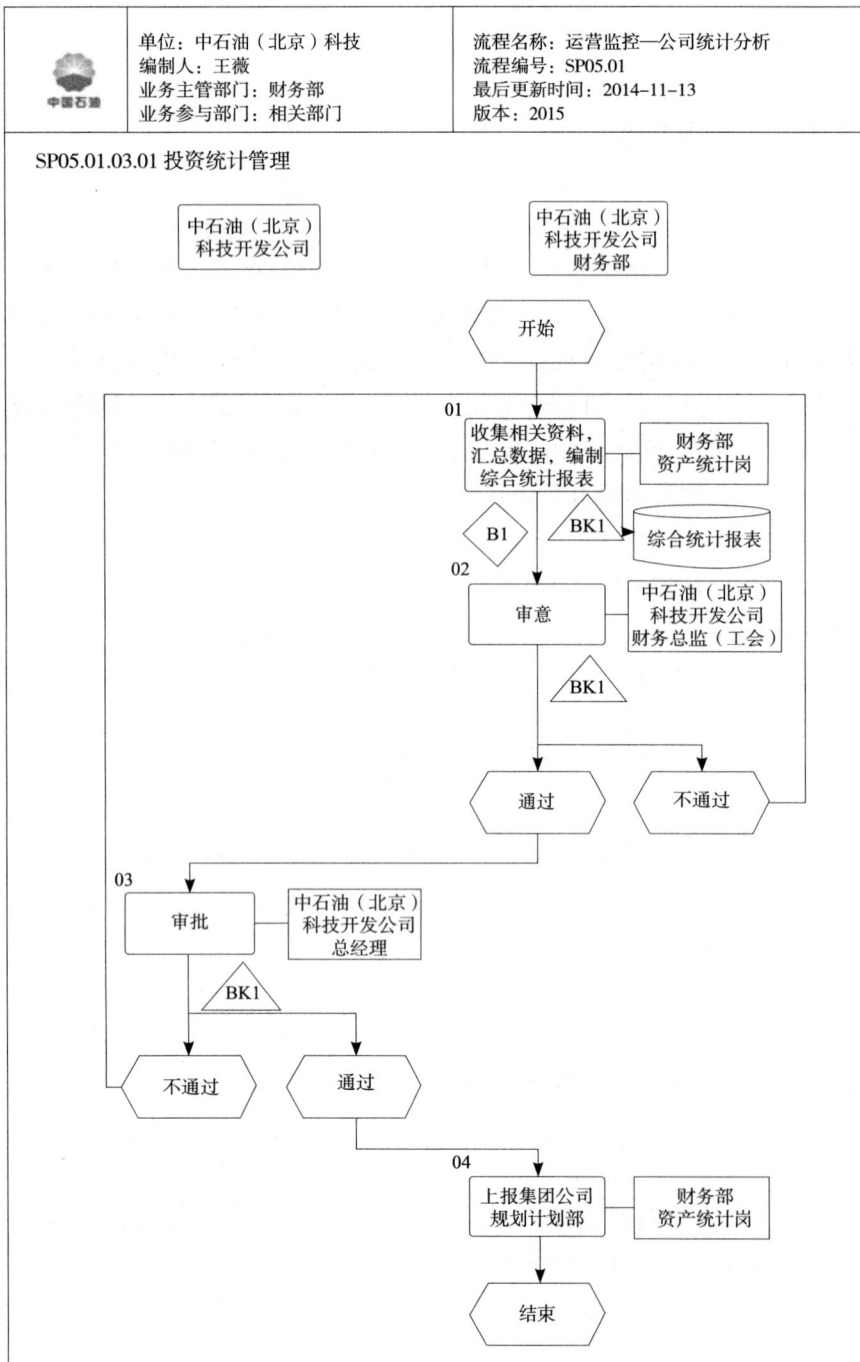

单位：中石油（北京）科技 编制人：王薇 业务主管部门：财务部 业务参与部门：相关部门	流程名称：运营监控—公司统计分析 流程编号：SP05.01 最后更新时间：2014-11-13 版本：2015

SP05.01.03.01 投资统计管理

图7-15
业务流程

1）部门投资统计岗收集相关资料，汇总单据，编制综合统计报表。报表经财务总监、总经理逐级审核、审批并签字后，上报至集团公司规划计划部。按照此工作流程，绘制投资统计管理业务流程图（图7-15）。财务工作及分工由此变得可视化、流程化，既易于操作，又易于管理。

2）部门资金统计岗通过梳理业务流程，对照集团公司风险数据库，将风险、控制措施标注在流程图中，并将流程图提炼，转化为流程步骤的表格（图7-16）。

3）为更全面地反映对投资统计业务的风险管理，需要编制业务风险控制文档。文档详细定义风险类别、控制类型，细致描述控制措施、控制频率及相对应的制度要求（图7-17）。

经过以上三个步骤，形成财务资产部投资统计管理业务完整的流程图及风险控制文档。公司其他业务的流程梳理、风险控制均依照此步骤进行。

（3）认真做好测试迎检工作，发现问题，不断总结，保障体系持续有效运行

为检验体系建设的合理性与执行的有效性，公司先后于2011年9月、2012年3月、2012年11月、2013年10月、2014年10月组织了内控更新测试。测试期间，有关人员全程陪同，全力协调。流程涉及人员随叫随到，对流程上下接口积极沟通，实施证据提供完整、快捷、准确。通过测试，在理顺流程、巩固成果的同时更能发现问题。如个别人员认识不足，风险控制薄弱，行为管理滞后，未真正达到实质性介入及精细管理的要求。这些问题的存在促使公司相关人员进一步思考，对业务流程的符合性检查实行全过程跟踪，对发现的问题，及时请示、沟通并尽快解决。同时，启示公司流程设计人员要按照优化简化工作流程，理顺业务关系的原则，实现业务流程的统一和规范，使其可操作性和有效性都得到完善。此外，也要采取有效的方法，使公司各级领导、关键管理人员、广大业务人员不仅要了解在内控执行上做什么，怎么做，还要清楚做到什么程度，达到什么标准。

1．风险

（1）B1投资统计的数据及相关信息不准确、不完整(K)

2．控制措施

1）B：投资统计的数据及相关信息不准确、不完整

（1）BK1财务部资产统计岗按照集团公司统计制度中所规定的统计范围、标准和计算方法进行统计，充分收集信息，定期按照项目进度和完成情况进行统计，经财务总监审核后报总经理审批，并上报集团公司规划计划部。

3．流程步骤

编号	业务活动	操作岗位/部门	业务表单	概述
1	收集相关资料，汇总数据，编制综合统计报表	财务部 资产统计岗	综合统计报表	
2	审查	中石油（北京）科技开发公司财务总监（工会主席）		
3	审批	中石油（北京）科技开发公司总经理		
4	上报集团公司规划计划部	财务部 资产统计岗		

图7-16 风险及相关控制措施

风险控制管理文档

单位名称：CNPC：中石油
（北京）科技开发公司
最后更新时间：2014-11-13

业务流程名称：SP05.01运营监控-公司统计分析
当前流程名称：SP05.01.03.01投资统计管理

编制部门：财务部
编制人：王薇

版本号：2015

控制点编号	风险类别			风险描述	公司关键控制编号	控制类型	控制方法（自动/人工/半自动）	控制措施	系统控制措施	应用系统控制		控制频率（随时/日是/周/月及其/季度/年度）	控制实施证据	控制文件的文及名称
	战略风险	经营风险	报告风险	法律风险							应用系统控制所属模块	系统控制方式			
SP05.01.03.01-B01-K1					SP05.01.03.01-B01投资统计的数据及相关信息不准确、不完整	SP05.01.03.01-B01-K1	预防性	人工	财务部资产统计岗按照集团公司统计制度中所规定的统计范围、标准和计算方法进行统计，充分收集信息，定期按照项目进度和完成情况进行统计，经财务总监审核后报总经理审批，并上报集团公司规划计划部				每月	综合统计报表	中油石油投资管理手册（总部卷总册2010年版）计划（2010）582号

图7-17 风险控制文档

7.5.2 企业风险管理体系建设进程

根据集团公司内控与风险管理部的统一要求,按照华服企管[2013]31号文的整体安排和部署,为更好地推进公司风险管理工作,有效防控重大风险,公司于2013年6月正式启动企业风险管理报告工作,明确了各部门负责人作为此工作的第一负责人并确定了各部门联络人,制定联络表,成立项目工作组负责具体工作实施与推进。于2014年3月首次向集团公司内控与风险管理部报送公司风险管理报告。

科技园建设项目风险管理经历了以下三个阶段:

(1)起步阶段(2008~2009年)

科技园项目风险管理起步于2007年,此时项目处于前期筹备期。这一阶段主要工作是办理正式开工前的项目立项手续、规划报批以及土地权属。重要的土地出让合同、工程施工总承包合同、景观设计合同等均在这一阶段招标签署。为了实现项目"国内领先,国际一流"的建设目标,园区总体规划合同启动国际招标,征集园区建筑设计方案。结合项目工作重点,这一阶段主要关注合同管理风险,保证项目合规运行。

(2)内部控制阶段(2010~2012年)

这一阶段,项目建设陆续展开,在建和投用面积达到50万m^2。各地块滚动开发,施工现场交叉作业,项目管理难度加大。此间,工程进度、质量安全风险、项目资金风险较为突出。公司于2010年启动内部控制体系建设工作,管理重点由原来的合同风险延伸到法律、财税、施工等经营风险上来。

内部控制体系要求各项工作在按流程运行、按程序操作、按控制执行的关键环节,都必须留下可供查实的证据,使规章制度执行具有可检查性。通过强化日常监督、全过程测试和改进,使项目管理的关键环节处于受控状态,重程序、重证据的风险管理文化初步形成,内部控制开始融入项目管理的各个环节,成为经营管理的重要组成部分。

(3)全面风险管理阶段(2013年至今)

目前,科技园项目进入边建设、边管理的新阶段。项目管理跨度从施工阶段到项目运营,风险也几乎涉及管理的各个领域。这一阶段,以风险、流程、控制为主线,及时启动风险分析,提出风险防控措施,使风险管理关口前移,全面风险管理进入起步和探索阶段。

在风险管理工作开展过程中,公司成立了工作领导小组,下设风险管理办公室,为科技园项目全面风险管理工作提供组织保障(图7-18)。

工作领导小组是风险管理的领导机构,由项目管理层领导组成,负责总体协调和阶段性推进,对风险管理工作各阶段的工作成果进行审议。如批准风险管理政策与策略、风险管理程序和风险管理报告等事项,督导企业风险管理文化等,并布置下一阶段工作任务。风险管理办公室由各部门业务经理、风险联络员组成,是具体的执行组织,负责风险管理工作开展。如制定工作方案,形成工作计划,进行重大风险评估,编制风险管理报告并最终向项目管理层汇报。

科技园项目有很好的发展趋势,国务院国资委明确提出,中央企业"十二五"时期改革发展的核心目标是"做强、做优中央企业、培育具有国际竞争力的世界一流企业",这一目标要求各公司加快转变发展方式,同时地方政府为科技园在内的央企项目落户昌平提供充足的承载空间。在发展的同时,科技园项目也面临着挑战:一是周边的电力荷载、道路交通、燃气等基础设施相对薄弱,对工程施工产生一定影响;二是文化、教育设施等软环境建设需要增强,对吸

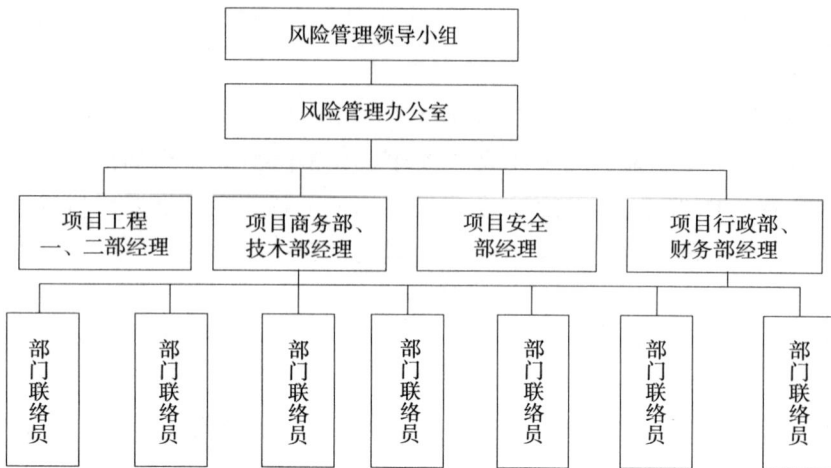

图7-18
科技园项目风险管理组织机构

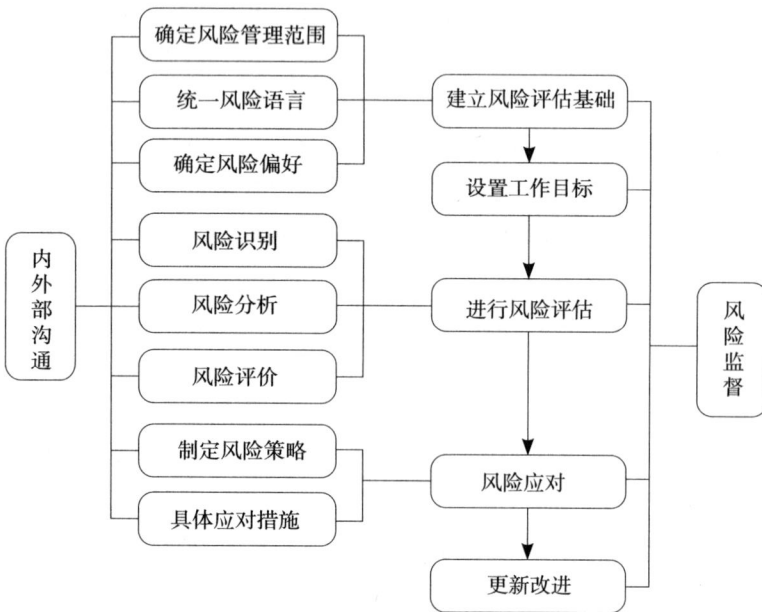

图7-19
科技园项目风险管理流程

引高端人才产生一定的影响；三是项目的施工作业周期短、任务重，需要在计划内保质保量地
完成建设工作，保障有关单位顺利入园，项目管理难度加大。针对科技园项目的管理特点及内
外部环境，公司设计了科技园项目风险管理流程，以期更有针对性（图7-19）。

在科技园项目风险管理流程的指导下，公司具体风险管理工作按以下步骤展开：

（1）建立风险评估基础

项目开展风险管理工作的前提条件是建立风险评估基础。主要内容包括根据科技园项目建
设特点和管理特点，确定风险管理目标和范围，统一风险管理语言和标准，制定风险管理方案
等，为项目风险管理工作顺利开展提供组织保障和制度保障。

1）风险管理总体目标

科技园项目风险管理工作的总体目标是：围绕园区建设的中远期发展规划及主要生产经营
目标，以项目建设及管理工作为重点，从项目建设期内外部影响因素入手，初步形成从识别

评价到监督改进的系统全面的风险管理机制，以保障科技园项目建设，打造质量优良、环境优美、功能齐全、设施完善的高水准、高品质科技园区。

2）风险管理工作范围

本着全面风险管理的思想和实质，科技园项目风险管理范围设定为"项目建设全过程，职能部门全覆盖"。所谓全过程即项目风险管理不仅要关注施工阶段风险，也要向项目前期立项、后期收尾阶段延伸，全面考虑整个建设周期内可能存在的风险。全覆盖即项目全部业务部门都要参与风险评估和管理。对具体项目而言，风险不是孤立存在的，需要项目各业务部门协同配合，共同参与。

3）统一风险语言

所谓统一的风险语言是指对风险分类、风险容忍度、风险发生可能性、风险影响程度等标准在项目内进行统一规范，以提高风险管理工作沟通效率，并为后期风险评估奠定基础。

借鉴国外大型综合石油企业常用的对可能性级别的说明性描述，科技园项目将风险发生可能性分为基本确定、很可能、有可能、不太可能和可能性极小五个级别，依次对应5、4、3、2、1五个分值。根据风险的性质，可以从风险发生的概率、重大事件或日常运营三个维度选择其一，找到该风险对应的发生可能性分值（表7-5）。

风险可能性等级　　　　　　　　　　表7-5

分值	A说明性	B发生概率	C大型灾害/事件类	D日常营运
5	基本确定	＞95%	1年内至少发生1次	常常会发生
4	很可能	50%~95%	1年内可能发生1次	较多情况下发生
3	有可能	30%~50%	2-5年内可能发1次	某些情况下发生
2	不太可能	5%~30%	5-10年内可能发1次	极少情况下才发生
1	极小	＜5%	10年内发生的可能少于1次	一般情况下不会发生

与风险发生可能性的5级分值相同，风险影响程度根据产生影响的由高到低，对应5、4、3、2、1五个分值，并设定财务损失、公司声誉、法律法规、安全环境、运营、工程质量六个方面对风险的影响程度评分。进行风险评估时，可根据风险产生影响的性质，选择其中一个方面进行评分。当某些风险可能同时适用不同标准时，选择其中影响程度最为重要的方面，来衡量风险的影响程度（表7-6、表7-7）。

4）确定风险偏好

科技园项目是提升集团公司科技研发整体实力的战略工程，也是加快国际型能源公司建设的重要组成部分。因此，项目建设过程中虽然存在各类不确定风险，但项目管理者在对风险进行管理控制的基础上持接受态度。

（2）设置工作目标

确定科技园项目风险管理目标，才能使后续的风险评估工作有的放矢，顺利开展。科技园项目在搜集目标、分解目标时，紧密围绕项目发展战略、项目建设内容、业务分工，充分结合项目生产经营目标、KPI指标。使管理目标不流于形式，能真正指导风险管理工作。科技园项目目标设置与分解见表7-8所示。

表7-6

风险影响程度等级

值	A财务损失	B公司声誉	C法律法规及规章制度	D安全环境	E营运	F工程质量
极低：1	财务损失：小于5万元	负面消息在公司内部流传，公司声誉没有受损	·公司：可能存在轻微的违反法规的问题；或 ·员工：1）违反《中国共产党党纪律处分条例》受到警告处分	发生一般事故C级，造成下列情形之一：·一次轻伤1-2人；或·对环境或社会造成短暂的影响，可不采取行动	对营运影响微弱	造成工程轻微质量缺陷，不影响使用功能或工程结构安全，经济损失小于5万元的
低：2	财务损失：5万元到10万元	负面消息造成较大社会影响和公司声誉影响，由公司自行处理，但需报集团公司备案。·维稳：公司发生20人以下的群体上访；或过激行为和负面影响对公司产生一定影响；·媒体宣传：个别媒体出现敏感性报道	·公司：违反法规，随着罚款或诉讼；或·员工：1）违反《中国共产党党纪律处分条例》受到严重警告处分；2）根据《华油北京服务总公司实行中层管理人员内责的实施办法》责令公开道歉	发生一般事故B级，造成下列情形之一：·一次轻伤3-6人；或·对环境造成中等影响，需一定程度的补救措施，或需震6个月或以内的时间才能恢复	对营运影响轻微，情况可以立刻受到控制，但不影响公司的日常业务	一般工程质量事故（直接经济损失在5万元以上的；或造成工程停工3日以下，返工工作量10%及以下，工期延误1%以下的质量事故）
中：3	财务损失：10万元至50万元	负面消息造成较大社会影响和公司声誉影响，由公司自行处理，但需报集团公司。·维稳：公司发生20人以上80人以下的群体上访；或人数未达到上述标准，但过激行为和负面影响已达到危及公司面影响稳定程度；·媒体宣传：媒体报道增多	·公司：违反法规，导致地方政府的调查或诉讼；或·员工：1）违反《中国共产党党纪律处分条例》受到撤销党内职务处分；2）根据《华油北京服务总公司责行中层管理人员部责的实施办法》责令停职检查	发生一般事故B级，造成下列情形之一：·一次轻伤7-10人；或·一次重伤1-2人；或·发生10人以下人员出现中毒症状并入院治疗的；或·环境污染需执行重大的补救措施，且需6个月到到1年左右的时间来恢复	减缓营业运作，情况需要一段时间才能业务受到控制；公司日常业务受到一些影响，但可以较低代价恢复；或公司绩效合同其中一项指标未完成（指标详见附表B-1）；或内控评价未达到要求	较大工程质量事故（直接经济损失在30万元以上的；或造成工程停工3日及以上，返工工作量超过10%及以上，工期延误1%及以上的）

表7-7

风险影响程度等级续

分值	A财务损失	B公司声誉	C法律法规及规章制度	D安全环境	E营运	F工程质量
高：4	财务损失：50万元至100万元	负面消息造成较大社会影响和集团公司声誉影响，需由集团公司出面处理。 •维稳：公司发生80人以上100人以下的群体上访；或人数未达到上述标准，但过激行为和负面影响已达到危及集团公司稳定程度； •媒体宣传：媒体报道数量显著增加	•公司：严重违反法规，导致中央政府的调查和重大的诉讼；或大规模的公众投诉； •员工： 1）严重违反《中国共产党纪律处分条例》受到留党察看处分； 2）根据《华油北京服务总公司实行中层管理人员同责的实施办法》引咎辞职	•发生一般事故A级，造成下列情形之一： 一次轻伤10-50人；或 一次重伤3-4人；或 一次死亡1人；或 •发生10-50人出现中毒症状并入院治疗的；或 •环境污染需执行重大的补救措施，且需1年到3年左右的时间未恢复	•公司失去部分业务能力，需要付出较大的代价才能控制住情况，但对公司存亡无重大影响；或 •公司绩效合同其中两项指标未完成（指标详见附表B-1）；或 •发生重大违法违规事件或有瞒报、漏报情形	重大工程质量事故（直接经济损失100万元以上的；或造成死亡5日及以上、返工工作量超过30%及以上、工期延误3%及以上的）
极高：5	财务损失：损失在100万元以上	负面消息造成重大社会影响和集团公司声誉影响，由中国家政府部门出面处置，集团公司协助处理。 •维稳：公司发生100人以上的群体上访；或人数未达到上述标准，但过激行为和负面影响已达到危及社会定程度； •媒体宣传：媒体报道强度和规格不断升级	•公司：严重违反法规，导致中央政府和监管机构的调查，重大罚款，非常严重的集体诉讼；或 •员工： 1）违反《中国共产党纪律处分条例》受到开除党籍处分； 2）根据《华油北京服务总公司实行中层管理人员同责的实施办法》责令辞职或免职	发生较大及以上事故，造成下列情形之一： 一次轻伤50人以上；或 一次重伤5人以上；或 一次死亡2人以上；或 •发生50人以上人员出现中毒症状并入院治疗的；或 •区域生态功能部分丧失或遭到危物种及生存环境受到污染；或 •因环境污染造成重要河流、湖泊、水库及沿上城镇地取水中断；或 •因环境污染使当地经济、社会活动受到较大影响，疏散转移群众1万人以上	•重大的业务失误，情况失控，并给公司存亡带来重大影响；或公司绩效合同其中三项或以上指标未完成（指标详见附表B-1）；或发生较大及以上安全保责任事故	特别重大工程质量事故（直接经济损失达500万元及其以上的；或造成重大工程（装置或设备报废或原定设计使用功能严重降低的）

科技园项目目标设置与分解 表7-8

项目经营目标	KPI指标	业务	部门
可研定位准确，设计合理；技术文件编制符合使用方要求		可研及设计管理	技术部
加强各地块施工过程质量管控；组织工程总体进度安排策划	项目工程合格100%，工程优良率90%以上；相关地块按计划如期开工、封项完成率95%	质量及进度管理	工程一部工程二部
健全HSE体系，实现零事故、零伤害、零污染目标	百万工时死亡率0.0204	安全环保管理	安全环保部
严格执行招标管理程序；合同签订及时、规范		招标及合同管理	商务部
加强重点领域、重点岗位和重点环节的岗位廉洁教育	加强重点领域、重点岗位和重点环节的岗位廉洁教育	党风廉政建设	行政事务部
资金计划保障率100%；按税法要求及时足额缴纳各项税款，无税务纠纷		资金及财税管理	财务资产部
加强投资项目管理，严防无计划、超投资情况，确保在施工各地块投资控制在批复范围内		项目投资控制	项目各部门

（3）进行风险评估

风险评估是风险管理的核心内容之一，包括风险识别、风险分析及风险评价。

1）风险识别阶段主要工作

① 收集信息

风险识别阶段主要收集科技园项目基础信息（项目组织机构、年度工作计划、规章制度与业务流程等）和内外部风险事件，通过分析事件原因、风险影响因素及影响程度，提出为防止同类事件再次发生的主要对策。在科技园项目内营造风险管理氛围，为后期风险分析、风险评价提供参考依据。

② 项目访谈

通过对科技园项目相关领导、部门负责人访谈，了解相关业务内容、项目在日常经营过程中存在的问题，从而进一步识别出可能影响项目实现经营目标的风险因素。

通过访谈，了解科技园项目目前重点关注以下方面：

在产品和服务质量方面，工程作业过程中的风险主要集中在对承包商质量管理不到位而给公司带来的风险，基于当前民用建筑市场现状，存在一定风险隐患；

在健康安全环保方面，承包商施工人员安全上岗操作是风险管控重点，项目有责任进行现场深入调查，并与承包商共同商讨、完善特殊工种作业人员安全防控措施，从而降低现场隐患风险的源头；

在人力资源方面，关注专业化技能人才的培养以及企业文化的宣贯；

在资金流动性方面，资金管理比较重要，工程项目资金流动密集；

在交易管理方面，关注招投标流程的规范性，以及避免出现事后合同等问题，确保合同管理的合规性。

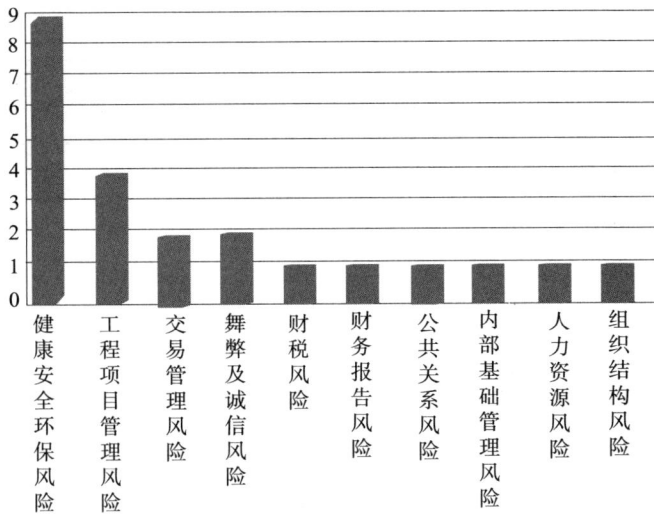

图7-20
项目风险事件搜集统计

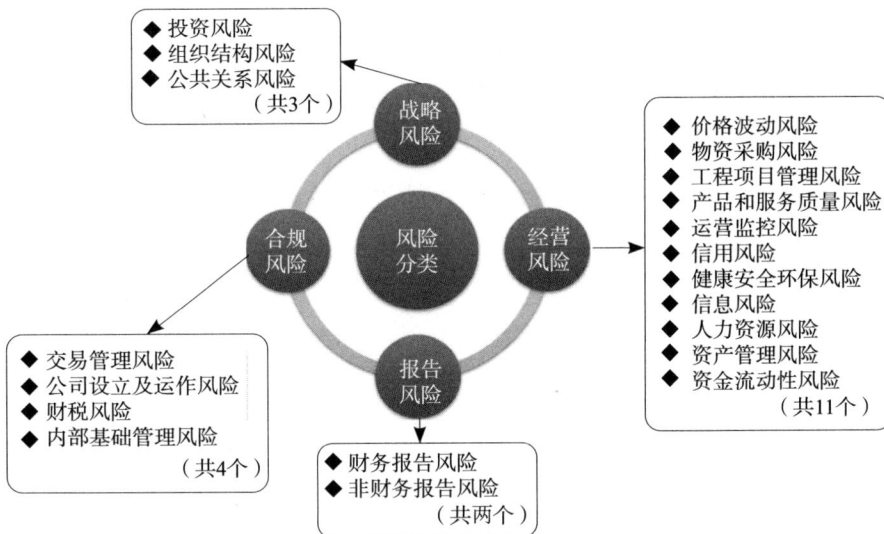

图7-21
科技园项目风险分类框架

2）风险识别阶段主要成果

① 项目风险事件库

通过媒体报道、第三方披露信息等渠道，共收集风险事件23个。通过同类项目风险事件分布及原因分析，为科技园项目的风险关注点提供借鉴。

② 项目风险数据库

各部门根据目标设置和分解一览表，结合收集的风险识别基础信息、风险事件和本部门业务实际，运用问卷调查表法、流程图分析法、历史事件法、头脑风暴法等风险识别方法对本部门涉及的公司层面风险进行了识别，对可能影响项目目标风险的成因进行判断并记录，整理汇总形成科技园项目风险分类框架。见图7-21。

风险数据库是科技园项目风险管理的重要成果之一，后期风险评估和风险管理均围绕风险数据库开展。

从风险定义、风险影响因素、风险类别对项目战略风险、项目合规风险、项目经营风险、项目报告风险分别进行归纳、列示。科技园项目报告风险如表7-9所示。

科技园项目报告风险   表7-9

风险名称	风险细化	风险定义	风险影响因素	风险主责部门
财务报告风险	财务报表风险	编制或报送不符合要求	虚假财务报告	财务资产部
	会计核算风险	核算数据或资料不真实、不准确的风险	会计处理方法、会计政策选择不当	
非财务报告风险	非财务报告风险	其他对外公告或其他报送材料不合规的风险	不符合外部监管要求	行政事务部

科技园项目战略风险主要集中在投资和危机公关方面，将项目战略风险进一步细化，与项目具体工作结合，列示出风险影响因素，使后期风险应对制定风险管理措施时能更有针对性，风险管理效果更加明显。科技园项目战略风险由表7-10列示可见。

科技园项目战略风险   表7-10

风险名称	风险细化	风险定义	风险影响因素	风险主责部门
投资风险	投资决策风险	未严格履行投资决策程序，造成预算出现偏差、项目超投资的风险	可行性研究不真实、不准确、不合理的情况	项目各部门
	项目实施风险	投资计划实施，致使投资没有按时完成、超出投资计划、项目质量出现问题等风险	在项目决策过程中，对项目市场变化估计不足，导致实施过程出现项目超计划投资情况	
组织结构风险	组织结构风险	组织结构不合理，导致运作效率低下，影响项目长期战略目标的实现	业务交叉、重叠，管理界面和管理流程不明确；职能交叉、职能缺位以及部门考虑自身局部利益等因素所带来的部门与部门之间不协调	行政事务部
公共关系风险	危机沟通风险	化解与避免危机的行为不当，影响公众形象等所产生的风险	灾害、事故发布；聚众闹事、罢工	行政事务部
	社会舆情风险	未及时化解风险、未及时正确引导公众舆论，导致公司公众形象受到影响的风险	对外宣传中做法不当，产生不良社会效应	

由表7-11列示可见，科技园项目合规风险主要体现在基础管理、财政税收、招投标管理以及合同管理中。项目管理过程中，遵守国家和行业法律法规，不碰红线，力求符合监管要求。

科技园项目合规风险   表7-11

风险名称	风险细化	风险定义	风险影响因素	风险主责部门
交易管理风险	招投标管理风险	未按照规定程序招标，在经济或声誉上遭受损失的风险	未严格执行相关的管理制度与规定；重大项目未经法律论证	商务部
	合同管理风险	合同审查不严格，权利义务不明确，产生合同履行纠纷的风险	合同签订不及时，存在事后合同	

续表

风险名称	风险细化	风险定义	风险影响因素	风险主责部门
公司设立及运作风险	公司设立及运作风险	组织结构不合理，影响项目长期战略目标的实现	未办理变更登记，未及时年检，未规范企业运营	行政事务部
内部基础管理风险	业务流程管理风险	流程设计不合理、执行不到位	内控流程架构与战略不匹配	财务资产部
财税风险	财税风险	税收筹划活动不准确	政策理解不到位；税金缴纳不及时	财务资产部

以上识别的风险中，科技园项目经营风险居多，如图7-33所示。经营风险集中在项目建设的物资采购、施工管理、质量控制、安全生产阶段。这些方面既是科技园项目的重点工作，也是风险高发区，需要引起项目管理者重点关注。

科技园项目经营风险　　　　　　　　　　　表7-12

风险名称	风险细化	风险定义	风险影响因素	风险主责部门
价格波动风险	价格波动风险	项目材料价格波动，使公司既定的收入、和利润无法按期实现的风险	外购原材料价格的高位走势，影响投资成本控制	商务部
物资采购风险	供应商管理风险	供应商资质不符合国家、行业和公司有关规定，影响企业不能按时生产施工或质量不符合要求造成企业损失的风险	供应商选择不当导致物资或者设备质量不过关，从而影响工期或者工程质量	商务部
工程项目管理风险	施工管理风险	工程项目施工过程中，由于内部管理或外部因素影响，导致工程完工滞后	缺乏工程管理经验或工程监管不到位，无法保证项目的质量、进度	工程一部工程二部
产品和服务质量风险	产品质量风险	因工程质量可能受到客户投诉，影响收入、商业信誉的风险	因施工质量问题，影响入园单位对设备设施的使用满意度	工程一部工程二部
健康安全环保风险	安全风险	生产安全事故、交通安全事故、公共安全事故等，可能导致人员伤亡、财产损失	"三违"行为引发火灾、爆炸或重要安全事故；用车安全事故	安全环保部行政事务部
资金流动性风险	资金使用风险	资金大量闲置或者资金配置不平衡，影响生产效率的风险	应收账款回收不及时，增加坏账的风险，影响资金流动性	财务资产部
	资金短缺风险	资金短缺不能及时筹措，偿债能力下降，产生债务危机	服务收入未能及时收回，致使资金短缺，影响项目运行	

3）风险分析阶段主要工作

风险分析从风险发生概率、发生后果大小等方面综合考虑，为确定重大风险奠定基础。主要方法包括问卷调查表法和加权平均法。

①设计风险分析调查问卷

问卷设计分为三个部分，分别为管理层关注部分、部门主责部分、部门涉及部分。管理层关注部分的风险为领导访谈中重点提到的风险，具体为产品和服务质量风险、健康安全环保风险、人力资源风险、资金流动性风险、交易管理风险。

② 确定问卷发放范围

问卷在科技园项目管理层、各部门负责人、业务人员之间随机发放填写。依据前期确定的分析评估标准，填制风险评价调查问卷，从风险发生的可能性和影响程度两个维度对风险进行评分。2013年，共收集17份问卷，其中科技园项目领导层5份、部门经理6份、业务人员6份。

③ 回收问卷，整理评分

根据各层次人员对风险结果影响程度的不同，分别向科技园项目管理层、部门负责人、业务人员分配70%、20%、10%的评分权重，并根据各层次人员的评分结果，运用加权平均法对每个风险评分结果进行分析汇总。

部门之间分别向主责部门、协助部门分配80%、20%的评分权重，根据科技园项目领导评分结果、各部门报送的风险分析结果，运用加权平均法计算风险发生可能性和影响程度分值，将风险发生可能性分值和风险影响程度分值相乘，最终确定每个风险的风险值，汇总形成科技园项目风险分值表。

4）风险评价

根据风险分析结果按照分值从高到低的顺序进行排序，表7-13确定风险等级，形成科技园项目风险评价调查问卷数据分析汇总表，随后将风险评估结果上报项目领导层进行审议，最终得出项目重大风险。

科技园项目重大风险排序   表7-13

风险名称	可能性	影响程度	风险水平
健康安全环保风险—安全风险	2.60	3.00	7.80
产品服务质量风险—工程质量风险	2.40	2.60	6.24
交易管理风险—合同管理风险	2.40	2.40	5.76

（4）风险应对策略与具体解决方案

风险应对是根据科技园项目风险偏好和容忍度，制定重大风险管理方案，将风险控制在项目可接受范围内。

1）重大风险管理现状

① 安全风险

强化HSE体系运行，对科技园项目HSE管理手册、程序文件及制度文件进行梳理，通过了2013年度HSE管理体系再认证审核；制定实施《HSE现场检查表》，发布《HSE宣传册》，累计在各施工现场进行安全经验分享13次，促进了管理提升。

实行分地块管理，严格遵循"一

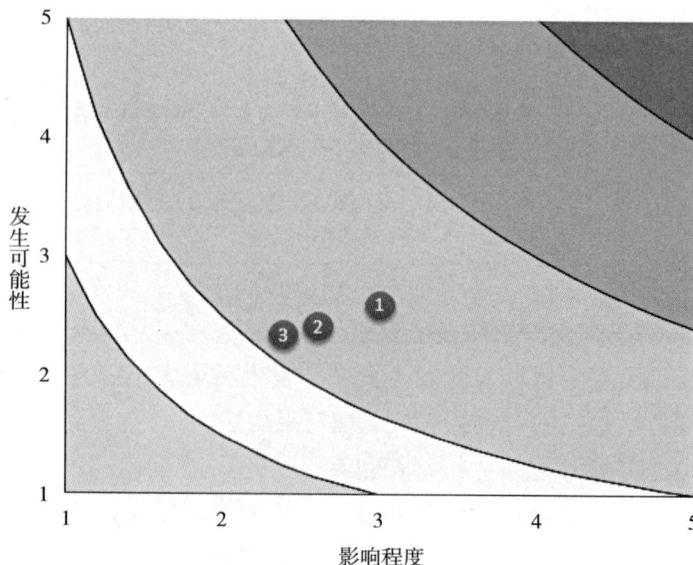

图7-22　科技园项目重大风险热力图

级抓一级，一级对一级负责"，"谁主管，谁负责"的原则。通过监理、安全例会与日常安全检查，发现隐患督促监理、总包落实整改。大力推广安全文明样板工地管理，A16、A29、A42三个地块完成《绿色安全文明工地》首次验收。

修订项目《突发事件整体预案》，与承包商应急预案实施对接，加强对灾害天气信息管理，落实重大节日领导带班制。加强应急演练工作，组织应急演练16次，提升了应急反应能力。

② 工程质量风险

高度重视总控进度计划的编制和执行工作，制定每个项目分阶段工作计划，将工作任务分解到部门和责任人，加大监督检查力度，确保进度目标按期完成。

2013年，四个地块同时开工建设，在建面积达到35万m^2。结合科技园项目质量管理提升活动，加强施工方案报审、原材料进场、工序验收等方面的质量管理，确保工程建设质量目标实现。编写完成《工程质量管理标准》，坚持"事前控制"、"样板示范"，强化监理督导及总承包管理工作，工程质量验收合格率达到100%。

③ 合同管理风险

采用北京市建委标准化文本，结合科技园项目工程特点，注重听取法律咨询单位意见，严格遵守法律法规，保障公司合法权益。

2）重大风险分析和应对

① 安全风险

安全风险的风险类别属于经营风险，主要成因是：安全环保隐患未及时治理、安全事故引发环保连锁事故等。风险管理的主要责任部门是安全环保部、行政事务部，涉及的管理环节是工程施工全流程、车辆管理等。

针对安全风险，科技园项目的风险偏好是杜绝亡人事故、交通违章。风险承受度为工业生产安全事故、火灾事故一般事故B级以下事故；年度不得有一次违章记录。风险预警指标如下：发生工业生产安全事故、火灾事故一般事故C级事故；对于违章行为时刻处于警戒状态。

应对策略为风险减轻。

风险管理具体解决方案如下：

工程安全方面。一是建立并不断完善科技园项目HSE管理体系，使其与现有业务更加紧密结合；二是签订指标责任状，分解、细化目标指标，确保岗位责任制的有效落实；三是强化HSE宣传教育，收集、整理经验和做法进行管理经验交流，推进"科技园项目特色"HSE安全文化建设；四是根据《建筑施工安全检查标准》，结合自身实际，进一步研究制定适用于季节特点的《施工现场HSE管理办法》，以整改销项促责任落实；五是以科技园项目《突发事件整体预案》为统领，并与总包单位应急预案实施对接，加强对灾害天气信息管理，确保无人员伤害及财产损失事件发生，督促总包单位加强应急物资的储备与检查，强化应急处置程序的可操作性及应急演练的全面性；六是对安全重点检查项进行细化，并通过持续开展《HSE专项管理》PPT经验分享等形式，开展员工HSE培训，加强现场隐患针对性培训，提高员工专业水平和HSE实际管控能力。

车辆安全方面。一是严格执行车辆管理制度，统一进行车辆管理，科技园项目用车按照各部门提出申请，由行政事务部综合调派；二是公务用车由专职司机驾驶，公务用车司机应为专职司机或领导本人，如有特殊公务需单独用车，应由主管领导在《车辆使用登记表》中签字审批；不得擅自借车给他人驾驶，如违反规定造成事故的，除赔偿经济损失外，追究当事人违纪责任；三是定期对驾驶员进行安全及交通规则培训，强化安全意识；四是遵守交通安全管理相关的规章规则，安全驾驶、文明驾车。

② 工程质量风险

工程质量风险的风险类别是经营风险，主要成因是：主要和关键物料采购质量存在问题，影响产出品质量；重大工程（装置或设备）原定设计使用功能降低或因施工质量问题，影响入园单位对设备设施的使用满意度。

风险的主要责任部门为工程一部、工程二部。涉及管理环节是物资采购、工程项目全流程、后期工期维护等。

针对产品质量风险，风险偏好是入园单位零投诉；风险承受度是入园满意率不低于90%；预警指标是对于客户投诉时刻处于警戒状态。

应对策略为风险减轻。

风险管理解决方案如下：

一方面严把施工材料质量关，从源头确保质量。要求监理、总包根据国家规范、施工图纸、施工招投标文件及合同等资料，熟悉现场所需材料规格型号、相关技术参数，督促监理、施工单位严格执行施工材料的检验、报验、试验制度，检查进场材料、设备的质量证明文件、厂家资质、检验报告、产品合格证明和外观完好性等，对检查不合格的产品一概不予使用，从源头确保施工材料、设备的质量。

另一方面加强施工过程质量控制和过程验收，确保施工过程质量。采取施工单位自检、监理检查验收及建设单位抽检的质量管理模式，加强各工序操作的质量巡查、抽查及跟踪检查；督促监理单位严格把好隐蔽工程及分部分项工程的验收，未经验收合格的工序，不得进入下道工序施工，确保产品质量。

③ 合同管理风险

合同管理风险的风险类别是合规风险，主要成因是：缺乏专业技能；业务能力不过硬；工作人员疏忽导致的合同内容签订不及时，合同条款不完整、不清晰、不明确等引发合同履约过程中的风险。

风险的主责部门为商务部，涉及管理环节是合同签订、合同履行、文本归档等环节。

针对合同管理风险，风险偏好为杜绝合同管理发生问题。风险承受度是发生合同争议。预警指标是对争议时刻处于警戒状态。

应对策略为风险规避。

风险管理解决方案如下：

一是严格执行科技园项目内控流程要求，严格执行招标文件、合同文件、造价文件的内部审核程序，并对参与审核的部门和相关人员提出明确要求，加强各部门各专业对过程文件的审核审查力度，防范因为文件编写失误导致的风险发生；二是通过加强培训，促进自学，加强从业人员的业务技能，加强合同人员编制合同条款的能力，通过加强工程管理知识的学习，完善合同内容，加强合同约束力；三是借助外部专业机构，采用专业团队开展工作，编制合同文件，防范因为专业水平等因素引发的风险。

（5）风险监督与检查

完善项目监督与改进机制，制定重大风险监督计划，加强业务部门自我监督和风险管理部门持续监督。

1）业务部门自我监督

① 安全风险

工程安全方面。一是各级领导干部带头重点检查各施工现场HSE工作开展情况、安全措施落实情况；二是实行安全生产检查制度，坚持日常检查、月度考核及专项检查相结合的方式排查安全隐患；三是建立月度三级考核体系，提升总包、监理单位监管力度，确保安全生产责任制得到有效落实；四是根据季节变化、节假日生产特点，以及特殊作业要求，组织开展专项或专业安全生产大检查。

车辆安全方面。公务用车由专职司机驾驶，定期进行车辆保养及维修；定期对驾驶员进行安全及交通规则培训，强化安全意识；建立适当的奖惩制度，行政事务部每季度统计一次有记录违章情况，按照记录进行处罚，按年度根据《车辆行驶登记表》统计安全行车次数，未出交通事故的驾驶员，给予适当奖励。

② 工程质量风险

一是每周定期召开监理例会，对质量等情况进行点评总结并形成监理例会纪要；二是每周定期与总包、监理单位进行联合质量检查，形成质量联检记录，对存在的质量问题制定整改时间和整改责任人并进行过程跟踪落实，确保问题得到及时彻底解决；三是不定期抽查现场实体工程质量情况，保证施工过程受控，确保工程质量达标，保证建筑物各系统的使用功能满足设计要求。

③ 合同管理风险

一方面按照工程进展，制定与之相适应的商务部工作计划，并通过公司内部会议，及时通知其他相关业务部门，督促工作的开展和计划的落实；另一方面对从业人员提出完成一项检查一项的要求，通过自查解决问题，防范风险，并更好地开展下次工作。

2）风险管理部门持续监督

为使科技园项目重大风险控制计划能顺利实施，风险管理部门配合上级公司每年开展的内控体系测试工作，委托咨询公司对重大风险涉及的内控流程进行检查，将检查结果纳入绩效考核。同时对风险控制计划日常实施情况进行跟踪，如需调整提出改进意见，并及时报送项目管理层。

7.5.3 风险评价体系在科技园建设项目中的作用

内部控制和风险管理体系作为提升科学管理水平的有效手段，在科技园项目四年多的实践中，由最初的满足外部监管需要，发展成为内部管理需要。在实现管理规范化、科学化，提高管理的效率、效益中，发挥着越来越重要的作用。

（1）夯实公司管理基础，培育全面风险理念

针对科技园建设项目高风险、高投资的特点，公司以风险防控为导向，把公司的制度和流程固化、规范化和标准化，把无形的经验变成了有形的表单，能测试、能检查，逐步实现了整体经营管理水平的快速提高，逐步培育形成了以健康、安全、环保为核心的全面风险管理理念，为持续有效防控风险奠定了坚实基础。内控与风险管理的监督职能更重要的是管理职能，通过不断梳理制度、流程，不断改善、调整、优化、固化，更多的是管理工作的建立和改善，不仅仅是测试和检查。在原有制度的基础上，公司于2013年完成了新版制度汇编并全面实施。这些管理规范的建立和执行，充分发挥了规范经营管理、防控各类风险的积极作用。

（2）推进专项体系建设，构建立体防控格局

公司通过持续推进内控体系建设，适时启动风险管理报告编制，初步形成了"突出重点、分级管理、全员参与、立体防控"的全面风险管理格局，基本实现"体系可靠，风险可控，运行可持续"的总体目标。全面风险管理是一项有起点、无终点的工作，其理论方法需不断研究突破，其管控方式需动态适应环境变化，其推进过程是呈螺旋式的持续改进提高的过程。风险防控重在源头治理，管控关口应尽可能前移。越早防控，管控效果越好，投入成本越低；越迟防控，管控效果越差，成本代价越大。

（3）坚持风险管理先行，服务科技园建设项目

风险管理是要防患未然，而非亡羊补牢。将风险管理向事前分析、事中控制延伸，而并不单单是事后分析，这是风险管理的价值所在。要培育风险文化，促进项目风险管理从单一、被动、应急的危机管理模式向全面、主动、长期的风险管理模式转变，从"减轻事故损失"向"减轻事故风险"转变，从"处理存量风险"向"促进风险减量"转变，努力做到提前预防、及时预警，提前控制、及时应急的全过程风险管理。

（4）强化日常监督检查，实施风险动态管控

公司加强过程管控，根据内外部环境变化和经营管理实际情况，紧密结合内控体系以及风险报告工作的实施，针对重点领域、关键环节，以"业务主导"为原则，形成了体系每年一测试，每年一更新的工作常态。认真查找问题、短板，及时解决整改，消除风险隐患。

7.5.4　风险评价体系建设中的认识和体会

（1）遵循公司战略，结合行业特点，合理评估风险是风险评价体系建设的前提和基础

根据科技园项目的建设特点和主要业务，通过比照集团公司标准数据库、咨询外部支持单位、召开内部座谈会等形式，上下结合，合理有效地制定流程。最终达到健全组织、明确职责、健全制度、规范运行的目标。

（2）风险控制与公司运行效率能否兼顾是风险评价体系建设成功与否的标志和准绳

按照系统的观点和整体效率的标准来认识内部控制体系，理清内部控制系统的边界，明确内部控制体系、风险管理体系的目标，区分内部控制的不同层级，避免"建一套，做一套，体系与工作两层皮"。

（3）树立动态管理的概念是推动风险评价体系不断完善的源泉

通过聘请专业咨询公司，定期进行内控测试，对存在的例外事项持续整改。内部控制和风险管理建设是一项长期的工作，既不可能一蹴而就，也不可能一劳永逸，对外部环境变化和内部经营管理的变化要跟踪分析并及时调整和完善内部控制体系。

（4）全员参与和高效执行是保证风险评价体系有效运行的重要手段

通过召开体系宣贯会、确定流程编制人与负责人、定期进行内控测试等方式，使风险意识和防控措施渗透到每位员工的思想和行动中，促使大家由"他律"变为"自律"，由"要我防"变为"我要防"，将风险防控措施成为依法办事、规避风险的自觉行为。

7.6　科技园项目工程竣工决算与跟踪审计

按照集团公司总体发展战略，中国石油科技园将建设成为集科技创新、研究试验、产品开

发和机械制造为一体的，国内领先、国际一流的石油工程技术研发与装备制造基地。科技园项目由集团公司总体决策与投资、由科技开发公司负责项目建设管理和建成后的园区资产管理。作为科技园项目的建设单位，为建设和管理好科技园项目，科技开发公司采取有效措施，统筹协调，精细管理，对项目建设全过程严格把控，提高工程质量，严控建设投资。

下面介绍公司在科技园建设项目工程竣工决算和跟踪审计方面的主要做法：

7.6.1 建设项目工程结算和竣工财务决算的相关规定

7.6.1.1 建设项目工程结算

工程结算，全名为工程价款的结算，是指施工企业按照承包合同和已完工程量向建设单位（业主）办理工程价款清算的经济文件，即施工单位与建设单位之间根据双方签订合同（含补充协议）进行的工程合同价款结算。工程结算又分为：工程定期结算、工程阶段结算、工程年终结算、工程竣工结算。

工程结算是工程项目承包中的一项十分重要的工作。工程建设周期长，耗用资金数大，为使建筑安装企业在施工中耗用的资金及时得到补偿，需要对工程价款进行中间结算（进度款结算）、年终结算，全部工程竣工验收后应进行竣工结算。

工程项目竣工结算是指施工企业按照合同规定，在一个单位工程或一项建筑安装工程完工、验收、点交后，向建设单位（业主）办理最后工程价款清算的经济技术文件。经审查的工程竣工结算是核定建设工程造价的依据，也是建设项目竣工验收后，编制竣工决算和核定新增固定资产价值的依据。

7.6.1.2 建设项目竣工决算

工程项目竣工决算是由建设单位编制的反映建设项目实际造价和投资效果的文件，是在工程竣工验收交付使用阶段，由建设单位编制的建设项目从筹建到竣工验收、交付使用全过程中实际支付的全部建设费用。竣工决算是整个建设项目的最终价格，是建设项目经济效益的全面反映，是建设单位财务部门核定各类新增资产价值、汇总固定资产、办理其交付使用的主要依据。

工程项目竣工决算的内容应包括从项目策划到竣工投产全过程的全部实际费用。竣工决算的内容包括竣工财务决算说明书、竣工财务决算报表、工程竣工图和工程造价对比分析等四个部分，其中：竣工财务决算说明书和竣工财务决算报表又合称为竣工财务决算，它是竣工决算的核心内容。

通过竣工决算，一方面能够正确反映建设工程的实际造价和投资结果；另一方面可以通过竣工决算与概算、预算的对比分析，考核投资控制的工作成效，总结经验教训，积累技术经济方面的基础资料，提高未来建设工程的投资效益。

7.6.1.3 工程项目竣工结算与决算的区别

（1）二者包含的范围不同

工程竣工结算是指按工程进度、施工合同、施工监理情况办理的工程价款结算，以及根据工程实施过程中发生的超出施工合同范围的工程变更情况，调整施工图预算价格，确定工程项目最终结算价格。它分为单位工程竣工结算、单项工程竣工结算和建设项目竣工总结算。竣工结算工程价款等于合同价款加上施工过程中合同价款调整数额减去预付及已结算的工程价款再减去保修金。

工程竣工决算包括从筹集到竣工投产全过程的全部实际费用，即包括建筑工程费、安装工程费、设备工器具购置费用及预备费和投资方向调节税等费用。按照财政部、国家发改委和建设部的有关文件规定，竣工决算是由竣工财务决算说明书、竣工财务决算报表、工程竣工图和工程竣工造价对比分析四部分组成。

（2）编制人和审查人不同

单位工程竣工结算由承包人编制，发包人审查；实行总承包的工程，由具体承包人编制，在总承包人审查的基础上，发包人审查。单项工程竣工结算或建设项目竣工总结算由总（承）包人编制，发包人可直接审查，也可以委托具有相应资质的工程造价咨询机构进行审查。

建设工程竣工决算的文件，由建设单位负责组织人员编写，上报主管部门审查，同时抄送有关设计单位。大中型建设项目的竣工决算还应抄送财政部、建设银行总行和省、市、自治区的财政局和建设银行分行各一份。

（3）二者的目标不同

工程项目竣工结算是在施工完成已经竣工后编制的，反映的是基本建设工程的实际造价。

工程项目竣工决算是竣工验收报告的重要组成部分，是正确核算新增固定资产价值、考核分析投资效果、建立健全经济责任的依据，是反应建设项目实际造价和投资效果的文件。

7.6.1.4 建设项目竣工决算工作流程

依据国家和集团公司相关规定，建设项目竣工决算工作流程为：

（1）工程项目现场施工工作全部完成；

（2）建设单位组织开展工程项目竣工验收；

（3）各施工单位编制项目工程结算；

（4）造价咨询单位审核分项工程结算，出具项目总体工程结算报告；

（5）建设单位审核工程二类费用，结合工程结算报告，编制项目竣工财务决算。

（6）审计单位审核建设项目竣工财务决算，出具审计报告。

（7）建设单位依据审计报告，办理工程项目转资。

建设项目竣工决算的编制步骤为：

（1）收集、整理和分析有关依据数据；

（2）清理各项账务、债务和结余物资；

（3）填写竣工决算报表；

（4）编写建设工程竣工决算说明书。

7.6.2 科技园项目竣工财务决算组织开展情况

科技园建设项目自2008年第一个地块，即A12地块一期工程开工建设以来，到2014年12月底，已开工建设项目8个，建设面积64.13万m²。其中，在建面积19.66万m²，已竣工面积44.47万m²。

下面以××1地块和××2地块项目为例，介绍科技园项目工程竣工决算和跟踪审计的组织开展情况：

7.6.2.1 ××1地块一期工程竣工决算开展情况

××1地块一期建筑面积为15.32万m²，主体为地上11层，地下1层。工程进展情况如下：

工程于2008年11月30日开工建设，2008年末至2009年上半年实施地基工程和土方施工；

2009年8月，××1地块一期工程总承包单位和临建设施施工单位进场施工，年末主体结构实现封顶；

图7-23 XX1地块一期实景 I

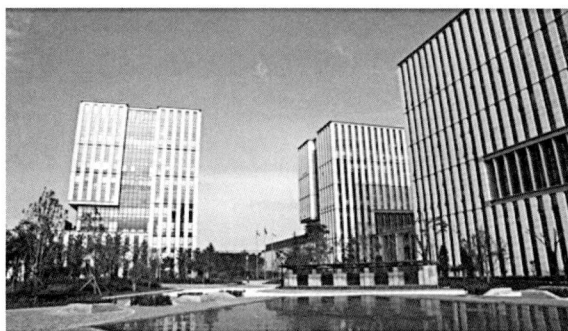

图7-24 XX1地块一期实景 II

2011年9月末，临建食堂、临建宿舍投入使用；

2011年年底，第一批入园单位搬迁入驻。

（1）工程竣工验收

2011年9月~11月，公司组织开展工程竣工验收工作。2011年11月30日，收到××1地块一期工程项目四方验收单，着手开展工程项目竣工结算工作。

（2）组织施工单位开展竣工结算

2012年2月8日，公司商务部牵头召开了"关于××1地块工程结算相关要求"的会议，协调工程结算相关事宜，要求各承包商上报工程结算资料。会议确定，各承包商提供工程结算资料时间为2012年2月23日至2012年9月17日。

要求上报的竣工结算资料包含：结算书、工程量计算书（即计算底稿）、施工合同（补充合同或施工协议书）、设计变更单、现场签证（工程洽商）、会议纪要、施工单位投标书（技术标、经济标，包括预算书及承诺书）。

（3）公司商务部组织结算工作

1）确认各项工程的有效图纸及有效图纸目录。

2）咨询单位在结算过程中提出的疑问卷，根据不同专业，联系相关部门工程师（技术部、现场工程师等）做出相应回复。

3）针对咨询单位提出的承包商上报资料不齐全无法进行计量的情况，及时联系承包商进行相应资料的补充，并严格要求时间，严格把控结算时间。

（4）造价咨询单位审核分项工程结算，出具总体结算报告

根据项目承包商上报的结算资料，公司商务部组织造价咨询单位于2012年2月底开展工程结算工作。

咨询单位在审核结算时，需要提供的资料包含：招投标文件（含工程量清单、招标答疑、招标图纸等）、合同、施工图纸、承包商上报的结算资料（包含变更、洽商、签证、工作联系单等）、其他资料等。

（5）造价咨询单位审定工程结算

2013年1月，造价咨询单位出具初步结算成果文件，审核范围为××1地块一期工程的工程项目结算工作。

图7-25 XX1地块一期工程结算书

根据送审的××1地块一期工程结算书及相关资料，造价咨询对工程量的计算、综合单价等数据的正确性和准确性进行了全面审核。

（6）公司财务资产部组织开展竣工财务决算

公司财务资产部根据造价咨询单位审核完成的××1地块一期工程结算书的金额及相关资料，按照财政部、国家发改委和建设部及集团公司的有关文件规定，进行竣工决算的编制工作。编制依据主要有：

1）经批准的可行性研究报告及其投资估算书；

2）经批准的初步设计或扩大初步设计及其概算书或修正概算书；

3）各种竣工验收资料，项目竣工结算报告；

4）有关财务核算制度、办法和其他有关资料、文件等。

财务资产部从以下内容进行竣工决算的编制工作：

1）对××1地块一期工程从开工建设到项目竣工过程中发生的建设成本，进行全面核实。

2）按照集团公司初设批复，计算归集工程竣工决算中的二类费用。

3）做好竣工决算清理工作，包括全部合同的结算支付情况。

4）编制财务决算报表，核实各项资产，做到账账、账证、账实、账表相符。

2013年4月10日，公司财务资产部完成竣工财务决算编制。出具了《基本建设项目概况表》、《基本建设项目竣工财务决算表》、《××1地块竣工决算汇总表》、《建设单位管理费汇总表》、《待摊费用送审明细表》、《××1地块一期工程费用明细表》等一系列竣工财务决算报表及项目竣工决算报告，提交项目跟踪审计单位进行竣工决算审计。

7.6.2.2 ××2地块一期工程竣工决算组织开展情况

（1）工程基本建设情况

××2地块一期工程，主要为科研办公及专用实验用房，地上11层，地下1层。工程总建筑面积为5.82万m²，其中地上建筑面积为4.9万m²，地下建筑面积为0.92万m²。

图7-26
XX2地块一期实景

××2地块一期工程于2010年10月开工建设，2011年3月工程总承包单位进场施工，同年9月份主体结构实现封顶，2013年5月工程竣工，具备投用条件。

（2）工程竣工结算和决算情况

2013年6月~2014年8月，公司商务部牵头，组织参与工程建设的总包单位和相关分包单位，编制上报工程竣工结算资料，由造价咨询单位进行分项审核。同时，项目跟踪审计单位对上报的工程结算资料进行审计。

2014年9月至年底，公司财务资产部牵头，组织开展工程项目竣工决算工作，此项工作仍在进行之中。

7.6.3 科技园建设项目跟踪审计及竣工决算审计情况

为加强过程监管，强化投资管控，提高投资效益，科技园项目在建设过程中，公司聘请审计单位将竣工结算和决算审计关口前移，对工程项目提前介入，开展工程建设项目跟踪审计。目前，公司在已竣工投用的××1地块一期工程和××2地块一期工程都组织开展了工程建设项目跟踪审计工作。

（1）A12地块一期工程审计情况

经过竞价比选，负责××1地块一期工程竣工决算审计和全过程跟踪审计的单位于2010年9月起，定期对××1地块一期工程开展全过程跟踪审计，期间共出具跟踪审计报告10份。

××1地块一期工程竣工后，该单位于2012年11月~2013年4月对工程竣工结算和竣工财务决算进行了审计，出具结算审计报告77份，决算审计报告1份。

（2）××2地块一期工程审计情况

经过竞价比选，负责××2地块一期工程竣工决算审计和全过程跟踪审计的单位于2011年9月起，定期对××2地块一期工程开展全过程跟踪审计，期间共出具跟踪审计报告6份。

××2地块一期工程竣工后，该单位对工程竣工结算和竣工财务决算进行审计，截至2014年10月已出具结算审计报告26份。

（3）审计单位在工程结算及竣工决算中所需的资料

1）项目立项资料、招标公告、资格预审资料；

2）施工发包招标图纸及招标文件（含工程量清单及招标答疑）；

图7-27 ××1地块一期审计报告

图7-28 ××2地块一期审计报告

3）施工承包投标文件（含电子报价书及标前施工组织设计）；

4）标底或招标限价文件、中标通知书及招投标过程资料等；

5）合同及补充协议（设备采购、施工、分包等）；

6）提供施工图（有效施工图）、经批准后施工组织设计（监理批复、建设方认可）、图纸变更及工程签证；

7）甲供材及甲供材招投标文件、合同，甲供材及设备实供（领）量清单；

8）竣工图及竣工结算、工程量计算书等；

9）承包方、监理方工程竣工资料（含工程开工报告、质量等级证书）；

10）竣工决算报表、项目基建财务账册、凭证、报表；

11）可行性研究、勘探设计、招标代理、监理、材料检测等招投标文件及与工程有关的全部合同；

12）其他资料，如承包方用水用电表记数量、代缴费用清单等。

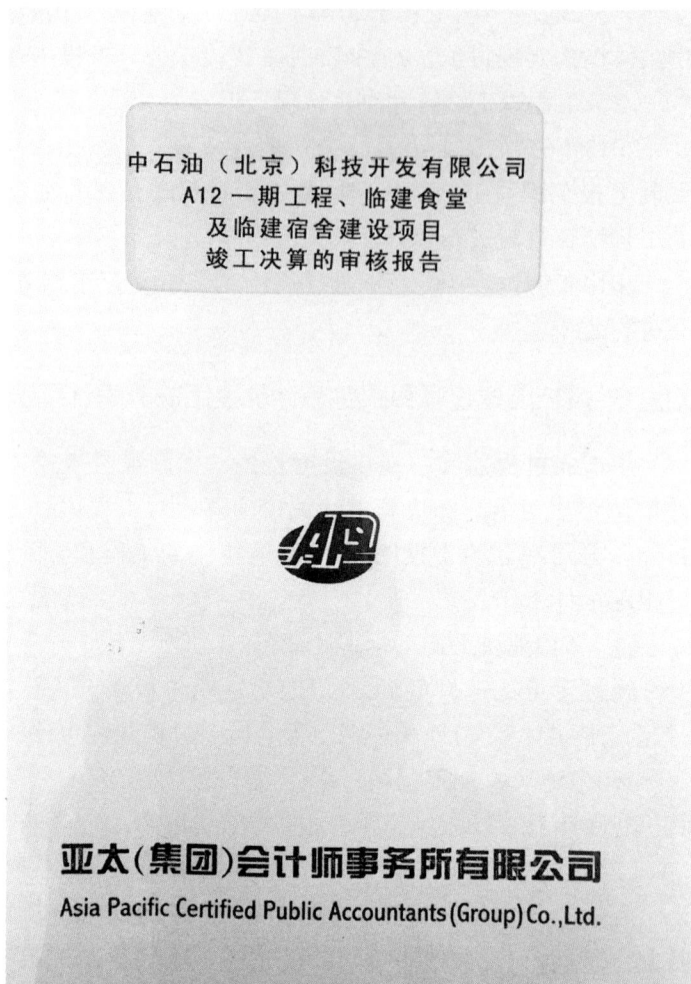

图7-29　××1地块一期竣工决算审计报告

（4）审计结果

经过对××1地块一期工程的全面审计，审计单位于2013年4月19日对公司提交的竣工决算出具了审计报告。

（5）工程项目转资，竣工决算工作结束

2013年4月底，公司财务资产部依据审计单位出具的《关于中石油（北京）科技开发有限公司A12地块一期工程、临建食堂及临建宿舍建设项目竣工决算的审核报告》（亚会（京）专审字[2013]35号）确认的审计数据，进行财务账务处理，结转固定资产，将1855项资产设备明细全部录入集团公司固定资产AMIS7.0系统中，完成了××1地块一期工程相关转资工作。

至此，××1地块一期工程竣工财务决算工作全部结束。

（6）集团公司内部审计情况

2013年4月10日，集团公司下达《关于中石油科技园项目跟踪审计的通知》（审通[2013]7号），确定委派华北油田审计组开展项目跟踪审计工作。华北油田审计组于2013年5月中旬至7月开展了对科技园项目（含××1地块一期工程结算及竣工决算）的审计工作。

经过两个多月的审查，审计组出具了审计报告，集团公司下达了审计决定。

针对集团审计单位提出的问题，公司商务部联系咨询单位及相关部门工程师及时解决，通

基本建设项目交付使用资产总表

建设项目名称：××地块一期工程、临建食堂、临建宿舍   金额单位：元

序号	单项工程名称	总计	固定资产				流动资产	无形资产	递延资产
			合计	建安工程	设备	其他			
1	一、××地块一期工程								
2	（一）房屋								
3	A区科研办公楼	145,188,197.99	145,188,197.99	125,156,898.90		20,031,299.09			
4	B区科研办公楼	254,514,655.26	254,514,655.26	219,399,823.25		35,114,832.01			
5	C区科研办公楼	130,950,074.28	130,950,074.28	112,883,178.07		18,066,896.21			
6	地下车库	300,742,290.18	300,742,290.18	259,249,467.74		41,492,822.44			
7	小计	831,395,217.71	831,395,217.71	716,689,367.96		114,705,849.75			
8	（二）设备	86,060,294.00	86,060,294.00	3,667,198.94	70,519,543.96	11,873,551.10			
9	合计	917,455,511.71	917,455,511.71	720,356,566.90	70,519,543.96	126,579,400.85			

注：1. ××地块一期工程甲供设备审定金额52,746,265.96元，其中设备金额50,931,455.96元，安装费1,814,810.00元。
　　2. 在××地块一期工程审计过程中从施工总包单位拆分出乙供设备金额19,588,088.00元，安装费1,852,388.94元。

图7-30　××1地块一期项目交付使用资产总表

交付使用财产明细表

项目名称：××地块一期工程　　　　　　　　　　　　　2013年4月19日　　　　　　　　　　　　　　单位：元

序号	资产名称	资产类别	计量单位	设备厂家	规格型号	数量	单价	金额	甲供设备费	其中：甲供材料费	乙供设备费	安装费	建筑工程	其他	地点
	一、房屋														
	A区科研办公楼	16040201	m²		框架剪力墙	28615	5,073.85	145,188,197.99					125,155,898.90	20,031,299.09	A区
	B区科研办公楼	16040201	m²		框架剪力墙	51324	4,685.12	254,514,655.26					219,399,823.25	35,114,832.01	B区
	C区科研办公楼	16040201	m²		框架剪力墙	28593	4,579.79	130,950,074.28					112,883,178.07	18,066,896.21	C区
	地下车库		m²			31896	9,428.84	300,742,290.18					259,249,467.74	41,492,822.44	地下
	小计					143423		831,395,217.71					716,689,367.96	114,705,849.75	
	二、设备														
1	电梯	15070203	台		1600Kg、1.75m/s、四台并联、12F/12S	16	525,559.11	8,408,945.76	6,044,019.71			1,204,762.14		1,160,163.91	A、B1、B2、C区
2	电梯	15070203	台	上海三蒙电梯有限公司	1600Kg、1.6m/s、12F/12S、单控	4	442,181.17	1,768,724.68	1,248,520.40			276,177.19		244,027.09	A、B1、B2、C区
3	电梯	15070203	台		1600Kg、1.0m/s、3F/3S、单控	4	370,107.00	1,480,427.98	1,047,915.89			288,260.67		204,251.42	各区裙房
4	擦窗机	15060699	台	北京凯博擦窗机机械技术公司	CDG2 5OS	4	712,502.40	2,850,009.61	2,455,800.00					393,209.61	A、B1、B2、C屋顶
5	中央空调一冷水机组	15010502	台	三英中电科技(北京)有限责任公司	320吨 YRWB TA T355 OC	1	500,004.91	800,004.91	681,677.30			7,952.68		110,374.93	B楼地下制冷机房
6	中央空调一冷水机组	15010502	台	三英中电科技(北京)有限责任公司	1000吨 YKKS KRH65C WG	2	2,043,41.21	4,085,828.42	3,477,945.39			45,032.22		563,850.81	B楼地下制冷机房
7	中央空调一冷水机组	15010502	套		冷水机组自助控制	1	1,094,677.59	1,094,677.59	943,647.31					151,030.28	B楼地下制冷机房
8	中央空调一冷却塔	15010502	套	北京中弘世纪机电设备有限公司	CT-01（基致主机用）	1	255,533.71	255,533.71		212,000.00		8,278.28		35,255.43	B1屋顶
9	中央空调一冷却塔	15010502	套	北京中弘世纪机电设备有限公司	CT-02、03（双工况冷水机组）	2	677,601.47	1,355,202.93		1,134,000.00		34,288.54		186,974.39	B1屋顶
10	中央空调一冷却塔	15010502	套	北京中弘世纪机电设备有限公司	CT-02、03（24h冷却水用）	2	268,648.16	537,296.32		452,000.00		11,166.72		74,129.60	B1屋顶
11	中央空调一断风机组	15010502	套	三英中电科技(北京)有限责任公司		1	10,130,378.43	10,130,378.43		8,442,682.00		290,030.21		1,397,666.22	见附件明细

图7-31　××1地块一期项目交付使用财产明细

科目三栏账

责任中心：22251001 中石油（北京）科技开发有限公司

科目：161316000000 固定资产/房屋/××地块一期

2013年		凭证	摘要	借方	贷方	方向	余额
月	日						
01			上期结转			平	
04	28	BJKJ0101	××地块一期工程转固定资产	831,395,217.71		借	831,395,217.71
04			本期合计	831,395,217.71		借	831,395,217.71
04			本年累计	831,395,217.71		借	831,395,217.71
10	28	BJKJ0060	调减××地块一期工程固定资产	5,640,225.39		借	825,754,992.32
10	29	BJKJ0069	调减××地块一期工程固定资产	5,421,253.01		借	820,333,739.31
10	29	BJKJ0070	调减××地块一期工程固定资产	3,724,730.56		借	816,609,008.75
10			本期合计	14,786,208.96		借	816,609,008.75
10			本年累计	816,609,008.75		借	816,609,008.75
12	26	BJKJ0148	调减××地块一期固定资产	153,066.51		借	816,455,942.24
12			本期合计	153,066.51		借	816,455,942.24
12			本年累计	816,455,942.24		借	816,455,942.24

图7-32　××1地块一期转资账务调整

知承包商在限定时间内进行整改。同时，财务资产部对已经转资的××1地块一期工程相关资产数额进行了账务调整。

7.6.4　跟踪审计及竣工决算审计中发现的主要问题

梳理××1地块、××2地块一期工程跟踪审计及竣工决算审计中发现的问题和集团公司内部审计提出的问题，主要有以下几个方面：

（1）招投标过程中发现问题

1）个别招标文件相关时间要求不符合法律规定；

2）个别招标未按规定发布招标信息；

3）个别中标通知书内容填写不完整；

4）个别项目未按规定进行公开招标；

5）个别项目未在规定时间内签订合同。

（2）合同签订中发现问题

1）个别合同中关于付款的约定不严谨；

2）个别施工合同中对措施项目的规定不严谨。

（3）设计变更、工程洽商和现场签证中发现的问题

1）个别洽商及现场签证确认不及时；

2）个别变更、签证单存在确认内容不详细的问题；

3）个别变更的连锁反应及某专业变更带动的其他专业变更不同步；

4）本工程在结算过程中部分设计变更中所签署的变更内容，同时影响两家施工单位工作内容。

（4）工程竣工结算中发现问题

1）个别工程量计算错误核减。个别项目提供底稿数量与实际数量不一致，导致工程量多计、重复，核减；

2）个别工程组价定额、清单子目错误、混用，高套，重复；

3）个别项目结算内容和实际施工内容不符。如：地插插座数量与现场实际敷设的数量不一致、甲供材料结算数量与实际使用数量不一致。

7.6.5 对下一步工作的启示

俗话说：编筐编篓，全在收口。建设项目的竣工结算和决算工作是整个工程建设的收口工作，在工程全过程管理中极为关键和重要。分析总结科技园项目××1地块和××2地块一期工程建设中，我们组织开展的竣工决算和跟踪审计工作情况，对科技园项目下一步工作有以下启示：

（1）公司领导和各部门应提高对工程竣工结算和决算工作的认识，加强组织领导，统筹安排，综合协调，确保结算和决算工作按期完成。

（2）公司全体员工要强化工程竣工结算和决算意识，从项目实施之日起，即着手为工程最终的结算、决算工作做准备，搜集整理好各项基础资料，做好资料的登记、记录和保管工作，确保各项资料齐全、完整。

（3）公司各部门之间要加强沟通和协调，树立"一盘棋"思想，主动配合，密切沟通，提高工作的执行力。努力增强工程竣工结算和决算工作的责任意识，要明确时间节点和工作要求，加强过程管控和节点考核，要责任到人，考核到位，提高工作的积极性和主动性。

（4）继续健全和完善系统的竣工结算和决算工作流程，要明晰工作内容，细化工作流程，将工程结算和决算要求细化到日常工程管理之中，工作要精细化、科学化，工作留下轨迹和痕迹，夯实结算和决算工作的基础和依据。

（5）在做好建设项目竣工结算和决算的同时，如何更好地借助审计力量，将结算审计和决算审计关口前移，充分发挥审计工作客观公正、监督评价的作用，将工程建设常见问题消灭在过程中，最大限度地提高投资效益，需要进一步实践和探索。

通过对××1地块和××2地块一期工程建设项目组织开展工程竣工决算和跟踪审计，有效加强了投资控制和过程管控，节约了建设成本，取得了显著的成效。今后将继续选择适当的建设项目，组织开展全过程跟踪审计，不断提高工程建设管理水平，强化投资管控，提高投资效益，为集团公司持续发展贡献力量。

7.7 业务工作小结

财务资产部围绕科技园建设与管理的中心任务，认真组织会计核算，规范财务基础工作，保障资金收支渠道畅通安全，积极探索园区大型资产管理与运作模式。通过不断完善财务制度和内部控制，站在财务管理和企业管理的角度，以财务核算为基础，以工程成本为中心，以建设资金为纽带，以资产管理为重点，不断提高财务管理水平。

根据科技园项目投资规模大、建设周期长、分期滚动开发的特点，财务资产部确立了按地块归集投资成本、按实际投入核算资产价值的财务核算模式。按照集团公司统一要求，财务资产部先后应用财务管理信息系统6.0版、7.0版及大司库体系，全面开展会计集中核算和资金集中管理工作，将公司的经营活动全部纳入到集团公司统一管理之中。公司确立的会计核算方法与财务管理体系取得了上级主管部门和中介机构的肯定和认可，也为科学核算工程建设成本，规范建设项目会计核算，全面真实反映会计信息，控制建设成本，提高投资收益奠定了基础。

随着科技园项目逐步建成投用，资产的实物管理和价值管理成为公司管理的重点工作。根据集团公司相关会议决定，园区资产的管理模式为：科技园资产和相应产权由科技开发公司统一管理，向各入驻单位收取租金。根据园区资产产权所有人、管理人、使用人各不相同的特点，公司拟定《中国石油科技园固定资产管理办法（试行）》，上报集团公司并发送至入园各单位，同时启动园区完工地块的资产全面清盘工作。

在集团公司明确科技园资产及产权归属科技开发公司后，财务资产部统筹规划，积极协调工程管理部门，核算完工地块相关成本费用。召集入园单位反复协商，确定各家分摊面积。依据各地块投资成本，详细测算租金成本构成，明确租金标准，做好租赁费用核算收取，确保完工资产保值增值。

根据集团公司内控与风险管理部统一要求，公司于2010年开始内控体系建设，逐步由合规风险、经营风险过渡到企业全面风险管理。通过梳理工作流程，动态风险评估，提出管理措施，形成了职责明确、制度完善、流程标准、监督有力的内部环境。

财务资产部按照《会计法》、《企业会计制度》的规定，以"诚信为本，操守为重，坚持准则，不做假账"为职业标准，要求部门员工通过立足本职，勤学苦练，达到"三懂四会"，即：懂方针政策、懂专业知识、懂系统操作；会当家理财、会保障服务、会综合研究、会沟通协调。注重加强部门会计从业人员的政治思想培养、职业道德培养、业务素质培养。在部门内营造争相学技术、强业务、提水平的"比、学、赶、帮、超"氛围，提升员工基本素质。通过定期岗位轮换、年度职业培训、部门推荐考试、单位定向培养等方式，形成了"全员参与学习，全过程系统学习，自学与培养相结合"的队伍建设模式，努力建设一支忠于职守、坚持原则、业务过硬、结构合理的会计队伍。

附录：

中石油（北京）科技开发有限公司内部控制基本业务流程目录　　　　　　表7-14

中石油（北京）科技开发公司基本业务流程目录				
第一级	第二级	第三级	第四级	第五级
KP17 工程建设				
	KP17.06 自营工程			
		KP17.06.01 项目论证		
			KP17.06.01.01 投资项目（预）可行性研究	
		KP17.06.02 开发设计		
			KP17.06.02.01 投资项目初步设计	
		KP17.06.04 造价控制		
		KP17.06.05 工程管理		
			KP17.06.05.01 施工图设计管理	
			KP17.06.05.02 工程开工报告管理	
			KP17.06.05.03 设计变更及现场签证管理	
				KP17.06.05.03.01 设计变更管理

中石油（北京）科技开发公司基本业务流程目录				
第一级	第二级	第三级	第四级	第五级
				KP17.06.05.03.02 现场签证管理
			KP17.06.05.04 工程工期管理	
		KP17.06.07 工程成本		
		KP17.06.08 竣工验收		
			KP17.06.08.01 投资项目竣工验收	
MP01 人力资源管理				
	MP01.01 人力资源配置			
		MP01.01.04 劳动合同管理		
	MP01.02 员工发展与培训			
		MP01.02.05 培训费用		
	MP01.03 薪酬福利与保险			
		MP01.03.02 薪酬		
			MP01.03.02.05 月度薪酬发放	
MP02 财务管理				
	MP02.01 资金管理			
		MP02.01.01 资金计划		
			MP02.01.01.01 年度资金计划	
			MP02.01.01.02 月度资金计划	
		MP02.01.03 银行存款及账户管理		
			MP02.01.03.01 账户管理	
			MP02.01.03.03 银行存款日常管理	
		MP02.01.04 库存现金管理		
		MP02.01.05 票据管理		
			MP02.01.05.02 银行票据保管	
		MP02.01.06 其他往来		
			MP02.01.06.01 其他应付款管理	
			MP02.01.06.02 其他应收款管理	

续表

		中石油（北京）科技开发公司基本业务流程目录		
第一级	第二级	第三级	第四级	第五级
		MP02.01.08 结算管理		
			MP02.01.08.01 非关联交易结算	
			MP02.01.08.05 财务报销收付款	
				MP02.01.08.05.01 财务报销付款（现金）
				MP02.01.08.05.03 财务报销付款（支票）
				MP02.01.08.05.04 财务报销付款（电汇、信汇、汇票、本票）
				MP02.01.08.05.05 财务报销付款（网上银行批量支付）
	MP02.03 油气及固定资产管理			
		MP02.03.01 项目转资		
		MP02.03.02 装备转资		
		MP02.03.03 折旧折耗		
			MP02.03.03.01 固定资产折旧	
		MP02.03.05 资产租赁		
		MP02.03.07 资产报废		
			MP02.03.07.02 报废管理（对地区公司）	
		MP02.03.08 资产处置		
			MP02.03.08.01 处置管理（对地区公司）	
		MP02.03.09 资产清查		
	MP02.04 税收管理			
		MP02.04.03 纳税管理		
			MP02.04.03.01 纳税分析	
			MP02.04.03.02 流转税及其他税费管理	
				MP02.04.03.02.01 营业税
				MP02.04.03.02.04 个人所得税
			MP02.04.03.03 企业所得税管理	
				MP02.04.03.03.05 地区公司企业所得税管理

第一级	第二级	第三级	第四级	第五级
		MP02.04.05 发票管理		
			MP02.04.05.01 发票日常管理	
	MP02.07 无形资产管理			
		MP02.07.02 无形资产摊销		
	MP02.11 权益管理			
		MP02.11.01 股本（实收资本）		
		MP02.11.02 资本公积		
	MP02.12 会计核算			
		MP02.12.02 会计业务处理		
			MP02.12.02.02 会计业务处理（FIMS7.0）	
			MP02.12.02.05 财务报销凭证编制	
				MP02.12.02.05.02 财务报销凭证编制（先收付款后编制凭证）
		MP02.12.11 会计档案管理		
	MP02.15 财务报告			
		MP02.15.02 对外财务报告		
			MP02.15.02.01 对外财务报告–地区公司	
				MP02.15.02.01.04 编制财务报告
	MP02.21 财务系统管理			
		MP02.21.03 财务系统建设及项目管理		
			MP02.21.03.03 标准化	
		MP02.21.04 财务系统运维管理		
			MP02.21.04.01 主数据变更管理	
			MP02.21.04.03 权限分配与变更管理	
MP04 物资管理				
	MP04.01 采购管理			
		MP04.01.01 物资采购		
			MP04.01.01.01 物资采购计划	

中石油（北京）科技开发公司基本业务流程目录

第一级	第二级	第三级	第四级	第五级
			MP04.01.01.02 物资采购方式确定	
			MP04.01.01.03 物资采购实施	
				MP04.01.01.03.01 招标采购
				MP04.01.01.03.02 非招标采购
			MP04.01.01.04 物资采购验收	
			MP04.01.01.05 结算付款	
		MP04.01.02 服务采购		
			MP04.01.02.01 服务采购计划	
			MP04.01.02.02 服务采购实施	
				MP04.01.02.02.01 招标采购
				MP04.01.02.02.02 非招标采购
			MP04.01.02.03 服务采购验收	
			MP04.01.02.04 结算付款	
MP09 合同与纠纷管理				
	MP09.01 合同管理			
		MP09.01.02 合同审批审查		
		MP09.01.03 合同签订		
		MP09.01.04 合同履行、变更与解除		
		MP09.01.05 合同结算		
		MP09.01.06 合同归档、统计分析		
	MP09.02 纠纷管理			
		MP09.02.01 纠纷处理		
MP10 行政管理				
	MP10.05 档案管理			
		MP10.05.03 档案保管		
			MP10.05.03.01 档案保管和销毁	
	MP10.07 印信管理			
SP04 经营计划				

续表

第一级	第二级	第三级	第四级	第五级
	SP04.11 公司年度投资计划			
		SP04.11.01 公司年度投资计划编制		
	SP04.21 公司预算			
		SP04.21.02 年度预算方案编制		
			SP04.21.02.05 企事业单位年度预算	
				SP04.21.02.05.01 年度预算编制
SP05 运营监控				
	SP05.01 公司统计分析			
		SP05.01.03 统计核算		
			SP05.01.03.01 投资统计管理	
SP07 法律事务				
	SP07.01 工商登记			
		SP07.01.01 设立、变更和注销		
		SP07.01.02 工商年度报告		
SP08 健康安全环保				
	SP08.03 安全管理			
		SP08.03.05 安全技措项目		
			SP08.03.05.02 安全监督	
	SP08.10 事故管理			
		SP08.10.01 安全事故管理		

中石油（北京）科技开发公司基本业务流程目录

第**8**章
基础管理与企业文化建设

8.1　行政事务管理的机构组织框架

行政事务部是科技开发公司综合职能部门，主要负责综合协调、文秘、档案、人事、党群工作和企业文化建设，以及接待、会议、办公环境管理、生活后勤等工作。行政事务部由公司一名领导班子成员分管，设办公室主任、副主任、综合事务岗、文书岗、档案管理岗、人力资源岗。

部门职责

（1）负责起草公司行政工作计划、总结、综合性报告、讲话、会议纪要等重要文件材料。搞好调查研究，向公司领导提供有关资料和建议。

（2）负责公司各类会议的筹备、会务、会议记录、材料整理等工作；检查督促会议决议的落实。

（3）负责或参与组织公司各类活动；协助公司领导处理事务性工作；负责公司对外公务接洽、来宾接待、火车和飞机票务；公司领导办公室、会议室管理等事务性工作。

（4）负责公司办公用品及其他物品的购买、登记、发放和管理工作。

（5）负责办理公司文件、纪要、公函的审核呈签、成文、收发、传真、复印工作；上级来文来函的接收、批转、呈阅、催办、归档工作；负责公司印章的管理工作；负责公司文件、信件、电报、电传、报刊的发放、交邮、机要件的接收、转递工作。

（6）负责公司红头文件收发、存档及部分信息的控制与管理工作。

（7）负责公司外聘员工的劳动合同及工资发放等相关工作。

（8）负责公司车辆调配、使用登记及管理等相关工作。

（9）负责公司各种资质管理以及营业执照年检、登记注册、变更等工作。

（10）负责公司经营管理过程中的各类广告或其他形式宣传品的印制。

（11）负责公司党务、工会、共青团与青年工作。

（12）负责公司网络信息建设相关工作。

（13）负责完成公司领导交办的各项临时性工作。

8.2　科技开发公司基础管理制度体系与完善

8.2.1　建立适合建设项目管理单位需要的制度框架

作为中国石油科技园的建设单位，科技开发公司要建立适合项目管理特点的制度体系。科技园建设至今，公司从标准化、制度化、规范化入手，梳理工作流程，先后制定了18大类、45项规章制度，涵盖了公司工作的方方面面。

为加强规章制度建设，夯实管理基础工作，2007年10月科技园建设伊始，公司开展规章制度编制工作。根据工程建设项目特点，建立适合公司特点的制度框架。制定了工程建设、行政办公管理、人事劳资管理、财务管理、档案管理、合同管理、安全管理、工会等相关管理制度，共计13大类、30项规章制度。

随着科技园建设项目的开展，公司业务流程逐渐多元化，项目开展涉及内容逐渐多样化。2012年3月，公司开展规章制度修订工作，在原有规章制度基础上进行增加及修订，增加了党支部管理、员工绩效考核、工程变更管理、施工组织设计审核及变更等管理制度，共计5大类，13

项规章制度。

2013年10月，根据建设项目特点，公司再次开展规章制度修订工作，修订补充了原有的各类制度，增加了2项规章制度。

在项目建设过程中，公司根据工程建设特点，依据国有企业和集团公司廉洁自律、廉洁从业等有关规定，结合公司工作实际，于2012年制定了《中石油（北京）科技开发有限公司关于管理人员在工程建设中廉洁从业的规定》，即"五不准"，把教育、制度、监督有机结合起来，把反腐倡廉、廉洁从业融入公司"强三基"建设常态，制定易懂、易记、易操作的规程。

2010年4月，根据中国石油天然气集团公司下发的《关于开展托管企业内控体系建设的通知》，科技开发公司正式开始体系分册的建设工作。总计完成包括KP17 工程建设、MP10 行政管理、MP01 人力资源管理、MP02财务管理、MP04 物资管理、MP09 合同与纠纷管理、SP04 经

中石油（北京）科技开发有限公司文件

京科公司行〔2012〕3 号

关于印发《中石油（北京）科技开发
有限公司关于管理人员在工程建设
中廉洁从业的规定》的通知

公司各部门：

2012 年是石油科技园全面开工建设之年，公司将严格遵守职业道德操守，大力倡导廉洁从业，将石油科技园建设成"品质工程、品牌工程、品德工程"。依据国有企业和集团公司廉洁自律、廉洁从业等有关规定，结合公司工作实际，经总经理办公会研究决定，制订《中石油（北京）科技开发有限公司关于管理人员在工程建设中廉洁从业的规定》，现印发给你们，请认真遵照执行。

— 1 —

图8-1 中石油（北京）科技开发有限公司关于管理人员在工程建设中廉洁从业的规定

营计划、SP05 运营监控、SP07 法律事务、SP08 健康安全环保10 大类，75个末级子流程的流程图、风险控制措施文档的绘制与编制。为检验体系建设的合理性与执行的有效性，公司先后于2011年9月、2012年3月、2012年11月、2013年10月、2014年10月组织了内控更新测试。公司全体员工逐渐形成了重制度、重程序、重证据的内控工作氛围，也逐渐形成了职责明确、制度完善、流程标准、监督有力的项目建设内部环境，为科技园建设的顺利进行提供运行基础和体系保障。

随着科技园建设面积逐年扩大，工程建设的整体推进，科技开发公司逐步建立了一整套适合公司特点的制度框架体系。从开始之初的框架建立，到科技园项目各项工作开展后的制度编制与完善，通过梳理和规范各项规章制度，优化了制度体系的结构，强化了科技园建设全过程的跟踪与监督。

8.2.2 明确业务划分和职能定位

2007年公司成立之初，科技园建设项目主要涉及前期手续办理、土地取得以及工程项目相关事项，按照业务不同，公司成立了办公室、财务部、工程部以及商务部四个部门，根据部门

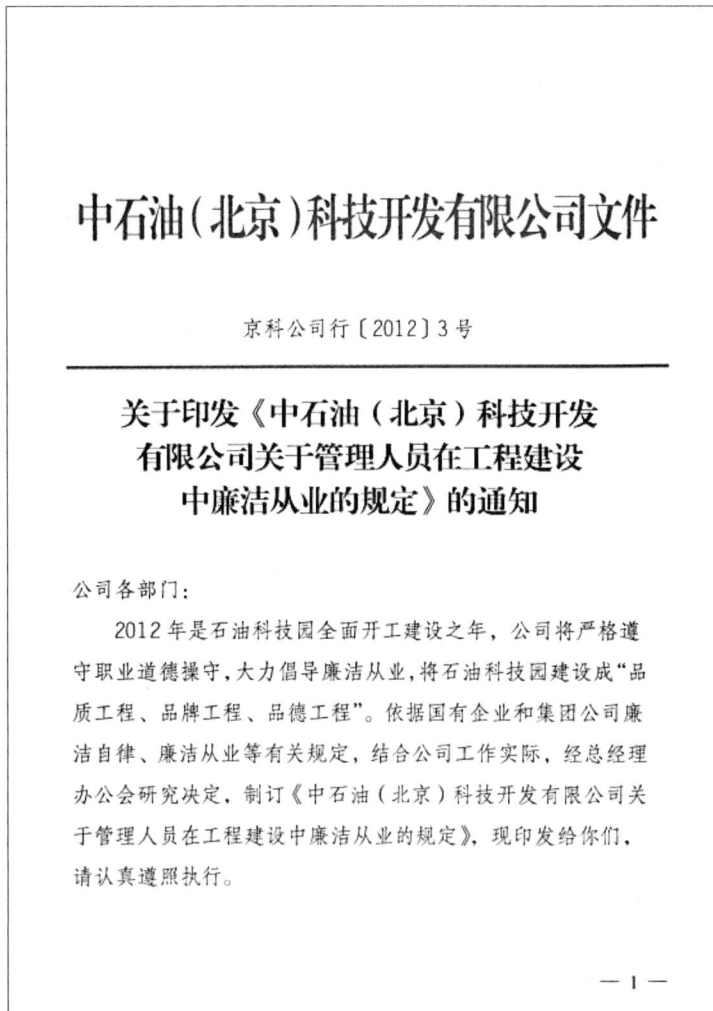

职责确定职能定位。

2010年，工程项目前期可行性研究阶段及工程设计阶段的工作逐步增多，公司根据工程建设项目特点，成立了技术部及安全环保部，开展技术前期设计工作及工程项目安全监管工作。

2012年，华服总工程公司并入科技开发公司，工程管理与技术人员相应增多。由于科技园建设多个地块同期开展，共同施工，公司决定将工程部分为一部和二部，分别负责不同地块项目施工，有效提高了现场施工管理与协调工作。

各项业务划分的逐步明确，为科技园建设项目顺利进展提供了有力保障。

8.2.3 明晰岗位职责

科技园项目涉及建设单位、设计单位、施工单位、咨询单位及地方政府多个管理部门，头绪多、交叉多、协作多。为更快更好地建设科技园，提高管理水平和工作效率，公司开展了岗位及岗位职责编制工作，明确部门和岗位职责，加强各部门间的沟通协调。

为更好地明晰各个岗位的工作职责，岗位职责编制首先满足了岗位与工作内容的对应性原则，明确每个岗位的分工和协调衔接。其次，岗位职责的编制满足了客观性原则，客观、真实地反映了各个部门工作职能、岗位职责和任职条件，没有针对现有人员"因人设岗"。公司下设7个部门，50余个岗位。

在深刻理解岗位职责内涵，把握好人员定位的基础上，明晰岗位职责对公司员工来说，明确了应该干什么、应该怎么干、应该干到什么标准，员工有了明确的目标和职责，加上严格的考核，充分调动了员工的工作积极性，保证了各项工作顺利推进。

8.2.4 制度建设的持续健全与完善

总结完善是制度建设的关键环节，科技开发公司自2007年成立以来，先后开展了三次制度建设修订与完善工作，提高了公司整体管理水平，为科技园建设工作的开展提供了有力的支撑。

随着科技园竣工地块的增多，科技园建设已进入边建设、边管理的新阶段。各地块完成竣工决算后，相应办公楼宇、厂房、配套设施设备等大量固定资产的后续管理工作已经提到园区管理日程，资产管理成为公司下一阶段的重点工作。公司根据业务职能划分，将财务部变更为财务资产部，增加了资产管理职能，使得公司覆盖的业务更为完善。按照中国石油科技园建设领导小组对科技园资产管理工作的指示和要求，根据《中国石油天然气集团公司固定资产管理办法》，公司全面启动科技园资产清查盘点工作，制定了《中国石油科技园固定资产管理办法（试行）》。

2014年，为了加强公司工程建设变更管理，实现对工程变更实施前造价的有效控制，进一步优化审批流程，依据国家和北京市有关工程建设的法律、法规及中国石油天然气集团公司的有关规定，公司开展了《中国石油科技创新基地项目工程变更管理办法》修订，对于额度变动低于10万元的设计变更和低于5万元的工程洽商，由分管领导签字即可及时实施，从而有效提高了现场施工进度。

制度体系的持续健全与完善，为科技园建设顺利开展打下了坚实的基础。

中石油（北京）科技开发有限公司文件

京科公司行〔2014〕7号

关于印发《中国石油科技园固定资产
管理办法（试行）》的通知

公司各部门：

　　为加强中国石油科技园园区内固定资产的统一管理（特指由集团公司统一投资、资产产权归属科技开发公司所有，各入驻单位、租赁单位及相关服务管理单位实际使用和管理的中石油科技园固定资产），提高固定资产的使用效益，保证国有资产的保值增值，按照中国石油科技园建设领导小组要求，根据集团公司《中国石油天然气集团公司固定资产管理办法》相关规定，结合园区资产管理工作的实际，制定《中国石油科技园固定资产管理办法（试行）》。现将办法印发给你们，请遵照执行。

—1—

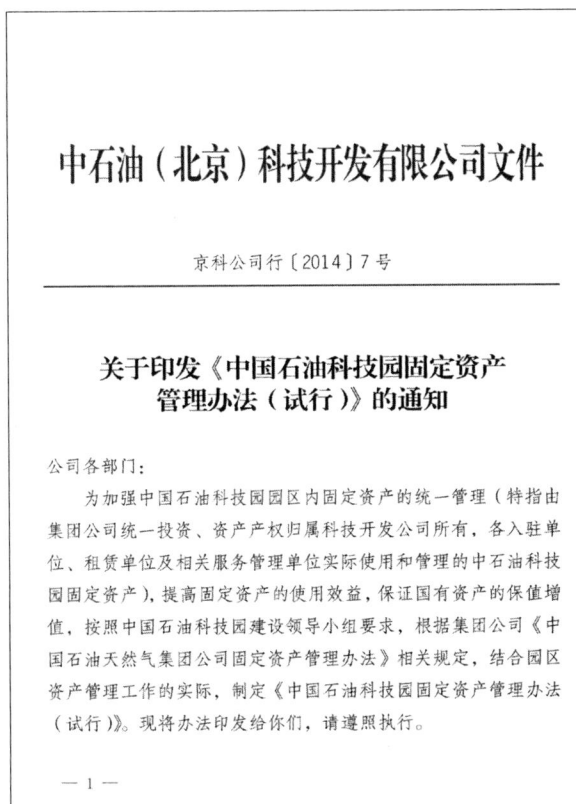

图8-2　中国石油科技园固定资产管理办法（试行）

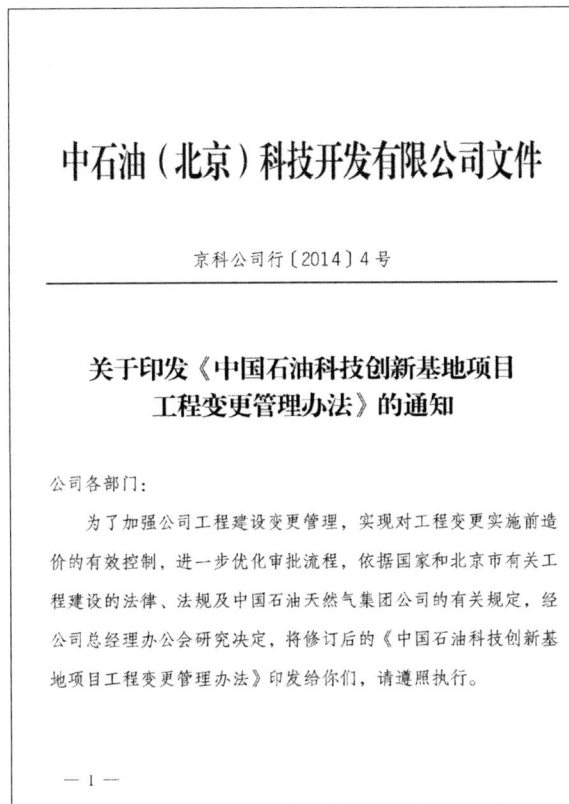

中石油（北京）科技开发有限公司文件

京科公司行〔2014〕4号

关于印发《中国石油科技创新基地项目
工程变更管理办法》的通知

公司各部门：

　　为了加强公司工程建设变更管理，实现对工程变更实施前造价的有效控制，进一步优化审批流程，依据国家和北京市有关工程建设的法律、法规及中国石油天然气集团公司的有关规定，经公司总经理办公会研究决定，将修订后的《中国石油科技创新基地项目工程变更管理办法》印发给你们，请遵照执行。

—1—

图8-3　中国石油科技创新基地项目工程变更管理办法

8.3　科技园项目工程档案管理

　　为规范中国石油科技园建设项目类档案工作，根据科技园建设档案管理情况和在建工程自身特点，充分发挥档案在工程建设及工程管理中的作用，公司成立了档案管理办公室，负责科技园建设项目档案的集中管理。

8.3.1　完善档案管理制度和设施

8.3.1.1　完善档案管理制度

　　档案管理办公室成立后，结合公司档案管理实际情况，修订了《中石油（北京）科技开发有限公司档案管理办法》，其中，明确档案管理机构、人员和职责，规范档案整理归档要求、档案管理、档案利用、档案验收等相关内容。

　　（1）文件材料的收集、整理与归档

　　各部门按照归档范围确认制开展档案归档工作，保证归档文件材料齐全、完整、准确。各部门在职能工作中形成的具有查考利用价值的文件，全部按规定整理归档。

　　管理类档案：由行政事务部依据部门职能、主要业务流程及归档范围完成文件归档。

　　建设项目类档案：由工程部依据建设项目计划，确定归档项目，依据公司归档范围完成文件归档。

　　会计类档案：由财务资产部依据财政部、国家档案局《会计档案管理办法》的有关规定及公司文件归档范围确定归档。

声像类档案：由行政事务部依据《大事记》确定重要事件，以及重要事件中的主要人物、重要会议、重大活动和重点项目的声像材料，专题片，荣誉档案的照片。

实物档案：由行政事务部依据《大事记》确定单位及个人受到上级部门表彰和奖励，以及上级领导和社会知名人士的题词等具有保存价值的实物范围。

归档文件，根据文件材料具体内容确定保管期限，保管期限的划分标准按公司制定的各类档案保管期限表执行。

各部门按要求及时收集电子档案，电子文件归档范围和保管期限参考纸质文件规定。归档纸质档案的同时，相应的电子文件应一并归档。

（2）归档时间

根据集团公司对建设项目档案的相关规定，结合科技园建设的特点及业务情况，文件归档时间规定如下：

管理类档案，本年度办结的文件材料于次年上半年内归档。

各类招标投标、合同、结算及相关文件，在次年二季度归档，未执行完毕的合同，部门可留存复印件，原件应按期归档。

建设项目类档案，在工程项目竣工验收后三个月内归档。

设备仪器类档案，在设备仪器开箱验收登记或安装调试后一个月内归档。

会计档案，在会计年度终了，暂由会计机构保管一年后，在第一季度内归档。

声像档案，在冲洗、录制完毕后，随时归档；建设项目声像档案随纸质档案一起归档。

实物档案，每年随公文档案一同归档，也可随时归档。

公司档案管理办公室在档案归档后三个月至半年内完成录入、编号、上架及编制目录等项工作。

（3）归档要求

档案管理办公室根据档案管理相关规范制定公司文件归档要求如下：

归档的文件材料必须齐全、完整、准确、系统。

归档的文件材料应为原件。因故无原件的应注明原因，并将复制件归档。

归档的文件材料应符合规范，字迹工整，书写材料和载体材料应耐久保存。

照片应与文字说明、电子版一同归档，录音带、录像等电子文件与文字说明一同归档。数码照片归档应为JPEG或TIFF格式。

外文资料由移交部门负责将标题、目录译成中文后与原文一同归档。

归档的公司文件一式一份（特殊文件除外）。基本建设项目档案一正二副，电子文件一式三套，所有电子文件须使用一次写光盘存储。

各部门移交档案必须填写"档案交接表"，一式两份，并附移交目录。交接双方根据目录清点核对后签字，移交部门和档案管理办公室各执一份保存。

档案装具由档案管理办公室按照国家标准统一定制（采用无酸材料），各部门按所需数量从档案管理办公室领取。

对不按规定范围和归档时间要求向公司档案管理办公室移交各种载体档案的部门或单位，由档案管理办公室签发"归档材料催交通知单"，催其移交。

8.3.1.2 完善档案设施设备，保障档案安全与利用

不断提升档案保管条件。按照档案管理办法相关要求，公司重新选址设立建设档案专用库房，购置档案专用档案架35组，档案管理基础设施条件达到档案存放的规范要求。

配备档案工作专用技术设备，配备信息化管理需要的计算机、扫描仪、打印机、复印机。

提升公司档案防护条件，做好档案保护工作。档案库房放置加湿机一台、去湿机一台、温湿度监控表一只，实时监控档案库房温湿度变化，防止因干燥或受潮造成的档案损坏。定期投放防虫药，防止档案受虫害的损害。档案管理人员按相关安全管理规定要求，定期对档案库房设施、设备进行检查、检定与更换，做好档案库房温湿度记录，确保档案库房达到档案管理防盗、防火、防水、防光、防尘、防污染、防霉、防虫的"八防"要求。

做好档案利用，发挥其应有作用。为更好地利用档案，档案管理办公室编制了《中石油（北京）科技开发有限公司档案借（查）阅审批表》，规范档案利用程序。随着已入库A12地块档案数字化的完成，科技园建设档案数量不断增加，截至2014年底，公司档案室可供利用的纸质档案、数字化档案共计6729件，提供档案利用17次214卷，为公司财务审计、工程施工、物业公司提供了周到的档案利用服务。

图8-4 公司档案管理库房

中石油（北京）科技开发有限公司档案借（查）阅审批表 表8-1

利用者填	利用者		利用单位		联系电话		
	证件名称及编号		拟用时间		申请日期		
	利用目的	编史修志 □ 工作查考 □ 学术研究 □ 经济建设 □ 宣传教育 □ 其他：					
	利用方式	电子 □ 纸质 □ 特殊载体 □					
		借阅 □ 查阅 □ 复制 □ 复制页数：页					
档 号		题 名					
审 批 情 况							
本单位意见							
审查单位意见		业务部门	档案管理办公室		公司领导		经办人
档案管理员填写		归还情况	完好 □ 缺损 □ 缺页 页 更换 □ 其他				
		归还日期			档案管理员		
利用效果							

8.3.2 档案管理与工程建设工作同步开展

8.3.2.1 全过程参与工程建设竣工档案的验收

全过程参加工程建设竣工档案的验收，制定建设项目类档案验收标准。针对各施工单位，及时下发竣工档案验收要求，积极与施工单位对接有关资料收集的相关问题，确保施工资料收集符合验收要求，顺利实现竣工资料向竣工档案的过渡。

8.3.2.2 全过程参与工程建设施工资料跟踪管理

档案管理人员深入施工现场，定期对施工资料进行协调检查，及时掌握工程建设施工资料的现场管理情况，加强对竣工档案的宣传力度，提升施工单位对施工资料的重视程度，确保工程竣工各阶段施工资料的收集及时、准确、系统。

2013年是科技园在建工程项目最多的一年，4个地块相继开工建设。公司档案管理人员每月进入各工地，对施工单位的资料收集整理工作开展现场协调查验，重点查验施工物资进场资料、施工记录资料、施工试验资料、过程验收资料等，使各个地块的施工资料的收集达到预定的规范要求。

查验施工过程物资进场产生的大量施工物资资料，主要包括各种质量证明文件、产品质量合格证、型式检验报告、性能检测报告、材料及构配件进场检验记录、设备及管道附件实验记录、设备安装使用说明书、各种材料的进场复试报告等。

查验施工记录资料。施工记录资料是施工过程中形成的，为保证工程质量和安全的各种内部检查记录，主要包括隐蔽工程验收记录、交接检查记录、地基验槽记录、地基处理记录、桩施工记录、混凝土浇灌申请书、混凝土养护测温记录、预应力筋张拉记录、防水工程试水检查记录、通风（烟）道检查记录、幕墙注胶检查记录、幕墙淋水检查记录等。

查验施工试验资料。施工试验资料是指按照设计及国家规范标准的要求，在施工过程中所进行的各种检测及测试的资料，主要包括土工、基桩性能、钢筋连接、埋件（植筋）拉拔、混凝土（砂浆）性能、饰面砖拉拔、钢结构焊缝质量检测及水暖、电系统运转测试报告或测试记录等。

查验过程验收资料。过程验收资料是指参与工程建设的有关单位根据相关标准、规范对工程质量是否合格做出确认的各种文件，主要有检验批质量验收记录、分项工程质量验收记录、分部（子分部）工程质量验收记录等。

档案管理人员在A42、A45地块施工现场查验中发现施工资料收集存在一些问题，如个别施工资料滞后，检查记录及试验报告等不齐全；资料归档规范性亟待加强，厂家和材料资质复印件不够清晰，纸张尺寸、资料编号和盖章形式不符合存档要求；检验批存在签字遗漏现象。档案管理人员对发现的问题及时提出整改意见，确保资料在收集环节的完整准确。

档案管理人员在查验中同时与监理单位对接，了解监理单位对施工资料的审核进度，及时掌握工程资料的进展情况。通过对在建工程施工资料管理的提前介入，对施工资料及时收集起到了一定的监督作用。

通过细致的工作，科技园A29地块竣工资料收集整理取得了显著成果。在A29地块竣工验收时，经过档案管理办公室跟踪管理，竣工资料整体情况良好，工程竣工资料达到竣工验收要求。

8.3.2.3 全过程参与档案馆工程建设

全程参与科技园A15地块石油档案馆建设前期调研，走出去学习关于档案馆建设的各项需求，第一时间掌握档案馆建设可借鉴的第一手资料。

8.3.3 工程建设档案验收程序化管理

8.3.3.1 公司工程建设档案的收集与验收

（1）档案的收集、归档与移交

根据《集团公司档案管理手册》要求，及时完善各部门的归档范围，各部门按规定完成档案归档。技术部负责各地块技术文件、施工图的收集、归档、移交；财务部、商务部负责各地块招标投标文件、合同文件、结算文件的收集、归档、移交；工程部负责各地块前期文件、工程竣工资料和竣工图的验收、归档、移交；安全环保部负责各地块HSE文件的收集、归档、移交。

（2）档案的验收

档案管理办公室在各项工程验收前，指导各施工单位按照验收要求完成档案资料的整理组卷工作，按各项工程竣工的时间顺序，逐项进行竣工档案的归档验收。

8.3.3.2 施工单位竣工档案的验收管理

（1）统一竣工档案的验收标准

科技园工程建设涉及施工单位多，施工单位涉及专业多，分包单位多，基建文件和施工资料点多面广种类繁多，收集整理缺少统一规范要求，针对这一情况，公司档案管理办公室根据《中国石油天然气集团公司建设项目档案管理规定》要求，制定竣工档案验收标准下发至各施工单位执行，使竣工档案统一标准、统一验收。

1）档案资料编制要求

（a）档案按照《科学技术档案案卷构成的一般要求》GB/T11822-2008和《国家重大建设项目文件归档要求与档案整理规范》DA/T28-2002及《建筑工程资料管理规程》DB11/T695-2009进行整理，图纸按照《技术制图复制图的折叠方法》GB/T10609.3-1989要求统一折叠。电子文件符合《电子文件归档与管理规范》GB/T18894-2002。

（b）档案资料按照外封面、内封面、卷内目录、文字、图表、备考表的顺序排列。外封面统一采用150g牛皮纸封面。

（c）文字材料按A4规格装订，其厚度不超过20mm。每一件归档文件的页号，应统一在有文字、图、表每页正面右下角，背面左下角用打号机标注，页号要连续标注，案卷外封面、内封面、卷内目录及卷内备考表不编写页号。

（d）档案资料（含竣工图）要求提供全套电子文件，电子文件整理应附电子文件目录，说明光盘内文件名称、文件类型、时间、作者等。制作电子文件应采用通用软件，如Word、Excel，扫描图像宜采用多页式TIFF（JPEG压缩）或PDF文件格式保存，电子文件排列顺序应与纸质档案排列顺序一致。

（e）档案资料的装订，基本按照图书出版装订法，即先把内封面至备考表之间的材料用白线绳按三孔一线方式装订，装订成册后再粘外封面。竣工资料、竣工图统一使用基建工程档案盒装盒。

2）竣工图编制要求

结合科技园建设实际，各项工程竣工资料中都有大量的竣工图，档案管理办公室统一竣工图编制要求，施工单位完成竣工图的整理组卷。

（a）竣工图要求完整、准确、清晰、规范、修改到位，真实反映项目竣工验收时的实际情况。

（b）竣工图用施工图（必须为新蓝图，有完整的设计图签）更改，应在更改处注明更改依据文件的名称、日期、编号和条款号，加盖竣工图核定章。

（c）涉及结构形式、工艺、平面布置、项目等重大改变及图面变更面积超过35%的，应重新绘制竣工图。重新绘的图按原图编号，末尾加注"竣"字，或在新图图标内注明"竣工阶段"并签署竣工图章。

（d）竣工图统一折叠成A4图幅（210mm×297mm）"手风琴"式，图面朝里，图签露在外面，统一装盒。

3）竣工图核定章和竣工图章的使用

（a）竣工图核定章内容、尺寸如图8-5所示

（b）竣工图章内容、尺寸如图8-6所示。

竣工图核定章
根据号变更（洽商）通知单第　条修改
核定人：　　　　日期：

图8-5　竣工图核定章

编制单位		
竣工图		
编制人	技术负责人	编制日期
监理单位名称		监理人

图8-6　工图章

（c）竣工图逐张加盖并签署竣工图章。竣工图章的内容填写齐全、清楚，不得代签。

（d）竣工图章使用红色印泥，盖在标题栏附近空白处。

（2）按竣工档案验收程序，实施竣工档案的预验收

按照《中国石油天然气集团公司建设项目档案管理规定》，结合科技园建设工程施工单位多，竣工资料数量大，公司要求每项工程在竣工档案移交前，都应先提出验收申请，必须经过竣工档案预验收程序：

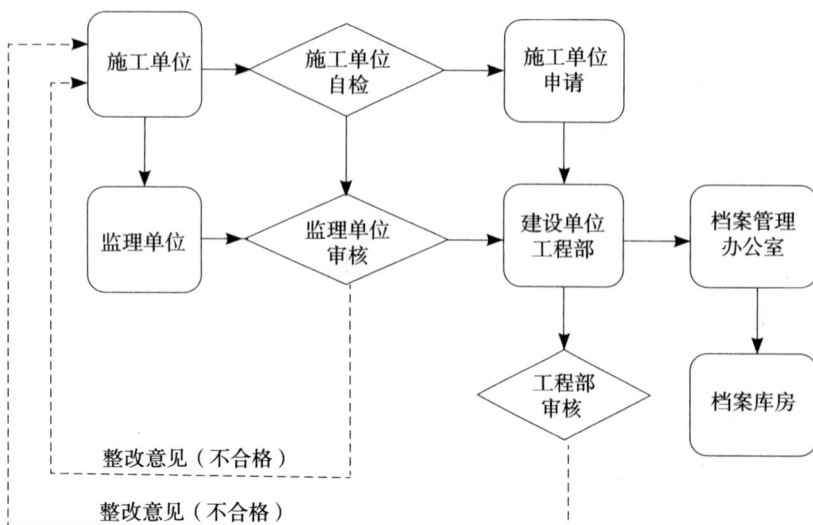

图8-7　档案验收程序

1）竣工档案由施工总承包单位负责汇总和自检，对编制的竣工档案，以案卷为单位进行综合性检查；

2）完成监理单位审核；

3）完成监理单位提出的整改内容，符合规定要求的，填写"建设项目类档案（预）验收登记表"，提交科技开发公司工程部门审核；

4）工程部门审核。审核主要内容有：查验施工过程中技术文件、调试文件、监理文件记录是否真实，整改意见是否全部落实；查验施工过程资料是否齐全，整改内容是否全部完成；审核施工记录表式是否符合标准要求；全部记录数据的真实性、准确性；竣工图和实际是否相符；移交文件的完整性、系统性；审批手续是否完备。竣工档案满足上述规定条件后，先由工程部门确认，再转交公司档案管理办公室进行案卷审查。

建设项目类档案验收申请表 　　　　　　　　　　　　　　　　　表8-2

项目名称			
审批（核准）机关		立项日期	
投资规模		建设时间	
建设单位		设计单位	
主要施工单位		主要监理单位	
计划档案验收日期		计划竣工验收日期	
联系人		联系电话	
申请单位自检意见	（单位盖章） 年 月 日		
验收单位意见	（单位盖章） 年 月 日		

建设项目类档案（预）验收情况登记表 表8-3

工程名称				
施工单位		项目负责人		
监理单位		项目负责人		
开工时间		竣工时间		
档案预验收时间		档案正式验收时间		
档案数量	文字资料	（盒）	（件）	（页）
	竣工图	（盒）	（件）	（页）
	电子文件	（盒）	（件）	（页）
建设项目类档案基本情况				
施工单位自检意见	项目负责人签字 （单位盖章） 年 月 日			
监理单位审核意见	监理总工程师签字 （单位盖章） 年 月 日			
建设单位验收意见	档案部门 负责人签字 年 月 日		主管领导签字 （单位盖章） 年 月 日	

（3）严格执行竣工档案验收标准，做好对竣工资料的验收及复核

在竣工档案入库之前，公司档案管理办公室按竣工档案管理标准再次进行审查，严格把好竣工档案入库前最后一关。主要核查内容是：查归档案卷是否齐全、完整；查档案材料的规范性、耐久性；查文件的签字、盖章、确认手续是否完备等。符合竣工档案管理标准后，施工总

承包单位按照统一的竣工档案装订要求进行装订，办理档案移交手续。对不合格的案卷提出整改说明，退回原编制单位，进行整改后，重新提交验收。

（4）建立竣工档案交接制度，规范档案管理行为

经过竣工档案验收合格的案卷，施工单位将竣工档案及"建设项目类档案（正式）验收登记表"整理后，向建设单位正式办理竣工档案的移交手续。施工单位按照"建设项目类档案（正式）验收登记表"的要求，填写项目档案资料情况及竣工档案整理过程中其他需要说明的问题，并附移交目录清册。"建设项目类档案（正式）验收登记表"一式三份，由建设单位、施工单位、监理单位责任人签字后各保留一份，以备查考。

建设项目类档案（正式）验收情况登记表　　　　　　　　表8-4

工程名称				
施工单位		项目负责人		
监理单位		项目负责人		
开工时间		竣工时间		
档案预验收时间		档案正式验收时间		
档案数量	文字资料	（盒）	（件）	（页）
	竣工图	（盒）	（件）	（页）
	电子文件	（盒）	（件）	（页）
建设项目类档案基本情况				
施工单位自检意见	项目负责人签字 （单位盖章） 年 月 日			
监理单位审核意见	监理总工程师签字 （单位盖章） 年 月 日			
建设单位验收意见	档案部门 负责人签字 年 月 日		主管领导签字 （单位盖章） 年 月 日	

8.4 科技开发公司领导班子建设

科技开发公司成立以来，围绕建设"世界水平的科技园区"总体要求，在公司领导班子带领下，全体员工群策群力，攻坚克难，先后完成了科技园区总体规划、十个地块1451亩建设用地取得等工作。截至2014年底，竣工及投用面积44.47万m²，在建工程面积19.72万m²。

公司紧密结合"四好"（政治素质好、经营业绩好、团结协作好、作风形象好）领导班子创建标准，大力加强班子建设，领导干部发扬大庆精神、铁人精神和油田会战优良传统，团结和带领员工将一个个"不可能"变成"可能"，科技园建设工作有序推进。2012年，公司被中国石油天然气集团公司党组授予"创建'四好'领导班子先进集体"荣誉称号。

8.4.1 政治优先，团结协作，提高班子成员综合素质

成立7年来，华服总不断充实科技开发公司班子力量，目前公司领导班子8名成员中，博士学历1人，研究生学历3人，涉及经济、建筑工程、工商管理等多个专业。

公司领导班子始终把严守党的政治纪律和政治规矩作为思想和行动的基本准则，坚决同党中央、集团公司党组和华服总党委保持高度一致，在任何情况下都做到政治信仰不动摇、政治立场不含糊、政治方向不偏移。

科技园建设包括实验室、生产厂房、数据机房、展览馆、会议中心等，面对繁重而复杂的建设任务，班子成员坚持学中干，干中学，不断提高专业技术水平和解决实际问题的能力。近两年来，班子成员在国家核心刊物发表学术论文4篇。

公司积极开展学习型党组织和学习型企业建设，通过专家讲座、技术咨询、参观学习、在职学历学习等途径，全面提高员工队伍综合素质。每周开展管理经验分享活动，近两年来已分享100余次，"管理看板"等经验已在全公司推广。

公司对总承包、监理、专业分包等按专业进行梳理，将工作目标层层分解。根据多个地块同时开工、专业交叉点多面广的特点，公司对各地块采取"条块结合，以块为主"的管理模式，充分授权、放权，专业领域专职负责，提高解决问题的效率。班子成员分工不分家，紧密配合，相互补台，建立了畅通的沟通协调机制，除总经理办公会、生产协调会外，日常沟通随时进行，会议室、办公室、食堂餐桌都成为沟通工作的场所。

在科技园土地取得、A12正式供电等重点工作中，班子成员分工合作，紧盯不放，不断取得新突破，形成了"把不可能变成可能"的科开精神。负责分管地块的领导勇于担当，充分利用设计上留的裕量，根据丰富的经验，优化相关地块基坑建设方案，不仅缩短了三个月以上的工期，还节约资金600余万元。

8.4.2 建章立制，加强管理，全力推进科技园建设

为加强投资控制，严格工程管理，公司实施工程全过程管控。大力推进QSHE及内控体系建设，为工程建设保驾护航。从标准化、制度化、规范化入手，公司梳理工作流程，先后制定了18大类、45项规章制度，涵盖了公司工作的方方面面。

在执行领导小组确定的建设规划过程中，科技开发公司坚持执行"三重一大"决策制度，重大事项均上会研究，充分听取班子成员意见。公司建立了严格的流程审批制度，50万元以上的变更洽商必须上总经理办公会，所有的变更洽商均需要会签。集团公司派驻科技园纪检监察

组参与总经理办公会和生产协调会，参与招投标，监督工作贯穿决策到实施的全过程。

公司每周召开生产协调会，通报研究工程进展和遇到的问题，各部门精诚团结、互相支持，及时解决各种难题；技术方面采取设计三审制、强制性条文外审制、技术内审、专家评审论证等措施，强化设计质量管理。工程监管严格落实"事前控制"质量管理方针，执行"方案先行、样板示范"制度。

8.4.3 转变作风，注重形象，打造"阳光班子"

公司班子成员牢记"忠诚事业、承担责任、艰苦奋斗、清廉奉献"的企业使命，深入学习贯彻《国有企业领导干部廉洁从业若干规定》，严格执行科技开发公司"五不准"规定，与公司签订了《党风廉政建设责任书》，与部门负责人签订《廉洁从业承诺书》。班子成员在日常工作中身体力行，清正廉洁，公道正派，坚持不吃不拿、不卡不要，确保各项制度落实到位。

2013年，公司制定《科技开发公司关于加强作风建设、提高工作效率的实施细则》，会议数量同比下降16%，各类文件同比下降23%。按照华服总党委"说实话、办实事、求实效，抓深入、抓具体、抓落实"的要求，班子成员加强与专业人员沟通，现场解决各种问题，确保工程进度和质量。在党的群众路线教育实践活动中，对照征集到的群众意见，班子成员认真自检整改。

"四好"班子建设的有力开展，提高了领导班子科学决策和解决问题的能力，为世界水平的科技园区建设提供了组织保障。

8.5 "三基"工作开展情况

自2007年成立以来，科技开发公司结合工程建设实际，以建设集团公司基层"千队示范工程"为目标，以"质量精品年"、"精细化管理年"及建设"学习型党组织、学习型企业"为载体，不断强化"三基"（基层建设、基础管理、基本素质）工作，夯实企业管理基础。

8.5.1 不断强化基层组织建设

（1）以党支部建设为核心，完善基层党组织

公司党员人数达到42人，占公司总人数的50%以上，其中支部书记1名，副书记1名，支部委员5人，支部成员结构合理，既有党务工作经验丰富的老同志，又有年轻有为的专业管理干部。根据党员数量和情况，划分了4个党小组，党小组的划分与部门业务结合，与具体岗位结合。为了更进一步强化基层党组织建设，完善细化基层党组织工作，公司党支部以"三基"工作和建设"千队示范工程"为工作要点编制年度工作要点，并分别制定了党支部、工会、团支部工作计划表，明确具体内容、责任人及完成时间。

（2）以创先争优为手段，进一步转变工作作风

为持续深入开展创先争优活动，将党员的先锋模范作用落实到具体岗位上，党支部编制《关于开展争创"党员先锋岗"活动的实施方案》，明确了争创目标，细化争创内容，进一步强化党支部的战斗堡垒作用。

（3）切实加强党风廉政建设，实施"阳光工程"

公司与领导班子成员签订了《党风廉政建设责任书》，与全体员工签订《廉洁从业承诺书》。

按照工程建设规范要求，公司出台了《中石油科技园项目工程变更管理暂行办法》；在集团公司派驻科技园纪检监察组的指导下，出台了科技开发公司《关于管理人员在工程建设中廉洁从业的规定》、《科技开发公司"三重一大"实施细则》，保障公司党风廉政建设工作落到实处。

8.5.2 不断提升基础管理水平

公司着重以"质量精品年"和"精细化管理年"为手段，大力加强制度建设，基础管理水平迈上新台阶。

（1）深入推进内控体系建设，强化风险管控

2011年，公司大力推进内控体系建设工作，绘制涉及报告风险、经营风险、法律风险层面流程62个，编制风险控制文档62篇，搜集整理6个业务部门实施证据百余项。为检验体系建设的合理性与执行的有效性，公司于2011年9月组织了内控测试，并以测试中发现的问题为切入点，认真整改，全面梳理，保证了工作流程规范、合理。

（2）不断完善公司各类制度

公司相继出台了《办公物品采购管理办法》、《业务招待费管理办法》、《车辆配备与交通费用管理暂行办法》、《员工绩效考核暂行办法》、《车辆使用管理暂行办法》、《关于管理人员在工程建设中廉洁从业的规定》、《"三重一大"实施细则》，对招标、合同管理等相关业务内容进行了梳理；制定了科技开发公司岗位责任制，财务报销流程等，公司规章制度及管理流程不断完善。

（3）大力推进"质量精品年建设"，开展献计献策、"回头看"活动

公司以提升执行力和管理水平为重点，大力开展了"质量精品年"活动。在每年年底和地块竣工投用时，开展全员"回头看"主题活动，从工程设计、材料、施工、管理等多方面认真总结好的作法和不足。积极开展了员工献计献策活动，从公司制度、工作流程、现场管理、材料选择等多方面汲取员工好的意见及建议。

8.5.3 强培训、重激励，不断提高员工基本素质

科技园项目建设专业性强，工作内容特殊，要求从业人员具有工程管理、房地产开发等相关专业知识，华服总原有人才储备不能完全满足科技园建设需要。针对这种情况，公司采取一系列措施，使人才工作得到强化。

（1）广纳人才，优化结构

首先是华服总内部抽调的方式为科技园的建设挑选了一批精管理、懂专业，参与过东直门石油大厦建设的高素质人才，作为科技园建设的中坚力量。其次是通过系统内借调，市场招聘等方式引进专业技术人才。近年又招收新毕业大学生人，其中研究生学历8人。为了使新入职大学生迅速熟悉业务，培养使用好新入职员工，公司利用"传帮带"、"学中干、干中学"等方法，逐步形成大学生引进培养机制。

（2）创建载体、强化培训

为了进一步改善现状，提升员工基本素质，公司出台了《建设"学习型党组织、学习型企业"实施方案》，对提高员工思想修养、强化员工职业技能、提高学习能力做了系统的部署安排，积极鼓励员工多渠道学习，不断提高自身学历。目前，公司硕士及以上学历17人，占员工比例24%，本科学历占员工比例60%，80%以上专业岗位从业人员均已取得资质认证。公司注重发挥社会中介机构力量，通过与招标代理、造价咨询公司、幕墙专业机构等合作，在合作中促

进学习，在合作中不断提高员工业务素质。同时，积极开展专业技术和综合管理知识培训，先后组织开展了技术工程类园林绿化、直燃机原理、机电安装、商务招投标种类、QHSE体系建设等课程的培训；聘请石油管理干部学院教授为员工进行"提升执行力"、"心理疏导、健康解压"等课程培训。建立员工读书室，购买和员工捐赠的图书达到1000余册。

（3）注重业绩考核，不拘一格使用人才

为了进一步盘活人才资源，公司大胆使用年轻同志，把有政治素养、有专业技能、有管理能力的社聘人员和年轻员工选拔到管理岗位，委以重任。近年来，将5名社会化员工提拔到管理岗位。

8.6　企业文化建设

科技园项目建设7年多来，科技开发公司全体员工秉承大庆精神、铁人精神，以建设国内领先、国际一流、世界水平的科技园区为目标，发扬"将不可能变为可能"的科技园建设精神，团结拼搏、求实创新，取得工程建设和企业文化建设的双丰收，形成具有科技开发公司特色的企业文化。

企业理念：诚信 创新 业绩 和谐 安全

企业目标：建设国内领先、国际一流、世界水平的科技园区

企业精神：忠诚事业 勇于担当 求实创新 追求卓越 艰苦奋斗 清廉奉献

管理理念：依规建设 精细管理 注重质量 强化执行

  1.　工作理念：做事有计划 行动有方案 件件有落实 事后有总结

  2.　人才理念：人尽其才，德才兼备，员工与园区建设共同成长

  3.　QHSE理念：环保优先 安全第一 质量至上 以人为本

廉洁自律观：严格执行"五不准"，建设"阳光"科技园

学习型企业、学习型党组织建设目标：凝聚队伍 提高素质 提升工作 科学发展

党建工作目标："一个中心、四个强化"

  一个中心：以支部建设为中心，发挥党支部战斗堡垒和党员先锋模范作用。

  四个强化：强化班子建设、强化队伍建设、强化廉政建设、强化和谐园区建设。

（注释：五不准：① 不准利用职务或工作之便，索要或收受（包括馈赠）有关业务单位的现金、有价证券和财物；② 不准参加有关业务单位或个人的宴请、旅游和娱乐等活动；③ 不准到有关业务单位报销应由个人支付的各种费用；④ 不准擅自与业务关系人洽谈业务，泄露有关数据资料和公司商业秘密；⑤ 不准损害集团公司利益，虚假设计变更、虚假签证、虚假结算。）

附录：发挥党支部作用，推动企业文化建设

在企业文化建设过程中，党支部以加强党建、强化培训为抓手，充分发挥了党支部的战斗堡垒和先锋模范作用，成为科技开发公司企业文化建设的亮点。

一是加强班子建设，坚持群众路线，积极发挥党支部战斗堡垒作用。公司紧密结合"四好"领导班子创建标准，大力加强班子建设，2012年被集团公司党组授予"创建'四好'领导班子先进集体"荣誉称号。在执行领导小组确定的建设规划过程中，公司坚持执行"三重一大"决策

制度，重大事项均上会研究，充分听取班子成员意见。公司建立了严格的流程审批制度，50万元以上的变更洽商必须上总经理办公会，所有的变更洽商均需要会签。集团公司派驻科技园纪检监察组参与总经理办公会和生产协调会，参与招投标，监督工作贯穿决策到实施的全过程。

公司建立和完善党务公开制度，党支部委员定期向全体党员汇报支部工作，凡是涉及评优、评先、发展新党员等事宜，均广泛征求党内外群众意见，并做到上报前公示，保障员工的参与权与知情权，逐步建立让员工参与公司经营管理的常态机制与渠道。积极拓宽反映情况渠道，通过设置意见箱、职工之家等多种形式，方便广大员工反映意见。支部委员经常深入各部门，倾听员工的意见和建议。每年组织员工开展"回头看"和献计献策活动，为企业决策提供可靠依据。

扎实开展党的群众路线教育实践活动，对征集到的30余条意见和建议，逐条研究解决办法，制定整改措施，切实解决员工关心的问题。落实带薪休假制度，公司鼓励员工在安排好工作的前提下带薪休假。执行员工"五必访"制度，积极了解员工动态，将党支部的关爱及时传达给员工。开展"我爱科技园"体育健身比赛等丰富多彩的文体活动，提高员工身心健康指数。

二是强化员工培训，提升员工素质，大力建设学习型企业。党支部积极开展学习型党组织和学习型企业建设活动，以创建"千队示范工程"为契机，着力打造理论学习、文化建设、教育培训、经验分享等平台，为建设高品质的石油科技园提供了强大动力。

为进一步提高员工培训工作的针对性和有效性，公司面向全体员工开展培训需求调查，并制定年度培训计划。组织党员和群众收看《石油魂·中国梦》、《中国石油雄师》等专题片，并组织研讨会，在员工中弘扬大庆精神、铁人精神，激发员工立足岗位为科技园建设做贡献的正能量，形成奋勇争先、甘于奉献的良好企业氛围。每周一的生产协调会上进行部门经验分享，形成边工作边总结边推广的模式，2012年至2014年已分享100余次，"管理看板"等好的经验得到及时推广，推动了科技园建设。以"双十"全员读书活动为契机，开展全员培训，公司领导班子成员以工程建设为主题带头讲课，同时通过邀请专家讲座、技术咨询、外出参观学习等方式，全面提高队伍综合素质。鼓励员工参加学历和技能再教育，2014年有5人参加本科学习，2人参加在职研究生教育，多名员工报名参加二级建造师资格考试。

三是珍惜机会，奋勇争先，充分彰显党员先锋模范作用。科技园位于昌平区沙河镇，交通不便，周围配套设施不全，秋冬风沙大。建设六年多来，广大党员珍惜参与科技园建设的机会，以"建设世界水平的科技园区"为目标，充分调动各方面的工作积极性和主动性，充分发挥了共产党员的先锋模范作用，成为一面面闪亮的旗帜，涌现出一大批公而忘私、勤勉敬业的先进典型。

"冲刺6·30"是科技开发公司2014年上半年的头等大事，关系着全年建设目标能否顺利完成。全体员工紧紧咬住工程节点不放松，以坚强的执行力保障了建设目标的实现。工程二部员工天天跑现场，抓住任何一个细节不放，直到解决问题为止。总包单位负责人感叹："都像你们这样认真加拼命，活儿不可能干不好。"为保障数据中心安全可靠运行，工程一部技术人员提出将三联供、电制冷及机房空调系统调试与机房验证测试工作相结合、相穿插的调试思路，自4月下旬以来，"白加黑、五加二"地盯在现场统筹各方，确保工作按计划完成。技术部、财务部4位新妈妈都刚休完产假，就把全部精力投入到工作中，孩子却交由家人照看，没有因为孩子小而耽误工作。

8.7 基础管理实例

8.7.1 科学组织会议，提高工作效率

会议是沟通和决策的重要方式，会议组织的质量直接影响会议效果。科技开发公司根据科技园建设项目特点，建立了一套完善的会议组织和管理制度，提升了会议效率和效果。

（1）分类管理，规范流程

为了使会议组织工作更加标准化、流程化、精细化，根据科技园建设实际情况，将会议划分为六大类：总经理办公会、全体员工会、生产协调会、科技园建设领导小组会、年度工作会以及各类业务评审会议。根据会议复杂程度，将部分会议筹办分为会议前期、会议期间和会议后期三个阶段，并制作相应会议流程规范。

会议前期主要工作为确定会议内容、时间、地点、与会领导、议程等，发送会议通知，准备会议材料及会场相关准备工作。

会议期间做好会议记录工作，包括手工记录及录音笔记录，并做好现场拍摄工作。

会议后期整理会议室及有关会议的文件材料，进行归档存放，起草新闻稿，整理会议纪要形成可供传达的会议文件。

最后进行会议总结，查找不足，不断完善会议会务及接待工作。

（2）优化流程，严抓细节

1）仔细对照堵漏洞

行政事务部制作部门工作手册，完善会议流程，让会议组织者可以对照手册逐项检查，确保无漏项。日常会议组织均为二人配合完成，可以互相提醒，防止疏忽出错。

2）运行大表抓落实

面对复杂会议，制定计划运行大表，将会议准备事项逐一分类列出，明确责任人及完成时间，及时相互通报进展情况，堵塞漏洞。运行大表的应用使组织者在组织年度工作会等大型会议时能够从容应对各种问题。

3）人员培训强后盾

针对行政事务部工作突发性、多变性强的特点，在设置会议组织专岗的同时，进行全员培训，让每个人都具备组织会议的基本能力，无论何时、哪个员工面对临时会议都能做到不慌不乱、应对有方。如发通知要写明会议名称、时间、地点、参会人员、要求。通知方式有纸质、电话、短信、网络，并要确认信息送达。投影仪要定期检查，提前半小时打开测试，以防意外情况发生。部门每位员工了解排位常识，存好桌签制作模板。预约会议室时要说明时间、地点、人数、领导、服务要求。

（3）提高效率，注重实效

为了切实提高会议效率，公司召开会议时由会议主持人总结会议成果，在会上明确工作任务分别由哪些部门或个人负责落实解决，跟踪会议结果的落实情况。会议结束后，由记录员整理会议记录，将会议记录发给与会者。

2014年，结合公司党的群众路线教育实践活动，针对员工提出的"会议落实工作力度有待加强"的问题，公司及时进行整改，完善工作机制，简化工作流程。以每周的生产协调会为例，会上以汇报施工进度和质量为主，将需要解决的问题在会上提出，相关业务部门提出各自配合方案，全力做好支持工作。改变开会方式后，每周生产协调会提出需协调解决的问题达到10

余个，各部门现场表态，当场确定解决办法，解决问题的效率明显提升，经过全体员工共同努力，圆满完成"冲刺6·30"、"冲刺9·30"等各项建设目标。

附：公司相关会议制度

一、科技园建设领导小组会议流程

会议前期工作：

1. 起草召开科技园建设领导小组会议请示报领导小组组长批示，确定会议内容、会议时间、会议地点、与会领导等。

2. 给各相关单位发送会议通知，请各相关单位准备会议汇报材料。

3. 确定各相关单位参会人员，督办会议材料准备情况，拟参会人员名单及会议议程。

4. 做好会场准备工作，包括预定会议室及会议服务，准备会议汇报材料及参会人员座签，保证投影仪、笔记本电脑、扩音设备、激光笔等硬件设备正常使用。

5. 做好订餐工作，做好会议接待。

会议期间工作：

1. 提前三十分钟确定参会人员情况，如有变动及时汇报领导。

2. 做好会议记录工作，包括手工记录及录音笔记录。

3. 做好会议现场拍摄工作。

会议后期工作：

1. 整理会议室，包括会议资料、电子设备等物品的回收。

2. 及时整理会议纪要及会议新闻稿，报领导审阅。

3. 给相关单位分发会议纪要。

4. 及时对会议材料进行归档，包括纸质及电子材料。

5. 总结本次会议，找出不足，不断改善会议会务及接待工作。

二、总经理办公会流程

1. 请示领导确定会议时间及会议议程，通知参会人员。

2. 预约会议室及会议服务，准备会议材料、座签及会议签到表等。

3. 做好会议记录，起草会议纪要。

4. 回收会议资料及会以物品。

5. 做好会议签到表及会议记录等会议材料的归档工作。

三、全体员工会流程

1. 确定会议时间及会议议程，通知全体人员。

2. 预定会议室及会议服务。

3. 准备会议材料、座签、会议签到表等。

4. 做好会议记录及现场拍摄工作。

5. 回收会议资料及会议物品。

6. 做好会议签到表及会议记录等会议材料的归档工作。

7. 起草会议新闻稿。

四、生产协调会流程

1. 每周五下班前汇总各部门周计划。

2. 请示领导会议时间，通知参会人员。

3. 预约会议室及会议服务，准备会议材料、座签及会议签到表等。

4. 做好会议记录，及时落实会议要求。

5. 回收会议资料及会议物品。

6. 做好会议签到表及会议记录等会议材料的归档工作。

五、工作会议流程

会议前期工作：

1. 请示领导确定会议时间、会议议程等内容。

2. 起草公司年度工作报告材料及联欢会方案。

3. 预约会议地点，与会议服务单位商谈会务、就餐等相关事宜。

4. 通知参会领导及全体人员，安排好车辆接送。

5. 做好会议所需物品的采购工作。

6. 做好会场准备工作，包括会议材料、参会人员座签、证书，保证会议及联欢会所需硬件设备正常使用。

会议期间工作：

1. 提前三十分钟确定参会人员情况，如有变动及时汇报领导。

2. 做好会议记录工作，包括手工记录及录音笔记录。

3. 做好会议现场拍摄工作。

4. 组织联欢会相关事宜。

会议后期工作：

1. 整理会议室及联欢会现场，包括会议资料、电子设备、酒水等物品的回收。

2. 及时整理会议记录及会议新闻稿，发送领导审阅。

3. 及时对会议材料进行归档，包括纸质及电子材料。

六、评审会议流程

会议前期工作：

1. 接到会议通知后，请示领导按要求通知相关部门。

2. 预约会议地点，与会议服务单位商谈会务、就餐等相关事宜。

3. 通知参会领导及相关人员，安排好车辆接送。

4. 确定各相关单位参会人员，起草会务指南。

5. 做好会场准备工作，包括会议材料、参会人员座签、会议签到表、专家费发放表等，保证会议所需硬件设备正常使用。

会议期间工作：

1. 做好会议签到及专家费发放工作。

2. 做好会议现场拍摄工作。

3. 做好与会人员就餐及午休工作。

会议后期工作：

1. 整理会议室，包括会议资料、电子设备等物品的回收。

2. 与会议服务单位结算会议费用。

3. 及时对会议材料进行归档。

4. 起草会议新闻稿。

8.7.2 办公用品精细化管理

办公用品管理是针对企事业单位办公用品的计划、采购、分发和保管及销毁的一项制度，目的在于规范办公用品的管理和流程，减少铺张浪费，节约成本，提高办公效率。为完善办公用品管理，科技开发公司本着控制成本、提高质量、方便工作、提升效率原则，从四个方面加强管理。

（1）建立完善的采购管理流程

为完善办公用品管理，科技开发公司经过多方面考察，根据《华油北京服务总公司采购管理办法》，制定了适合公司业务需要的办公用品采购管理流程。要求各部门每月初将本月需求计划经过部门领导和分管领导签字后提交给行政事务部办理。采购、验收、入库三个环节，每个环节由专人把关并签字确认。如有固定资产使用需求，必须填写固定资产申请表，经过分管领导和总经理确认签字，再由行政事务部进行比价购买。

（2）比价管理严控价格

为防止供应商虚报价格，2014年开始，科技开发公司采取三方比价管理。在供应商提供办公用品采购价格的同时，由其他供应商根据采购单提供一份报价，同时寻找一家网店或超市文具专柜，了解部分常用办公用品的价格，经三方比价，可获知采购价格是否合理。如供应商有个别商品价格过高，行政事务部会约谈供应商降低价格并予以警告。如大部分商品价格过高，会另择一家价格合理的供应商。比价周期为每半年一次，供应商报价周期为每季度一次。

通过办公用品三方比价管理，能够清楚地了解各项办公用品的价格，直接监督供应商的供货价格和质量，起到节约成本的作用。

（3）定制化管理方便日常工作

根据公司工程应急需求，在办公用品日常管理中，行政事务部将常用办公用品做了适量储备，并将常用办公用品分成三大类：办公文具、设备耗材、其他类，共计13项，如常用文具、笔记本、文件袋、资料册等。

办公用品按类型放置在铁皮柜里，柜外标注类别，打开柜门就能看到各个细项，这样使办公用品的摆放位置明确、易找，不会因为某个人而影响员工领用办公用品，快捷、有效。

（4）信息化提升管理效率

经过多方对比和考虑到实用性，行政事务部选择了一个远程连接服务器免费软件，基本满足日常办公用品采购统计工作需求。

办公用品管理软件能迅速统计出各类办公用品使用份额。例如复印纸、矿泉水是全年消耗最大的产品。通过办公用品软件的使用，也能观察各项物品的库存量，及时补充库存，例如5~10月份，矿泉水储备量为20箱，其他月份储备量为10箱。通过信息化管理，能更方便地对办公用品使用、价格、库存等进行统计，确保了各项信息准确性，提高了办公用品管理的效率。

附表8-5 《办公用品需求计划》

附表8-6 《物品购买申请》

附表8-7 《办公用品（物品）入库登记》

附表8-8 《办公用品（物品）出库登记》

附表8-9 《办公用品（物品）领用登记》

办公用品需求计划 表8-5

部门：

序号	物品名称	数量	备注

日期： 部门负责人签字：

物品购买申请 表8-6

部门： 日期： 年 月 日

序号	物品名称	数量	预计金额	情况说明

总经理： 主管领导： 部门负责人：

办公用品（物品）入库登记 表8-7

日期	物品名称	单位	数量	金额	登记人

制表： 审核：

办公用品（物品）出库登记 表8-8

购入日期	领用日期	物品名称	部门	购入数量	领用数量	领用人

制表：

办公用品（物品）领用登记　　　　　　　　　　　　　　　　　　　表8-9

序号	时间	物品名称	数量	部门	领用人	备注

8.7.3　网站建设

为适应信息化工作的需要，2013年4月，科技开发公司对内部网站进行了改版，经过近两年的运行，效果良好。

（1）网站风格

以集团公司和华服总网站风格为参照，结合科技园建设特点，以蓝色为基本色，背景图片选取了科技园项目标志性建筑效果图。

（2）内容设计

追求实用、简捷，满足日常办公、信息交流、展示形象的实际需要。整体功能性框架分为5个板块：公司要闻、工程快报、领导讲话、综合信息和学习园地。左列基础性框架分为6个部分：公司简介、公司部门、规章制度、办事流程、文化生活和行业信息。整体布局一目了然。

（3）栏目介绍

① 公司要闻：公司发生的重要新闻事件，如上级领导检查，公司重大活动、重要会议、工程重要节点等。

② 综合信息：及时发布工作通知、决定、值班表等公司日常信息。

③ 工程快报：以公司周报、月报为主，展示科技园建设的工程进展情况。

④ 领导讲话：以集团公司、华服总、科技开发公司领导重要讲话为主，宣贯上级重要指示和主要精神，供员工日常学习和查阅。

⑤ 行业信息：及时传递石油、建筑、环保、土地等相关国家政策和信息，供科技园建设者参考。

⑥ 学习园地：以每周进行的部门经验分享为主要内容，包括员工日常撰写的读书心得、学习体会、工作感悟等，起到交流思想、共享经验的目的。

⑦ 文化生活："员工风采"展现科技园建设中的先进典型事迹，加大榜样宣传力度，起到"树标杆，学榜样"的作用。"园区文化"通过与安全环保院、长城钻探测井技术研究院、中油测井技术研究院、李向阳国家重点实验室、高新物业沟通，将入驻单位最具工作特色的内容展现出来，增加对科技园的认知度。"文苑"收录员工的文学创作、读书感受、演讲材料等。"昌平风物"与昌平区旅游局网站进行连接。

⑧ 滚动图片栏：用于重大专题图片的展示，起到丰富、活跃网站的功能，增强了整个网站的可读性。

⑨ 专栏板块根据阶段性任务目标，预留出专栏位置。网站改版以来，先后开办了"春到科技园"和"双十悦读会"两个专题，前者发布员工反映科技园风采的图片60余张，后者成为"双十"读书活动的信息发布和员工交流的平台。

网站管理充分结合科技开发公司特点，将工程建设和员工成长作为网站两大主题，互相关联，互相促进。公司要闻、工程进度、领导讲话、综合信息、行业信息等栏目都是围绕科技园工程建设的中心工作，全方位反映工程建设进展、上级要求、建设成就、存在问题。而学习园地、文化生活、双十悦读会等栏目，则着眼于员工工作经验分享、学习能力提高、业余生活丰富，为员工高效工作、快乐生活提供信息服务。可以说，科技园项目为每位参与建设者提供了成长成才的机会，而员工强烈的责任感和归属感，成为科技园建设的推动力，网站在其中架起了沟通的桥梁。

图8-8 公司网站主页面

8.8 业务工作小结

公司成立7年来，行政事务工作以服务领导、服务员工、服务入园单位为宗旨，以规范化、精细化为目标，不断加强基础工作建设，完善行政事务工作流程，提升员工综合协调能力，各项工作有序推进，搭建了与中国石油天然气集团公司、地方政府、入园单位之间的信息沟通平台，为科技园建设顺利推进提供了制度和思想保障。

附录一
加强执纪监督　建设阳光工程

集团公司派驻科技园纪检监察组

集团公司在北京昌平建设中国石油科技园，是中关村国家工程技术创新基地的组成部分。针对这一宏伟工程规模大、投资额度大、周期长的特点，经集团公司党组纪检组、监察部（局）同意，2010年3月至2015年3月组建派驻组进驻中石油（北京）科技开发有限公司，开展科技园工程建设监督监察工作。派驻组在工程建设方面开展了全程监察、过程监察、重点部位和节点监察；在工程管理人员方面开展了廉洁从业制度监察、履职监察和执纪监察，为推进中国石油科技园区建成干净工程、阳光工程，发挥了监督监察作用。

依法依规依纪开展监督监察

依据《中华人民共和国招标投标法》、《中国石油天然气集团公司工程建设项目监察工作规定》（中油监〔2011〕554号）、《中国石油天然气集团公司关于成立中石油（北京）科技开发有限公司的通知》（中油人劳字〔2007〕505号）、《中国石油天然气集团公司监察部门监督招投标工作管理办法》（监察字〔2006〕10号）和《国有企业领导人员廉洁从业若干规定》等法规，明确了对领导决策、招投标、合同履约、资金投用、安全与环保、工程质量、廉洁从业等10个方面的监督监察工作的依据和职责。随着工程建设规模扩大，派驻组也同步深入，主动作为，敢于担当，并将集团公司科技园建设领导小组要求，科技园工程建设要统一规划、统一设计、统一标准、统一投资、统一建设、统一管理，即"六统一"的建管原则，作为派驻组开展监督监察的重要依据和监察监督职责，这样既拓宽了监督监察视线，又扩展了监督监察职责的外延，避免在工程建设中以及入驻后，乱投资，乱改、扩、装等问题的发生。

抓住重点，兼顾环节点，注重节点，形成监督监察链

派驻组始终把握工程建设的全程、过程、重点、节点之间的联系，做到抓全程不忘过程、抓过程不忘重点、抓重点不忘节点，统筹兼顾，整体推进，构成监督监察链。

一是做好招投标过程监督。招投标是工程建设的一项重要程序，其过程是否规范、透明、公正是派驻组监督的重点。五年来，派驻组共参加各种形式的招投标389次，其中开、评标321次，投标单位资格审查61

次，复议和竞价谈判7次，对招投标中发生的投诉（质疑）进行初核。

二是评估风险，化解风险。工程管理涉及施工、质量、资金、安全环保、物资设备以及招投标与合同执行等多个环节，是个整体链条，贯穿于施工建设的全过程。哪点发生问题，都会影响整体，为了避免和减少问题的发生，针对不同阶段进行风险评估与风险化解。2012年，是A34地块建设的关键之年。派驻组协助公司，在A34地块分别开展了工程质量和建材管理大检查。先后3次召开会议，评估了36个子项目，分析了68个风险点，细化了检查内容，增强了检查的针对性，使大检查取得了预期效果，也为其他地块开展检查工程质量和建材管理提供了经验。

三是定期或不定期地到现场检查。2013年园区进入全面建设阶段，整个园区4个地块，5个项目，37个承包队伍同时在施工，38部塔吊，367个吊篮同时作业，在生产协调会上提醒公司加强安全检查，防坠落、防坍塌、防失火。五年来，派驻组把督导安全环保作为一项常态工作，现场巡查约370多次，与科开公司共同贯彻落实安全环保职责。

四是积极推进"三重一大"落地。积极推进科开公司"三重一大"集体决策制度的贯彻落实。派驻组协助公司制定了《工程变更管理办法》，确定50万元以上工程变更要经公司班子集体决策。对工程结算、工程付款以及农民工工资的发放等一些重大敏感问题，领导班子都要几天听取汇报，集体研究解决办法。派驻组通过列席公司总经理办公会、生产协调会，对完善招投标管理、投诉质疑问题的处理，加强班子与队伍建设、提升管理能力，适时地提出意见和建议，使"三重一大"制度得到严格落实。

发挥主体作用，始终扭住廉洁从业这条底线

派驻组对公司管理人员开展监督监察工作中，始终扭住廉洁从业这条底线、红线、主线不松劲、不间断，持之以恒地抓。

一是协助制定"五不准"制度。根据中央和集团公司关于廉洁从业和廉洁自律的有关规定，结合公司的实际，制订了公司各级管理人员廉洁从业"五不准"制度，以公司文件的形式下发。要求公司各级管理人员必须做到：① 不准利用职务或工作之便，索要或收受（包括馈赠）有关业务单位的现金、有价证券和财物；② 不准参加有关业务单位或个人的宴请、旅游和娱乐等活动；③ 不准到有关业务单位报销应由个人支付的各种费用；④ 不准擅自与业务关系人洽谈业务，泄露有关数据资料和公司商业秘密；⑤ 不准损害集团公司利益，虚假设计变更、虚假签证、虚假结算。为强化"五不准"的贯彻落实，派驻组还对起草"五不准"的意义、指导思想、重要概念以及违反规定的处理办法作了说明，党支部书记进行了宣贯并提出了具体要求。执行"五不准"五年来，大家反映：制定"五不准"针对性强，易记易操作，是我们的工作制度和纪律，也是我们的职业操守。

二是坚持不懈地警示、提醒。反腐倡廉建设永远在路上，对党员干部的教育、警示、提醒坚持不间断、警钟长鸣，扎实推进反腐倡廉基础性工程建设。开展有针对性的教育活动，选择在工程建设和反腐倡廉方面中央纪委编辑的音像《溃穴》、《党风建设永远在路上》等光盘观看，参观昌平区检察院举办的工程建设领域反腐败图片展，围绕"群众路线主题活动"、"纠四风"等开展教育。在五一、十一、元旦、春节等重大节假日来临之际，都要提示、提醒。

三是述职，经验分享，促进履职到位，提升综合能力。派驻组在开展履职监督监察中，以述职的形式，先后听取了财务、商务、安全环保等管理部门的述职。对安全缺环保职责、工作流程不健全、施工节点不具体的，派驻组及时反馈公司领导，公司领导把缺位补到位，流程不健全完善流程。公司在周生产协调会上让各部门介绍工程管理经验和体会，做到经验体会共享。各部门先后总结出：方案先行、图纸细审、样板引路；管理看板、倒排工期、紧盯目标、合理优化；程序、方法、验收三统一；优化幕墙安装；高空单轨安装双绳保险作业等一系列操作流程和管理经验。通过述职、经验共享、培训等形式，员工们学到了专业技能，提升了综合管理能力，培育了科开人攻坚克难的冲刺精神，弘扬了"敢于担当、主动作为"的敬业精神，弘扬了工作有我也有你，说声谢谢的团结、协作、无缝对接的团队精神。

四是民主生活会自查与约谈并举。按照集团公司党组的部署和要求，在每年的领导班子民主生活会上，班子成员都要对照有关廉洁自律规定，进行自律检查。派驻组与领导班子集体约谈，提醒班子成员头脑要清醒，在廉洁从业和廉洁自律做出表率带好队伍。总包、分包单位说：干中石油科技园工程，干净、按合同办事，拿合同说话，没有人情工程。华油北京服务总公司的主要领导兼任科开公司的总经理、常务副总经理等领导职务，派驻组在民主生活会上约谈提醒班子成员要认真研读，严格执行集团公司[2007]505号文件精神。七年来，派驻组没发现华服总的领导把华服总的工程参混到科技园工程建设项目上来的问题，也没有发现占用、挪用科技园工程建设资金的问题，华服总的领导、科开公司的领导履职清晰、工作界面清楚。2013年度科开公司领导班子被评为集团公司基层"四好班子"。

科技园自开工建设以来，实现了投资总体可控、安全生产无事故，确保了工程进度和质量。A12地块科研办公楼获"2012-2013年度国家优质工程奖"；A34地块钻井研究院、A42地块石化研究院获北京市建筑长城杯金质奖；A16地块石油科技交流中心、A45地块北京石油机械厂和物业服务用房项目均获北京市结构长城杯金质奖；A29地块昌平数据中心荣获"2013年数据中心专业设计奖"。

附录二
以管理提升为核心的石油科技园区建设管理体系创新

中石油（北京）科技开发有限公司

　　中国石油科技园区（以下简称中石油科技园）地处北京市昌平区沙河镇，园区占地3080亩，规划建设用地1451亩，规划建筑面积约150万平方米，工程建设总投资逾百亿元，是中国石油天然气集团公司（以下简称中石油集团）在北京投资建设的最大工程项目。按照中石油集团发展战略，中石油科技园将建成集科技创新、研究试验、产品开发和机械制造为一体的，"国内领先、国际一流"的石油工程技术研发与装备制造基地（图1）。截至目前，园区一期规划建设任务圆满完成，中石油集团所属9家单位顺利入驻，科研人员达3000余人，中石油科技园"四院一中心（规划总院、安全环保院、钻井研究院、石化研究院、昌平数据中心）"的规划格局已经形成。

　　中石油（北京）科技开发有限公司（以下简称科技开发公司）作为中石油科技园项目建设管理单位，自2007年成立以来，立足园区建设管理实际，以提升项目建设管理水平为核心，按照建设"国内领先、国际一流"世界水平科技园区的总目标，坚持统一规划、统一设计、统一标准、统一投资、统一建设、统一管理的"六统一"原则，在构建与实施园区建设综合管理创新体系方面进行了一系列有益探索与实践。

图1　中国石油科技园区总体规划鸟瞰

一、园区建设综合管理创新体系实施背景

（一）建设"国内领先、国际一流"世界水平科技园区的内在要求

2006年2月，中石油集团决定在北京建设中石油科技园，打造集科技创新、研究试验、产品开发和机械制造为一体的，"国内领先、国际一流"的石油工程技术研发与装备制造基地、核心技术创新基地、科研成果转化基地和创新人才培育基地。按照"一个整体、两个层次"的总体要求，形成各有侧重、互补互联、高效合理、独具特色的科技创新体系，不断提高原始创新能力、集成创新能力和引进消化吸收再创造能力。为了提升中石油科技园建设水平，面向国际开展建设总体规划设计招标，体现了中石油集团对园区建设项目的高度重视。建设世界水平的高品质中石油科技园，迫切要求建设单位实施管理创新，建立与之相适应的科学的综合管理体系。科技开发公司作为全面建设中石油科技园的执行机构，承担着建设管理科技园的重要职责，必须适应中石油集团的总体要求，以管理提升为核心，努力建设好、管理好中石油科技园，促进中石油集团总体科研战略的实现。

（二）贯彻"六统一"原则，提升中石油科技园建设管理水平的实际需要

中石油科技园项目是一项管理标准高、质量要求高、社会关注度高、技术难度高的工程。一是工程项目多，工作量大。科技园区的10个地块，划分为3个不同的功能组团，建设内容包括科研办公、实验室、生产厂房、数据中心、档案馆等。二是开工建设工期高度集中。施工高峰期一年有4个地块相继开工建设，几个工地同时有数千人施工作业。三是项目周边的电力荷载、道路交通、燃气等基础设施相对薄弱，项目施工作业周期短、任务重，加大了项目建设管理难度。四是施工建设涉及面广。科技开发公司不仅要管理好施工建设，还要组织工程招标、物资采购、项目移交；不仅有严格的内部审批流程，还要与地方政府就前期审批沟通协调，有些问题涉及多个单位或部门，解决起来难度很大。五是项目建设伊始，科技开发公司专业管理人员少，大型项目管理经验不足。复杂众多的施工项目，艰难繁重的建设任务，严格紧张的进度安排，要求科技开发公司必须按照"六统一"原则，紧紧围绕管理提升这个核心，从建设管理科技园的实际出发，着力进行综合管理体系创新，对管理流程进行优化、再造和完善、升级，精细管理，规范运作，对项目建设全过程严格把控，确保工程建设进度和质量。

（三）实施规范化管理，打造"阳光工程"、廉洁工程的必然选择

中石油科技园项目投资逾百亿，无论是工程建设规模还是投资额度，都是中石油集团在北京地区投资建设的最大工程项目，在北京市和石油系统有着较大影响。如何避免大工程出现大腐败、建设一个工程、倒下一批干部的问题在科技园建设中发生，把项目建成"阳光工程"、"廉洁工程"？这是摆在科技开发公司面前的一个严肃课题。为了防止工

程建设中出现违纪违规问题，实现建设一个工程成长一批干部，大工程推进大发展，就必须从管理提升入手，扎紧制度的笼子，加密管理的篱笆，以运行制约、权力受控和强化监督为手段，堵塞漏洞，减少盲点，补齐短板，让各项工作在制度、规定的范围内运行，做到管理科学、运作公开、办事依规、监督到位。因此，抓好综合管理创新体系的构建与实施，成为中石油科技园建设的必然选择。

二、园区建设综合管理创新体系的基本内涵与主要做法

中石油科技园建设综合管理创新体系的基本内涵是：围绕一个目标，坚持六项原则，构建实施七大管理创新体系。即紧密围绕打造"国内领先、国际一流"世界水平科技园区建设的总体目标，坚持"统一规划、统一设计、统一标准、统一投资、统一建设、统一管理"的"六统一"原则，构建组织体制管理创新体系、总体规划设计管理创新体系、施工过程管理创新体系、建设投资管理创新体系、运作程序管理创新体系、HSE管理创新体系、企地协作管理创新体系（图2）。

主要做法是：

（一）以健全决策机构、明确责任主体为先导，加强园区建设组织体制管理创新

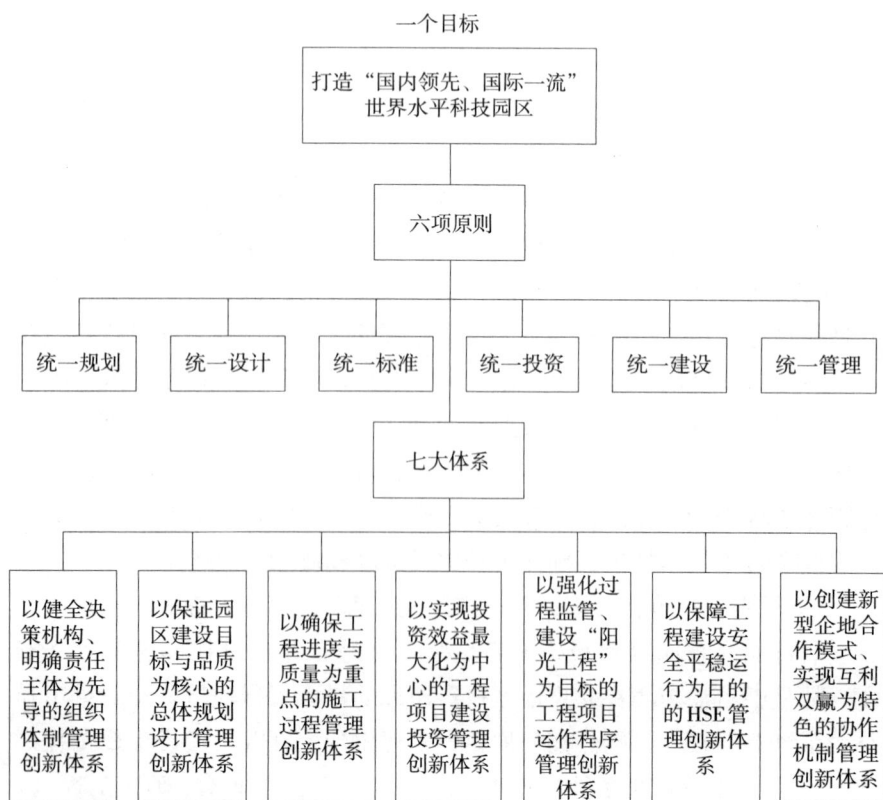

图2 中国石油科技园区建设综合管理创新体系

几年来，科技开发公司根据项目建设的实际，按照打造世界水平中石油科技园区的要求，持续加强组织体制管理创新，逐步形成了既体现中石油管理理念，又适应工程建设需要的组织体制，促进了园区建设项目的顺利开展。

1. 创建决策高效的组织机构，为科技园建设提供组织保证

为建设好中石油科技园，2007年8月中石油集团成立中国石油科技园建设领导小组。领导小组为科技园建设的决策机构，负责科技园区土地购置的决策、规划建设方案的审定及重大事项决策。领导小组成员由中石油集团办公厅、人事部、规划计划部、财务资产部、科技部等部门领导组成，组长由中石油集团党组成员、副总经理担任。总部机关有关部门作为小组成员单位，参与中石油科技园建设重大事项的研究和决策，有利于统筹协调、达成共识、形成合力，避免互相掣肘、推诿扯皮、议而不决、决而不行等问题的出现，增强了解决问题的针对性、时效性和可操作性。领导小组成立以来，已召开15次会议，研究确定相关政策措施，解决园区建设中的困难和问题，有效推进了项目建设的进程，为加快中石油科技园建设提供了坚强有力的组织保证。

2. 成立精干专业的执行机构，保障科技园建设顺利推进

2007年9月，中石油集团批准成立中石油（北京）科技开发有限公司，作为科技园建设执行机构，全面负责科技园土地取得、规划设计、建设和管理。科技开发公司的成立，有效避免了项目建设前期工作重复交叉、各自为政问题的发生，实现了科技开发公司统建统管，有效提高了办事效率和工作质量。中石油科技园建设领导小组负责决策、科技开发公司具体执行的园区建设管理体制和运行机制，保证了工程建设项目的顺利运行，成为中石油科技园建设快速推进的重要保证。

3. 建立岗位职责体系，明确业务划分和职能定位

中石油科技园项目涉及建设单位、设计单位、承包单位、咨询单位及地方政府多个管理部门，头绪多、交叉多、协作多。为适应科技园项目多地块集中建设的管理需要，科技开发公司下设工程部、技术部、商务部、财务资产部、安全环保部、行政事务部，实行以项目为载体、主管领导总负责，相关部门专业人员全力配合的扁平化管理模式，积极推进项目全过程建设管理工作。为了提高管理水平和工作效率，科技开发公司开展了岗位职责编制工作，明确部门和岗位职责，加强各部门间的沟通协调。重点强调岗位与工作内容的对应性原则，明确每个岗位的分工和各个岗位之间的协调衔接，客观、真实地反映各个部门工作职能、岗位职责和任职条件，使各个岗位有了明确的目标和职责，为提高管理效能打下了基础。

（二）以保证园区建设目标与品质为核心，加强园区建设总体规划设计管理创新

总体规划布局，是建设好中石油科技园的首要任务。科技开发公司

始终把项目规划放在重要位置，按照"六统一"的要求，加强总体规划设计，努力实现全面规划、精心布局、科学设计，为项目建设奠定基础。

1. 加强顶层设计，统一规划功能布局

高品质的规划是高质量建设的前提。为建设世界水平的高品质中石油科技园，科技开发公司对园区建设总体规划进行了国际招标，从国内外多家顶级设计公司中评选最优方案，中国建筑科学研究院和德国GMP国际建筑设计有限公司组成的联合体提出的规划方案中标。中石油科技园建设立足长远、远近结合、统筹考虑，按照"六统一"原则，实行了按功能分区规划：结合土地性质不同，把园区10个地块分为科研办公和通用实验区、机械研发与制造区、公共服务配套区、数据中心、石化研发与中试生产区等不同功能区块，科学确定了园区建设思路和开发时序（见图3）。

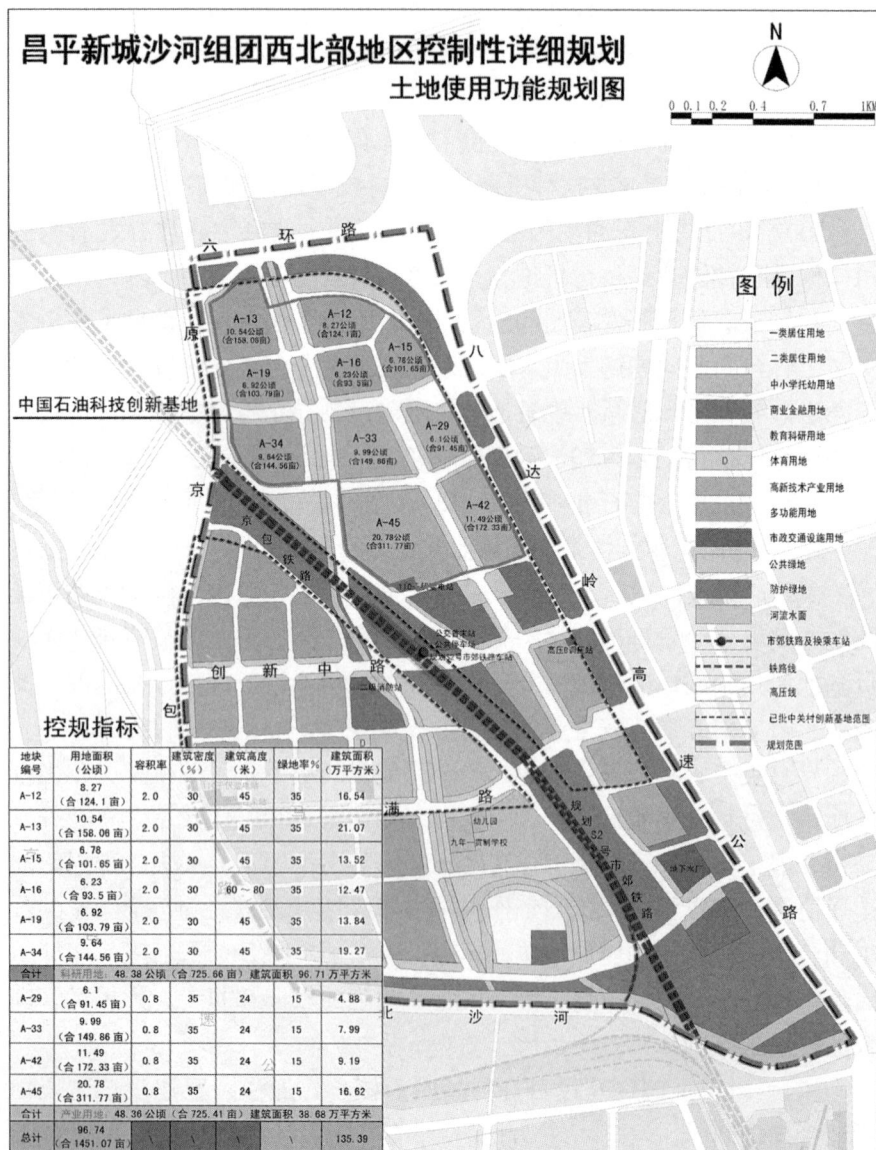

地块编号	用地面积（公顷）	容积率	建筑密度（%）	建筑高度（米）	绿地率（%）	建筑面积（万平方米）
A-12	8.27（合124.1亩）	2.0	30	45	35	16.54
A-13	10.54（合158.06亩）	2.0	30	45	35	21.07
A-15	6.78（合101.65亩）	2.0	30	45	35	13.52
A-16	6.23（合93.5亩）	2.0	30	60~80	35	12.47
A-19	6.92（合103.79亩）	2.0	30	45	35	13.84
A-34	9.64（合144.56亩）	2.0	30	45	35	19.27
合计	科研用地 48.38公顷（合725.66亩）				建筑面积 96.71万平方米	
A-29	6.1（合91.45亩）	0.8	35	24	15	4.88
A-33	9.99（合149.86亩）	0.8	35	24	15	7.99
A-42	11.49（合172.33亩）	0.8	35	24	15	9.19
A-45	20.78（合311.77亩）	0.8	35	24	15	16.62
合计	产业用地 48.36公顷（合725.41亩）				建筑面积 38.68万平方米	
总计	96.74（合1451.07亩）	\	\	\	\	135.39

图3 中国石油科技园区土地使用功能规划

科技开发公司在设计中精雕细琢，注重使用需求的落实和设计内容审核，统一了建筑标准、建筑形式、材料运用、设备系统等标准，完成了中石油科技园"统一设计规定"、"能源综合利用方案"和"景观规划方案"，保证园区建设标准和建筑形态的一致性，为园区总体建设提供了基本依据。注重节能、环保与能源的综合利用，充分考虑室内环境质量，努力建设以人为本、功能配套、绿色环保、环境优美的科技园区。

2. 加强需求对接，充分实现入驻单位需求

中石油科技园项目功能多样，入园单位众多，各单位业务范畴和功能需求都具有很强的特殊性和复杂性，尤其是各入驻单位的实验区域需要定制化设计，出现了使用单位不熟悉建筑设计表达方式，设计单位不了解使用单位工艺要求，双方沟通不畅的问题。为了满足入驻单位要求，科技开发公司把工作做在前面，主动深入用户单位，开展使用需求对接，对有特殊功能要求的项目进行实地调研，考察建设项目的功能构成、空间组织、工艺流线和供电、供水、供气等基础设施和基本条件，形成书面调研报告，作为后期设计的指导依据。在施工图设计阶段，科技开发公司采用设计信息表的方式采集信息，归纳出6大项20余子项内容，对每个功能房间都进行量体设计，充分听取使用单位意见并及时进行调整，避免施工中反复修改图纸而导致工程延期或返工，使入驻单位的需求得到了最大程度的满足，已交工项目均没有进行二次改造，保证了顺利投用。

3. 创新合作管理模式，提升能源综合利用效率

中石油集团为支持北京市节能减排工作，履行大型国企的社会责任，决定在中石油科技园数据中心项目建设中采用电、热、冷三联供这种高效环保的供能方式，并最终与市电并网运行。该项目以天然气为燃料，满足用户电力需求，发电后的烟气余热，通过回收利用，向用户供热供冷，对北京市日趋紧张的天然气和电网系统具有双重"削峰填谷"作用，年可替代燃煤3.49万吨标煤，减排二氧化碳6.18万吨，减排二氧化硫0.51万吨，能源综合利用率较常规方式提高约40%，经济效益和环境效益十分可观。这项工作在国内外没有成熟案例可以借鉴，方案和项目报审无例可循，工程建设面临重重困难。科技开发公司会同北京市燃气集团，主动与政府部门多次沟通，使该项目成为国家发改委、财政部、住建部、能源局四部委联合批准的首批国家天然气分布式能源示范项目。

三联供项目技术要求高，内容复杂，协调单位多，手续繁琐，建设及后期运营都需要具有专业技术管理能力的团队来运作，科技开发公司积极与具有丰富技术管理经验的北京市燃气集团开展合作，由燃气集团成立专门的项目公司，进行数据中心三联供项目的建设和后期运维，在保证基本投资收益的前提下，明确了电、水、热及冷的价格计算标准，最大限度维护了后期用能单位的利益。为了整合社会优质资源，吸纳国

内外先进经验，从项目可研阶段，科技开发公司就邀请使用方、运维方、各方设计院、国内外专业厂家等十几个单位共同参与，历时三年多时间，召开几十次论证会，制定了比较完善的设计方案。

这种引进专业技术团队共建项目的合作模式，在保证新兴领域项目建设技术水平的同时，也为后期的安全运营提供了保障。项目建成投用一年来运行平稳，先后接待了世界石油理事会及国家工信部、能源局、有关省市的领导考察调研，起到了良好的社会示范效应。

（三）以确保工程进度与质量为重点，加强园区建设施工过程管理创新

施工项目的现场管理是工程进度和质量的重要保障。科技开发公司通过强化现场管理，对工程进度、质量进行严格管控，督导监理和承包单位贯彻"四控两管一协调"的管理思路，及时协调解决工程现场存在的矛盾和问题，确保工程建设顺利进行。

1. 实行专业化管理，提升技术管理能力

实行专业化管理，是打造精品工程的重要保障。科技开发公司为实现园区建设一次性规划，分期建设，有效衔接，把建设专业化管理团队作为一项重点工作，开展调查研究、技术研讨，组织专业人员对国内外数据中心、实验室、展览展示等建筑进行实地考察和调研，为做好设计管理提供借鉴。科技开发公司还广纳人才，借助社会力量，先后聘请了幕墙、厨房、电梯顾问公司及造价咨询、常年法律顾问、审计单位，从制定方案、初步设计、施工图及实施阶段全过程把关，保证了项目的高质量实施。开展全过程技术管理，从技术环节夯实基础工作，在前期立项、设计、招标、施工、竣工移交等各个环节，重视和强化技术管理，突出管理专业化运作，避免因管理不系统、责任不明确造成超投资、质量失控、工期延误、运行效果差等问题。

为了实现管理精细化，科技开发公司加强对监理单位的协调和督导，充分发挥监理的作用，制定和修改完善了《监理工作协调及督导管理办法》、《监理工作管理考核办法》等相关制度规定，明确了监理单位的职责和管理办法，形成了完善的监理监督管理体系。监理单位按照"四控两管一协调"的要求，对于工程建设质量、进度、造价控制等方面存在的与合同、计划方面的偏差，认真负责地提出意见和要求，及时纠偏。通过日检查、周讲评、月考核、施工现场大检查等多种方式，对工程建设实行全过程控制，保证了工程建设的质量和进度。

2. 树立样板工地，推行标准化管理

科技开发公司结合中石油科技园建设实际，编制了《科技园项目实施阶段质量控制、管理试行办法》，规范了建设单位、监理单位、承包单位在项目质量管理工作中的职责，明确了工程质量标准，对项目管理程序、施工过程管理制度及项目质量检查要点做了具体要求，从点到面、从面到体，形成了一整套体系完整、操作规范、指导性强的质量管

理办法。

为了提高现场管理水平，科技开发公司全面开展样板示范工作，把工程样板项具体划分为15大项40余小项，分阶段、分部位制定样板计划，编制样板作业指导书，样板施工前进行交底，进行全程跟踪监督。在工程样板施工验收时，需经三级自检报监理验收，合格后才能进行专项工程施工，做到统一操作程序，统一施工方法，统一质量验收标准。

为适应中石油科技园项目多地块集中建设的局面，科技开发公司实行项目现场代表制度，由专人牵头，相关专业人员全力参与配合，负责项目全过程现场管理工作。项目代表对建设项目实施质量、进度、技术、安全管理等组织协调工作，对监理旁站、巡视、平行检验工作实施监督，及时检查工程质量管理体系、质量保证体系、技术管理体系运行情况，有效保证了各地块建设进度和质量。

3. 实行"管理看板"，强化过程控制

中石油科技园建设工期紧、任务重，管理人员短缺。为强化过程管控，科技开发公司推行"管理看板"的现场管理模式，每月将各项目各阶段的质量管理重点、进度控制计划、现场协调等事项，编制成"任务分解计划电子板"下发给各位工程管理人员，据此编制每周工作计划，每日逐项跟踪协调解决，形成"周计划—日看板"的管理模式。这一模式使各项任务目标自上而下分解、自下而上落实，追根溯源、细化过程，把责任和压力逐级传递到每位员工，把各项目、各时段的工作安排得周详有序，使每位员工的每一个行动都和公司的总目标紧紧联系在一起，提高了发现问题、解决问题的及时性、有效性，确保了建设项目的进度和质量目标。

4. 分享管理经验，促进共同提高

为了互相补充，取长补短，共同提高，科技开发公司各部门在每周生产协调会上，依次分享园区项目建设管理中好的做法和经验，内容在突出部门业务特点的同时，注重通用性和通俗性，具有一定的借鉴和示范作用。目前，已分享各类管理经验120余次。在内部网站设立《学习园地》，及时上传经验分享材料，扩大了影响面。同时，还组织管理体会演讲、工作研讨、经验介绍、管理成果展等活动。在每一项重点工程结束后，进行"回头看"工作，认真分析总结项目建设管理的成功经验和存在问题。在全员总结的基础上，进行再总结、再提炼，将零散的、个别的做法和认识上升到系统经验的高度，在理论和实践的结合上说明问题，找出带有规律性的东西，成为今后进一步创新管理、提升管理水平的指南。

（四）以实现投资效益最大化为中心，加强园区建设投资管理创新

为了管好用好建设投资，科技开发公司树立"实现功能为前提，节约成本为目标，控制投资预算为宗旨"的理念，对项目建设全过程实行投资优化和严格管控，有效降低了投资成本。

1. 统筹安排，建立项目合约规划工作体系

根据中石油科技园项目分地块分期实施特点，以单个地块项目为规划对象，在初设批复明确投资后，科技开发公司组织中高层管理人员及资深的项目管理专家，积极开展合约体系规划和具体合同策划，形成科技园项目合约规划的基本框架，作为项目管理的核心和纽带。

为贯彻"六统一"原则，中石油科技园合约规划编制遵守法律规定，立足市场规则，尊重行业习惯，平等互惠共赢，体现施工总承包责任主体一元化的原则。合约规划中，将一个总体工程项目分解为建安工程类和其他费用类合同，将建安类合同分解为总承包合同及业主发包类合同，形成逐级分解的合约体系。具体策划时，明确每个合同涵盖的内容、目标成本、发包方式、发包时间计划、拟采合同形式、实施工期等，并清晰界定各个合同所对应的承包人之间的合同责任和义务。编制完成后，审查各合同之间界面是否重复遗漏，确保所有合同对应的工作内容叠加能够全面覆盖整个工程内容，同时审查各合同招标的前置条件的统一性和关联性。

项目实施过程中，针对诸多影响因素，为保持合约规划的指导性、适用性，科技开发公司进行动态管理。根据工程的实际进度和使用方需求，进行时间和增减项的调整。根据市场调研，加深对产品的认识，改变发包方式和目标成本。

通过合约规划体系的组织实施，强化了科技园项目管理的计划性、组织性、控制性，保证项目总体进度、质量、投资目标的实现。

2. 加强动态成本控制，实施全过程造价管理

科技开发公司采用动态成本的控制方法，通过全过程造价管理，实现投资控制目标。在项目建设各阶段，紧紧围绕降低成本，健全各项管理制度和措施，严格管理变更签证，准确测算各项费用，慎重处理疑难问题，合理配置资源，及时堵塞漏洞。

在可行性研究阶段，造价管理的重点是力求建设方案的技术与经济相统一。在充分对接使用需求、开展方案设计、进行可行性论证的过程中，加强多方案的经济性比较评价，使之与行业发展水平适应，力促投资水平满足建筑功能、建筑标准的需求。在设计阶段，通过技术交流、调研、经济技术分析等手段，加强投资水平的合理性管理。时刻把握法律、法规和相关规定这条红线不越矩，时刻把握投资水平与建筑行业建设水平相适应，充分借鉴同类工程经验，在不突破估算投资额的原则下，严格执行限额设计，不断调整设计成果经济与技术的统一，子项工程和整体工程的综合平衡。在承发包阶段，根据合约规划和项目管理需要，组织专业力量，编制高质量的招标清单和招标文件，好中选优，确定信誉优良、专业水准高、有较强风险承担能力的合作单位。在施工阶段，建立信息全面的合同台账，严格合同支付原则和审核程序，确保进度款支付的计划性、准确性和时效性。加强变更洽商的多级审核管控，

组织协调好设计院、施工单位、造价咨询机构等，处理好图纸、现场、成本三者的关系，降低索赔风险。在项目竣工结算阶段，理清结算依据，立足合同原则，实事求是，注重公平原则。建立疑问卷、工作联系单、向政府权威机构寻求解释等沟通机制，处理结算争议，保证工程结算的严谨、规范及效率。对完成的结算分析总结，形成各专业单方经济指标，梳理常用做法的综合单价及主要设备材料价格，为后续开展的工程项目提供价格参考。

通过动态成本大表，对合约规划的成本目标周期性更新，对比实际成本和目标成本的差距，不断修正后期管理重点和控制目标。

3. 实行框架招标，提高招标效率

科技开发公司针对中石油科技园项目特点，在北京市建委大力支持下，对于技术成熟的大宗设备，采用一次招标、分期供货的框架招标方式，在合同中约定招标数量、价格有效期限、价格调整方式、解除合同条件等，解决了各个地块分期采购、统一标准问题，达到提高采购效率、降低采购成本、实现规模效益的目的。

在电梯采购招标中，科技开发公司对中石油科技园总体需求进行分析，以最早建设投用的A12地块为基础，确定了各地块电梯需求数量。在合同方式上，以框架协议为基础，形成了设备供货合同、安装服务合同、维修保养合同、临时电梯使用合同等一套完整的合同体系。实施框架招标后，电梯供货单位从设计阶段开始介入，提高了设计文件准确性，减少了实施过程中的图纸修改。几年来，科技开发公司先后组织了10项较大规模的框架招标，直接签订合同46个，金额超过2.5亿元，与"一单一招"相比，大大减少了招标次数，节约了投资成本。

4. 创新会计核算模式，加强园区资产管理

中石油科技园项目投资规模大、建设周期长、分期滚动开发，科学、准确核算各项投资成本对工程建设管理至关重要。科技开发公司借助中石油财务管理信息系统和司库资金管理系统，确立了按地块归集投资成本、按实际投入核算资产价值的会计核算模式。根据中石油集团批复概算，设置相应地块明细账目，实时将投资成本与批复概算相对比，发现问题，采取有效措施控制投资成本。科技开发公司在中石油科技园建设中采取的这种核算模式，有利于各地块成本清晰归集，对控制投资成本发挥着重要作用，得到了上级主管部门和中介机构的肯定和认可。

根据科技园建设项目资产总量大，所有人、管理人、使用人相互分离的特点，科技开发公司积极创新资产管理模式，制定了《科技园固定资产管理办法》，将资产管理工作端口前移，组织专业人员全面介入工程结算及决算，参与项目验收移交，及时准确办理资产交付使用手续，将待转资产设备列入固定资产管理和计价核算，对资产设备实施全过程动态管理，保证资产设备的安全、完整，提高了园区各项资产的利用率和经济效益。

（五）以强化过程监管、建设"阳光工程"为目标，加强园区建设运作程序管理创新

中石油科技园建设项目工艺复杂，程序繁琐，涉及面广，设计、施工、运行并行实施，管理难度大。建立一整套行之有效的操作规程，对于规范运行，强化管理，铲除滋生腐败的土壤，具有重要意义。

1. 健全规章制度，深化内控体系建设

科技园建设伊始，科技开发公司制定了关于工程建设、财务会计、人事劳资、安全环保等管理制度，为各项工作顺畅运行提供了保障。随着建设项目的开展和业务流程的变化，又不断调整和充实，增加了员工绩效考核、工程变更管理、施工设计审核变更等内容，形成18大类、45项规章制度，基本建成了内部控制体系、法律风险防控体系和HSE管理体系。建立完善了以绩效考核为重点的激励机制；以薪酬分配和劳动合同为基础的用工机制；健全了以工程建设全过程技术管理、工程报建与现场管理、全过程商务管理、财务与资产管理为核心的协调配套、全面覆盖的工程建设管理体系，确保各项工作流程顺畅、运作规范。

为强化风险管控，科技开发公司以"质量精品年"和"精细化管理年"为手段，深入推进内控体系建设，推动基础管理水平迈上新台阶。按照中石油集团总体部署，自2010年开始内控体系分册建设工作以来，先后完成了10大类、75个末级子流程的流程图、风险控制措施文档的编制，完成涉及报告风险、经营风险、法律风险层面流程62个，编制风险控制文档62篇，搜集整理六个业务部门实施证据百余项，发布210项QHSE管理规范标准，逐步建立起了职责明确、权责对应、科学规范、简洁高效、充满活力的管控体系，使项目管理做到了标准化、制度化、规范化。

2. 严格招投标管理，公平公开选择优秀施工队伍

中石油科技园项目投资规模大、招投标项目多，为确保招标工作健康平稳运行，科技开发公司成立了招标领导小组，对所有招标项目进行集体决策。编制了《科技园建设招标管理内部控制手册》，建立招标管理内控体系，明确招标工作的合理分工，设置招标工作的风险控制点，促进了部门之间互相协作和制约。

加强学习招投标相关法律法规，充分了解招投标制度，在招投标各关节中，维护"公平、公开、公正、诚实信用"原则。中石油科技园招标项目在北京市招投标公共服务平台、北京市工程建设交易信息网、中国采购与招标网公开发布信息，体现招标的公开性原则；由标办工作人员在建委专家库随机抽取评审专家，避免信息外露和投标单位行贿等问题的发生；在标办指定场所及工作人员监督下组织评审，保证评标结果的客观公正，促进投标人之间的公平竞争，实现优胜劣汰，为选择信誉优良、实力雄厚的承包单位奠定基础，确保科技园"阳光工程"建设目标的实现。

3. 强化异体监督监察，实现"阳光操作"

为了加强监督，防止腐败问题的发生，科技开发公司主动申请，中石油集团公司党组纪检组、监察部（局）派出纪检监察组对科技园项目进行实地监督监察。纪检监察组进驻公司后，明确对领导决策、招投标、合同履约、资金投用、安全与环保、工程质量、廉洁从业等10个方面进行现场监督监察。随着工程建设规模扩大，纪检监察组同步深入，主动作为，巡查施工现场370多次，不断拓宽监督监察视野，扩展监督监察外延，构成监督监察链。

纪检监察组积极做好招投标过程监督，对招投标中发生的投诉（质疑）进行初核。通过列席公司有关会议，对完善招投标管理、投诉质疑问题的处理、加强班子与队伍建设、提升管理能力，适时提出意见和建议，积极推进"三重一大"制度落地。定期不定期与领导班子集体约谈，提醒班子成员做出表率带好队伍，有效加强了廉政建设。科技开发公司领导班子认真执行"三重一大"决策制度，建立严格的流程审批制度，50万元以上的变更洽商必须经总经理办公会研究决定，所有的变更洽商均需要会签。工程建设七年来，组织各类招标270多项，没有发生任何违纪违规问题。

4. 管理关口前移，扎实做好审计跟踪工作

为加强过程监管，强化投资管控，提高投资效益，公司聘请专业审计单位对中石油科技园项目进行全过程跟踪审计和竣工决算审计。审计单位依照相关法律法规和建筑经济指标，对科技园项目实施全过程技术经济审核、监督和评价，充分发挥审计工作客观公正、监督评价的作用，做到了项目建设事前、事中、事后全过程控制，促进了科技园项目建设过程中经济活动的规范运作。

全过程跟踪审计的实施，有效避免了目前工程事后审计的一些问题和管理风险，进一步保障了项目招标投标过程、合同签订及履约过程的合规性，促进和提高了工程审计的经济性、效率性、效果性。

（六）以保障工程建设安全平稳运行为目的，加强园区建设HSE管理创新

科技开发公司根据中石油科技园建设实际，加强HSE管理体系建设，将中石油HSE管理体系与承包商安全环保管理体系深度融合，把监管重点放在施工现场，毫不松懈地抓好各领域、各时段、各岗位、各环节的安全环保工作，提升规范化、精细化、标准化管理水平。

1. 提前行动，抓好施工前期HSE规范化管理

中石油科技园建设初期，科技开发公司制定了《HSE补充协议》标准范本，将HSE方针、目标和项目安全措施费用要求纳入招标文件，要求承包商对招标文件中HSE要求作出强制性响应。

项目开工前，要求监理、承包商及时编写《HSE作业指导书》等管理文件，对承包商在项目安全环保上拟投入人员、措施和费用与投标

文件进行比对，对违反招标文件HSE要求的现象及时纠偏，督促承包商兑现HSE管理承诺。编制《建设工程开工前安全生产条件审查表》，按HSE体系要素重点对监理、承包商安全管理组织机构等进行逐项核对审查，确保项目开工前各项措施要求落实到位。

依据施工安全检查标准和季节性施工特点，分类制定《HSE现场检查表》，确定现场监管的具体内容、管理依据和标准，按照检查项对监理、承包商月度HSE管理实施考评打分，确保项目建设起步阶段HSE行为规范化。

2. 典型引路，加强"HSE样板工地"精细化管理

中石油科技园"HSE样板工地"建设初期，科技开发公司强化属地精细化HSE管理，要求承包商统筹规划现场平面布局，按照安全技术标准完成安全防护措施，由公司、监理、承包商三方逐项验收达标后方可使用。督促监理、承包商严格审查各类专项安全方案，落实安全教育，严格班组安全讲话制度，加强特种作业人员持证上岗和大型机械设备进场报验管理，做好现场重大危险源风险识别。

组织开展安全管理"回头看"，查找管理不足，有效提升安全管理形象，通过定期收集现场照片形成相册，在承包商中分享经验，推广典型样板，开展比学赶超活动，取得了良好效果。

3. 规范操作，实施HSE标准化管理

科技开发公司加强对监理、承包商安全管理人员履职情况督导检查，定期参加安全例会、监理例会和现场安全监督，传达安全环保管理要求。对现场"三违"现象采取"三铁"管理，强化监管，分级治理，对HSE隐患及时下发整改通知，定人员、定时间、定措施予以整改销项。对不服从业主、监理方管理，隐患整改不力的承包商采取合同管理措施进行违约赔偿，严格落实中石油集团的六大禁令和九项原则管理，确保工程建设安全平稳运行。

实施安全观察与沟通，对作业风险进行分析判断，对各地块施工不同阶段安全控制要点分专业、分类别通过PPT进行生动形象的管控。组织承包商进行"HSE管理样板工地"观摩学习，召开安全经验交流会，促进现场安全管理上水平。加强突发天气应急管理，建立应急组织机构，制定预案和防范措施。与消防、安监、物业等单位建立联控联防应急机制，定期组织承包商开展应急演练。

HSE管理体系建设，有力促进了安全环保工作，科技开发公司工程建设百万工时事故死亡率、环境污染和生态破坏事故为零，未发生一起生产安全事故，已建地块均获得北京市建委"绿色文明工地"称号。

（七）以创建新型企地合作模式、实现互利共赢为特色，加强企地协作管理创新

和谐稳定的企地关系是顺利推进中石油科技园建设的有力保障。科技开发公司十分重视与北京市、昌平区政府有关部门的协调沟通，主动

加强联系，积极协商配合，争取地方政府的支持，搞好项目建设的环境保护，保持和发展了稳定的企地关系，为中石油科技园建设创造了有利条件和良好的外部环境。

1. 提升工作效能，创新企地协调机制

中石油科技园建设离不开地方政府的大力支持，良好的沟通机制决定高效的办事效率。昌平区区委、区政府大力支持科技园项目建设，党政一把手亲自挂帅，成立由职能部门组成的工作协调组，及时协调解决科技园项目建设中出现的问题，及时决策，限期落实。

昌平区经济建设基础薄弱，中石油科技园建设的快速推进，使园区市政配套基础设施滞后问题日益凸显。昌平区政府在整体财力紧张的情况下，先后投资20多亿元，强力推进科技园区道路、绿化、供水、供电等市政基础设施建设。为解决园区前期电力不足问题，昌平区政府主要领导亲自协调，完成拆迁52户非住宅基地、7户宅基地，建设输配电塔基53基，仅电力设施投资累计达1.2亿元，实现了科技园区由临时供电向双路正式供电的转变，满足了工程建设及入驻单位科研办公的需求，也为数据中心的顺利投用提供了电力保障。

为切实解决中石油科技园科研人员和中石油集团"千人计划"海外高层次人才的后顾之忧，昌平区委书记亲自协调，在中石油科技园周边建设配套住宅4.5万平方米，建设人才公寓5.73万平方米，为科研人员居住生活提供了便利。同时，昌平区主要领导积极协调区教育局和相关学校，解决了园区科研人员适龄子女就近入学入托的难题。良好的沟通协调体制、政府部门的高效决策与强力推进，成为中石油科技园建设发展的重要保障。

2. 促进企地和谐发展，创新园区发展模式

为满足昌平区政府对科技发展、经济总量增加、税收增长的需求，中石油科技园项目创建了"科技研发+科研成果产业化+集聚企业总部"相结合的发展模式。几年来，中石油在昌平注册企业达到27家，注册资本金753亿元，2014年纳税额达到16.8亿元，促进了昌平区经济社会的发展，也为中石油集团公司建设综合性国际能源公司，提高核心竞争力，拓宽了新的发展空间。北京市委书记郭金龙、政协主席吉林考察中石油科技园时，对这种发展模式给予高度肯定，希望中石油科技园多出创新成果，做央企与地方经济和谐发展的典范。

3. 注重环保，开创生态共建新局面。

科技开发公司坚持"建设一个园区，留下一片绿色"的理念，注意搞好环境保护，着力共建和谐生态。数据中心"三联供"项目成为节能环保的亮点工程。当前园区各地块绿化面积约22公顷，市政绿化面积约10公顷，东南侧种植约13公顷林带，整体形成初具规模的石油碳汇林区。有效降低空气中二氧化碳浓度和PM2.5含量，充分利用雨水，减少水土流失，实现了"人文园区、和谐企地"，形成与昌平区生态共建新局面。

三、园区建设综合管理创新体系实施成果

（一）圆满完成一期规划任务，搭建了科研创新平台

经过七年建设，中石油科技园取得了一系列里程碑式成果：完成了园区总体规划设计，取得了全部10块建设用地的国有土地使用权，开工建设7个地块、8个工程项目，投用和在建面积达到65万平方米。这一系列建设任务的完成，被北京市和昌平区政府赞誉为"中石油速度"。目前，中石油科技园"四院一中心（规划总院、安全环保院、钻井研究院、石化研究院、昌平数据中心）"的规划格局已经形成，为中石油科研人员搭建了施展才华和抱负的科研创新平台。截至2014年底，入园各单位建立了34个科研实验室，承担国家级科研项目42个，中石油集团级科研项目492个。

（二）全面实现安全质量管控目标，建成了一批精品工程

科技园项目建设实现了安全生产无事故，确保了工程建设进度和质量，多个工程项目获得殊荣：A12地块科研办公楼荣获"2012-2013年度国家优质工程奖"；A34地块钻井研究院、A42地块石化研究院获北京市建筑长城杯金质奖；A16地块石油科技交流中心、A45地块北京石油机械厂和物业服务用房项目均获北京市结构长城杯金质奖；A29地块昌平数据中心荣获"2013年数据中心专业设计奖"。

（三）实现投资总体可控，打造了"阳光工程"、廉洁工程

在中石油科技园项目建设中，"三重一大"制度得到有效落实，重大事项严格受控，在工程建设原材料和人工成本大幅上升的情况下，实现了项目投资总体可控。工程项目招标数十亿元，签订合同数百项，没有发生一起违规违纪问题，项目建设健康平稳运行。

（四）企业文化建设取得丰硕成果，造就了一支优秀项目管理团队

在中石油科技园项目建设中，科技开发公司形成了"忠诚事业、勇于担当、求实创新、追求卓越、艰苦奋斗、清廉奉献"的企业精神，培养锻炼了一支作风扎实、能打硬仗，掌握先进科技知识和业务技能，具有国际视野和能够胜任重大工程运作管理的专业技术人才队伍。科技开发公司荣获中石油集团"创建'四好'领导班子先进集体"、先进基层党组织、招投标先进集体、青年文明号、基层建设"千队示范工程"等一系列荣誉称号。

（成果创造人：田玉军、谷伟、李风山、宋泓明、唐建军、朱映勋、李子强、付胜军、张立鑫、牟国君、陈宝。）

附录三
中国石油科技园大事记

一、2006年2月16日，中国石油天然气集团公司总经理办公会议决定在北京建设中国石油科技创新基地。

二、2007年6月16日，中国石油天然气集团公司与昌平区政府签署《战略合作框架协议》。

三、2007年8月9日，中国石油天然气集团公司成立中国石油科技园建设领导小组。领导小组为科技园建设的决策机构。

四、2007年9月29日，中国石油天然气集团公司成立中石油（北京）科技开发有限公司，负责中国石油科技园土地取得、工程建设及管理等工作，10月9日公司在昌平区注册成立。

五、2007年10月26日，中石油（北京）科技开发有限公司与北京市振邦承基有限公司签订《土地一级开发补偿协议》。

六、2008年10月17日，中石油（北京）科技开发有限公司与北京市国土资源局签订关于A12地块的《国有建设用地使用权出让合同》。

七、2008年11月25日，取得A12地块《国有土地使用证》。

八、2008年11月30日，中国石油科技创新基地举行奠基仪式。

九、2009年11月26日，科技开发公司举行入驻中国石油科技园揭牌仪式。

十、2009年11月30日，签订A34地块土地出让合同。

十一、2009年12月，A12地块一期工程主体封顶。

十二、2010年4月21日，取得A34地块《国有土地使用证》。

十三、2010年9月15日，A34地块开始土方施工。

十四、2010年9月29日，取得中国石油科技园A13、A15、A16、A19、A29、A33、A42、A45地块《国有土地使用证》，至此，中国石油科技园土地全部取得。

十五、2011年9月6日，A34地块钻井研发中心一号楼主体结构封顶。

十六、2011年9月10日，A16地块开工建设。

十七、2011年10月28日，中国石油规划总院、石油化工研究院、钻井工程技术研究院、中国石油安全环保技术研究院、李向阳工作室、中石油（北京）科技开发有限公司等6家单位正式搬入A12地块。

十八、2011年11月17日，A42地块开工建设。

十九、2012年3月29日，A29地块开工建设。

二十、2012年9月20日，北京市委书记郭金龙考察中国石油科技园区。郭金龙指出，要密切企地合作，共同把中国石油科技园区高水平建设好，让高端人才留得住，安心创业搞研发；要总结科技研发、科研成果产业化和集聚企业总部相结合的发展模式，做央企与地方经济和谐发展的典范。

二十一、2013年1月5日，A42地块通过了北京市建筑结构长城杯验收。

二十二、2013年4月，A12地块被评为北京市2011-2012年度建筑长城杯金质奖工程。

二十三、2013年5月31日，A16地块主体结构封顶。

二十四、2013年6月8日，A34地块完成竣工验收。

二十五、2013年8月，A45地块开工建设。

二十六、2013年11月20日，A29地块（数据中心）荣获"2013年数据中心专业设计奖"。

二十七、2013年12月，钻井研究院入驻A34地块办公。

二十八、2013年12月27日，A12地块"A区科研办公楼等四项工程"荣获2012-2013年度国家优质工程奖。

二十九、2014年6月30日，A29地块中国石油（昌平）数据中心项目正式建成投用。

三十、2014年9月，A45地块北京石油机械厂项目竣工移交。

三十一、2014年10月13日，A42地块石化工程科研成果中试及转化中心一期项目竣工，标志着科技园"四院一中心（规划总院、安全环保院、钻井研究院、石化研究院、昌平数据中心）"的格局正式形成。

三十二、2014年10月，A45地块物业服务项目竣工移交。

三十三、2014年11月，华服物业公司入驻A45地块。

三十四、2014年12月28日，A15地块石油档案馆项目开工建设。

三十五、2015年10月，A16地块石油科技国际交流中心投用。

三十六、2015年10月26日，科技开发公司入驻A16地块办公。

三十七、2015年11月，A34地块、A42地块同时获得2014-2015年度中国建设工程鲁班奖。

三十八、2015年12月，A15地块主体结构封顶。

《中国石油科技园建设管理辑要》作者

章节	章节名称	作者
2.1	园区总体规划及功能布局	李峻巍　刘　贞
2.2.1	建筑专业	刘　畅
2.2.2	结构专业	刘　畅　张月娇
2.2.3	暖通专业	孙淑红　马雪利
2.2.4	给排水专业	刘　贞
2.2.5	电气专业	吴　灵　刘印兵　林　瀚
2.3	园区能源综合利用方案	吴　灵　刘　贞　孙淑红
2.4.1	给水、排水方面	刘　贞
2.4.2	暖通空调方面	孙淑红
2.4.3	建筑方面	严冬瑾　刘　畅
3.1	工程建设技术管理的机构组织框架	陈继亮　刘　贞
3.2	设计管理	陈继亮　吴　灵　刘　贞
3.3	使用需求对接方式方法	刘　畅
3.4	招标阶段技术管理	孙淑红　吴　灵　严冬瑾　马雪利
3.5	施工阶段技术管理	谷思昱　梁　涵
3.6.1.1	土建专业	李峻巍
3.6.1.2	水暖设备专业	刘　贞　孙淑红　马雪利
3.6.1.3	电气专业	吴　灵　段　然　曹旭峥
3.6.2.1	吊顶综合排布专项技术管理	梁　涵　孙淑红
3.6.2.2	人防方案专项技术方案论证	李峻巍
3.6.2.3	木门五金专项技术管理	刘　畅
3.6.2.4	数据中心运行模式的专项技术方案论证	吴　灵
4.1	前期报建管理	赵　元　董　辉
4.2	科技园项目施工质量管理	赵　元　熊中原　王　璐　李延军
4.3	工程建设进度管理	王常青　陈弈杉
4.4	工程竣工验收及备案管理	王常青　张敬晨

4.5	工程移交管理	赵 元	王 勇	
4.6	专项工程管理——幕墙工程	杨 峰		
5.2	科技园项目建设中的合约规划	王雅茹	郭婉纯	
5.3	招投标管理	王雅茹	郭婉纯	
		王 丽	黄 川	
5.4.1	建立完善的合同管理体系	王雅茹	朱 凌	
5.4.2	合同签订阶段的法律风险管理	李欣泽		
5.4.3	工程索赔管理	王雅茹	王晓冬	朱 凌
5.5	造价管理	张文娟	王晓冬	孙 博
		李滕佳	杨 蒙	程芹芹
6.2	工程项目前期HSE管理	陈尧西	王尊豫	
6.3	树立HSE样板工地，推行标准化管理	陈尧西	马黎博	
6.4	现场HSE监督管理	赵铁城	王 亚	杨震宇
6.5	强化HSE体系建设，改进HSE体系运行绩效	陈尧西	郝星宇	
7.2	科技园建设项目会计核算方法	王园园	王 薇	高可扬
7.3	科技园建设项目资金管理	宋瑞芝	王 薇	高 漫
7.4	科技园项目资产管理模式与实践	宋瑞芝	漆振飞	林 瀚
7.5	内部控制体系与风险管理体系建设	王园园	漆振飞	肖 璐
7.6	科技园项目工程竣工决算与跟踪审计	牟国君	宋瑞芝	王园园
8.2	科技开发公司基础管理制度体系与完善	刘 婧		
8.3	科技园项目工程档案管理	王 清		
8.4	科技开发公司领导班子建设	王云峰		
8.5	"三基"工作开展情况	王云峰	王 达	
8.7.1	科学组织会议，提高工作效率	曹旭峥		
8.7.2	办公用品精细化管理	王俊达		
8.7.3	网站建设	王云峰		

后 记

经过各方努力，《中石油科技园建设管理辑要》终于付梓，这是科技园建设7年来管理经验的精华汇集，也是科技园建设者的心血结晶。

本书编写过程中得到各级领导的关心和重视，科技园建设领导小组原副组长刘振武为本书作序。华油北京服务总公司、中国建筑科学研究院建筑设计院、中国建筑工业出版社等单位的领导都给予了大力支持和具体指导，在此一并表示衷心感谢。

中石油（北京）科技开发有限公司集全公司之力，对科技园建设管理经验进行了全面梳理，各部门分工明确、全员参与、互相配合、加班加点，经广泛征求意见，数易其稿，终于完成了此书的编写工作。本书作为中石油科技园建设管理经验的总结，相信对大型建筑项目的管理也会起到借鉴作用。

由于时间紧迫和写作水平所限，难免有谬误之处，敬请读者批评指正。

牟国君

2015年12月